华文

世界华文教育年鉴(2019)

贾益民 主编

胡培安
胡建刚 副主编

THE YEARBOOK
OF CHINESE EDUCATION
IN THE WORLD (2019)

社会科学文献出版社
SOCIAL SCIENCES ACADEMIC PRESS (CHINA)

2018年11月7日，暨南大学举行建校112周年暨在广州重建60周年复办40周年纪念大会。

2018年12月3日，暨南大学召开学习贯彻习近平总书记视察暨南大学重要讲话精神工作推进会。

2018年12月13日，华侨大学召开专题会议，传达学习贯彻落实习近平总书记视察暨南大学重要讲话精神。

　　2018年12月20日至21日，国务院侨办重点项目《周末制中文学校教学大纲（小学阶段）》在华侨大学厦门校区举行终审会，项目具体成果顺利通过专家组终审鉴定。上图为国内华文教育领域专家组与课题组成员合影。下图为海外周末制华文学校资深教师审定会现场。

2018年10月21日，由华侨大学、台湾世界华语文教育学会联合主办，华侨大学华文学院、华文教育研究院以及海外华文教育与中华文化传播协同创新中心承办的"新时代世界华文教育发展研讨会"在华侨大学厦门校区举行。上图为研讨会现场。下图为华侨大学校长徐西鹏致辞。

华 教 人 物
（按音序排列）

〔文莱〕方清玉

〔印度尼西亚〕黄愿字

〔意大利〕潘世立

〔美国〕许笑浓

〔日本〕杨林

〔澳大利亚〕于筑生

〔澳大利亚〕张学丰

〔菲律宾〕庄荣箴

本书系"海外华文教育与中华文化传播协同创新中心"研究成果。

华侨大学

中国社会科学院文化研究中心

香港凤凰卫视

中国华文教育基金会

台湾世界华语文教育学会

社会科学文献出版社

《世界华文教育年鉴（2019）》
编 委 会

新时代世界华文教育发展理念探讨（代序）[①]

贾益民

    2017 年 10 月 18 日，中共中央总书记习近平在中国共产党第十九次全国代表大会上庄严宣告："经过长期努力，中国特色社会主义进入了新时代，这是我国发展新的历史方位。"（习近平，2017：10）同时指出："中国特色社会主义进入新时代，在中华人民共和国发展史上、中华民族发展史上具有重大意义，在世界社会主义发展史上、人类社会发展史上也具有重大意义。"（习近平，2017：12）中国进入了新时代，这一重要判断无疑具有重大的历史意义，而且必将对世界产生巨大而深远的影响。这对华文教育来说，同样具有重大的历史意义和深远影响。新时代为华文教育发展创造了新的机遇和条件，同时也对华文教育发展提出了新要求、新任务、新目标。因此，探讨新时代下世界华文教育发展理念就成了摆在我们面前的重大现实课题。这里所说的"华文教育"是指"大华文教育"概念，既包括了面向海外华侨华人的中华语言文化教育，也包括了面向世界各国的中国语言文化国际传播。本文旨在抛砖引玉，提出新时代世界华文教育发展"十大理念"，仅供参考，并请斧钺。

[①] 本文原载于《世界汉语教学》2018 年第 2 期。

一 "新时代" 发展理念

习近平在党的十九大报告中指出："中国特色社会主义进入新时代，意味着近代以来久经磨难的中华民族迎来了从站起来、富起来到强起来的伟大飞跃，迎来了实现中华民族伟大复兴的光明前景；意味着科学社会主义在二十一世纪的中国焕发出强大生机活力，在世界上高高举起了中国特色社会主义伟大旗帜；意味着中国特色社会主义道路、理论、制度、文化不断发展，拓展了发展中国家走向现代化的途径，给世界上那些既希望加快发展又希望保持自身独立性的国家和民族提供了全新选择，为解决人类问题贡献了中国智慧和中国方案。"同时还指出："这个新时代，是承前启后、继往开来、在新的历史条件下继续夺取中国特色社会主义伟大胜利的时代，是决胜全面建成小康社会、进而全面建设社会主义现代化强国的时代，是全国各族人民团结奋斗、不断创造美好生活、逐步实现全体人民共同富裕的时代，是全体中华儿女勠力同心、奋力实现中华民族伟大复兴中国梦的时代，是我国日益走近世界舞台中央、不断为人类作出更大贡献的时代。"（习近平，2017：10－11）在这样的新时代，华文教育必须坚持"新时代"发展理念。

首先，要坚持以"习近平新时代中国特色社会主义思想"为指导。习近平（2017：20）指出："新时代中国特色社会主义思想，是对马克思列宁主义、毛泽东思想、邓小平理论、'三个代表'重要思想、科学发展观的继承和发展，是马克思主义中国化最新成果，是党和人民实践经验和集体智慧的结晶，是中国特色社会主义理论体系的重要组成部分，是全党全国人民为实现中华民族伟大复兴而奋斗的行动指南，必须长期坚持并不断发展。"华文教育作为国家和民族的一项伟大事业，是新时代中国特色社会主义伟大事业的一个重要组成部分。华文教育在"新时代"条件下要更快更好发展，就必须坚持以习近平新时代中国特色社会主义思想为指导，深刻领会、全面把握新时代中国特色社会主义思想的精神实质和丰富内涵，科学分析新时代世界华文教育发展现状、存在问题与发展需求，制定符合"新时代"发展特征与需要的华文教育发展规划与具体措施，更好更快地推动世界华文教育发展迈上新台阶，以适应新时代中国特色社会主义发展需要，服务于实现中华民族伟大复兴的中国梦。

其次，要服务、助力于新时代坚持和发展中国特色社会主义基本方略的贯彻、实施。习近平在党的十九大报告中提出了"十四条"新时代坚持和发展中国特色社会主义的基本方略。这些方略是习近平新时代中国特色社会主义思想的主要内容和具体体现，必须全面贯彻落实。华文教育也不例外，基本方略很多具体内容与华文教育密切相关，华文教育应该从中吸收理论营养，用以指导华文教育理论创新、体制创新、实践创新、发展创新。尤其是以下三个方面值得高度重视。

（1）习近平关于"文化自信""中外人文交流"的论述对华文教育意义重大。"文化自信是一个国家、一个民族发展中更基本、更深沉、更持久的力量。必须……不断增强意识形态领域主导权和话语权，推动中华优秀传统文化创造性转化、创新性发展，继承革命文化，发展社会主义先进文化，不忘本来、吸收外来、面向未来，更好构筑中国精神、中国价值、中国力量，为人民提供精神指引。"（习近平，2017：23）而"文化是一个国家、一个民族的灵魂。文化兴国运兴，文化强民族强。没有高度的文化自信，没有文化的繁荣兴盛，就没有中华民族伟大复兴"（习近平，2017：40－41）。要"加强中外人文交流，以我为主、兼收并蓄。推进国际传播能力建设，讲好中国故事，展现真实、立体、全面的中国，提高国家文化软实力"（习近平，2017：44）。这些思想对华文教育具有非常大的指导意义。华文教育是世界范围内中华语言文化教育和国际传播的重要形式。华文教育不仅对海外华侨华人树立中华文化自信和民族自信，培养一代又一代具有中华文化自信、民族自信和中华文化认同感、中华民族认同感的新一代华侨华人发挥重要作用，而且对推动中华优秀传统文化在海外的创造性转化、创新性发展以及更有效的国际传播，讲好中国故事，宣传中国精神和中国价值，展现真实、立体、全面的中国，提高中国文化软实力，促进中外人文交流和文明互鉴，等等，都具有重要的现实意义。因此，华文教育必须以此为己任、为使命，努力开拓中华语言文化国际教育与传播新局面。

（2）习近平（2017：25）提出"实现祖国完全统一，是实现中华民族伟大复兴的必然要求"，这对华文教育提出了新任务。海外华文教育是促进祖国统一大业的重要平台与形式。华文教育和汉语国际传播必须服务、服从于"一国两制"和祖国统一大业，在华文教育和汉语国际传播中"必须坚持一个中国原则，坚持'九二共识'，推动两岸关系和平发展，深化两岸经济合作和文化往来，推动两岸同胞共同反对一切分裂国家的活动，共同为实现中华民族伟大复兴而奋斗"（习近平，2017：25）。在这一方面，华文教育必将也应该大有作为。

（3）"基本方略"中指出："中国人民的梦想同各国人民的梦想息息相通，实现中国梦离不开和平的国际环境和稳定的国际秩序"，"促进和而不同、兼收并蓄的文明交流，构筑尊崇自然、绿色发展的生态体系，始终做世界和平的建设者、全球发展的贡献者、国际秩序的维护者"（习近平，2017：25），这对华文教育有着引领性、方向性意义。华文教育及汉语国际传播作为促进各国人民民心相通的重要桥梁，应该致力服务于坚持推动人类命运共同体的构建，通过华文教育和汉语国际传播，促进不同国家、不同民族之间的文明交流与互鉴，为世界和平创造良好的语言文化环境。

再次，适应并服务于实现"两个一百年"奋斗目标带来的海外华侨华人以及各国人民对中华语言文化日益增长的迫切需求，促进发展更高质量、更高水平、更丰富多样的华文教育。党的十九大提出，"决胜全面建成小康社会，开启全面建设社会主义现代化国家新征程"，到 2025 年，"把我国建成富强民主文明和谐美丽的社会主义现代化强国"。到那时，我国将"成为综合国力和国际影响力领先的国家"，"中华民族将以更加昂扬的姿态屹立于世界民族之林"（习近平，2017：29）。由此可以想见，随着我国"两个一百年"奋斗目标的实现过程以及"一带一路"倡议的推进与发展，海外华侨华人以及各国人民对华文教育必将有更大更多更广泛更迫切的需求，世界范围内的"华文热""汉语热"必将持续升温。因此，更快更好更有力地发展华文教育及汉语国际传播事业，以满足海外华侨华人以及各国人民对华文教育的迫切需求，就成为华文教育界以及华文教育工作者义不容辞的历史使命和责任。

总之，"新时代"发展理念要求华文教育必须置身于"新时代中国特色社会主义"建设发展过程中，置身于"实现中华民族伟大复兴中国梦"的进程中，深入探讨新时代华文教育的新使命、新任务、新目标、新举措，深入探讨新时代华文教育的规律与特征，大力推动新时代华文教育发展。

二　"全球化"发展理念

习近平在党的十九大报告中指出："世界正处于大发展大变革大调整时期，和平与发展仍然是时代主题。世界多极化、经济全球化、社会信息化、文化多样化深入发展，全球治理体系和国际秩序变革加速推进，各国相互联系和依存日益加深，国际力量对比更趋平衡，和平发展大势不可逆转。"（习近平，2017：58）这一重要判断说明，世界全球化发展已经是不可阻挡的历史潮流。在世界全球化发展的历史进程中，中国的全球化发展不仅已经成为世界全球化发展的重要助推力量，而且为世界带来巨大的全球化红利，带来前所未有的机遇和福祉。尤其是伴随着中国全球化发展的历史进程，中华语言文化国际传播也必然成为全球化发展的重要组成部分。

全球化虽然是以经济全球化为核心，但同时也包含了各国各民族各地区在政治、文化、科技、军事、安全、意识形态、生活方式、价值观念、人际交往、国际关系等多方面、多层次、多领域的相互联系、相互依存、相互影响与制约等。世界发展到今天，尤其是随着经济、信息全球化的发展，任何一个国家和地区都不可能再是一个自给自足、闭关自守的封闭体。正如马克思、恩格斯在《共产党宣言》中所说的："资产阶级，由于开拓了世界市场，使一切国家的生产和消费都成了世界性的了。……过去那种地方的和民族的自给自足和闭关自守状态，被各民族的各方面的相互依赖所代替了。物质的生产是如此，精神的生产也是如此。各民族的精神产品成了公共的财产。民族的片面性和局限性日益成为不可能，于是由许多种民族的和地方的文学形成了一种世界的文学。"（马克思、恩格斯，1848/1972：254－255）这里"文学"的概念实际的旨意是"文化"，所谓"世界的文学"亦即"世界的文化"。这是马克思、恩格斯第一次提出并使用"世界文化"的概念。世界文化的形成与发展既是世界经济全球化发展的必然结果，又是世界全球化发展的重要内容和组成部分。从历史上看，中国文化对世界文化做出了巨大的历史贡献，中国文化本身就是世界文化的重要内容和不可缺少的组成部分；从中国日益走近世界舞台中央的今天来看，中国文化在世界上的影响力和感召力日益提高，贡献愈来愈大，这都是全球化发展的必然。其中，华文教育与汉语国际教育扮演了非常重要的角色，成为中国文化走向世界的主要推动力量，作出了重大贡献。无论从分布于世界各国的20000多所华文学校与教育机构来看，还是从全球1638所孔子学院与孔子课堂（其中孔子学院525所，孔子课堂1113个）来看（刘延东，2017），学习汉语与中国文化的海外华侨华人以及其他外国朋友的数量之多是前所未有的。截至2017年，全球华文学校在校学生数已达数百万人，仅华文教师就有数十万之多；分布于各国的孔子学院（含孔子课堂）的学员已达916万人（刘延东，2017）。这充分说明，华文教育和中华文化国际传播已经走向世界，获得前所未有的全球化发展，并作出了积极贡献。华文教育是海外华侨华人社会的"留根""铸魂""搭桥""圆梦"工程，即留中华文化、中华民族之根，铸中华文化、中国精神、中华民族之魂，搭中外人文交流、中外友好、民心相通之桥，圆实现中华民族伟大复兴之中国梦，其意义十分重大。正如刘延东（2017）所说："习近平主席指出，孔子学院是中外语言文化交流的窗口和桥梁。孔子学院属于中国，也属于世界。孔子学院创办十三年特别是近五年来，在中外双方努力下，坚持共建共享，为增进中国与各国人民友谊，促进中外文明交流互鉴作出了积极贡献。"由此可见，华文教育树立"全球化"发展理念既是世界全球化发展的必然要求，也是中国全球化发展的必然选择，更是华文教育全球化发展的内在需要。

华文教育"全球化"发展理念就是要把华文教育置于中国和世界全球化发展的大背景下，面向全球推进华文教育大发展，以适应"全球化"对中华语言文化的现实需求，满足各国人民学习中华语言文化的需要，从而推动中外人文交流和民心相通。这就是华文教育全球化的现实意义。华语是全球华人的华语，同时也是世界人民的华语。因为不仅全球华人需要华语，而且全世界都需要华语。这就要求我们必须立足于全球有需求者"人人学华语"来思考"大华语"问题，必须从华语在世界范围内的传播实践角度来研究"大华语"。正因为如此，华文教育应该整合世界各国优势资源与力量，建立"全球华文教育责任共同体"，形成"世界华文教育联盟"，遵循共商、共建、共享原则，倡导人人学习、人人参与、人人担当、人人奉献精神，共同推动华文教育全球化发展。这是华文教育"全球化"发展理念的题中应有之义。

三 "大华文教育"发展理念

华文教育在概念范畴上分为广义的华文教育和狭义的华文教育。广义的华文教育指的是华侨华人社会面向华侨华人子弟、以华语作为媒介语的中华语言文化教育以及活动,是对华侨华人学生开展的旨在培养人才的综合性文化素质教育,其语言教学性质既包括华语作为母语或第一语言的教学,又包括华语作为第二语言的教学,同时还包括以华语作为教学媒介语的各学科如数学、历史、地理、生物、化学、物理、体育、音乐、美术、常识等在内的综合性文化素质教育;狭义的华文教育就是指面向华侨华人学生、以华语语言教学为核心内容的华语文教学,其语言教学性质包括华语作为母语或第一语言的教学,也包括华语作为第二语言的教学。这里讲的"大华文教育",既不是广义的华文教育,更不是狭义的华文教育,而是指基于新时代"大华语"全球化发展背景下的全新的华文教育的概念。"大华语是以普通话/国语为基础的全世界华人的共同语。"(李宇明,2017)从全球化发展来看,这种"大华语"不仅仅是全球华人的共同语,而且是各国人民把华语作为第二语言学习的对象,即华语也是"世界人民的华语",或曰"世界的华语"。贾益民(2017a)提出:"从语言学的角度看,'大华语'应该包括三个层次:一是'作为母语的华语',二是'作为民族语言的华语',三是'作为世界语言的华语'。'作为母语的华语'要求我们必须不断提高母语水平,建设高质量的华语,以提升自己母语的语言生活质量;'作为民族语言的华语'要求我们必须在世界华人即全球华夏儿女中传承民族语言文化,不断提高华语的生活水平并以此来影响世界;'作为世界语言的华语'则要求我们必须承担起世界责任,努力在世界范围内帮助有需要的各国人士学习、使用华语,逐步建立起华语作为世界语言的世界华语生活体系(包括华语教育传播应用体系等)以满足各国人士学习、使用华语的现实需求。""作为世界语言的华语""世界公民人人学华语",这是新时代全球化发展条件下"大华语""大华文教育"题中应有之要义。

由此我们认为,"大华文教育"的基本内涵,其一是指面向全球的既包括各国各地区的华侨华人又包括各国各地区的其他人士在内的、以中华语言文化为核心教学内容、以各种不同类型不同层次的学校教育和社会教育为基本形式的教育活动,如海外以华语和中华文化为主要教学内容的各种华文学校、孔子学院、孔子课堂以及各种形式的社会补习、培训等活动;其二是指面向海外华侨华人以及其他外国人士以华语作为教学基本媒介语所开展的综合文化素质教育和各种不同类型不同层次的人才培养活动,比如以华语作为基本教学语言所开展的中、小、幼教育以及大学教育(含学历教育和非学历教育)等;其三是指全球范围内面向社会开展的各种形式各种类型的中华文化活动,如"中国文化周""中国文化月"、中华艺术展演、中华体育与武术、中国节庆、中华文化讲座、中华文化知识大赛、"汉语桥"大赛等；其四是指面向全球的中华文化国际交流与传播，如中华广播影视、华文媒体、中华图书出版、中国文献译介、中外人文交流活动等。由此可见，"大华文教育"，其不仅面向华侨华人，而且面向非华侨华人，即面向世界人民；其内容不仅包括语言，而且包括文化，注重以语言为基础，以文化为主导，实现语言文化并重；其形式不仅包括学校教育，也包括各种形式的社会教育以及社会文化活动；其类型不仅包括各种形式的教育活动，而且包括各种形式的人文交流与国际传播等。所以，由全球"大华语"进而发展到全球"大华文教育"，这是全球化时代发展对华文教育提出的新要求，是世界华文教育发展的必由之路。因此，牢固树立"大华文教育"发展理念，以此引领、推动世界华文教育发展，意义重大而深远。

四 "融入主流"发展理念

贾益民（2017b）认为，华文教育"如何进入主流社会，如何和主流教育体系相融合，甚至直接进入主流教育体系，或者得到主流教育体系的认可，这是目前华文教育面临的非常大的课题"。"在中国日益走向世界的今天，我们应该更加重视推动这种融合。"华文教育要顺应新时代全球化发展的大势，使华语逐渐成为"全球华语""世界语言"，就必须使华文教育尽快融入各国发展的主流。所以，"融入主流"是世界华文教育发展不可缺少的重要理念。

其一，华文教育要融入世界多元文化发展主流。习近平（2017：59）指出，世界正处于"文化多样化深入发展"时期，"要尊重世界文明多样性，以文明交流超越文明隔阂、文明互鉴超越文明冲突、文明共存超越文明优越"。这充分说明，一方面中华文化应该走向世界，为世界文明多样化发展，各国文明交流与互鉴、共存共荣作出积极贡献；一方面在中华文明走向世界的过程中，必须尊重世界文明的多样性，努力消除文明隔阂与冲突，同时防止文明优越倾向。这是华文教育"融入主流"发展必须注意的。华文教育要融入世界多元文化发展主流，就是要自觉尊重所在国文明发展的历史与现实，自觉吸收所在国文明的营养，努力把中华文明与所在国文明有机结合起来，推动所在国人民对中华文明的认知，促使中华文明成为所在国文明多样性发展的组成部分，创造中华文明与所在国文明共存共生共荣的文明和谐局面。

其二，华文教育要融入所在国教育主流。这是华文教育"融入主流"发展的核心、关键问题。通常人们所讲的华文教育"融入主流"指的就是华文教育要融入所在国教育主流。面向主流社会的孔子学院进入所在国大学教育体系，尽管较少学历教育，甚至在极个别国家的极个别大学遭到不公正对待，但毕竟为汉语教学进入所在国大学教学体系迈出了一大步，有了良好开端。面向华侨华人社会的华文教育，从全日制中小学到周末制或课后制华文学校，也已经越来越多地进入所在国政府主流教育体系而被承认，或给予学区学分认可。更可喜的是，很多国家的大学已经开设汉语或中国文化的学分课程，有的还专门增设汉语系或中国学系；很多国家在中小学开设汉语必修课程或选修课程，而且选修的人数逐年增加；有的国家已经把汉语作为升学考试科目，而且选考的人数也在逐年增加。这些都昭示着华文教育"融入主流"发展的良好态势。但是，另一方面，"融入主流"仍然存在很多困难和问题，甚至有些国家和地区依然对华文教育持有偏见，存有戒心，因而在政策上仍然有诸多限制；有的国家政府甚至仍然把语言教学意识形态化，把中国支持和帮助其所在国人民学习汉语看作中国的对外"文化扩张"与"文化侵略"。这特别值得我们注意。华文教育"融入主流"发展除了政策问题外，更大困难在于华文师资的严重匮乏，以及教学、教材、教法等与本土化现实要求差距甚大。所以，华文教育"融入主流"发展势在必行，但仍然举步维艰，任重道远。越是这样，我们就越应该强化华文教育"融入主流"发展理念，进一步分析"融入主流"存在的困难和问题，找到解决办法，推动华文教育进一步融入所在国教育主流，得到所在国政府和社会的支持与帮助，并将发展华文教育变为所在国政府和社会的自觉行动与追求。

其三，华文教育要融入所在国经济社会发展主流。服务于所在国经济社会发展，是海外华文教育"融入主流"发展的重要内容。任何一个国家政府和主流社会，是否支持一种外来语言文化教育事业在本国的落地生根、普及发展，很重要的因素就是看这种语言文化能够在多大程度上有效地服务于国家的经济社会发展，其中包括有利于保持本国语言文化安全、社会稳定、经济发展、就业扩大、对外交流、人口素质提升等。因此，华文教育应该通过自身的发展和努力，发挥华侨华人社会及其华文教育促进中外人文交流、经贸往来、金融投资、产业融合、科教合作等桥梁作用和人脉资源优势，有效地消除所在国政府及其主流社会的误解及戒备心理，自觉尊重所在国语言文化传统，增强其语言文化安全感，维护社会稳定，促进就业与经济发展，推动对外交流（尤其是与中国的交流）和人口素质的提升，为所在国经济社会发展作出积极贡献。这是华文教育"融入主流"发展尤其是可持续发展的重要前提和条件。

其四，华文教育要融入所在国华侨华人社会发展主流。海外华文教育本身就是华侨华人社会发展的一项共同事业，需要华侨华人社会各团体、各界别、各行业、各领域、各企业及其所有华侨华人的共同参与、支持和帮助。一是华侨华人社会要把华文教育看作华侨华人社会发展的头等大事，齐心协力，做好规划，加大投入，支持华文学校扩大办学规模，加强华文师资队伍建设，提高教育教学水平，扩大华文教育影响力；二是华文教育应当努力适应华侨华人社会发展的需要，发挥华文教育培养高素质人才的优势，努力为华侨华人社会培养各种类型各种层次的优秀就业创业人才，以促进华侨华人经济社会和文化事业发展；三是华文教育界应积极主动地置身于华侨华人社会主流之中，自觉听取、吸纳、接受华侨华人社会关于华文教育的意见建议，积极争取华侨华人社会的支持与帮助，不断改善办学条件，努力办华侨华人社会满意的华文教育，不断满足华侨华人对华文教育的需求与期待。

总之，华文教育"融入主流"发展是新时代华文教育全球化发展的必然选择，是华文教育可持续发展的重要途径，是极其重要的。

五　"多元驱动"发展理念

新时代世界华文教育发展已经进入"多元驱动机遇期"（贾益民，2017b），尤其是以下五个方面的驱动力量显得特别重要。

第一，政治驱动。这是指中国和平崛起、世界和平发展的驱动。一方面，中国国际政治地位与影响力日益提升，参与全球治理的能力越来越强，全球事务的参与度越来越高、话语权越来越大；另一方面，世界和平发展的力量日益增强。正如习近平所说："和平与发展仍然是时代主题"（习近平，2017：58），中国"全面推进中国特色大国外交，形成全方位、多层次、立体化的外交布局，为我国发展营造了良好外部条件。实施共建'一带一路'倡议，发起创办亚洲基础设施投资银行，设立丝路基金，举办首届'一带一路'国际合作高峰论坛、亚太经合组织领导人非正式会议、二十国集团领导人杭州峰会、金砖国家领导人厦门会晤、亚信峰会。倡导构建人类命运共同体，促进全球治理体系变革。我国国际影响力、感召力、塑造力进一步提高，为世界和平与发展作出新的重大贡献"（习近平，2017：7）。这种世界政治局面必将为新时代华文教育发展注入强大驱动力量：一是世界各国与中国友好关系日益发展，二是各国对华文教育的需求愈来愈大，三是各国政府和社会各界越来越支持华文教育。这种"政治驱动"作用伴随中国"两个一百年"目标的实现过程将日益凸显。

第二，经济驱动。这是指中国经济发展的驱动。中国已经成为世界第二大经济体，对世界经济发展作出了显著贡献。世界各大机构近期纷纷上调对中国经济的增长预期，高度评价中国对全球经济作出的贡献。联合国在纽约总部发布的《2018年世界经济形势与展望》指出，2017年全球经济增长速度达到3%，是2011年以来的最快增长，其中中国对全球经济增长的贡献最大，约占三分之一。国际货币基金组织在最新发布的《世界经济展望》报告中表示，中国国内生产总值到2019年将从2017年的11.9万亿美元增至14.2万亿美元，超过同年欧元区共计14万亿美元的GDP，中国经济对未来世界经济的贡献还将持续增加（李春霞、周明阳，2017）。未来十五年，中国市场将进一步扩大，"预计将进口24万亿美元商品，吸收2万亿美元境外直接投资，对外投资总额将达到2万亿美元"（王义桅，2017）。由此可见，中国经济乃至世界经济的发展，必将为新时代华文教育发展提供强大的经济驱动力：一是世界各国因与中国开展越来越频繁的经济贸易活动而对华文教育提出了巨大需求，促使学习华语与中华文化者日益剧增、华教市场越来越大；二是为华文教育大发展提供了经济支持和保障，不仅中国政府和社会将进一步加大投入，而且各国政府和社会也必将加大对华文教育的投入，海外华侨华人社会也会一如既往地支持华文教育办学。

第三，文化驱动。这是指中华文化及其国际传播的驱动。华文教育是中华文化国际传播的重要形式和平台。华文教育既要服务于中华文化国际传播，又要加大自身中华文化国际传播的力度。同时，中华文化国际传播对华文教育也产生着积极而重大的影响，成为促进华文教育发展的重要驱动力量。从历史上看，中华文化国际传播最早大都是伴随华文教育而产生、发展起来的，华文教育对中华文化国际传播发挥了重要的历史推动作用。比如宋代的李竹隐，1276 年即赴日本讲学，传播中华文化；明代的朱舜水先后七次东渡扶桑，在日本教授儒学达 20 余年，对中华传统文化在日本的传播作出了积极贡献（贾益民，2012：22）。当前，中华文化及其国际传播已经响彻世界五洲之滨及广袤大地，中华文化对世界各国的影响力、感召力、吸引力日益增强。正因如此，中华文化国际传播的内容和形式日益丰富，各类型的华文媒体层出不穷。中华文化国际传播一方面为华文教育提供了更广阔的舞台，华文教育可以借助中华文化传播媒体（包括传统媒体、新媒体或融媒体等）更好地开展教育教学活动；另一方面对华文教育培养中华文化国际传播人才提出了新任务、新要求。而且随着世界范围内想要了解、认识、感知、体验、习得中华文化的各界各层次人士越来越多，"中国文化热"会日益增温，这就为以传承传播中华语言文化为己任的华文教育开拓了更广阔的天地。

第四，区域驱动。这是指"一带一路"倡议的区域驱动。"一带一路"倡议是新时代中国深入参与全球经济治理体系改革和建设，承担大国担当，贡献中国方案和中国智慧，顺应世界时代潮流和发展规律的必然选择。"一带一路"倡议的实施，使得"一带一路"沿线国家和地区与中国的经济贸易往来、产业合作、人文交流等更加频繁，与其他国家和地区相比在与中国合作发展方面具有更大的区域优势。"一带一路"倡议实施以来，中国在"一带一路"沿线国家和地区的投资大幅度增加。2016年数据显示，中国进出口银行为"一带一路"沿线国家贷款余额已超过 6000 亿元人民币，涉及的项目超过 1000 个；国家开发银行为沿线国家提供的融资项目超过 400个，贷款余额 1000 多亿美元；截至 2016 年末，已有 9 家中资银行在 26 个"一带一路"沿线国家设立 62 家一级机构；截至 2016 年底，中国企业已在沿线 20 多个国家建设 56 个经贸合作区，累计投资超过 185 亿美元，为东道国创造了近 11 亿美元税收和 18 万个就业岗位；2017 年 1 月至 10 月，中企对沿线国家新增投资 111.8 亿美元，新签对外承包工程合同额1020.7亿美元（钱菁旎，2017）。这些充分说明，"一带一路"倡议已经成为中外区域合作的重要平台，成为带动、推动沿线国家经济建设发展的重要力量，这也必将极大地推动沿线国家的人文交流，为沿线国家华文教育发展创造无限机遇。华文教育本身就是"一带一路"倡议的重要组成部分，是沿线国家和地区人文合作交流不可缺少的重要内容。紧抓这一机遇，借助于"一带一路"区域合作发展的驱动力量，必然会推动华文教育获得更大发展，并助推"一带一路"倡议的全面实施。

第五，内生驱动。这是指华侨华人社会生存与发展的内生驱动。"这种内生驱动，不是传统意义上的'生存'的概念，而是在世界经济社会发展新形势下华侨华人社会自身发展带来的关于语言、文化、教育的内在需求。"（贾益民，2017b）中国的日益强盛，尤其是"一带一路"倡议的实施和"两个一百年"目标的实现，给海外华侨华人经济社会发展带来了无限机遇，同时，海外华侨华人社会对中华语言文化和华文教育的需求亦随之迫切、多样。华文教育必须把华侨华人社会的需求作为奋斗目标，致力于办华侨华人满意的华文教育，一方面服务于华侨华人在住在国的长期生存与发展，一方面要借助华侨华人社会的资源优势及其生存、发展的内生动力，推进华文教育自身发展。

总之，在新时代下，"多元驱动"给华文教育发展带来了多元机遇，我们要善于整合、利用"多元驱动"资源与力量，助推华文教育和汉语国际教育事业的新发展。

六 "民间力量"发展理念

所谓"民间力量"即非政府组织机构，包括各类民办教育机构、社会团体、工商企业、文化产业、法定个人以及其他各种非政府组织等。目前，海外从事华文教育的学校基本是由华侨华人"民间力量"在办学并进行自我管理。这是世界华文教育一支非常重要的力量，非常值得关注和重视，并在条件允许的情况下给予一定的支持和帮助。但是，在国内从事华文教育和汉语国际教育的"民间力量"则非常薄弱，与我国经济社会发展水平极不相称，即便有极少数民间办学机构，但大都规模偏小，影响力不大，远远不能适应快速发展的华文教育以及汉语国际教育的需求。所以，支持"民间力量"开展华文教育和汉语国际教育势在必行。习近平（2017：46）指出："支持和规范社会力量兴办教育。"我认为，在华文教育和汉语国际教育领域也应该积极支持和规范社会"民间力量"自主参与、开展华文教育及汉语国际教育的办学。"华文教育发展与汉语国际传播都需要社会各方的协同与协作。而在这个过程中，如何发挥华文教育、汉语国际传播的民间力量的作用显得非常重要。除了政府的推动之外，民间力量应该自发地组织、协调起来，以民间力量来推动华文教育的发展。"

（贾益民，2017b）因此，树立华文教育"民间力量"发展理念非常必要。

首先，从政府层面来说，一是在思想认识上要把"民间力量"看作"国家力量"的重要组成部分，给予充分信任，公平对待；二是在政策上要出台具体措施给予支持和规范，如"民间力量"办学享受政府公办教育的同等待遇，制定专门办学标准、定期评估考核等，通过有效的指导和管理，使"民间力量"自觉成为基于政府指导的民间办学机构；三是为"民间力量"办学提供服务和帮助，尤其是要发挥政府资源优势和桥梁作用，支持和帮助有条件的民间办学机构走出国门举办华文教育或汉语国际教育。当前，世界面临的不稳定性不确定性突出，国际政治形势复杂多变。在这种情况下，发挥"民间力量"作用，帮助他们走出去开办汉语国际教育，政府给予必要的支持，这比政府直接走到前台要安全得多，也会避免一些不必要的麻烦。其次，从"民间力量"来说，一是要把华文教育看作国家和民族的一项伟大事业，站在国家和民族的立场上，从中国语言文化走向世界的高度认识开展华文教育和汉语国际教育的必要性和重要性，敢于担当，勇于奉献；二是要自觉接受政府领导与指导，严格依法依规办学，保证办学投入和办学质量，在海外办学还要严格遵守所在国的法律法规，尊重所在国的文化习俗等；三是在海外办学要处理好与孔子学院（孔子课堂）以及华侨华人举办的华文学校的关系，形成资源互补、优势共享、良性互动、和谐相处、共生共荣的华文教育新局面。

七　"转型升级"发展理念

"转型升级"是新时代华文教育发展面临的一个重要课题。新时代给华文教育提出了新任务、新要求，使华文教育的"转型升级"成为可能与必然。"中国经济、世界经济发展都面临转型升级的问题。在这种形势下，海外华文教育也迎来了转型升级的大好时机。"（贾益民，2016）裘援平2014年就提出："华侨华人对华文教育的期望越来越高，现有教育教学水平难以满足要求，华文学校转型升级的必要性和迫切性进一步凸显。"针对海外华文教育发展变化的新情况，裘援平表示，"要推进标准化、专业化、正规化建设，支持海外华文学校转型升级发展"（黄小希，2014）。裘援平（2016）又指出："我们正着力打造'施教体系、教材体系、培训体系、帮扶体系、支撑体系、体验体系'，引导海外华文学校转型升级，推动华文教育向'标准化、正规化、专业化'方向发展。"裘援平2016年在访问老挝寮都公学时又说："自2015年起，国侨办先后研究制定了相对规范的华文教育办学标准、华文教师从业水平测试标准和华裔青少年华文水平测试标准，并组织研发了华文教育教学大纲、华文教材编写大纲等，推动海外华文教育向转型升级迈进。"（齐彬、蒋涛，2016）2017年许又声在第四届世界华文教育大会上指出："本届大会是在中共十九大胜利召开、中国特色社会主义进入新时代、'一带一路'倡议取得显著成效、华文教育'三化'（标准化、正规化、专业化）建设全面推进的关键时期召开的一次盛会，对于推动华文教育事业加快转型升级有着至关重要的意义。""华文教育要在'三化'进程中全面转型升级。""当前华文教育发展机遇与挑战并存，推进华文教育'三化'建设，推动华文学校转型升级发展，是破解各类问题的有效方案。"（马秀秀，2017）可见，以推动"三化"（标准化、正规化、专业化）和"六大体系"（施教体系、教材体系、培训体系、帮扶体系、支撑体系、体验体系）建设为主要内容的华文教育"转型升级"，已经成为近几年国家开展华文教育的重要任务。

新时代华文教育的"转型升级"，根本目的在于由传统的华文教育观念、体系、模式向新时代华文教育发展、变革，由过去的规模化发展向内涵建设、提升质量、增强效益转型。我认为，在推动以内涵发展、质量提升为核心内容的"三化"和"六大体系"建设的基础上，应该重视以下八个方面的"转型升级"：一是由民间教育向主流教育转型，争取进入主流教育体系，或得到主流教育体系的认可；二是由非学历语言补习、培训向学历教育转型，争取业余教育向全日制学历教育发展，尤其是推动政府学校（包括中小幼和大学）开设华文学历教育课程；三是由单语教育向双语或三语教育转型，在有条件的地方开办国际双语（三语）学校；四是由单一的语言文化教育向语言文化教育与职业（专业）教育结合转型，以满足海外社会对华语专业人才的需求；五是由师资短期培训向专业学历师范教育转型，以满足各国主流教育体系对华文师资专业学历的要求；六是由单一的学校语言文化课堂教学向与中华文化国际传播相结合转型，以发挥华文教育在中华文化国际传播中的重要作用；七是由传统的课堂教学模式向现代智慧教学模式转型，充分利用互联网环境下的现代云教育技术，增强华文教学的趣味性、吸引力和感召力；八是由中国式教育向本土化教育转型，包括教师、教材、教学、管理的本土化等。当然，关键还在于由传统的华文教育观念向新时代华文教育观念转型，树立"转型升级"的自觉意识并付诸实践。

八　"华文教育＋"发展理念

随着"大华文教育"的发展以及华文教育的"转型升级"，华文教育今后绝不再是单一的、传统意义上的华文教育，而是在"华文教育＋"发展理念引领下呈现多元发展态势。华文教育多元发展是新时代对华文教育提出的新要求。"华文教育＋"至少要重视以下几个方面。

其一，华文教育＋中华文化传播。华文教育是中华文化国际传播的重要平台和形式。华文教育的根本目的就在于面向海外华侨华人及其他外国朋友传播中华语言文化。对华侨华人开展华文教育，就是为了让华侨华人继承、传扬中华文化优秀传统，保持中华民族之根，铸就中华文化之魂，同圆中华民族伟大复兴之梦，这也正是华侨华人社会积极开展华文教育的内生动力，是海外华侨华人社会中华语言文化生生不息、延绵不断、创新发展的不竭源泉；对其他外国朋友开展华文教育，就是为了让他们认识、了解、感知、体验中华语言文化，增进对中国以及中国人民的友好感情，促进中外文明交流互鉴及各方面的友好合作，推动构建人类命运共同体，为世界和平发展和人民幸福生活作出贡献。所以，华文教育在教育教学过程中必须承担起中华文化国际传播的历史使命和责任，树立文化传播意识，使华文教育与文化传播紧密结合，以促进不同国家不同民族多元文化的交流融合，互学互鉴，共存共荣，避免为语言而语言，为教学而教学，为办学而办学。

其二，华文教育＋职业（专业）教育。一方面，海外华文学习者无论是华侨华人还是其他外国朋友，学习华文的主要目的大都是职业发展的需要，尤其是成年学生；另一方面，随着中国经济的强盛尤其是"一带一路"倡议的加快推进，中国为世界各国提供了搭乘中国经济快车的重大机遇，世界各国也因此需要大量会使用华语的专业人才和技术人员，"而且需求量非常大，经贸的、金融的、旅游的、科技的、工程的、医学的、管理的、文化的、教育的，乃至军事的、国防的等等。这必将会扩大华文教学的领域，扩大汉语教学的范围，促使华文教育由过去单一的汉语教学、汉语补习向汉语专业学历人才培养以及汉语和专业学习培养相结合转变"（贾益民，2016）。所以，华文教育职业化发展、专业化发展势在必行。

其三，华文教育＋通识教育。通识教育是世界教育发展的主流，华文教育也不例外。从历史上看，华文教育一直与通识教育密切相关，重在学生文化素质培养，尤其重视道德教育，以优秀的中华文化道德传统教育人、熏陶人。可是，20世纪五六十年代以来的海外华文教育，由于地缘政治因素以及办学条件限制，除了少数国家华侨华人社会保持了传统的华文教育体系、模式（全日制教育），继续坚持华语母语教学和华文通识教育之外，绝大多数国家和地区的华文教育已经沦为纯粹的"二语"教学，课堂仅仅教授语言的听说读写。后来新办的华文学校或称为中文学校，绝大多数是周末制学校，仅在周六或周日上两个课时的汉语课，尽管这些学校尽了很大努力，试图把其他素质教育内容融合在一起，但终因学时等条件有限而无法实现。所以，恢复华文学校教育传统，结合新时代华文教育发展的必然要求，在语言教学的同时引入通识教育，使华文教育通识化，以适应新时代对华文人才综合素质的要求，是华文教育必须树立的发展理念。所谓通识教育（general education），指的是非专业、非职业教育，目的是在现代多元化的社会中，为受教育者提供能够通行于社会的丰富的人文与自然科学知识和科学、正确的价值观，旨在培养学生的综合素质和能力，使学生在道德、情感、思维、理性、知识、能力、价值观等方面全面发展。正因为这样，通识教育又称为"全人教育"。海外华文教育的主要对象是青少年学生，他们正处在价值观和知识养成的关键阶段，所以"华文教育＋通识教育"是他们自身成长的内在需求，这也是华文教育立德树人的根本目的所在。

其四，华文教育＋信息技术。现代信息科技发展为华文教育拓展了更为广阔的天地，"互联网＋"、云技术、大数据、智慧技术、人工智能等在华文教育中的应用已是大势所趋，这既为华文教育带来重大发展机遇，也为华文教育带来严峻挑战。华文教育如果无视现代信息技术应用，仍然抱残守缺，必将被时代所淘汰。相反，如果勇于迎接挑战，积极推动现代信息技术在华文教育中的应用，比如运用"云技术"开展智慧教学、利用"人工智能"实施人机对话、利用互联网开展远程教育（如慕课课程）、利用"大数据"分析教与学的质量并适时进行教与学的评估等，通过教育教学信息技术革新，不断促进华文教育信息化的普及与应用水平的提高，必将迎来华文教育发展新的春天。

其五，华文教育＋产业化。这是指华文教育的产教融合。前文已经提出华文教育发展的"民间力量"，而"民间力量"发挥作用就必须走华文教育产教融合的道路，否则就会中途夭折。下面将就"产教融合"进行专门讨论，在此不赘。

总之，"华文教育＋"加什么、怎么加，完全视华文教育发展需求而定，但必须符合华文教育培养中华语言文化人才、立德树人的根本目的。

九 "产教融合"发展理念

华文教育"产教融合"发展理念是基于世界范围内社会产业、市场对中华语言文化人才需求而提出的。《国务院办公厅关于深化产教融合的若干意见》提出"深化产教融合，促进教育链、人才链与产业链、创新链有机衔接"（国务院办公厅，2017），文中对我国教育形势的分析判断以及对产教融合的指导意见，同样适用于华文教育和汉语国际教育。

其一，华文教育和汉语国际教育要面向各国不同区域产业、市场发展需求，加快人才培养结构调整，把中华语言文化人才培养和产业、市场所急需的各类型各层次专业人才培养紧密结合起来。

其二，华文教育和汉语国际教育要"引企入教"，构建"校企合作、协同育人"新体制、新模式，充分调动企业参与产教融合的积极性和主动性，充分发挥市场、产业对教育资源及社会资源的拓展、配置作用。

其三，强化政策引导，鼓励、支持企业以独资、合资、合作等方式依法参与或自主举办多形式、多类型、多层次的华文教育和汉语国际教育，推动"民间力量"国内外办学，拓宽华文教育与汉语国际教育的渠道。

其四，产教融合必须遵循教育规律与市场规律相结合的原则，既要尊重教育规律，又要尊重市场规律。目前，国内外华文教育及汉语国际教育的市场需求越来越大，华文教育办学一方面必须根据产业需求积极培育、拓展教育市场，尤其要重视发挥办学企业主体作用；另一方面要按教育规律规范办学，建立完善的教育质量保障体系，包括"华文教育教学标准体系建设、海外华文教育评估体系建设、华文水平测试体系建设、华文教师专业发展体系建设、华文教育教学资源体系建设以及华文教育学科理论体系建设"（贾益民，2015）等，不断提高教育教学水平。

十 "华教安全"发展理念

华文教育和汉语国际教育的主阵地在国外，自然就有"安全"问题。我们必须充分认识，"世界面临的不稳定性不确定性突出，世界经济增长动能不足，贫富分化日益严重，地区热点问题此起彼伏，恐怖主义、网络安全、重大传染性疾病、气候变化等非传统安全威胁持续蔓延，人类面临许多共同挑战"（习近平，2017：58）。在这样复杂的国际环境下，华文教育和汉语国际教育基于所在国政治、经济、文化、民族、宗教以及国际关系等矛盾的激化可能引发各种安全问题，如民族语言安全、文化传播安全、教育政策安全、外派人员安全、华侨华人社会安全、国家政治安全等。因此，华文教育和汉语国际教育必须坚持"华教安全"发展理念，"统筹发展和安全，增强忧患意识，做到居安思危"（习近平，2017：24）。

其一，重视和维护国家、民族的"语言安全"。"语言从来就是政治、文化斗争的有效工具，是获取民族和国家经济发展的重要手段，是保持和发展国家－民族共同文化的重要内容。"（潘一禾，2005）在华文教育和汉语国际教育过程中，国家、民族的"语言安全"问题就显得特别重要。一是要维护民族语言的尊严和权力，防止华语遭受歧视、攻击、侮蔑、打压和不公正对待；二是要保持华语作为民族语言的纯洁性，防止所在国语言及其他外来语的侵害；三是要保护国家语言信息安全，防止重要语言信息外泄。

其二，重视和维护"文化传播安全"。华文教育过程中必然会遇到中外文化冲突，如果处理不当，就会引发文化安全事件，尤其是华文传媒在文化传播和开展华文教育过程中要格外谨慎。一要尊重所在国不同民族文化，避免文化冲突引发其他族群与华族之间的矛盾；二要防止所在国民族文化对中华文化造成危害和侵蚀，自觉保护中华文化的纯洁性、正当性；三要积极促进中华文化与所在国民族文化的互学互鉴、交流融合，做到相互尊重、共存共荣。

其三，增强"教育政策安全"意识。不同国家往往根据本国国情制定本国的语文教育政策，尤其是外来语文教育政策，其中有的开放、有的保守、有的有所限制，有的甚至禁止。所以，华文教育和汉语国际教育必须根据不同国家的国情及外来语文教育政策而采取不同策略与办法，避免由于政策性冲突而发生教育安全事件。

其四，做好"外派人员安全"工作。首先要加强对外派人员的安全教育，使其树立安全意识，明确安全责任，自觉维护"教育安全"；其次要建立外派人员安全管理体系和安全目标责任制，建立外派人员安全预警及救助机制，及时防范和应对安全应急事件。

其五，维护华侨华人社会安全。华文教育及汉语国际教育的安全问题是关系到海外华侨华人社会安全的头等大事，关系到华侨华人在所在国的长期生存与发展，每一个华文教育工作者都务必将其放在心上、抓在手上、落实在行动上。

其六，坚持国家利益至上，以国家政治安全为根本。涉外教育安全是总体国家安全的重要组成部分。华文教育安全问题事关国家政治安全，华文教育工作者必须树立国家政治安全意识，坚决反对一切危害国家政治安全、侮蔑祖国和人民、背叛和分裂祖国的行径。

总之，在思想上必须牢固树立"华教安全""汉教安全"发展理念，提高教育安全警惕性；在行动上要建立海外华教安全与汉教安全预警机制、防范机制和应对机制，统筹国内国外，完善教育安全制度体系，加强教育安全能力建设，打造华文教育及汉语国际教育高地，维护华侨华人社会合法权益，维护中华民族的团结统一，维护国家主权、安全、发展利益。正如王建勤（2015）所说，"国家必须采取有力措施，加快国家语言战略，特别是国家对外语言战略研究的步伐，加强国家语言文化安全对策研究，维护国家安全，防患于未然"，"以保证国家的语言文字的主导地位不受侵害，保证国家和民族的文化安全不受外来文化的侵蚀和渗透"。

以上所述"十大理念"，是笔者学习党的十九大精神，就华文教育及汉语国际教育未来发展理念问题所做的初步探讨。因时间和水平有限，上述看法还只是初步的，旨在听取大家的意见，期望有更多专家学者一起来研究、讨论新时代华文教育发展理念问题，以推动新时代华文教育和汉语国际教育事业的大发展。

参考文献

国务院办公厅，2017，《国务院办公厅关于深化产教融合的若干意见（国办发〔2017〕95 号）》，中华人民共和国中央人民政府网（http：∥www. gov. cn/zhengce/content/2017-12/19/content_5248564. htm）12 月 19 日。

黄小希，2014，《国侨办主任：推进海外华文学校标准化专业化正规化建设》，新华网北京（http：∥www. gov. cn/zhengce/content/2017 - 12/19/content_5248564. htm）3 月 20 日。

贾益民，2012，《华文教育概论》，暨南大学出版社。

贾益民，2015，《海外华文教育质量保障体系建设》，载《世界华文教学（第一辑）》，社会科学文献出版社。

贾益民，2016，《"一带一路"建设与华文教育新发展》，载《世界华文教学（第二辑）》，社会科学文献出版社。

贾益民，2017a，《"大华语"的三个层次和"大华语战略"》，《语言战略研究》第 4 期。

贾益民，2017b，《世界华文教育发展新形势与多元驱动》，载《世界华文教学（第三辑）》，社会科学文献出版社。

李春霞、周明阳，2017，《中国对全球经济增长贡献最大》，《经济日报》12 月 20 日。

李宇明，2017，《大华语：全球华人的共同语》，《语言文字应用》第 1 期。

刘延东，2017，《刘延东在第十二届全球孔子学院大会上指出 为构建人类命运共同体贡献力量》，《人民日报》12 月 13 日第 4 版。

马克思、恩格斯（1848）《共产党宣言》，《马克思恩格斯选集》第 1 卷，人民出版社，1972 年。

马秀秀，2017，《许又声：第四届世界华文教育大会达成三点重要共识》，中新社北京 12 月 20 日电，中国新闻网（http://www.chinanews.com/hr/2017/12－20/8405508.shtml）12 月 20 日。

潘一禾，2005，《当前国家体系中的文化安全问题》，《浙江大学学报》（人文社会科学版）第 2 期。

齐彬、蒋涛，2016，《裘援平：整合各方资源 推进海外华教"三化"建设》，中新社万象 9 月 9 日电，中国新闻网（http://www.chinanews.com/hr/2016/09－09/7999776.shtml）9 月 9 日。

钱菁旎，2017，《"一带一路"投融资发展机遇无限》，《经济日报》12 月 11 日第 12 版。

裘援平，2016，《振兴华文教育事业，助力中华民族复兴——〈世界华文教育年鉴〉序言》，载《世界华文教育年鉴（2015）》，社会科学文献出版社。

王建勤，2015，《美国国家语言战略与我国语言文化安全对策》，中国网·丝路中国（sl.china.com.cn）8 月 3 日。

王义桅，2017，《中国进入新时代将为世界提供新机遇》，《丝路瞭望》第 12 期。

习近平，2017，《决胜全面建成小康社会 夺取新时代中国特色社会主义伟大胜利——在中国共产党第十九次全国代表大会上的报告》，人民出版社。

目录
Contents

第一部分

2018 年世界华文教育
发展综述

一　华文教育政策综述

中文作为联合国的官方语言之一，近年来在全球的热度持续升高。2018 年，许多国家相继出台推动华文教育发展的相关政策，为华文教育发展提供经费支持、扩大开设汉语课的学校数量与规模、将汉语课和汉语考试纳入国民教育体系等。华文教育为"一带一路"倡议实施、构建人类命运共同体交出了亮眼的成绩单。

（一）华文教育被重视度不断提升

在全国"两会"上，重视华文教育、制定华侨权益保护法等成为与会人员关注的热点。代表们认为制定一部完整、统一、操作性强的华侨权益保护法，对于凝聚华侨力量、促进社会主义事业长久发展非常必要。特别是华文教育，它不仅关系着海外侨胞中华文化的血脉相承，更是其华侨权益的基本保障，还是海外侨胞凝心聚力的生命线、构建人类命运共同体的基础。

（二）华文教育服务"一带一路"倡议，满足沿线国家汉语学习需求

2018 年，俄语区相关国家全面发展华文教育，呈现了势如破竹的良好态势。俄罗斯大力发展华文教育，广泛传播中国文化，汉语热度不断升高。首先，俄罗斯政府拟将汉语纳入俄罗斯全国统一考试，且已做好了考试的相关准备工作。其次，积极推动加里宁格勒州最大的康德波罗的海联邦大学孔子学院的筹建工作，并希望进一步增加赴华留学生数量。再次，俄罗斯金砖电视台与人民网合作，共同策划并制作了"俄罗斯孔子学院——行走在'一带一路'上的文化传播者"人文系列视频，现已正

式在俄金砖电视台和地方电视台播放。此外，图瓦共和国首府克孜勒总统士官武备学校已将汉语列入必修课。白俄罗斯明斯克国立语言大学成立了该国首个中文系，该系将着力培养本土化的中文教师、翻译人员和相关汉语人才，为中白各领域合作输送人才。其中文教学支持，将与中国东北师范大学、北京外国语大学、天津外国语大学和上海外国语大学同时合作开展。

华文教育在东南亚国家保持兴盛，当地政策支持力度有增无减。马来西亚政府加大对华文教育的资金投入，持续给予华文小学、华文中学和独中一定经费支持。同时，马来西亚政府还出台了推动华文教育的相关政策，不仅大马砂州政府已承认华文的统考文凭，马来西亚教育部还宣布承认统考研究报告拟于2019年提呈内阁，进一步扩大政策实施范围。在此基础上，马来西亚政府还开展了"马来西亚华裔子弟赴华深造保送计划"，这是一项针对赴华学生的有利政策，进一步确保了华裔学生能够顺利到中国大学深造。中国国务院侨务办公室文化司与泰国教育部民校教育委员会签署合作开展华文教育的备忘录，备忘录涵盖了泰国华文教师培训、华文教材编写、举办泰国青少年夏（冬）令营、中华文化知识竞赛活动、外派教师工作等多个方面。备忘录的签署是泰国和中国教育合作的一个里程碑，以此为起点，泰中两国之间将会有更多教育方面的合作计划。新加坡成立首个汉语考试中心，新加坡中华总商会管理学院成立商务汉语考试中心。新加坡人今后到中国工作或经商，可在当地考取受中国官方认可的国际商务汉语水平证书。印度尼西亚成立全国性的华文教育社团——华文教育总会，其主要宗旨为向全体印尼国民推广华文教育，并努力开展华文教育工作，希望通过汉语学习带给印尼民众更多发展机会。缅甸内政部中央消防学校2018年首开汉语班。中央消防学校校长称缅甸与中国的关系日益紧密，学习汉语已经成为主流社会的需求。

西亚和南亚国家华文教育推进"一带一路"倡议实施效益显著。西亚和南亚部分国家不仅与我国的经济合作更加深入，还催生了华文教育热现象。阿联酋政府称，为提高国家的教育质量，有助于实现国家的发展目标，并扩大与中国的战略伙伴关系，决定将教授中文的学校于2019年增加至100所。巴基斯坦是"一带一路"沿线重要的国家，"中巴经济走廊"项目的启动不仅加深了中国与巴基斯坦的经济交往与合作，还催生了"汉语热"现象。

（三）欧洲和非洲的华文教育稳步发展

欧洲地区的华文教育发展较为亮眼。西班牙加泰大区已将中文纳入普通学校外语教学。德国杜塞尔多夫市成立首家公立中德双语教学幼儿园。意大利特伦托市索菲·绍尔高中宣布，将把中文纳入学校毕业考试内容，考核成绩将列入毕业考核成绩。目前，意大利越来越多的学校选择了增设中文教学课程。波兰华沙中文学校为当地居民提供免费汉语课程，学校还将与华沙市政府合作，为华沙 Targówek 地区的居民提供免费汉语教育课程等。自 2020 年起，中文将出现在爱尔兰大学考试的外语科目之中。2022 年，汉语将成为爱尔兰高考的科目之一。

非洲地区华文教育发展与学生个人就业发展紧密结合。埃塞俄比亚将中文纳入大学课程，为埃塞俄比亚培养汉语技能型人才以满足市场就业需求；埃塞俄比亚规模最大的综合性大学亚的斯亚贝巴大学还与孔子学院合作，开设中文教学专业。

二 华文教育工作会议综述

2018 年是国内华文教育机构转型升级的重要一年，也是"新时代"华文教育工作迈向改革深水区的重要阶段。

在中国政府机构重组后，国务院侨务办公室并入中央统战部。中央统战部统一管理侨务工作。中央统战部积极团结动员广大归侨侨眷及海外侨办的智慧力量，深入基层调研统战工作，召开了多场工作会议。2018 年 2 月 19 日，中国国务院侨办副主任谭天星与德国柏林地区侨学界代表举行"新时代侨社新形象新作为"座谈会。谭天星指出，如今海外侨社的建设要展现新形象，就是要共同努力全面构建海外和谐侨社："'全面'二字，就是我们的侨社应更加团结、更加充满活力、具有更好的形象、发挥更大的作用。"与会代表提出了 10 多条意见和建议，共同推动华文教育发展。2018 年 3 月 4 日，中共中央总书记、国家主席、中央军委主席习近平参加全国政协十三届一次会议民盟、致公党、无党派人士、侨联界委员联组会。与会委员深入探讨了发挥侨智助力创新型国家建设等问题。2018 年 3 月 21 日至 24 日，国务院侨办召开2018 年全国华文教育工作会议，全面部署了 2018 年"中国寻根之旅"夏令营、中华文化大乐园、师资培训与外派教师、华文教育基金会项目等工作。2018 年 8 月 29日，第十次全国归侨侨眷代表大会召开，多位海外侨胞对华裔新生代的培养表示了极大关注。2018 年 11 月 2 日，中央统战部与意大利侨学界代表举行"新时代侨社新形象新作为"座谈会。

中国国内围绕"新时代的侨务工作与侨务研究"开展了深度学习。习近平总书记在视察暨南大学时发表的重要讲话为各级各类华教相关机构的改革指明了前进方向，明确了任务使命，提供了根本遵循。暨南大学和华侨大学作为中央统战部直属高校积极响应，认真学习并贯彻落实习近平总书记视察广东及暨南大学重要讲话精神，制定单位或机构的行动计划；海外华裔青少年华文水平测试鉴定会、《海外华文教师培训教程》审稿会、《华文教学与研究》杂志、《海外华文教育》杂志等华教相关项目和杂志也积极作为，为推动海外华文教育"三化"建设、推动海外华文教育研究深度发展贡献智慧和力量。

在推动国内外华文教育领域深度合作方面，具体的工作内容包括：海外华校间交流办学经验会，分享海外中文学校办学、管理及侨教经验；华文教育机构座谈会，推动华教组织机构与当地各领域的发展合作；海外针对汉语志愿者、外派教师的座谈会，促进华文师资培养，规范华文教师流动管理。在本年鉴中，收录的以境外为办会主体的会议共计 27 次，占总会议数的 61.36%。其中，由中国驻外大使馆、领事馆等组织或主办的会议达 10 次，一方面可看出华文教育工作已经成为中国驻当地使（领）馆开展外交工作、文化传播工作和侨务工作的重要抓手；另一方面可反映出海外华侨华人组织机构正在积极发挥自身的"主体地位"，主动推介中华文化，促进中外友好交流。

三　华文教育机构发展与变迁综述

中国特色社会主义进入新时代的同时，也为华文教育的发展带来了新机遇、注入了新动力。华文教育依托新时代这一大背景不断发展，成为中国特色社会主义发展不可缺少的一环。华文教育机构作为华文教育发展的承载力量，其变迁和发展对华文教育的发展意义重大。2018年，华文教育机构的发展与变迁主要表现为：海外华校数量增加，内部管理体系不断优化；国内外华文教育机构蓬勃发展，文化交流基地方兴未艾；国内外华文教育机构合作形式多样。

（一）海外华校数量增加，内部管理体系不断优化

华文教育是联系中国和世界各地华侨华人的重要桥梁，作为华文教育的重要阵地，华校的发展和变迁一直牵动着世界各地人们的心。

2018年，海外华校的数量和规模持续扩大，马来西亚柔佛州郭鹤尧华小的开工、维也纳博雅学院的正式开课、印度尼西亚棉中中小学的重建招生，改善了华校和学生数量不匹配的现状，满足了当地学生学习华文的需求，对当地华文教育发展意义重大；在新的华校不断兴起的同时，一些原有的华校办学规模也在不断扩大，办学环境越来越好，如斐济逸仙学校扩建了教学楼，柬埔寨磅湛社庙市养正学校新教学楼落成，都为当地学生更好地学习中文提供了场所和条件。

除了外部的基础设施建设外，华校内部管理体系也不断优化，如马来西亚槟城州14人获委任提升为华小校长，解决了槟州部分华校没有掌校人的现状，大大改善了当地管理不规范的状况，有力地促进了华校的结构化、规范化发展。

（二）国内外华文教育机构蓬勃发展，文化交流基地方兴未艾

2018 年，国内外各级华文教育发展基地如雨后春笋般蓬勃兴起。在国内，华文教育基地的数量持续上涨，江苏新增 33 家华文教育基地，主要集中在中小学，是面向海外华侨华人及其子女开展中华民族语言文字和文化教育、拓展中外校际合作交流的重要载体和平台；云南省华文教育基地落户大理大学、湖北省首个华文教育基地落户三峡大学等也使得大学逐步成为华文教育建设的重要依托；江西省外事侨务办公室颁授了第二批省级华文教育基地，实体企业成为华文教育建设的重要阵地。华文教育基地依托大中小学和企业，不断扩大自身与国内外的交流与合作，推进华文教育的发展壮大。

除此之外，文化建设愈发受到重视，2018 年中国侨联确认了第六批"中国华侨国际文化交流基地"，"中国华侨国际文化交流基地"建设是中国侨联整合社会资源、推进优势互补、合力开展海内外文化交流活动的重要平台，融合了民族文化、地域文化、华侨文化特质，具有独特文化魅力、正面教育意义和较高传承价值，为传播中华文化、讲好中国故事、增强文化自信、促进海内外文化交流作出了重要贡献。温州市2018 年新增 2 个"海外瓯越文化传承基地"，充分发挥地域特色，形成了独具温州特色的侨务文化，有力推进地域文化的传承。

在海外，"华文教育示范学校"也陆续成立，雅典中文学校成为希腊第一所华文教育示范学校，马达加斯加孔子小学被授予"华文教育示范学校"，它们以"传承中华文化、发展海外教育事业、促进中外文化交流"为己任，为华文教育和当地教育接轨发挥了重要的衔接作用。多样化的华文教育基地建设利用国内外的优势力量，整合社会资源，不断拓展华文教育的内容和形式，满足了华文教育进入新时代的发展需求，推进华文教育的多元化、特色化发展。

（三）国内外华文教育机构合作形式多样

世界经济一体化进程加快，中国同各地的联系也日益密切。在"一带一路"倡议的推动下，各国迫切需要了解中国、认识中国，中国也需要加强同世界的交流与合作，"讲好中国故事，传播中国好声音"。语言和文化是各地沟通的重要载体和媒介，在中国特色社会主义进入新时代的重要历史时期，更需要建立一个"大华语"的交

流环境促进华文教育的国际化。

2018 年，暨南大学授予中巴教育文化中心"暨南大学海外招生处"牌匾，致力于推动南亚地区对华文化、教育、经济、科技等交流，增进彼此的了解和信任，促进友好关系的建设，华侨大学与巴黎精英中文学校合作共建华文教育基地，有利于华侨大学在当地开展各项华文教育活动。国内外大学通过合作办学的形式，增进彼此之间的交流，互通有无，彼此合作，推动海外华文教育事业迈向新时代。

除此之外，通过捐建蒲公英图书室、"侨馨书屋"等形式为当地中小学及华文教育基地营造了良好的阅读环境和文化氛围。海外基金会的成立为华文教育的发展提供了重要依托和保障，印度尼西亚华文教育联合总会的建立、泰北中华文化教育基金会的成立对帮扶困难华校、带动整个印尼地区和泰北地区华文教育事业的全面发展具有十分重要的意义。华文教育借助"一带一路"的历史机遇和中国特色社会主义进入新时代的关键时期，不断创新发展模式，完善话语体系，提升在国内外教育体系中的话语权，依托华教机构这一重要基地，不断开创华文教育发展的新局面。

四　华文教育交流与合作综述

2018 年，在新时代的背景下，华文教育交流与合作乘着时代的东风，亮点纷呈，稳步向前。中外政府机构、民间组织以及各个层次的华文办学机构间不断凝聚共识、加强交往与合作，开创了华文教育交流与合作的崭新局面。

总体来说，2018 年世界华文教育交流与合作呈现以下特点。

（一）高层带动，海内外华教交流与合作迎来新契机

2018 年 10 月 24 日，习近平总书记视察华侨知名学府暨南大学，并做出重要指示，希望暨南大学认真贯彻全国教育大会精神，坚持自己的办学特色，把学校办得更好，为海外侨胞回祖国学习、传承中华文化创造更好条件。习近平总书记的讲话立足当下，着眼未来，回应需求，为新时代华侨高等教育的改革发展指明了前进方向。这也是近年来党中央对华文教育工作做出的最高批示。同年 11 月，中共中央书记处书记、中央统战部部长尤权赴广东调研并访问暨南大学，尤权强调，要贯彻落实习近平总书记重要讲话精神，突出侨校特色，办好华侨高等教育。随后，中央统战部相关领导相继赴北京华文学院调研。

当前华文教育事业正面临着新形势、新机遇和新挑战，而此时高层领导人的关心与重视则为海内外华文教育发展提供了千载难逢的新契机。随着国家在华文教育领域的顶层布局以及系列重点规划的推出，新时代华侨高等院校将在统一战线新领域，充分发挥侨校在培养海外华裔人才、弘扬中华优秀传统文化等多方面的作用，迎来跨越式发展。此次视察亦将逐层释放能量，推动海内外华教交流与合作向着全方位、多层次、宽领域的方向迈进。

（二）以侨为桥，乡情侨情渐成华教交流与合作的重要推手

华文教育工作既服务海外华侨华人，又离不开当地侨团的支持。现今，在华教交流与合作领域，乡情侨情也已成为促成交流与合作的重要推手。

海外华侨华人虽旅居世界各地，心系桑梓的家国情怀却历久弥深。以侨乡温州为例，2018年1月2日，温籍华校校长董文荣到访温州市外事侨务办公室，董文荣介绍了其所在的法国华人进出口商会中文学校的相关情况，希望加强与温州市外事侨务办公室在开展教育教学和文化交流方面的联系与合作。2018年1月12日，温籍侨领丹麦王国安徒生文化基金会执行主席周臻、丹麦中国友好协会会长赵温华、全德华侨华人联合总会主席吴伟泽、温州市德国华侨联合会会长陈勇、西班牙华侨华人协会常务副主席孙小敏等组团访问温州大学，寻求与温州大学在文化交流、教育合作与产教融合方面展开合作。2018年4月10日，在西班牙、意大利举办的浙江国际教育展上，温州肯恩大学与温籍华校——国务院侨务办公室华文教育示范学校、意大利罗马最大的中文学校——罗马中华语言学校达成合作意向。2018年8月1日，温籍华校葡萄牙淑敏语言文化中心与温州大学签订了合作协议，协议内容包括葡萄牙淑敏语言文化中心将成为温州大学欧洲华文教育研究所的研究基地，温州大学为其提供学术讲座、课题研究辅导和校园文化建设等服务。与此同时，葡萄牙淑敏语言文化中心将为温州大学的华文教育研究提供需要的信息与数据，协助进行调研。短短数月的数据显示，温籍华侨华人在助推华教交流与合作上成绩斐然。再如2018年4月18日，马来西亚闽籍侨团砂拉越古晋福建公会回访祖籍地寻求华教合作；2018年1月和5月，马来西亚闽籍侨团晋江社团联合会两次赴晋江考察交流，并先后促成马来西亚安顺三民独立中学与晋江侨声中学、马来西亚太平华联国民型第二小学与金井毓英中心小学、北海中华公学总校与晋江市实验小学成功签署缔结姐妹学校协议。此外，本年度琼籍侨胞在华文交流与合作领域亦有贡献，琼籍侨领马来西亚海南会馆联合会总会长林秋雅赴海南华侨中学和海南中学进行文化交流访问；印度尼西亚海南总会总主席刘家衔与雅加达海南联谊会主席萧世平到访海南大学，促成海南总会与海南大学签署了友好合作备忘录。

由此可见，侨乡已逐渐成为海内外华教交流与合作工作的重要抓手，乡情侨情在助推交流上优势明显，在促成合作上成果显著。因此，在今后的华教工作中，宜充分发挥侨乡优势，凝聚海外侨社力量，鼓励和吸引海外侨社、华文教育组织及各界人士积极参与支持华教发展，着力提升侨乡文化交流与教育合作水平的同时，反哺区域建

设。侨乡也可利用国内资源为海外区域华文教育发展提供强有力的保障，在教材、师资等方面提供定向、优质的输出。

（三）合作办学不断升温，内容渐趋优化与完善

早期的华文教育交流多以参观、考察、视察、座谈、会见、调研、访问为主，近年来，随着前期合作协议的签订，参与双方进入了向更高层次推进已有合作项目、以交流促合作的新阶段。

已有合作办学关系的学校通过互访等方式，优化原有合作方案，着力明显。如2018年3月16日，越南老街高等师范学校校长黄文阳率队到访昆明华文学校，双方在原有合作方案的基础上，达成了昆明华文学校接收老街高等师范学校中文系输送学生人数由原20人/年增加到30人/年，在汉语教师岗前培训、教材教法培训等短期培训项目方面优先考虑老街高等师范学校等共识。再如，2018年8月10日，昆明华文学校副校长陈娜带队访问泰南生源基地，与泰南华校联谊会举办座谈，进一步做好昆明华文学校泰南生源基地工作，深入推进项目合作。2018年11月15日，泰王国驻华大使馆教育处公使衔参赞马培文女士一行到北京华文学院座谈交流，了解"2018'一带一路'沿线国家政府官员中文学习班"泰国学生在该院的学习生活情况，并在该项目的基础上，寻求更广更宽层面上的合作。

（四）海外院校、机构间交流积极主动，佳音频传

华文教育交流与合作一般来说以国内各机构、部门、组织为主导，向海外辐射。本年度，除国内机构组织间互访、国内外互访外，海外华文教育机构间交流合作不断，意愿明显增强。2018年5月15日，安哥拉中安桥国际学校校长沈永忠前往葡萄牙淑敏语言文化中心考察交流，两校达成初步合作意向。2018年10月25日，印度尼西亚三语学校协会主席陈友明率团到访菲律宾华教中心，双方签署合作意向书，承诺今后将大力推动下属学校开展校际交流与合作。本次协议的签署双方均为当地全国性华教机构，旗下华校众多，影响力较大，此次会面对后续区域合作的顺利开展，可谓意义重大。

五 华文教育活动综述

　　"华教活动"是指"华文教育活动"，即日常教学秩序以外的、以华裔青少年为活动主体、以推广汉语与传播中华文化为核心要务的游学、竞赛、实践、文艺演出活动。华教活动是华文教育的重要内容，是课堂教学活动的重要补充，是开展汉语学习与中华文化传承、传播的重要平台。本年鉴收录了2018年海内外举办的华文教育领域各类夏（春、秋、冬）令营、竞赛及文艺演出等活动。

（一）2018年华教活动开展情况

1. 夏（春、秋、冬）令营举办情况

　　夏（春、秋、冬）令营以"中国寻根之旅""亲情中华""中华文化大乐园""中国文化海外行"品牌项目为主导，"请进来"与"走出去"相结合，既邀请海外华裔青少年到中国大陆，让他们在真实的语言环境里学习汉语，真切感受祖（籍）国的大好河山与灿烂文化、日新月异的发展变化，加强他们对祖（籍）国的了解与认同；又组派国内优秀教师赴海外举办中华文化夏令营，给很多不能回国参加夏令营的孩子们很好地了解中国以及中国文化的机会。

　　"中国寻根之旅"是面向海外华裔青少年开展的最大规模、最具影响力的华文教育活动。2018年，"中国寻根之旅"举办夏（春、秋、冬）令营近120场，参营华裔青少年约12000人次，与2017年近150场、14000余人次相比，规模相对缩小。活动在全国27个省（自治区、直辖市）举办，包括北京、福建、江苏、广东、广西、浙江、黑龙江、山东、江西、云南、河北、河南、湖北、湖南、吉林、陕西、上海、四川、重庆、山西、安徽、贵州、海南、辽宁、内蒙古、宁夏、青海。其中，北京、福

建、江苏、广东四地办营最为活跃，办营场次均在 10 场以上。此外，这是青海省首次举办"中国寻根之旅"活动。

参营国家和地区有 43 个，包括亚洲的阿联酋、菲律宾、韩国、老挝、马来西亚、缅甸、日本、泰国、新加坡、印度尼西亚、越南，欧洲的爱尔兰、奥地利、比利时、波黑、波兰、德国、俄罗斯、法国、荷兰、捷克、葡萄牙、瑞典、瑞士、西班牙、匈牙利、意大利、英国，北美洲的加拿大、美国，中南美洲的巴西、法属圭亚那，大洋洲的澳大利亚、新西兰，非洲的博茨瓦纳、刚果（金）、马达加斯加、南非、尼日利亚、赞比亚，以及中国台湾、中国香港、中国澳门。可以看到，参加"中国寻根之旅"的华裔青少年来源广泛，覆盖全球六大洲。从营团数来看，来自美国、加拿大、西班牙、泰国、德国、印度尼西亚、澳大利亚、法国、马来西亚、意大利的"寻根"营团最多。

从活动内容来看，2018 年度"中国寻根之旅"仍以夏（春、秋、冬）令营为载体，融"文化寻根"与"汉语学习、文化学习"于一体，通过课堂教学、专家讲座、实地体验、参访游览、住家结对等形式，帮助华裔青少年学习汉语与中华文化，深入了解现代中国。语言教学方面，除了常规的汉语基础知识、趣味汉字以外，引入方言教学、歌谣与童诗教学、绘本阅读、趣味写作等；中华文化教学方面，书法、国画、民族音乐、民族舞蹈、武术以及剪纸、陶艺等手工制作仍是各营团的最主要的内容，此外还凸显了华语影视、经典诵读等课程，增加活动的趣味性。

"亲情中华"夏（冬）令营是在中国境内举办的另一重要品牌活动。2018 年在北京、内蒙古、湖北、广西、上海、河北、广东、福建、浙江、江苏、安徽、山西共举办活动 13 场次，接待来自美国、加拿大、澳大利亚、新西兰、西班牙、德国、法国、英国、斯洛伐克、俄罗斯、荷兰、爱尔兰、意大利、摩洛哥、日本、泰国、蒙古国等国以及中国港澳台地区的华裔青少年近千人，以中文课程、中华文化课程、户外体验等方式，加深海外华裔青少年对传统中国、现代中国的认识。

境外方面，为了扩大中华文化传播的覆盖面，国务院侨务办公室、中国华文教育基金会、中国侨联等部门打造了"中华文化大乐园""中国文化海外行""亲情中华·海外行"等一系列品牌活动，组派国内优秀才艺教师团"走出去"，与海外华文教育组织、华文学校联合举办夏（冬）令营，把汉语知识、中国历史、中华武术、中国书法、中国画、民族舞蹈、民族音乐、传统手工艺等中华文化精品课程送到海外华文学校，增进他们对中华文化的兴趣，满足他们了解中国历史和文化的需求，推动海外华文教育的发展。

2018 年，"中华文化大乐园"在美国纽约、意大利米兰、匈牙利布达佩斯、葡萄牙里斯本、柬埔寨西哈努克、日本东京、缅甸仰光 7 个城市办营，相较 2017 年的 16

个国家 22 个城市、2016 年的 20 个国家 27 个城市，数量上有较大幅度的减少。与在境内举办的夏（冬）令营不同，"中华文化大乐园"以"学会一首歌，学跳一支舞，学打一套拳，学画一幅画，学做一件手工艺品"为目标，教授内容均为中华文化课程。"中国文化海外行"分别在泰国、印度尼西亚、新西兰、德国举办，受到当地华裔和友族学生家长及社会各界的热烈欢迎。"亲情中华·海外行"活动走进印度尼西亚华校，用中国歌舞、民乐、魔术等丰富多彩的节目向当地侨胞表达慰问。

2. 竞赛活动举办情况

2018 年，华文教育领域举办了大大小小的竞赛活动 37 项，既有中国方面组织、主办的全球性的比赛，也有海外华人社团、华教组织、华文学校举办的某一国家、某一地区的比赛；既有单项能力竞赛（如作文、演讲、朗诵、诗词、歌唱、摄影、手工、中华文化知识等），也有综合能力竞赛，将歌唱、朗诵、演讲、书写、绘画、中华传统体育、中华文化知识等单项能力综合评定。

中国国内方面，第六届海外华裔青少年中华文化大赛（知识竞赛）总决赛举行，共有 14 个国家的 100 余名营员及领队参加了在福建厦门举办的总决赛；"文化中国·水立方杯"唱响双奥之城华侨华人大联欢在北京举办，来自 25 个国家 39 个赛区的 7000 余名选手参与了海外选拔，100 余名选手与国内知名歌唱家同台献艺，以歌传情，宣扬和铭记海外华侨华人支持奥运、情系祖（籍）国的桑梓情怀，助力北京冬奥。此外，第二届全球华语朗诵大赛暨第五届"曹灿杯"青少年朗诵展示活动在北京启动；广东中山启动华侨华人（中山）征文系列比赛；广东江门举办海外华裔青少年诗词大赛；北京举办首届"春华秋实"中外学生诗词大会；福建泉州举办首届海外华裔"印象·泉州"主题摄影比赛。

境外方面，菲律宾举办第九届棉兰老地区"华语情"系列竞赛活动，包括中小学讲故事、硬笔书法、歌唱和课本剧等 7 个项目；马来西亚举办第二十一届马来西亚全国华小儿童诗创作比赛；日本华文教育协会和全日本华侨华人联合会主办第四届"大使杯"中文朗诵大会；孟加拉国举办"中国知多少——汉语的魅力"知识竞赛；韩国水原华侨中正小学举办"华侨小学学艺竞赛"；新加坡举办第五届"与声剧来"广播剧大赛；意大利中文学校联合总会举办中文诗歌朗诵比赛；加拿大多伦多举行"中国熊猫杯"学生中文演讲大赛；英国中文教育促进会主办第十六届全英普通话朗诵比赛、首届全英少儿"丝路回响"中文海报设计大赛；澳大利亚纽修威中文教育理事会举办第二十八届全澳中文朗诵比赛；澳大利亚悉尼举办"唱响星途"全球华人流行歌手大赛，大赛及系列活动永久落户悉尼。美国华校举办了大量竞赛活动，如新泽西州新海中文学校举办查字典比赛、田纳西州大纳城中文学校举办"中文说故事比赛"、北加利福尼亚州中文学校联合会举办"2017～2018 学年度学术比赛"和第二届多媒体简报比赛及团体才艺观摩比赛、休斯敦长青中文学校举办演讲比赛、美东联成公所举办第 11 届"联成杯"青少年中华文化常识问答比赛、北卡罗来纳州洛丽中文学校举办查字典及翻译比赛、美国南加利福尼亚州中文学校举办学术比赛、亚特兰大中文学校举办汉字听写比赛、圣地亚哥中华学苑举办中文演讲比赛、华盛顿中文学校联谊会举办书法比赛、南加利福尼亚州中文学校举办秋季学术比赛。这些活动的影响力往往在一地一区，但它们以星火之力汇华教之能量，为推广汉语教学、传播中华文化，贡献了"燎原"之力。

与往年的竞赛以朗诵、演讲、辩论为主要类型的情况不同，2018 年竞赛形式呈多样化发展，在传统的演讲、歌唱、书法以外，注重"知识竞赛"以助中华文化知识的传播，并以"中文说故事、汉字听写、海报设计"创新竞赛内容，与时俱进，提高活动吸引力。

3. 文艺活动举办情况

向海外传播中华文化，促进中华文化在海外华族的传承，是华文教育的重要使命。通过各类富有中国特色的文艺演出、蕴含中华文化元素的节目表演，丰富海外侨胞文化生活，满足海外侨胞精神需求，增进世界人民对中华文化的了解和认知，沟通世界与中国。

2018 年的文艺慰侨、交流演出包括国家级文化品牌"文化中国"系列活动、"中华文化大乐园"优秀才艺学生交流团活动、"亲情中华"艺术团巡演活动等。

2018 年春节期间，国务院侨务办公室和中华全国归国华侨联合会派出 6 支"文化中国·四海同春"艺术团，分赴美洲、欧洲、大洋洲、非洲、亚洲共 16 个国家和地区的 29 个城市，共演出 33 场，以歌舞、民乐、戏剧、杂技、魔术等多种艺术形式慰问海外侨胞，赢得了海外侨界和当地主流社会的广泛赞誉。国务院侨务办公室还与湖南卫视合作，录制"四海同春"全球华侨华人春节大联欢电视晚会，向全球华侨华人送上了精彩的文艺盛宴，共贺新春。

"亲情中华"系列活动形式多样，包括在境内外开展慰侨演出、中医慰侨活动、展览活动等。艺术团走进柬埔寨金边、越南平阳、英国伦敦、北美、中国香港等地，欢聚广东广州、福建福州，为海内外侨胞送上文艺盛宴，致以诚挚慰问。"亲情中华"中医药专家慰问团赴德国法兰克福、柏林、德累斯顿和捷克布拉格等地展开为期 8 天 4 地 7 场次的中医药专家慰侨活动。"亲情中华·走进宁夏"——第三届世界华侨华人摄影展巡展在宁夏博物馆开幕。展览以"一带一路"的故事为主题，共收到了来自全球 28 个国家和地区 2020 余名华侨华人摄影家的 19000 余幅/组作品。

"中华文化大乐园"优秀才艺学生交流团赴蒙古国和日本东京、长崎、大阪进行演出。

（二）2018年华教活动的特点

1. 缩规模，重实效

2018 年，"中国寻根之旅"举办夏（春、秋、冬）令营近 120 场，参营国家和地区 43 个，华裔青少年约 12000 人次，与 2017 年近 150 场、44 个国家和地区、14000 余人次相比，规模相对缩小。具体而言，欧美地区"中国寻根之旅"活动更趋于频繁；新疆未主办该项活动，中亚国家华裔青少年未参与；中南美洲华裔青少年参与度降低，参营国家从"智利、巴西、巴拿马、阿根廷"变为"巴西、法属圭亚那"；非洲国家的参与度有所提升，参营国家数从 2 个增至 6 个。再看"中华文化大乐园"，2018 年，"大乐园"在 7 个国家 7 个城市办营，相较 2017 年的 16 个国家 22 个城市、2016 年的 20 个国家 27 个城市，数量上有较大幅度的减少。

活动相较以往，更注重实效。这从活动举办时长、活动内容设置方面可窥一二。以往营团大多数为 1 周至 2 周；2018 年度营团则绝大多数在 10 天或 10 天以上，这样一来，华裔青少年有更充分的时间，能够更深入学习、了解、体验汉语与中华文化。另一方面，承办单位充分挖掘所在地优势人才资源、文化资源，办出地域特色、主题特色。如福建举办的营团活动突出"海丝文化、茶文化、宗祠文化、朱子文化"，江苏举办的活动融合了"运河文化、园林文化、曲艺文化"，江西举办的活动以"道"串联道文化、道家武术、道家建筑、道教博物馆，云南举办的活动显示了其在民族音乐与民族舞蹈方面的优势。"魅力北京"戏曲、书画、武术、舞蹈主题特色营连续多年举办；浙江温州举办"华裔青年商务营"，以"商务能力"训练为主旨，从"创新创业""商务沟通""形象素养"与"文化提升"四个方面组织活动。

2. 海外华校传播中华文化的自觉性增强

在"汉语热"持续升温的大背景下，海外华校、华教组织更是将开展汉语教学、传播中华文化作为自觉行为，在课余、假期开展夏令营活动，利用节庆开展中华文化活动，组织华文教育竞赛活动，以"星火之力"燎"华教之原"。

如，马来西亚华文独中举办第 14 届科学营，吸引了全马来西亚 39 所独中超过 350 名初高中师生参加；美国北加利福尼亚州中文学校联合会、南加利福尼亚州中文学校联合会、亚特兰大中华文化学校、北卡洛丽中文学校、阿拉巴马州亨城中文学校，加拿大多伦多维德中文学校、加东中文学校、法国亨林中文学校、巴黎精英中文学校、英国伦敦华夏中文学校等海外华教组织、华校均举办中华文化体验与汉语提升相关夏令营，向营员传授武术、扯铃、舞蹈、剪纸、美术劳作、毛线编织、中国烹饪等中华文化项目。

节庆是海外华校、华教组织开展中华文化活动的良好契机。美国、加拿大、比利时、英国、德国、瑞典、法国、意大利、匈牙利、希腊、韩国、日本、菲律宾、越南、泰国、马来西亚、缅甸、印度尼西亚、黎巴嫩、巴拉圭、智利、阿根廷、秘鲁、巴西、澳大利亚、斐济、埃及等多个国家，以春节、儿童节、端午节、母亲节、教师节、中国国庆节、中秋节、华校校庆为契机，举办联欢会、游园、中国文化周、汉字文化节、汉字书法展、汉语文化节、华人文化节、中国电影月、中国之夜等活动，深受华裔青少年喜爱。

再如，美国、加拿大、菲律宾、马来西亚、日本、韩国、孟加拉国、新加坡、意大利、英国、澳大利亚等国的有一定影响力的华教组织，联合华校开展讲故事、书法、歌唱、儿童诗创作、广播剧、朗诵、演讲、知识、学术、海报设计、查字典、翻译等内容丰富、形式多样的比赛，通过有效的组织、趣味化的形式，以赛促学，激励海外华裔青少年去接触、学习汉语与中华文化，推动汉语与中华文化传播。

3. 信息技术创新文化传播形式

2018 年，"伟大的中华传统文化"实景课堂系列开课，共有课程 21 期，讲授了算盘与珠算、杜甫和古诗、水利、传统民居、北京天坛、孔子、中国结、中国桥、中华美食——吃在西安、坐地铁、国画、魅力城市——广州、快乐学成语、凤翔泥塑、景泰蓝、中华美食——吃在成都、川剧、剪纸、中华姓氏、古典乐器等主题的中华传统文化。意大利、西班牙、英国、法国、巴西、爱尔兰、斯洛伐克、澳大利亚、比利时、美国等国的 25 所华校的华裔学生参与实景互动，全球 2 万多个登录点同时在线学习。

实景课堂基于全新的教学模式，利用现代科技手段为海外华裔学生提供了打开中华文化大门的钥匙。与传统口述、图片、视频授课方式不同，实景课堂教师身处实景环境之中，依托实景呈现教学内容，启发学生通过现场观察去探索世界，使中华文化的学习不再停留在课本上、文字里，而是跨越时空，立体生动地展现在学生面前，进而使全世界的华裔青少年不受时间、空间限制，远程实时共同学习丰富多彩的中华文化知识。

六　华文师资培养综述

华文教师是华文教育事业发展的核心要素，2018 年，海外华文教育师资培养工作在继承中发展，海内外华文教师培养资源融合联动，不断提升海外华文教育的师资水平，促进海外华文教育的发展。

根据本年鉴信息统计，2018 年海内外共举办海外华文师资培训 124 场，如图 1 - 1 所示，海外华文教育师资培训工作以海外来华师资培训为主要力量，占比 63.71%，以海外自主开展的华文教育师资培训为发展力量，占比 29.03%，以中国外派华文教育师资培训项目为辅助力量，占比 7.26%。

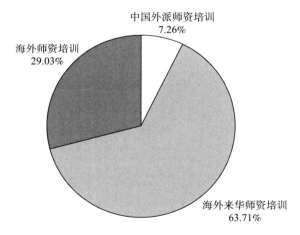

图 1 - 1　2018 年华文师资培训类型分布

其中，海外来华师资培训大致可以分为 7 类，分别是《华文教师证书》专项培训、中小学类华校校长及校董培训、学历型师资培养、远程培训、综合性教师培训、专题培训和幼儿教师培训。如图 1 - 2 所示，上述 7 类在来华师资培训中的占比也呈现较明显的差异，其中远程培训发展势头良好，占比 32.91%，《华文教师证书》、中小学类华校校长、校董以及综合性教师培训占比分别为 13.92%、15.19% 和 16.46%，可见华文师资培训越来越注重标准化、正规化、专业化的发展模式。学历型师资培养和幼儿教师培训占比分别为 3.80% 和 6.33%，这说明目前海外学历型华文师资培养的力度和规模还较小，并且幼儿华文教师培训的规模有待扩大，对其重视程度也有待加强。

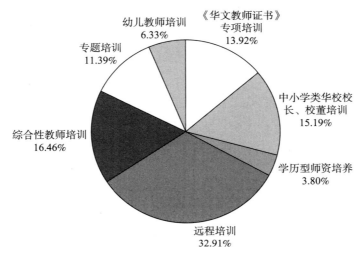

图 1-2　2018 年海外来华师资培训类型分布

2018 年华文师资培养工作的特点具体体现在以下几个方面。

（一）《华文教师证书》培训项目继续在海内外同步开展、双向驱动

《华文教师证书》及培训、考核项目的研制和实施是推动海外华文教育"标准化、正规化、专业化"建设的重要环节。目前，《华文教师证书》培训班的开展趋于稳定，海内外同步开展、双向驱动，这一培训形式也受到了海外华文教师的喜爱和好评。

2018 年，在国内，暨南大学、云南师范大学、广西师范大学、北京语言大学、华中师范大学、海南师范大学、华侨大学和东北师范大学 8 所高校先后举办了 11 场"华文教育·华文教师证书"培训班，700 多名海外华文教师参加了培训学习和考试。在国外，新西兰和印度尼西亚积极参与到《华文教师证书》的推广和华文师资培养中去，其中新西兰有近百名华文教师参加了该证书培训和考核项目。

（二）远程培训项目在海外华文师资培训中发挥越来越重要的作用

"远水解不了近渴"，不管是采用"走出去"还是"引进来"的师资培训方式，

都需要海外华文教育师资培训在资金、时间、人力等方面付出很大的成本，这些也在一定程度上影响了培训的规模和效率。伴随"互联网＋"时代的到来，将互联网融入华文教育，形成"华文教育＋"发展模式，是符合海外华文教育发展趋势的有力手段。海外华文教育师资远程培训项目就是"华文教育＋"的重要表现形式。

2018年，"华文教师完美远程培训"先后在西班牙、荷兰、意大利、巴基斯坦、阿联酋、俄罗斯、英国、比利时、瑞士、加拿大、澳大利亚、新西兰、巴西、匈牙利、希腊和美国举办。与此同时，远程课程培训注重内容发展和课程建设，通过定制的形式实现供需平衡。培训的内容十分丰富，由面到点，层层递进，包括教学设计与教学示范、综合课教学方法与技巧、教学内容疑难专题微课、优秀教师谈课堂管理、词汇教学示范、语法点教学示范、趣味汉字教学等。如英格兰彼得堡中文学校定制了"综合课教学方法与技巧""第二语言教学法""趣味汉字教学""有趣的识字方法""小学拼音教学"等30余节课程；意大利罗马中华语言学校定制了"小学拼音教学""有趣的识字方法""词汇教学示范""听说读写的课堂组织""朗诵指导""《中文》备课与教学示例""中国功夫与华文教学"等30余节课程。远程培训实现了国内学校和海外华校的双向互动，有利于双方教师队伍的建设，有利于教育资源的有效流动。远程培训是海外师资培训的重要组成部分，也是新时代网络教育发展的体现，远程培训在整个海外华文教育师资培训中发挥着越来越重要的作用。

（三）加强"一带一路"沿线国家的师资建设

随着"一带一路"倡议的推进，华文教师素质能力提升日益迫切。开展针对性的专项培训是推进"一带一路"倡议的迫切要求。2018年，专项培训工作在培训对象和培训内容上都切实把握住了"一带一路"沿线国家的需求和发展。

例如，2018年3月14日，由国务院侨务办公室主办、北京华文学院承办的"一带一路"沿线国家汉语教师培训班开班仪式在北京华文学院举行，20名来自印度尼西亚、菲律宾、泰国、蒙古国、缅甸、越南的华文教师参加了开班仪式。主办方为参训教师设计了针对性课程，包含汉语强化集训、中国文化体验、教育教学专题讲座、学校参观交流及游教活动五大部分内容。该项目旨在提升参训教师的专业能力，为当地中文教学培养优质师资，并促进中国与"一带一路"沿线国家的文化交流。2018年5月26日，由华侨大学国际关系学院/新侨学院主办的"一带一路"与海外华人发展研修班在华侨大学厦门校区结业，来自日本、泰国、马来西亚等13个国家和地区的60多名新侨代表、海外华人社团中青年骨干参加了研修。研修班开设了海外侨情与侨务工作、海上丝绸之路回顾与展望、厦门印象与厦门机会、华侨华人与中华文化对外传播、"一带一路"定位与新时代中国特色大国外交等主题讲座。2018 年 6 月 21 日，2018 年外派教师聘方学校校长研习班暨侨务干部华文教育专题培训班开班仪式在山东烟台举行，来自"一带一路"沿线的泰国、缅甸、印尼、菲律宾、柬埔寨、老挝、韩国、捷克、意大利这 9 个国家的 90 名华文学校校长、校董以及全国 27 个省市区的 110 多名侨务干部参加了培训。

（四）重视海外华文教师的综合能力培养

华文教师的发展是全方位的，作为一名华文教师，传授的不仅是语言知识，还有文化知识，因此海外华文教师培养工作特别注重提高华文教师的综合素质。

由中国华文教育基金会和中国妇女发展基金会联合主办、各省级人民政府外事侨务办公室承办、各高校协办，完美（中国）有限公司资助的"2018 海外华文教师培训班"先后在湖南、陕西、宁夏、北京、江苏、山东、湖北、山西、福建、吉林和黑龙江举办。来自印尼、泰国、新加坡、菲律宾、日本、美国、德国、瑞典、瑞士、奥地利、澳大利亚、意大利、荷兰、俄罗斯、老挝、朝鲜、加拿大、法国、葡萄牙、巴拿马、厄瓜多尔、越南、匈牙利、缅甸、巴基斯坦、埃及、南非、柬埔寨、毛里求斯、新加坡和英国的华文教师在中国各地参加师资培训和领略风土人情。例如，来自澳大利亚、奥地利、西班牙、美国等 13 个国家的华文教师参加了"2018 海外华文教师陕西培训班"，华文教师除了听取中文教学技巧与方法、汉字与汉字文化中的内涵、汉语基础知识、西安历史文化和现代化进程等专题讲座，还亲身感受了国画、茶艺、民歌等中华传统才艺，赴西安恒坐标教育科技集团体验了"互联网＋"环境下的华文教育实景课堂。2018 年 10 月 19 日，来自美国、法国、荷兰、加拿大、日本、菲律宾、泰国、马来西亚、印尼、缅甸、巴基斯坦的 20 名教师参加了海外华文教师山东培训班。学员们参加了汉语教学模拟、语音词汇语法教学法、功夫扇、面塑、篆刻等课程，与文学院、国际教育学院的骨干教师进行了交流，并考察了济南、曲阜、烟台等地历史文化。

（五）稳定推动海外华校校董、校长和优秀教师培训项目

海外华校校董、校长和优秀教师是华文教育工作开展的十分重要的力量，针对这

一层次的培训项目在 2018 年继续扩大培训规模。

2018 年，"海外红烛故乡行"项目先后在贵州、甘肃、宁夏、江西和浙江开展，来自澳大利亚、比利时、丹麦、德国、加拿大、美国、日本、缅甸、泰国、马来西亚、博茨瓦纳、匈牙利、英国、新加坡、埃及、新西兰、印尼、西班牙、法国等国家的海外华文学校校董、校长和优秀教师参加了此次活动。"2018 海外红烛故乡行——江西之旅"的学员们通过讲座、考察、参观、体验等形式，在江西鹰潭、景德镇开展了一次中华文化之旅，进一步深化了海外华文教师对祖（籍）国、对江西的了解与认识。"2018 海外红烛故乡行——甘肃之旅"的学员们赴景泰黄河石林、天水伏羲庙、麦积山石窟、南郭寺等地参观了解甘肃境内的传统文化景点。"2018 海外红烛故乡行——浙江之旅"的学员们走访了杭州、绍兴等地，通过参观当地国际化学校、特色文化景点等加深了对浙江的了解。另外，"马来西亚中学校长领导力提升研习班""2018 年外派教师聘方学校校长研习班""2018 海外华文教育示范学校校长研习班""海上丝绸之路华文教育校长培训班""中国侨联海外侨领研修班"先后在上海、烟台、洛阳、福州和厦门举办。

（六）学历型师资培养或将成为海外华文师资培养的重要内容

学历型师资培养是海外华文师资培养的重要组成部分，是培养优秀的海外本土华文教师的重要方式。目前，暨南大学和华侨大学每年都在招收有志于成为海外华文教师的华文教育本科生，这为海外尤其是东南亚地区的华校稳定输送了一批具备较高专业素养的华文师资。

与此同时，函授形式的学历型师资培养也在继续开展。例如，2018 年 6 月 23 日，暨南大学华文学院举行"2018 届华文教育专业海外函授教育本科毕业典礼"，向来自印度尼西亚的 128 名华教专业函授教育本科毕业生授予学位。2018 年 7 月 23 日起，为方便在巴西居住的华人和外籍汉语爱好者进一步学习和提高，培养有志于从事华文教育事业的师范型人才，巴西圣保罗华侨天主堂中文学校与华侨大学继续教育学院达成合作项目，华侨大学在巴西招收首批华文教育专业本科生。

总体来说，学历型华文师资的培养虽然有了一定的发展，但是培养的学历型教师人才人数与海外高素质华文教师需求人数大相径庭，这也对接下来的海外师资培训提出了新要求。

七　台湾地区华文教育工作综述

2018 年，台湾地区的海外华文教育工作在"台湾侨务主管部门""驻地办事处""侨教中心""文教中心"的协同运作下顺利完成。台湾地区对海外华文学校在师资培训、经验分享、教材提供、办学经费等方面予以支持。其工作内容呈现政策灵活化、培训常态化、活动特色化、交流层次化的特点。其工作内容主要体现在以下几个方面。

（一）发展侨教事业、贯彻招生理念，增强海外华语文教育影响力

海外华文教育为台湾地区侨务工作的重要组成部分，由台湾地区行政管理机构规划，台湾侨务主管部门贯彻，在地"侨教中心""文教中心"具体落实。2018 年，台湾地区在美国、印度尼西亚、菲律宾、柬埔寨、越南、新加坡等地召开招生说明会。其招生理念可抽象为"双轨制"。一轨为台湾地区侨务主管部门联合台湾高校，如士林环球科技大学、静宜大学、中华大学，面向海外招收"海外青年华语文研习班"学生，旨在让更多海外青年学习中文、接触中华传统文化；另一轨为"侨生技职专班"，旨在以语言为依托，学习职业技能，促进学生协调发展。

值得注意的是，台湾地区侨务主管部门为增强泰国北部地区华文教育的影响力，解决其师资不足问题，提出了具有建设性的五条政策，分别为：（1）比照侨生奖学金模式，规划设立"侨师辅助基金"增加侨校自聘教师数量；（2）鼓励泰国留台侨生返泰任教；（3）鼓励侨校开办简易师范班在地培训师资；（4）协调教师资源，选派华文教师赴泰北任教；（5）积极发展泰北华语文网络教学。

（二）提升师资技能、举办特色活动，巩固和推广全球范围的华语文教育

为了巩固和推广全球范围内的华语文教育，台湾地区侨务主管部门分别从师资技能的培训、文化活动的筹办、教学成果的展示等方面展开了一系列工作。

在师资技能培训方面，"台湾侨务主管部门""驻地办事处"、在地"文教中心""侨教中心"共同合作举办了56次师资培训会来提升师资技能。这些培训会种类多样，内容层次分明，覆盖地区广。其主要有4大类："华文教师研习会""民俗文化种子教师在地培训会""种子教师培训营（班）""数位华语文教学课程培训"。其中，"华文教师研习会"共举办38场，包括美洲18场、大洋洲5场、欧洲2场、南美洲2场、非洲1场、亚洲10场；"民俗文化种子教师在地培训会"在美国举办5场；"种子教师培训营（班）"在泰国和缅甸各举办1场；"数位华语文教学课程培训"共举办6场，美洲和大洋洲各3场；其他培训会5场，如"教学技能培训营""数字华语文计算机研习课程""行政管理研习会"。

华文教育相关活动也是丰富多彩，既展现了华文和中华传统文化的魅力，又体现了各地华文教育机构蓬勃的生命力和创造力。活动大致可分为两个主题：中华传统文化相关活动和华文教学相关比赛。中华传统文化活动以中华传统节日庆祝和中文传统技能为依托；华文教学比赛以"汉字文化节"系列活动为主。此外，各地还纷纷举办夏令营以丰富体验类文化活动。

各地共举办节日庆祝晚会、联欢会、园游会等70余场，不仅庆祝春节、元宵节、中秋节等重要民族节日，还有教师节、祭孔、建校周年庆、毕业典礼等庆祝活动。在节日庆祝活动中，不仅让学生们体验了节日民俗和节日氛围，中文学校还能动地将节日与竞赛相结合，用以丰富活动的内涵，如英国伦敦华夏中文学校举办"书法迎新年"活动将节日与中华艺术相结合；菲律宾侨中学院举办春节济贫活动将节日与社会责任和扶危济困的中华传统美德相结合；美国华盛顿文教中心举办"春节文化导览"活动将节日与教学相结合，促进文化输入与产出。而各校的周年庆典活动无不反映多年来华文学校的艰苦奋斗和台湾地区对各地华文学校的支持，如马来西亚砂拉越州留台同学会总会欢庆创会54周年、美国北半岛中文学校举办40周年校庆活动、德国柏林中文学校举办35周年庆祝活动。

在华文教学比赛方面，共举办华文教学展示类比赛38场。其中"汉字文化节"17场，各地举办的汉字文化节系列活动融合当地元素，特色鲜明。如美国龙林中文学苑举办"汉字文化节系列活动之古典诗词吟唱比赛"、美国迈阿密中文学校举办

"汉字文化节系列活动之认字比赛"。此外，部分地区也将汉字文化节做成区域华校联合活动，如美国新泽西中文学校协会的"汉字文化节校际唱歌比赛"、加拿大西部中文侨校联合会的"2018 年加西地区汉字文化节"。除汉字文化节系列活动外，各地华校还自发组织了"教学成果展""中文朗诵比赛""演讲比赛""多媒体 PPT 制作比赛""学艺竞赛"等系列活动。

（三）多层次参观互访、校际交流，深化华文教育交流合作

2018 年，台湾地区华文教育的交流访问工作呈现多层次、宽领域的特点。交流层次可分为"走出去"和"请进来"两类，具体包括台湾地区各部门、台湾地区高校、海外文教中心与海外华文学校间的交互参访以及在台湾地区侨务主管部门促进下的海外华文学校间的合作交流等形式。几种交流访问形式，促进了华文学校间师资培训、办学经验、教育理念的相互学习和借鉴。活动共计 47 次。

"走出去"类活动共计 25 次。赴海外华校参访 13 次。其中台湾地区侨务主管部门负责人分别赴柬埔寨天聚佛宫学校和泰国北部侨校进行了访问；台湾地区学校赴海外参访 5 次，分别为：海外华语文巡回讲师拜访美国西雅图中华侨民学校、台湾高雄市参访团访问马来西亚华校、台湾师范大学博士生导师访问印度尼西亚万隆中文会所、台湾南部六信中学及亚洲餐旅团队拜会越南华校、台湾"清华大学"代表团赴马来西亚拉曼大学中华研究院进行访问交流；派遣志愿者进行交流活动 2 次，分别为海华志愿者顺利通过美国加利福尼亚州尔湾中文学校实习、侨校华语教学志愿者赴美国纽约开展华语志愿教学服务；文化交流活动 5 次，分别为：台湾高雄市美国学校弦乐团参观纽英仑中华公所，台湾地区侨务主管部门文化访问团在加拿大萨斯卡通市演出，台湾民俗表演团在美国中文学校进行巡回演出，台湾地区侨务主管部门春节文化访问团在菲律宾、马来西亚、泰国、越南、印尼等地演出，台湾彰化县立儿童弦乐团访问韩国首尔华侨小学。在地"文教中心"等参访当地华文学校 12 次，其中北美洲 4 次，南美洲 5 次，欧洲、大洋洲、亚洲各 1 次。

"请进来"类活动共计 11 次。海外华文学校赴台参访 6 次，分别为：加拿大多伦多华文学校、新西兰凤兴书院、越南胡志明市华文学校青年学生赴台参访；海外华校赴台湾地区学校参观学习 3 次，分别为：马来西亚华校教师参访台湾高雄科技大学、马来西亚台湾教育文化协会赴台参访招生学校、缅甸侨校华语教师赴台进行研习交流。在地华文学校参访在地"驻外办事处""文教中心"5 次，分别为：美国马里兰州罗兰德公园学校、弗吉尼亚州什里夫伍德小学和俄克拉荷马州罗兰德公园学校分别

参观"华盛顿文教中心"、美国休斯敦独立学区双语学校组团参访"休斯敦文教中心"、美国华盛顿当地学校访问"文教中心"。

此外，2018年，在台湾侨务主管部门、"侨教中心""文教中心"的推动下，北美洲、东南亚等部分地区的华校开展联合交流活动共计11次。

其中以提升教学水平、促进华语文发展为主题的交流会5次。分别为：美国纽约地区主流教师联谊会举办"2018年会员大会暨专题演讲"、美国休斯敦中文学校联谊会举办华文教师冬季研讨会、泰国泰北地区召开侨教座谈会、美国华盛顿地区侨团侨校共同举办推广华语活动、韩国华侨教师分享侨教心得。以总结办学、教学经验，寻求特色发展，促进各校友好往来为主体的交流活动5次。分别为：美国华盛顿地区中文学校举办校长联席会议、美国新泽西中文学校协会举办中文学校校长会议、美国西雅图侨校举办"华语文教育在美的现状、挑战与发展机会"研讨会、马来西亚台湾大学举办"台马大学校长论坛"系列活动、美国南佛罗里达州中文学校联合举办校际运动会。

这些交流参访活动都以华文在国际经济和文化领域的机遇和挑战、华校发展机遇与挑战、华文教育深度交流合作、中华文化传承与传播、师资技能和教学方法的革新为背景或契机开展，并进行深入讨论。

（四）顺应互联网教育技术、宣传华文教材，推行华语文能力测试

台湾地区教育主管部门顺应华语教学趋势，广泛听取海外华文教师建议，编写《学华语 向前走》系列教材作为第二语言教学的国别化教材。2018年台湾地区相关教育部门依旧大力推广该教材，并在海外举办8场教材使用交流分享会。

2018年，由台湾地区海外华文教育主管部门主办的"华语文能力测试"和"儿童华语文能力测试"分别在加拿大、阿根廷、巴西、印度尼西亚的6所华文学校举行，约有450位考生参加。加拿大温哥华列治文国语学校校长表示，学校举办"儿童华语文能力测试"能够让考生借助测试了解到自己的华语文水平，可以激发学生们学习华语的热情。

八 海外示范华校华文教育工作综述

随着中国综合国力的提升，国际影响力日渐增强，中文受到世界的重视，在新型国际环境下，海外华文教育在发展契机中不断成长，已遍布海外的华文示范院校也呈现蓬勃发展的趋势。2018 年，海外示范华校发展围绕着中国发展、中国文化自信，也带着改革创新的精神等进行转型，发展稳中求进。

（一）紧握"一带一路"契机，服务"一带一路"倡议

自习近平总书记提出"一带一路"倡议以来，海外华校抓住发展合作机遇，围绕"一带一路"倡议开展多项交流活动。菲律宾华文教育研究中心作为"一带一路"沿线的重要国家，与重庆市人民政府加强教育方面的交流与互助，双方希望建立长期持久的合作关系，希望有更多的菲律宾学生赴重庆留学。缅甸福庆学校召开"一带一路：中缅友好关系论坛"国际学术研讨会。苏里南广义堂中文学校迎接中国（广西）"一带一路"集团考察组，希望达成合作。缅甸腊戌黑猛龙学校副董事长杨善麟、副校长张剑蘋参加中国国务院侨务办公室主办的"2018 年'一带一路'沿线国家华校校长研习班"等。

此外，不少华校鼓励学生参加"一带一路"相关活动，展开相关主题活动。如，菲律宾华文教育研究中心鼓励学生参加"一带一路"征文比赛、泰国国光中学孔子课堂举办第一届"一带一路·孩子先行"趣味汉语班结业典礼、布拉格中华国际学校举办以"一带一路上的大家小书"为主题的中国书法艺术体验课。

（二）传播中华传统文化，增强海外华裔青少年中华自信心

中华传统文化是新形势下华文教育传播的重要内容。在每个中国传统佳节到来之际，海外华校与祖（籍）国保持着同呼吸、共命运的血脉联系，以自己独特的方式庆祝中国传统佳节，传播中华文化。澳大利亚昆士兰苗苗中文学校以展示汉民族服饰为媒介介绍腊八节传统和习俗，举办端午节文化课堂，通过端午知识问答、包粽子、端午节义卖等活动带领学生们感受端午风情，学习中华文化；澳大利亚雪梨中文学校鼓励师生一起制作月饼盒和纸灯笼，共同感受中秋文化；西班牙中加友好中文学校组织学生参加"2018巴塞罗那端午龙舟文化节"；等等。为增强对祖（籍）国的认同感，不少华校在国庆节为祖（籍）国庆生。西班牙中加友好中文学校与巴塞罗那华星艺术团共同举办第四届"中加友好学校 庆国庆 青少年诗歌朗诵大赛"；泰国国光中学孔子课堂组织师生进行文艺表演，共庆祖（籍）国生日；日本横滨山手中华学校组织全校师生以舞狮等形式为祖（籍）国庆生；等等。

为增强海外华裔青少年文化自信心，不少华校设计了中华传统文化创意活动，受到青少年们的欢迎。布拉格中华国际学校举办"中华文化体验周"系列活动；菲律宾中正学院举行"晋江记忆"中国非物质文化遗产图片展、大美晋江摄影诗展览；缅甸东枝果文中学举行"孔明灯大赛"；缅甸腊戍双龙学校举办以"为有源头活水新"为主题的弘扬中华优秀传统文化的演讲比赛，开展介绍普洱茶文化专题讲座，举行"多彩云华"吟诵国学活动；泰国春府大众学校邀请亚洲少儿音乐协会主席到校交流指导学生们唱响中文歌曲；泰国国光中学孔子课堂联合中国西南大学举办2018年西南大学游学文化体验营，举行第八届"汉语桥·国光杯"泰国南部汉语文化技能大赛；缅甸曼德勒云华师范学院举办以"为有源头活水新"为主题的弘扬中华优秀传统文化的演讲比赛；美国安华中文学校邀请专业"讲故事的人"给学生们讲述了中国的童话和传说；美国丹城中文学校举办"中国传统民间故事"中文夏令营；德国法兰克福华茵中文学校举办2018"华茵学子·中华情思"朗读大赛；等等。

（三）多措并举重创新，推动华文教学转型升级

华文教学的重点在于教师，华校为加强本土教师的教学能力，展开多种形式的

"造血"工作。缅甸东方语言与商业中心、福庆学校组织学校教师参加 2018 年缅甸本土汉语教师培训；文莱中华中学为帮助教师掌握新教学技能，开展课程设计及数字化能力提升培训；缅甸曼德勒云华师范学院围绕"考试范围分析交流、作业设置情况、交流与批改要求"开展教研活动，举行"教坛新星""教坛新秀"教学竞赛，举办"如何有效地组织课堂教学"讲座；文莱中华中学组织学校老师参加了新加坡第五届"华文作为第二语言之教与学"国际研讨会；日本横滨山手中华学校召开 120 周年纪念新时代世界华文教育发展论坛，探讨海外华文教育发展以及海外华人子女教育等议题；美国华盛顿西北中文学校组织教师与树人中文学校的老师们共同参加了由中国海外交流协会主办、全美中文学校协会协办、西北中文学校承办的"华文教育名师巡讲"培训；美国华夏中文学校举办以"传承、创新、奉献、领军"为主题的 2018 年教师培训暨校务研讨年会；荷兰丹华文化教育中心举办高年级教师校内听课学习交流活动，共享华文教学智慧；瑞典瑞青中文学校校长王梅霜、高年级组和低年级组教师到美国加利福尼亚州硅谷双双中文学校进行为期两天的实地交流访问；暨南大学新西兰实验学校举办"华文语言技能公开展演"活动，承办新西兰中文周活动——中文教育 workshops，邀请知名教授与教师们探讨中文教育中存在的问题；等等。

（四）拓渠道、重交流成合力，促进华教服务新合作

海外示范华校汇聚多方力量，和海内外教育资源对接，共同探索为华文教育服务的新形式。中央统战部侨务事务局、教育部、人民教育出版社、湖南衡阳旅游外侨民宗局、上海市人民政府侨务办公室、宁夏回族自治区外事侨务办公室、《人民日报》社、中国国际广播电台、新华社等多家单位派代表团到访海外华校，并表示将致力于推动华文教育发展和推广中华文化。

老挝万象寮都公学与云南师范大学附属中学签署了《建立友好校际关系协议》；缅甸福庆学校与云南大学就共同建立缅中友好职业技术学院、"联合实验室"等事宜达成了共识；缅甸腊戍黑猛龙中学与泉州双喜科技学校签署合作协议书；缅甸腊戍果文中学与大华佛经示范学校加强交流合作；印度尼西亚三语学校与菲律宾华教中心签署合作意向书；缅甸曼德勒云华师范学院与中国德宏职业学院达成合作意向；法国巴黎精英中文学校与上海市黄浦区蓬莱路第二小学合作启动"小语伴"项目；法国里昂小熊猫学校与法国里昂七区 Gerland 图书馆合作开展文化活动；希腊雅典中文学校与北京四中网校签署合作协议；意大利罗马中华语言学校与罗马欧洲大学签署合作办

学备忘录；等等。

总之，面对海外华文教育的新形势、新要求，海外华校顺应时代潮流、抓住时代机遇乘风而上，向着"标准化、专业化、正规化"方向迈进，努力为海外华文教育事业作出更大贡献。

九 华文教学与研究综述

2018 年，世界范围内的相关华文教育研究取得了较为丰硕的成果。其中，较大规模的华文教育学术会议共举办 23 场，高质量的学术论文发表约 70 篇，代表性学术著作达 40 余部。

（一）华文教育学术会议

1. 华文教育学术会议举办地与参会人员多元化

在本年鉴收录的 23 场华文教育学术会议中，中国大陆举办的会议最多，占了总数的 1/2，其他地区如中国台湾举办了 4 场、中国香港举办了 3 场、中国澳门举办了 1 场。这说明中国大陆依然是华文教育研究的重要阵地。此外，华文教育学术会议的参会主体也反映了这一点。与会的专家学者虽然来自欧美、东亚、东南亚、大洋洲的几十个国家和地区，但参会者仍以中国学者居多，包括华文教育研究领域的专家、华文教育教学的管理者、一线华文教师、在读硕士生以及博士生等多个群体。

2. 华文教育学术会议的主题分布广泛，层次细化

2018 年度举办的华文教育研究主题分布广泛，涉及汉语言本体研究、汉语作为第二语言的教学与研究、国际汉语教学与资源建设、汉语教学相关的文学及文化研究、华文教育与"一带一路"倡议研究、华文教学的新方向与新方法研究、新时代世界华文教育发展研究、汉语国际教育专业课程建设、新时代国际汉语教学研究与发展等方面。通过对各会议主题和分论坛议题的进一步梳理和归纳发现，2018 年的华文教育会议呈现如下三个特征。

第一，探究的重点依然围绕语言研究和语言教学研究展开，其中，语言研究又包括语言本体研究和语言习得研究。统计发现，23 场会议中有 16 场是围绕汉语师资建设（如华文教师培养、专业发展、师资培训等）、教学方法与策略、教学资源（如平台、素材、课件、知识库、微课程及工具等）建设、教材编写与课程设计、对外汉语教学现代化等展开。其中，汉语作为第二语言教学研究的会议占了较大比例，有 9 场涉及了相关议题。

第二，会议主题较为重视文化元素在第二语言学习和传播中的作用。华文教育与文化传播本就相互融合、彼此交织，在 2018 年度收录的学术会议中便有 4 场涉及汉字教学中的文化要素、中华文化人文发展、华人社会与文化研究、国际汉语教师跨文化交际与跨文化适应相关议题。

第三，议题开始逐渐关注汉语教学学科建设与华文教育发展的新视野、新方向。在 2018 年举办的各类华文教育会议中，有 6 场便涉及了相关内容。比如，7 月举办的华文教学交流会，主题即为"华文教学的新方向与新方法"；11 月举办的首届世界汉语研讨会主题为"新时代国际汉语教学研究与发展"。此外，10 月举办的新时代世界华文教育发展研讨会、11 月举办的华文教育国际学术研讨会等也都涉及了新时代汉语教学与华文教育发展的议题。

（二）华文教育学术论文

2018 年度辑录的各类论文共有 70 篇，其中期刊论文 51 篇，硕、博士论文 19 篇，涉及七大主题：华文教育理论与华文教育史研究、华文教学研究、华文测试与习得研究、华文教材研究、华文教师发展研究、跨文化传播及华文传媒研究和海外华语特点与使用现状研究。

从图 1 - 3 可以看出，2018 年度收录的学术论文中，所占比例最高的是华文测试与习得研究，为 29%；其次是华文教材研究，为 27%；再次是华文教育理论与华文教育史研究、华文教学研究、跨文化传播及华文传媒研究等。

具体来说，主题一"华文教育理论与华文教育史研究"共有 9 篇学术论文，其中有多数是专门研究某一地区或者学校的华文教育问题的。比如，有 3 篇便涉及了"一带一路"沿线国家的华文教育发展问题，包括徐丽丽的《"一带一路"新形势下的菲律宾汉语教学发展策略探析》、洪柳的《"一带一路"背景下东盟国家汉语教育发展研究》、龙吟的《"一带一路"背景下对外汉语教学与文化传播——以对非洲国家为例》。还有些研究主要讨论了华文教育发展的理念与理论问题，比如，贾益民在

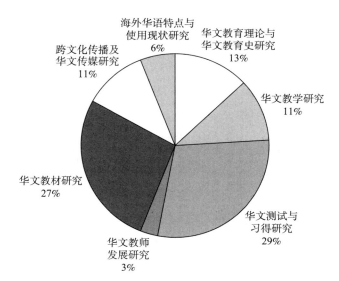

图 1-3　2018 年华文教育学术论文主题分布

《新时代世界华文教育发展理念探讨》中，以新时代为背景，提出了新时代、全球化、大华文教育、融入主流、多元驱动、民间力量、转型升级、华文教育＋、产教融合、华教安全十大世界华文教育发展的新理念。

　　主题二"华文教学研究"共有 8 篇学术论文，主要包括对华文教学现状、课堂教学问题以及华文教学模式的探讨。例如，李文玲在《美国儿童汉语教学的心理学研究》中针对美国中小学汉语教学以及美国儿童心理特点提出了相应的教学建议；蔡武在《多元智能视野下菲律宾华语教学策略研究——以马尼拉嘉南中学华语综合课为例》中分析了采用多元智能方法得到的教学成果；陆俭明在《汉语教学中汉语语法的呈现与教法》中着重以实例说明了如何教"语法格局"、如何教"语法碎片"等问题；张博在《提高汉语第二语言词汇教学效率的两个前提》中强调了汉语第二语言词汇教学的"时间—效益原则"；等等。

　　主题三"华文测试与习得研究"共 20 篇学术论文，主要内容有汉语学习者习得研究、语言使用情况研究及学习态度和动机等个体因素对习得的影响，涉及柬埔寨、韩国、俄罗斯、马来西亚、泰国等地。如，周小兵、雷雨在《泰国人汉语多项定语语序习得研究》中基于中介语书面语料，对泰国人多项定语错序情况进行分类考察，通过细致的泰汉对比，找出母语迁移的具体轨迹；郝瑜鑫在《东南亚华裔学习者汉语词汇知识发展过程实证研究》中以词汇等级、词汇类型和汉语水平三个因素作为自变量，考察了华裔学习者词汇知识发展的历程；刘旭在《泰国大学生汉语名词习得机制探析——以名词句法功能习得为中心》中通过泰国大学生汉语作文语料库，对泰国大学生汉语名词及其习得情况进行了统计分析。

主题四"华文教材研究"共有 19 篇学术论文，主要内容有教材内容编写探讨、教学对策研究、教材对比分析以及国别化教材分析等。如，何婉秋在《对外汉语初级综合教材中的交际文化分析及教学方法研究》一文中以《大众汉语·初级Ⅰ》《博雅汉语·初级起步篇Ⅰ》《体验汉语·基础教程》上册为研究对象，确定了交际文化的定义以及初级阶段该导入何种交际文化因素，并总结相应的交际文化分类；董园在《〈发展汉语〉和〈体验汉语〉介词比较研究》一文中，以这两种教材为研究对象，通过对比分析的方法，对介词编排提出了两点具体的改进建议；徐雪玲在《新加坡新版华文教材面向华裔儿童的编写理念与实践》一文中，以"华裔汉语二语学习者"和"儿童汉语二语学习者"为切入点，深入分析了教材的编写理念及编写方法所体现出的契合"华裔汉语二语学习者"的特点；等等。

主题五"华文教师发展研究"共有 2 篇学术论文。主要是国家汉语教师的发展情况研究。王帅在《国际汉语教师如何讲好中国故事》一文中分析了国际汉语教师"讲什么"和"怎么讲"这两个基本问题。陈玮嘉在《新形势下高校汉语国际教育师资队伍建设探讨》一文中着重分析来了当前"汉语热"持续升温下，汉语国际教育师资队伍存在的问题以及相应的解决之策。

主题六"跨文化传播及华文传媒研究"共有 8 篇学术论文，研究内容包括海外华人文化传承与传播、文化认同等，研究地区以东南亚为主。例如，杨保筠、曾安安在《泰国新生代华人族群认同问题初探》一文中研究了泰国新生代华人对祖籍国中国的认识及其族群认同观念方面的问题；祁琳在《泰国华裔青少年对中华文化认同及影响因素的调查研究——以勿洞中华学校为例》一文中，以泰国南部也拉府勿洞市中华学校为例，对泰国华裔青少年的中华文化认同情况以及影响其文化认同的相关因素做了系统的调查分析。

主题七"海外华语特点与使用现状研究"共有 4 篇学术论文。主要内容包括全球华语的整体研究以及不同地区华语词汇和语用差异研究等。例如，赵敏在《马来西亚华语"者"缀词语的变异性考察》一文中，以"者"缀为例比较了马来西亚华语与普通话词缀派生构词的差异；邓思颖在《全球华语词汇研究的参数分析——以"点算"为例》一文中，以"点算"为例，探究了全球华语词汇研究的参数问题。

（三）华教学术著作

2018 年度收录各类华文教育著作 46 部，其中学术专著 27 部、教材类书籍 6 部、论文集 13 部。具体而言，学术专著重在探究微观的华文教学以及二语习得领域，比例超过一半。比如，金范宇的《韩国留学生汉语口语教学中交互式教学的应用研究》概述了中国的汉语口语教学情况，区分了口语与书面语的差异，明确了对外汉语口语教学的性质、任务和原则；叶颖颖的《海外汉语教师指南：教学与管理篇》对作者多年的海外汉语课堂教学和管理经验进行了系统总结；孙晓慧的《汉语作为第二语言学习者的阅读认知过程研究》从认知的角度，解释了汉语作为第二语言学习者的阅读认知过程，进而构建汉语作为第二语言学习者的阅读认知过程模型；谭晓平的《面向汉语作为第二语言教学的语法点知识库构建研究》探讨了语法点知识库在语法点句法语义接口研究、汉语作为第二语言教学与教材研究等领域的应用；王瑞的《汉语作为第二语言学习者词汇习得研究》探讨了母语为英语的汉语第二语言学习者造词偏误的心理机制，建立了汉语生造词这一特殊类别的汉语词汇心理表征模型；等等。还有一些专著对华文教育与中华文化传播进行了宏观研究。譬如，胡培安、陈旋波的《华文教育与中华文化传承》将学科理论与实证研究相结合，探讨了华文教育与中华文化传播之间的关系并提出参考建议；赵振祥、郭志菊的《菲律宾华文报刊与中国文化传播》从菲律宾华文报刊的历史发展这一视角切入，从菲华报刊、华人社团与华文学校三者的关系管窥中华文化在菲华社会的传播以及菲华社会文化的建构；张禹东的《华人社团与中华文化传播》在"华侨华人与中国梦"的问题意识与现实关怀下研究了华人社团与中华文化传播；等等。

教材类书籍主要涉及教学案例与个案对比、课程改革、实用教材等学科领域。比如，齐春红的《汉语课堂教学案例与分析》选取不同汉语水平不同课型的语言项目讲解、教学、录像并进行了案例分析；郑梦娟的《汉语与英语第二语言教材个案对比研究：以〈剑桥国际英语教程〉和〈新实用汉语课本〉为例》将两本教材多角度进行对比，归纳总结了二者的优缺点并提出参考建议；李岚、李逸的《对外汉语实用教程》采用汉字与汉语拼音两种呈现形式，意在促进铁路类留学生的教学活动；冯薇薇的《IB 中学项目（MYP）中文语言习得教学实例》初级、中级、高级书系，通过形象地展现各中文语言习得教学实例，为教师教学和学生学习提供参考。

论文集涉及的主题较多，包括对外汉语教学与研究、中华文化海外传播、世界华文教学等多方面的内容。论文集与期刊共收录论文与访谈 238 篇，其中论文集收录的论文以汉语教学研究为主，总数多达 148 篇，占比约 64%，这说明，汉语教学领域正是当前研究的重点。另外需要说明的是，这些汉语教学类、汉语本体及语用等方面的研究多收录在《国际汉语教学理论与实践（第二辑）》《国际汉语（第 4 辑）：汉语教材史国际学术研讨会论文集》《第 4 届汉语中介语语料库建设与应用国际学术讨论会论文选集》等论文集中。占比位居其次的是关于华文教育的研究，论文总数 50 篇，比例超过 1/5；而关于国别与区域华文教育、学科理论建设与文化发展等的研究较少。

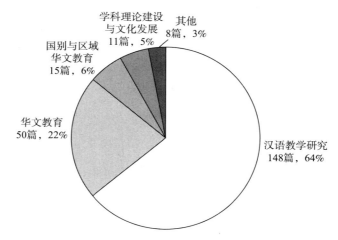

图 1-4　2018 年华文教育论文集主题分布

第二部分

2018 年世界华文教育
大事记

1. 中国国家主席习近平视察暨南大学，指导华文教育工作

2018 年 10 月 24 日，习近平总书记视察广东知名华侨学府暨南大学，了解学校教学科研、文化学术、人才培养等情况。在暨南大学，习近平参观了校史展览和办学成果展示，察看了图书馆华侨华人文献馆的馆藏文献和实物。在学校图书馆华侨华人文献馆，习近平同学生们亲切交谈，询问大家学习生活情况以及学成后有什么打算。

习近平指出，中国有 5000 多万海外侨胞，这是中国发展的一个独特优势。改革开放有海外侨胞的一份功劳。他嘱托暨南大学，要认真贯彻落实全国教育大会精神，并对暨南大学提出了五点要求：一是坚持立德树人根本任务；二是坚持自己的办学特色；三是坚持"忠信笃敬"的暨南精神；四是擦亮学校的金字招牌，努力把学生培养好、把学校办得更好，为海外侨胞回祖国学习、传承中华文化创造更好的条件；五是勉励广大暨南学子好好学习、早日成才，将来为社会作出贡献，主动融入参与粤港澳大湾区建设，把中华优秀传统文化传播到五洲四海。

习近平总书记视察暨南大学时的重要讲话对新时代华侨高等教育的改革发展、对青年成才成长提出了殷切希望和明确要求，充分体现了以习近平同志为核心的党中央对华侨高等教育事业的高度重视、对跨文化人才培养的殷切期望、对港澳台同胞和海外侨胞的深切关怀，具有重大的政治意义、深远的历史意义和深刻的现实意义。习近平总书记的重要讲话高屋建瓴、内涵丰富、寓意深刻，立足当下、着眼未来、回应需求，深刻揭示了世界发展对人才需求的变化，为新时代华侨高等教育的未来发展指明了方向，在华文教育界引起强烈反响。

2018 年 11 月 7 日，在暨南大学建校 112 周年暨广州重建 60 周年复办 40 周年纪念大会上，中央统战部副部长谭天星强调，2018 年 10 月 24 日习近平总书记视察暨南大学时的重要讲话，为暨南大学进一步改革发展提供了根本遵循。我们要深刻学习领会习近平总书记重要讲话的丰富内涵与重大意义。

2018 年 11 月 12 日至 14 日，暨南大学召开 2018 习近平总书记关于侨务工作重要论述研讨会。会议由中国侨联指导，中国华侨华人研究所、暨南大学、五邑大学联合主办，暨南大学华侨华人研究院承办。会上，暨南大学党委书记林如鹏表示，习近平总书记在广东考察期间，专门莅临暨南大学考察，体现了党和国家领导人对暨南大学这所百年侨校的关怀与厚爱，全体暨南人和海内外广大校友无不感到欢欣鼓舞。2018 年 12 月 3 日，暨南大学召开学习贯彻习近平总书记视察暨南大学重要讲话精神工作推进会。校党委书记林如鹏从端正学习思想态度、学通弄懂要义精髓、稳准把握各项要求和高质高效贯彻落实四个方面对学校今后学习贯彻习近平总书记重要讲话精神工作作了明确要求，并对《深入贯彻落实习近平总书记视察广东及暨南大学重要讲话精神专项行动计划》作了工作部署。

习近平总书记视察暨南大学并发表重要讲话，同时使华侨大学师生备受鼓舞、倍感振奋，学校立即组织师生深入学习领会习近平总书记视察暨南大学重要讲话精神，通过工作会议、宣讲辅导、党团主题教育等形式开展各类学习活动。2018 年 12 月 1 日至 2 日，华侨大学领导班子赴暨南大学调研学习，参观了暨南大学校史馆、世界华侨华人文献馆，重走习近平总书记考察暨南大学路线，深刻学习领会习近平总书记重要讲话精神，调研暨南大学贯彻落实习近平总书记重要讲话精神专项行动计划，并与暨南大学校领导及相关单位负责同志座谈。2018 年 12 月 13 日，华侨大学召开专题会议，传达学习贯彻落实习近平总书记视察暨南大学重要讲话精神。校党委书记关一凡主持会议，校长徐西鹏传达学习习近平总书记视察暨南大学重要讲话精神和中央统战部办公厅《关于认真学习贯彻落实习近平总书记视察暨南大学重要讲话精神的通知》，对学校的贯彻落实工作进行动员和部署。徐西鹏说："总书记视察暨南大学讲话同样也是对华侨大学的要求。"他指出，全校上下要充分认识习近平总书记视察暨南大学重要讲话精神的重大意义，认真学习领会重要讲话精神，要以高度的思想自觉和行动自觉，将深入学习贯彻落实习近平总书记视察暨南大学重要讲话精神，作为当前和今后一段时期的首要政治任务和头等大事来抓。

2. 国务院侨务办公室并入中央统战部，华文教育工作获得新的更高的发展平台

2018 年 3 月，中共中央印发了《深化党和国家机构改革方案》，并发出通知，要求各地区各部门结合实际认真贯彻执行。其中"深化党中央机构改革"部分有关海外统战工作的安排摘要如下：

（十五）中央统战部统一管理侨务工作。为加强党对海外统战工作的集中统

一领导，更加广泛地团结联系海外侨胞和归侨侨眷，更好发挥群众团体作用，将国务院侨务办公室并入中央统战部。中央统战部对外保留国务院侨务办公室牌子。

调整后，中央统战部在侨务方面的主要职责是，统一领导海外统战工作，管理侨务行政事务，负责拟订侨务工作政策和规划，调查研究国内外侨情和侨务工作情况，统筹协调有关部门和社会团体涉侨工作，联系香港、澳门和海外有关社团及代表人士，指导推动涉侨宣传、文化交流和华文教育工作等。

依据《深化党和国家机构改革方案》中以上内容，华文教育工作由中央统战部负责指导与推动。

3. "海外华裔青少年华文水平测试"通过鉴定

2018 年 10 月 9 日，"海外华裔青少年华文水平测试"项目鉴定会在暨南大学华文学院举行。鉴定专家组经过讨论，肯定了该项测试系统的成果，同意结项，并一致认为"海外华裔青少年华文水平测试"是针对海外华裔青少年的华文能力而设计的一个国家级标准化测试，填补了华文教育语言测试领域的空白，将对海外华文教育发挥积极的引导作用。鉴定会建议项目组梳理现有研究成果，提交下一阶段工作计划。同时，专家建议国家相关部门进一步加大投入，尽快向海外华人社会正式推出"海外华裔青少年华文水平测试"。国务院侨务办公室汤翠英巡视员出席此次项目鉴定会。

鉴定会上，华文水平测试项目组汇报了研究成果：测试中心主任王汉卫教授汇报了华文水平测试的总体设计，成员王洁汇报了华文水平测试的五个大纲，成员付佩宣汇报了试卷结构及试测结果。与会专家就华文水平测试的完善和实施提出了诸多建设性意见，尤其是题库建设、考试的相关研究以及考务安排等方面。

"海外华裔青少年华文水平测试"系统的研发是推进海外华文教育"三化"建设的重点项目之一，是针对海外华裔的祖语能力而设计的一个标准化考试。该项目从 2012 年开始研发，开发了听、说、读、写等相关语言能力标准、样卷，并于 2016、2017 年在美国、巴西、德国、意大利、澳大利亚、印度尼西亚、菲律宾、柬埔寨、马来西亚、肯尼亚等多个国家的华校进行试测。

4.《周末制中文学校教学大纲（小学阶段）》通过终审

2018 年 12 月 20 日至 21 日，国务院侨办重点项目《周末制中文学校教学大纲（小学阶段）》（以下简称《大纲》）在华侨大学厦门校区举行终审会，项目具体成果顺利通过专家组终审鉴定。华侨大学副校长曾路、中央统战部十局处长胡新明、专家组及课题组成员出席终审会。

《大纲》终审会共两场，分别为国内华文教育领域知名专家审定会、海外周末制华文学校资深教师审定会。由北京大学张英教授、北京语言大学张博教授、中山大学周小兵教授、暨南大学曾毅平教授、福建师范大学沙平教授组成的国内华文教育领域知名专家组，从专业角度对《大纲》研制的意义、内容体例、实用价值作出评价。专家指出，《大纲》符合海外华文教育的实际需求，具有科学性、引领性；《大纲》编排体现了系统性、基础性、层级性，突出了华文教育"语言与文化并重"的特点，具有较强的可操作性。

来自美国、澳大利亚、瑞士等国的海外资深教师表示，《大纲》将在指导海外华文教学、教材编写、课程测试等方面发挥不可替代的作用，极大满足了目前海外对"标准"的需求。

项目负责人贾益民教授感谢诸位专家对《大纲》的充分肯定和高度评价，感谢专家们对《大纲》提出的宝贵意见。他表示，课题组将充分听取专家意见，完善《大纲》建设，助力《大纲》实施。

5. 华文教育界深入探讨新时代世界华文教育发展方向

2018 年，来自学界、侨界的华文教育工作者召开了一系列会议，深入探讨新时代世界华文教育发展方向。在中国境内，举办了两场高端学术论坛；在境外，意大利、德国等国侨界举办了"新时代侨社新形象新作为"座谈会。

2018 年 10 月 21 日，由华侨大学、台湾世界华语文教育学会联合主办，华侨大学华文学院、华文教育研究院以及海外华文教育与中华文化传播协同创新中心承办的"新时代世界华文教育发展研讨会"在华侨大学厦门校区举行。华侨大学校长徐西鹏、台湾世界华语文教育学会理事长董鹏程、台湾联合大学系统校长曾志朗院士、台湾华梵大学校长李天任、北京大学中文系教授陆俭明、新加坡国立大学中文系教授周清海、泰国华文教师公会主席罗宗正、北京语言大学原校长崔希亮、华侨大学原校长贾益民等出席开幕式。来自美国、韩国、荷兰、泰国、缅甸、印尼、新加坡、菲律宾、中国大陆及港澳台地区的 50 多位海内外专家学者围绕华文教育在新时代的转型升级发展问题，展开了深入研讨与交流。此次研讨会以"新时代世界华文教育发展"为主题，与会代表们通过主题报告和嘉宾座谈发言的形式就新时代背景下华文教育的发展转型与升级问题进行了深入交流。其中，8 场主题报告分别是陆俭明教授的《需要树立并确认"大华语"概念》、曾志朗院士的《脑科学驱动的世界华文教育》、李天任校长的《中华文化为基础的华语教材刍议》、崔希亮教授的《汉语国际教育与华文教育》、台湾中央大学柯华葳教授的《一个供大家交流、分享的平台》、台湾中原大学赖明德教授的《汉字真善美》、美国中文教师学会会长何宝璋的《新时代的美国华语教学：大学先修课程》和唐风汉语公司李劲松的《汉语国际教育的信息化探索与实践——以唐风汉语为例》等。会议期间，与会代表还就筹备"全球华语文教育联合会"相关事宜进行了深入探讨。

2018年11月17日，第三届华文教育国际学术研讨会在暨南大学华文学院举行。参会学者共143人，其中，来自美国、加拿大、新加坡等多个国家和地区的专家学者近30人。大会以"世界华文教育的同一性与差异性"为主题，探讨世界华文教育的同一性、华裔与非华裔汉语教育的差异性、华文教育的国别或地域差异，以及特定条件下华文教育各要素的差异性，等等，旨在推进新时代世界华文教育工作的发展，为中华优秀传统文化的传播奠定学术研究基础。大会特邀北京大学陆俭明教授、厦门大学李如龙教授、新加坡南洋理工大学吴英成教授、美国加州大学戴维斯分校储诚志教授、中国人民大学李泉教授、北京语言大学王建勤教授、中山大学周小兵教授等15位海内外专家开展3场学术报告。会议分16个小组，围绕汉语本体研究、教学与习得、师资与教材、文学与文化、宏观理论研究、综合研究6个研究领域展开专题讨论。此外，大会特设华文教育工作坊，主要议题为"华文教育与'一带一路'倡议"和"当前国际热点对汉语国际教育的影响"。华侨大学原校长、华侨大学华文教育研究院名誉院长贾益民教授，新加坡南洋理工大学吴英成教授，华侨大学特聘教授、台湾世界华语文教育学会理事任弘教授，温州大学意大利分校校长严晓鹏教授，日本神户学院大学胡士云教授，美国加州大学戴维斯分校储诚志教授受邀担任本场工作坊的特邀专家，在会上分别就两个议题发表见解。

2018年2月19日，德国柏林地区侨学界代表举办了主题为"新时代侨社新形象新作为"的座谈会。中华海外联谊会副会长谭天星出席座谈会。他指出，如今海外侨社的建设要展现新形象，就是要共同努力全面构建海外和谐侨社："'全面'二字，就是我们的侨社应更加团结、更加充满活力、具有更好的形象、发挥更大的作用。"与会代表畅所欲言，提出了10多条意见和建议，涉及面广。2018年11月2日，意大利佛罗伦萨侨界举办"新时代侨社新形象新作为"座谈会。中华海外联谊会副会长谭天星一行与侨界代表举行座谈，听取侨界声音、介绍惠侨计划、倡导和谐侨社理念，并对意大利侨社在新时代树立新形象、发挥新作用报以诚挚希望。

6. 信息技术推动华文教育迈上新台阶

2018年，以中国华文教育基金会为代表的华文教育相关组织机构积极推动信息技术在华文教育领域的应用，助力华文教育迈入新时代，迈上新台阶。

2018 年 8 月、11 月、12 月，"伟大的中华传统文化"实景课堂系列"线上 + 线下"同步开课，共有课程 21 期。意大利中意学校、那不勒斯咏恩中文学校、瓦雷泽中文学校、长城中文学校、米兰弘扬中文学校、热那亚长城中文学校、普拉托华人华侨联谊会中文学校、都灵中文学校、贝加莫中文学校、文轩学堂，西班牙哆来咪文化学校、博思语言学校、优尔教育、塞利维亚中文学校、萨拉戈萨中国学校，英国伯明翰中英文化艺术学院、彼得堡中文学校，法国法中国际文化交流中心，巴西德馨双语学校，爱尔兰卡斯诺克中文学校，斯洛伐克敦敏书院，澳大利亚悉尼华夏文化学校，比利时欧华汉语语言学校、列日中文学校，美国华夏南部中文学校等多所华校的华裔学生参与实景互动，全球 2 万多个登录点同时在线学习。严莉莉、张林、何欣欣等担任外景老师，周瑞华、王璐瑶、李嘉欣等担任内景老师。

中国华文教育基金会实景课堂由中国华文教育基金会、中国妇女发展基金会和中国青少年发展基金会联合主办，完美（中国）有限公司和华霖投资有限公司资助，恒坐标教育科技集团承办，基于全新的教学模式，利用现代科技手段为海外华裔学生提供了打开中华文化大门的钥匙。与传统口述、图片、视频授课方式不同，实景课堂教师身处实景环境之中，依托实景呈现教学内容，启发学生通过现场观察去探索世界，使中华文化的学习不再停留在课本上、文字里，而是跨越时空，立体生动地展现在学生面前，从而使全世界的华裔青少年不受时间、空间限制，远程实时共同学习丰富多彩的中华文化知识。

同时，华文教师培训工作也通过互联网扩大受惠面。2018 年，"华文教师完美远程培训"走进 16 个国家的华校，先后在西班牙、荷兰、意大利、巴基斯坦、阿联酋、俄罗斯、英国、比利时、瑞士、加拿大、澳大利亚、新西兰、巴西、匈牙利、希腊和美国举办。远程课程培训注重内容发展和课程建设，通过定制的形式实现供需平衡。培训的内容十分丰富，由面到点，层层递进，包括教学设计与教学示范、综合课教学方法与技巧、教学内容疑难专题微课、优秀教师谈课堂管理、词汇教学示范、语法点教学示范、趣味汉字教学等。如英格兰彼得堡中文学校定制了"综合课教学方法与技巧""第二语言教学法""趣味汉字教学""有趣的识字方法""小学拼音教学"等 30 余节课程；意大利罗马中华语言学校定制了"小学拼音教学""有趣的识字方法""词汇教学示范""听说读写的课堂组织""朗诵指导""《中文》备课与教学示例""中国功夫与华文教学"等 30 余节课程。远程培训实现了国内学校和海外华校的双向互动，有利于双方教师队伍的建设，有利于教育资源的有效流动。远程培训是海外师资培训的重要组成部分，也是新时代网络教育发展的体现，远程培训在整个海外华文教育师资培训中发挥着越来越重要的作用。

第三部分

2018 年世界华文教育资讯

一　华教政策

1. 新加坡中华总商会管理学院成立商务汉语考试中心

自 2018 年 1 月起，新加坡中华总商会管理学院成为新加坡唯一的商务汉语考试中心。今后，新加坡人到中国工作或经商，可在当地考取受中国官方认可的国际商务汉语水平证书。

配合考试中心的成立，中华总商会管理学院开办了一系列商务汉语培训课程。精深技能发展局将为新加坡公民和永久居民提供高达 90% 的津贴，公民也可以使用政府发放的"技能创前程"（Skills Future）补助金支付学费，减轻进修的经济负担。

2018 年 2 月 25 日，总商会会长黄山忠与精深技能发展局局长黄子鹏为商务汉语考试中心主持开幕仪式，并见证首批 26 名考生参加商务汉语考试。该商务汉语考试主要评测考生在商务环境中运用汉语完成任务的能力，针对不以华文为第一语言的商务人士。总商会希望在未来三年内，能吸引至少 4750 名新加坡公民和永久居民参加商务汉语考试。

2. 波兰华沙中文学校将为当地居民提供免费汉语课程

2018 年 2 月，波兰华沙中文学校宣布，将和华沙市政府合作，为华沙 Targówek 地区的居民提供免费汉语教育课程及更多活动安排。

华沙中文学校成立于 2009 年 3 月 16 日，2013 年被国务院侨办和中国海外交流协会授予海外"华文教育示范学校"称号。学校在 2010 年编辑出版了《波中分类词典》，成为当地重要的学习教材。

3. 白俄罗斯明斯克国立语言大学中文系成立

2018 年 3 月 2 日，白俄罗斯明斯克国立语言大学举行了中文系成立仪式，中国驻白俄罗斯使馆临时代办罗占辉、明斯克国立语言大学校长巴拉诺娃和语言大学师生代表共计800余人出席。

中国驻白俄罗斯大使崔启明发来贺信。他在贺信中表示，希望明斯克国立语言大学以中文系设立为契机，培养更多通中国语言懂中国文化的优秀人才，成为中白友好事业的接班人，成为中白两国之间搭建友谊之桥和合作之桥的重要力量。中国驻白俄罗斯大使馆将一如既往地支持明斯克国立语言大学中文系的发展，为其与中国高校开展校际交流创造有利条件。

4. 全国人大代表、政协委员呼吁"重视二代华文教育，为华侨权益立法"

2018年3月15日，在中华人民共和国全国人民代表大会和中国人民政治协商会议上，关注华侨华人群体发展和权益的"侨"声也不断传出。其中重视华文教育、制定华侨权益保护法等成为与会人员关注的热点。

列席全国政协会议的法国华侨华人会主席任俐敏认为，"华二代"的文化认同尤其需要关注，懂得中华文化的"华二代"是海外华人社会的希望所在。

全国人大代表、浙江省侨联副主席陈乃科则将关注焦点放在华侨在国内的权益保护方面。陈乃科指出，要通过制定华侨权益保护法，切实保护华侨在中国境内的各项权益，增强其凝聚力和向心力。

5. 马来西亚砂拉越州政府承认统考文凭

2018年3月26日，马来西亚砂拉越首长阿邦佐哈里出席哥打圣淘沙广场举行的和谐之夜"团结就是力量"活动时表示，州政府没有理由不承认统考文凭，因为中文独立中学学生除了懂得中文之外，更掌握了良好的学术能力。中国是砂拉越的经济伙伴之一，掌握了中文自然就成了一种优势，就连本地家长也将孩子送到中文学校学习。

阿邦佐哈里承诺，只要他还是首长，州政府就会继续协助独立中学发展。同时，他宣布，砂拉越州政府将分配50万令吉拨款，供三合兴中华小学建设使用。

6. 马来西亚将健全机制确保华裔子弟赴华留学

2018年3月27日，马来西亚总理署部长、马华公会署理会长魏家祥表示，马华公会将与留华同学会设立健全机制，从推荐学生、审核资格再到保送深造，确保华裔学生顺利进入中国大学深造。

"马来西亚华裔子弟赴华深造保送计划"推介礼当日在吉隆坡举行。该计划获得10所中国大学承诺提供307份、总额高达2000万马币的全免与半免奖学金。

7. 阿联酋教授中文的学校将增加到 14 所

2018 年 7 月，阿联酋政府称，为提高国家的教育质量、有助于实现国家的发展目标和扩大与中国的战略伙伴关系，决定将教授中文的学校增加到 14 所。

2018 年 7 月 16 日，阿联酋《宣言报》发表题为《明年教授中文的学校将增加到 14 所》的文章称，教育部决定再增加 3 所教授中文的学校，到 2019 年，全国教授中文的学校将从 2018 年的 11 所增加到 14 所。教育部部长侯赛因指出，使用中文会提高国家的教育质量，有助于实现国家的发展目标——阿联酋远景 2021 国家议程。

2010 年，阿联酋政府颁布了"阿联酋远景 2021 国家议程"，教育战略是该项规划的重要组成部分。

8. 阿联酋首颁中文驾照，百所学校教汉语

2018 年 7 月 19 日，阿联酋教育部宣布，从 2019 年起，该国的 100 所学校将教授汉语。另外，阿布扎比警察局颁发了第一本中文驾照。

9. 俄罗斯加里宁格勒州或将开设首个孔子学院

2018 年 8 月 28 日，俄罗斯加里宁格勒州州长安东·阿里汗诺夫表示，波罗的海联邦大学正在研究开设孔子学院并进行汉语教学。同时，希望进一步增加加里宁格勒州中国留学生的数量。

康德波罗的海联邦大学是该州最大的高等学校，是俄罗斯提升大学国际竞争力"5－100 计划"成员，目前正与 3 所中国大学实施欧盟 Erasmus Mundus 国际交流项目中的"支持终生学习和知识经济的跨地区信息素养发展"（DIREKT）子项目。

10. 缅甸内政部中央消防学校首设汉语课程

2018 年 9 月 17 日，缅甸内政部下属的消防部队中央消防学校举行了中央消防学校首届汉语班开班典礼。中央消防学校校长吴基温、福庆学校董事长黄鹏飞及福庆学校校长、孔子课堂缅方主任等出席了开班典礼。

吴基温校长介绍了内政部属下消防部队中央消防学校的情况以及开设汉语班的初衷。福庆学校校长介绍了汉语课程、汉语水平考试、奖学金等具体事宜，并进一步说明在"人字形中缅经济走廊"即将进入实施之际汉语的重要性，还介绍了福庆学校空中课堂"人人学汉语、轻松学习、成就未来"的方针。

11. 马来西亚槟城州继续支持州内华教

2018 年 10 月 7 日，马来西亚槟城州首席部长曹观友表示，槟城州政府会继续支

持州内的华文教育，以培养更多人才，为国争光。曹观友出席大山脚日新学校百年校庆大会晚宴，并宣布拨款 20 万令吉充作日新扩建校舍基金。

12. 汉语被列入图瓦共和国首府武备学校必修课

2018 年 10 月 17 日，俄罗斯中部军区军事教育处处长米哈伊尔·济里亚诺夫宣布，汉语被列入图瓦共和国首府克孜勒总统士官武备学校的必修课。

克孜勒总统士官武备学校开办于 2014 年 9 月，当时有 65 名学生就学，是目前图瓦共和国唯一一所将汉语与英语、德语、法语一起列在主要课程框架下学习的学校。

13. 西班牙加泰大区将中文纳入普通学校外语教学

2018 年 10 月，由 Torra 领导的西班牙加泰罗尼亚大区政府想要加强外语在学校中的使用，除了不断加强加泰罗尼亚语的学习之外，还希望加泰罗尼亚大区的孩子们能够掌握更多的外语，其中就包括历来就较被重视的英语、法语、德语和新近被"划重点"的阿拉伯语和中文。这是政府的新语言计划。

加泰罗尼亚初高中教育负责人解释，这一举措旨在适应社会语言的变更，校园中的语言教育模式如同加泰罗尼亚社会中语言使用的一个典范，除了加泰罗尼亚语之外，孩子们当然也会学习西班牙语，并同时掌握另外一到两门外语。

14. 马来西亚教育部是否承认统考研究报告 2019 年提呈内阁

2018 年 10 月 30 日，马来西亚教育部部长马智礼表示，研究是否承认统考的报告将于 2019 年提呈给内阁。他指出，希盟政府要针对统考进行全面研究。承认统考课题不只是统考本身，还涉及法律、国民融合。

马智礼指出，针对统考的全面研究分为两个部分，除了教育部进行的内部研究，希盟政府也会通过统考政策特工队（PPDUEC）收集资料及意见。政府将确保针对承认统考课题做出的决定，将会是理性且不情绪化、考量到马来文地位及国民团结；同时，避免此课题被种族化及政治化。

15. 中文纳入埃塞俄比亚大学课程

2018 年 11 月，埃塞俄比亚将中文学习纳入大学课程。中国驻埃塞俄比亚大使谈践表示，北京与亚的斯亚贝巴签署的合作协议越来越多，两国的专业人员也更多地聚集到亚的斯亚贝巴。让中文成为工作语言，不仅能提升工作效率，还能加强社会沟通。此外，亚的斯亚贝巴大学还与孔子学院合作，开设了中文教学专业。

埃塞俄比亚外交部还组织了全国范围的中文比赛，吸引各地高校学生参加，比赛获胜者将代表埃塞俄比亚参加在中国举行的年度比赛"汉语桥－世界大学生中文比赛"。

16. 俄罗斯中学生 2019 年将首次参加国家统一考试汉语科目考试

2018 年 11 月 28 日，俄罗斯联邦教育科学监督局副局长安佐尔·穆扎耶夫在"今日俄罗斯"国际通讯社举行的圆桌会议上表示，数百名俄罗斯中学生 2019 年将首次参加国家统一考试汉语科目考试。

2019 年将首次在俄罗斯国家统一考试中进行汉语科目的考试。此前俄方连续测试了几年，目的是出台高质量的考试材料。目前 1.7 万多名俄罗斯中学生在学习汉语，其中有 3000 名是高年级学生。预计 2019 年国家统一考试中，将有数百名毕业生通过汉语科目考试。

俄罗斯学习汉语的人数从 1997 年的 5000 人、2007 的 1.7 万人，增长到 2017 年的 5.6 万人。统计显示，39% 的汉语学生在大学学习，31% 的学生在中小学学习，25% 的学生在语言学习班学习，5% 的学生在孔子学院学习。

俄罗斯国家统一考试包括中学生毕业考试和高考，目前包括 14 个科目。迄今为止，俄罗斯国家统一考试外语科目包括 4 种语言：英语、德语、法语和西班牙语。

17. 爱尔兰 2022 年起将汉语纳入高考

2014 年，爱尔兰就开始实行一些短期的中文培训项目，目的是让爱尔兰人更了解中国的语言文化。从 2020 年起，中文将出现在爱尔兰大学考试的外语科目之中。从 2022 年起，汉语将成为爱尔兰高考的科目之一。

18. 马来西亚中央拨款华人新年前将移交霹雳州 17 所华中

2018 年 12 月 14 日，马来西亚国会下议院副议长倪可敏宣布，2019 年 1 月至华人农历新年前，将会移交中央拨款给霹雳州 17 所华文中学。

倪可敏在 12 月 12 日傍晚移交教育部副部长张念群的 24 万令吉拨款给首所华中即太平华联国中的仪式上说，每所华中都会获得拨款。

19. 意大利一高中首将中文纳入毕业考试

2018 年 12 月 15 日，意大利特伦托市索菲·绍尔高中宣布，将把中文纳入学校毕业考试内容。2018 年度该校 29 名应届毕业生将参加中文毕业考试，考核成绩列入毕业考核成绩。索菲·绍尔高中是意大利首家支持中文毕业考试的高中。该学校是一所语言类专科高中学校，2012 年学校正式开设中文课程。

根据意大利教育部门的统计资料，目前在意大利大约有 279 所学校已正式开设中文课程，其中部分学校将中文纳入必修课，要求学生中文学习课程必须达到规定课时，才能够获得毕业资格。

特伦托市的居民总数约 12 万人，在索菲·绍尔高中就读的学生共计 910 人，其中 145 名学生选择了学习中文。

20. 马来西亚古城玛琳华小永保半津贴

2018 年 11 月，担任马来西亚古城玛琳华小 29 年董事会主席的冯秋苹强调，该校校地不会"送"给政府。虽然目前当局提出半津贴华文小学转成全津贴的建议，但该校不论在任何情况下，都将永远是半津贴学校。

她表示要感恩海南会馆捐地积极办校，如今才有如此美好的学校。因此，玛琳华小绝不会成为全津贴学校。

21. 马来西亚森美兰州两所独中将各获 20 万令吉政府拨款

2018 年 12 月 18 日，马来西亚森美兰州行政议员张聒翔宣布，2019 年州政府财政预算案，除了拨款给全森美兰州的华小和淡小，森美兰州仅有的两所独中将各获 20 万令吉教育拨款。这一举动，被称为州新政府彰显关注全民教育的创举。

二　华教工作会议

1. 浙江温州外事侨务办公室召开全市侨务系统文宣工作暨表彰会

2018 年 1 月 9 日，浙江省温州市外事侨务办公室召开全市侨务系统文宣工作暨表彰会。各县（市、区）侨办主任、文宣工作负责人员和有关夏令营承办学校负责人 30 余人参加会议。

会议总结回顾了 2017 年华文教育和侨务文化宣传工作，并查找问题和不足。温州市外事侨务办公室调研员许捷出席会议。他充分肯定了 2017 年各县（市、区）外事侨务办公室和夏令营承办学校所做的工作，并就进一步做好 2018 年文宣工作作出部署，希望各方继续齐心协力，整合资源，汇聚合力，努力推进文宣工作有序进行。与会人员还围绕如何做好 2018 年文宣工作提出了许多有价值的意见和建议。同时，会议宣读了温州市外事侨务办公室、市教育局联合表彰决定，包含丽等 27 名同志被授予"中国寻根之旅"夏令营"相约温州营"活动的先进个人。

2. 中蒙文化教育暨社会发展基金会举行年度工作会议和新年招待会

2018 年 1 月 13 日，中蒙文化教育暨社会发展基金会举行年度工作会议和新年招待会。中国驻蒙古国特命全权大使邢海明参加会议并致辞。邢海明表示，2017 年中蒙关系发展势头良好。新的一年中，相信双方将不断强化"一带一路"与"发展之路"的战略对接，推进各领域务实合作，深化两国人文交流，双边关系将迈上新台阶，希望基金会再接再厉，积极投身公益事业，帮扶蒙古国困难群众，弘扬中国优秀文化，进一步推动中蒙人文交流，拉近两国民心的距离。

基金会理事长代兴军感谢邢海明大使和驻蒙古国使馆对基金会工作的大力支持，他介绍了基金会年度工作，并向捐款单位、企业、个人颁发了荣誉证书和感谢牌。

3. 江苏省人民政府侨务办公室召开 2018 江苏省华文教育基地工作交流会

2018 年 1 月 16 日，江苏省人民政府侨务办公室召开 2018 江苏省华文教育基地工作交流会。会上，江苏省人民政府侨务办公室和江苏省教育厅共同颁发了《江苏省华文教育基地管理办法》。同时，与会代表还探讨了如何利用江苏丰富的文化教育资源，制定适合江苏侨情的"江苏方案"，将江苏优质的华文教育播种海外。

江苏省人民政府侨务办公室主任王华在发言中强调，华文教育是中华民族在海外的"留根工程"。他希望各市侨办要有"一盘棋"的思想，在准确把握省内侨情的基础上，有的放矢地开展华文教育工作，将"江苏力量"推向海外。

江苏省教育厅国际合作与交流处处长林跃指出，高职教育逐渐成为江苏省教育对外开放的新增长点。目前省内有 4 家高职院校挂牌成为省华文教育基地单位。林跃表示，高职教育在培养技能型人才方面优势突出。外籍学生在江苏学到了"一技之长"，培养了一大批知华者，也能为"走出去"的企业提供本土化的人才支撑。

4. 德国马德里华侨华人中文学校深入学习华教大会精神

2018 年 1 月 20 日，德国马德里华侨华人中文学校召开每月一次的管理层会议。此次会议主要内容有两点：一是学习"第四届世界华文教育大会"精神；二是根据大会精神，总结出一系列改革措施与创新方案，并制定 2018 年的学校工作计划，确定项目和措施。

5. 美国华盛顿地区中文学校举办校长联席会议

2018 年 1 月 20 日，美国华盛顿地区中文学校校长联席会议在"华盛顿侨教中心"举行。华盛顿地区各中文学校校长及联谊会负责人近 30 人参加。"台湾驻美办事处教育组"办公室负责人朱旭华等应邀出席。

联谊会总负责人杨贤俊主持会议，介绍了 2018 年内将举办的各项活动，包括校际扯铃观摩赛、中文演讲比赛、运动会、夏令营等。朱旭华介绍了 3 月即将举办的"儿童华语文能力测验"，并鼓励各校学生踊跃报名。

6. 意大利举办"推介中华文化"研讨会

2018 年 1 月 22 日，由意大利威尼托大区教育局、中意国际学校联合主办的"推介中华文化"研讨会在帕多瓦中意国际学校举行。威尼托大区教育局局长丹妮拉·贝尔特拉姆，中意国际学校校长李雪梅博士、校董会代表，以及威尼托大区重点中小学校负责人、中文教员和语言学专家学者应邀出席研讨会。

与会代表从不同角度介绍了学习中文的体会，相互交流了经验，并对推介中华文化提出了自己的建议和看法。

中意国际学校校长李雪梅说，中意两国国情不同，文化意识和个性思维具有较大差异。从教育本身而言，接受任何一门新的语言都会有一个入门的过程。意大利人学中文与华人学习意大利文一样，都需要一个循序渐进、逐渐接受的过程。

意大利提兰特学校校长罗莎·安娜介绍说，要让学生接受中文、学好中文，不能只在课本上下功夫，应该让学生更多地参加和学习中文有关的活动，在活动中让学生去感悟、去理解，从而增强学生们学习中文的兴趣。

威尼托大区教育局局长丹妮拉说，"一带一路"给全球经济带来的新契机，已经得到国际社会的广泛认同，并取得了积极成果。意大利中小学校抓好中文教育，是有益于学生今后发展、密切意中交流的一件大事，应引起学校师生的高度重视。威尼斯大区教育部门高度重视对汉语的教育，希望有更多的学生加入汉语的学习行列。

7. 中国驻马达加斯加使馆、孔子学院、在马中企和侨团举办座谈会

2018 年 1 月 31 日，中国驻马达加斯加使馆、塔那那利佛大学孔子学院、在马中资企业和华侨华人社团举办座谈会。

中国驻马达加斯加大使杨小茸出席座谈会。他表示，近年来"中文热"迅速席卷马达加斯加，马达加斯加开设汉语课程的学校和学习汉语的学生大幅增多，中马人文交流十分活跃。2018 年将举办新一届中非合作论坛峰会，这将会极大促进中非合作的发展，中马两国友好务实合作也将不断深化，中马关系发展急需更多优秀的中文人才。

马达加斯加高等教育和科研部秘书长、塔那那利佛大学理事会主席分别发表讲话，赞赏中方重视马达加斯加青年成长与人才培养，积极推广双边人文交流，有力推动马达加斯加经济建设和社会发展。

8. 中国华文教育基金会第三届理事会第九次会议在北京举行

2018 年 2 月 6 日，中国华文教育基金会第三届理事会第九次会议在北京举行。全国政协港澳台侨委员会副主任、中国华文教育基金会理事长赵阳主持会议。此次会议的主要议程是审议《中国华文教育基金会秘书处 2018 年工作要点》、改选秘书处领导及部分理事、改选基金会新闻发言人。

《中国华文教育基金会秘书处 2018 年工作要点》指出，2018 年，秘书处将深入学习贯彻习近平新时代中国特色社会主义思想和党的十九大精神，紧紧围绕《国家侨务工作发展纲要（2016—2020 年）》和国务院侨务办公室工作大局，创新工作思

路，开拓募资渠道，做实华文教育项目，推动基金会工作再上新台阶。

基金会相关负责人介绍，募集资金是基金会 2018 年工作的重中之重。为此，秘书处将创新工作思路，积极探索、开拓新的募资渠道，为实现可持续发展奠定基础。2018 年基金会将从以下几个方面开展工作。一是围绕国务院侨务办公室已有的知名文化教育品牌项目展开募资，服务国家侨务工作。二是服务国家"一带一路"倡议，为"一带一路"倡议培养人才。基金会将加强与有关单位合作，用好"一带一路"专项基金，设立奖助学金，资助"一带一路"参与国华裔学生回国深造。三是争取国务院侨务办公室支持，做大做强"互联网＋华文教育"工作，拓展和强化远程师资培训项目，制订实施"互联网＋远程实景课堂"计划。四是继续开展各类常规的华教项目，涵养华教资源，继续举办短期师资培训项目；继续做好中华文化传承项目；举办首届全球华语朗诵大赛。

会议经无记名投票，于晓当选中国华文教育基金会新一任副理事长兼秘书长；于晓当选中国华文教育基金会新闻发言人。

9. 美国南加利福尼亚州中文学校联合会举办"春季教学研讨会"

2018 年 2 月 11 日，由美国南加利福尼亚州中文学校联合会举办的"春季教学研讨会"在查普曼大学开幕。"中国台湾驻洛杉矶办事处"负责人夏季昌、"洛杉矶文教中心"主任翁桂堂、"橙县文教中心"主任杨海华等人出席会议。

联合会会长黄锦云表示，2018 年的研讨会新增了教师实际操作的内容，将会提供更有深度的师资培训。夏季昌表示，在海外教中文是一个很大的挑战，希望老师们能借此机会，彼此交流经验，让中文教育在海外延续。翁桂堂指出，科技与人文早已息息相关，希望老师们将科技与中文教学相结合，造福学生。

10. 缅甸举办中国留学生、汉教志愿者新春座谈会

2018 年 2 月 12 日，中国驻缅甸大使洪亮在官邸举办中国留学生、汉教志愿者新春座谈会。在仰光的全体中国留学生、汉语教师志愿者、汉语外派教师，以及中资企业代表和媒体代表共 240 余人参加了新春座谈会，使馆公参李小艳、商务参赞谢国祥、文化参赞田善亭及相关部门负责同志一同参加座谈会。

座谈会上，使馆领事处主任王晓初对中国公民海外领事保护工作做了说明，并强调了相关安全注意事项。留学生代表段红梅、汉语教师志愿者代表阮统和中资企业代表李烨琳分别发言，从不同的角度讲述了各自在缅甸学习、工作的体会，并感谢使馆的关心与支持。

11. 德国柏林举办"新时代侨社新形象新作为"座谈会

2018 年 2 月 19 日，中国国务院侨务办公室副主任谭天星与柏林地区侨学界代表在德国柏林举办了主题为"新时代侨社新形象新作为"的座谈会。

谭天星指出，如今海外侨社的建设要展现新形象，就是要共同努力全面构建海外和谐侨社："'全面'二字，就是我们的侨社应更加团结、更加充满活力、具有更好的形象、发挥更大的作用。"

主持座谈会的中国驻德国大使馆公使衔参赞赵清华表示，大家畅所欲言，提出了 10 多条意见和建议，涉及面广。期待并相信国务院侨务办公室将为海外侨务工作提供"含金量"更高、"含氧量"更大、"含情量"更重的支持。

12. 习近平参加全国政协十三届一次会议民盟、致公党、无党派人士、侨联界委员联组会

2018 年 3 月 4 日，中共中央总书记、国家主席、中央军委主席习近平看望了参加全国政协十三届一次会议的民盟、致公党、无党派人士、侨联界委员，并参加联组会，听取意见和建议。他强调，中国特色社会主义进入新时代，要求我们坚定不移巩固和发展中国共产党领导的多党合作和政治协商制度，发挥多党合作独特优势，发展社会主义民主政治，为决胜全面建成小康社会而团结奋斗。我国各民主党派、无党派人士要增强"四个自信"，增强政治定力，积极建言献策，广泛凝心聚力，为决胜全面建成小康社会、夺取新时代中国特色社会主义伟大胜利作出新的更大贡献。

联组会上，曹卫星、闫小培、周忠和、李卓彬、吴为山、陈超、高鸿钧、高杰 8 位委员围绕深化改革开放、做好未建交国家工作、推进科技评价体系改革、发挥侨资侨智作用、用经典作品构建人类命运共同体、构建离岸创新创业新模式、建立良性有序人才流动机制、发挥侨智助力创新型国家建设等问题作了发言。

习近平在听取发言后发表重要讲话。习近平强调，2018 年是纪念"五一口号"发布 70 周年，各民主党派要弘扬优良传统，切实加强自身建设，加强思想政治引领，努力把中国特色社会主义参政党建设提高到新水平。侨联组织要发挥桥梁和纽带作用，广泛凝聚侨心、侨力、侨智，团结动员广大归侨侨眷和海外侨胞为改革开放和社会主义现代化建设贡献力量。

13. 意大利中文学校联合总会分别举办意大利南北部教学观摩研讨会

2018 年 3 月 10 日，为全面提升华文教育师资水平，意大利中文学校联合总会分别举办意大利南北部教学观摩研讨会。此次活动是意大利中文学校联合总会自 2017

年成立以来首次联合教研活动。该活动为意大利华文学校之间的交流提供了一个平台，让意大利华文教育师资再上一个新台阶，为让华裔孩子们拥有高质量的华文教育而努力，为中国文化海外弘扬作出贡献。

14. 瑞典斯德哥尔摩华助中心举办工作座谈会

2018 年 3 月 21 日，中国驻瑞典使馆临时代办张彪应邀出席斯德哥尔摩华助中心工作座谈会。华助中心主任、瑞典华人工商联合总会会长王建荣，华助中心常务副主任、北欧国际交流协会会长季展有等瑞典侨团和会员单位负责人参加座谈会。

张彪积极评价中心成立以来所做的工作和取得的进展，表示华助中心的成立对旅瑞华侨华人是一件大事和好事，希望中心认真落实"帮扶、关爱、融入"理念，夯实基础，找准定位，为华侨华人多办实事，努力成为旅瑞侨胞的温暖之家。同时，要在和谐侨社建设上发挥表率作用，与各侨社侨团团结协作，优势互补，形成合力，共谋发展。

15. 国务院侨务办公室召开 2018 年全国华文教育工作会议

2018 年 3 月 21 日至 24 日，由国务院侨务办公室文化司、中国华文教育基金会主办，温州市外事侨务办公室承办的 2018 年全国华文教育工作会议在温州召开，各有关省（市、区）侨办领导和分管华文教育的负责人，以及华文教育基地院校负责人近 150 人参会。国务院侨务办公室文化司司长雷振刚、文化司巡视员汤翠英、文化司副司长邱立国，中国华文教育基金会副理事长兼秘书长于晓等出席会议。

雷振刚在会上回顾了 2017 年华文教育工作。他要求各级侨务部门充分发挥地区优势，根据当前不断变化的海外华教需求，继续把 2018 年的华文教育工作做好，让广大海外华侨华人，特别是华裔青少年，体会到中华文化的独特魅力，更广泛地向海外传播中国优良传统。

会议期间，国务院侨务办公室文化司和中国华文教育基金会分别对 2017 年"中国寻根之旅"夏令营及中华文化大乐园工作、师资培训及外派教师工作、华文教育基金会项目工作等进行了总结，并全面部署了 2018 年的工作。

16. 中国驻波兰使馆举办旅波华侨华人座谈会

2018 年 4 月 25 日，中国驻波兰使馆举办旅波华侨华人座谈会，中国驻波兰大使刘光源出席并讲话，来自旅波侨团、华文媒体、华文教育机构的负责人及华商、领保联络员代表和部分华侨参加。

刘光源大使表示，广大旅波华侨华人爱国、团结、守法、包容，胸怀祖（籍）

国，心系波兰，为加深中波两国人民之间的了解和友谊、促进双边关系发展发挥了重要作用。刘光源向与会侨胞宣讲了中国共产党十九大精神和习近平新时代中国特色社会主义思想，希望侨胞继续关注中国发展，讲好中国故事、中国人民的故事，做好两国人民之间的桥梁和纽带，并遵守当地法律法规，依法合规经营。

与会人员热烈欢迎刘光源履新并踊跃发言，分别介绍各自社团或业务发展情况，结合自身经历畅谈对十九大及中波关系发展的感想，并就更好地促进中波友好、融入当地社会、履行社会责任、开展中文教育、加强和谐侨团建设等提出建议。

17. 美国新泽西中文学校协会举办中文学校校长会议

2018 年 5 月 6 日，美国新泽西中文学校协会在东布朗斯维克市戴斯酒店举办中文学校校长会议。"纽约文教中心"副主任王盈蓉应邀出席。博根中文学校、英华国际学校、北部慈济人文学校等学校的校长、教务主任等共 30 人参加。

会议由新泽西中文学校协会董事长戴松昌及会长钟明昌主持，各校校长及代表分享华教经验，还就如何增强课程趣味性和发挥各校特色吸引学生等问题展开了讨论。

18. 中央统战部副部长谭天星一行到暨南大学调研统战工作

2018 年 5 月 17 日，中央统战部副部长谭天星、原国务院侨办文化司副司长梁智卫、原国务院侨办宣传司宣传处处长谢添、中央统战部干部张康等一行到暨南大学调研并召开侨校统战工作座谈会。暨南大学党委书记林如鹏、副校长洪岸、相关机关部处负责人、教师代表以及统一战线成员代表等出席了座谈会。

谭天星在发言中指出，暨南大学认真学习贯彻中央精神，努力构建学校"大统战"工作格局，完善机制、突出重点、深入细致、统筹兼顾，学校统战工作取得了良好成效，为学校中心工作作出了积极贡献。谭天星强调，暨南大学要在未来工作中站在做好统一战线侨务工作的高度，充分发挥侨校独特优势，进一步做好港澳台地区和海外工作，凝聚人心，壮大爱国力量，为港澳繁荣稳定、祖国统一和推动中外友好、构建人类命运共同体不断作出新贡献；要坚定以习近平新时代中国特色社会主义思想为指导，牢固树立"四个意识"，始终胸怀党和国家大局，肩负新时代统战工作新使命，在更高的平台、更广的领域共同书写好"大统战""大侨务"这篇大文章，实现暨南大学新的更大发展。

19. 菲律宾华教中心举办"2018—2019 年度侨办外派教师工作会议"

2018 年 5 月 29 日至 31 日，由菲律宾华教中心主办、陈延奎基金会赞助的 2018—2019 年度侨办外派教师工作会议在世纪公园大酒店开幕。陈延奎基金会董事长陈永栽、菲律宾华教中心主席黄端铭、国务院侨办外派教师等 300 人出席开幕式。

黄端铭主席强调外派教师要摆正自己的位置，要注意自己的四种身份：一是个人的修行、自己的价值；二是要记住自己是人民教师，传道、授业、解惑是自己的神圣职责；三是中国的形象大使，每个外派教师都是一面流动的红旗，是一张中国的名片，要讲好中国故事；四是菲中友好的使者，在工作、生活中要学会处理各种关系，发挥正能量。

黄端铭主席还指出，中心提出的 2014—2024 年第三个十年计划，将着重办好三件大事：一是唱响"忠菲爱华，兴学传薪，崇文尚德，笃志奉公"这十六字的华教精神；二是深化教学改革，做好现行华语教材的修订工作及其培训；三是组建科研队伍，改变华校"重教学，轻科研"的现状，强化科研队伍建设，实现教学科研齐头并进。中心已经成立科研委员会，并将安排专门的科研人员从事华语教学的研究。

20. 中国驻宋卡总领事馆举办 2018 年泰南"海外华文教育示范学校"座谈会

2018 年 6 月 9 日，驻宋卡总领事馆举办 2018 年泰南华文教育工作座谈会，中国驻宋卡总领事周海成、泰南华文民校联谊会主席张俊贵、东盟普吉泰华学校董事长邢福扬、泰国教育部民教委汉语教育项目顾问黄淑环，泰南 9 所"海外华文教育示范学校"和 2 所"新兴华校"的校董、校长和教师代表 60 余人与会。

周海成在致辞中高度肯定各华校取得的优异成绩。泰南各所"海外华文教育示范学校"克服重重困难、倾注大量心血，谱写了泰南华教事业的精彩篇章，赢得了社会各界普遍赞誉。

张俊贵感谢中国驻宋卡总领馆对泰南华文教育事业的大力支持，表示海外华侨华人最难以割舍的是对故乡和祖（籍）国的眷恋，各华校老师忘我工作，教授中文、传播中华文化，就是希望新生代华侨华人子女不忘自己的根和源。泰南华文民校联谊会联合泰南各所华校力量，共同研究探讨华文教育的发展之路，鼓励优秀华校充分树立标杆意识，加强校际合作交流和资源共享，积极与主流社会沟通交流，支持新兴学校不断加强能力建设，共同为推动华文教育进步、弘扬中华文化、延续"中泰一家亲"作出更大贡献。

各华校代表就泰南华文教育的发展现状和主要问题进行了深入探讨，对普遍关心的师资短缺、本土教师培训、多媒体教学、校际交流、资源共享等方面的问题进行了交流，就进一步促进泰南地区华文教育发展集思广益，会议现场气氛热烈、发言踊跃。

21. 《海外华文教育》召开编委会会议

2018 年 6 月 29 日，由厦门大学海外教育学院主办的《海外华文教育》杂志编委会第一次会议在厦门大学召开。厦门大学海外教育学院/国际学院院长、《海外华文教育》主编陶涛教授，华中科技大学教育科学研究院院长张应强等人及在厦门的编委应邀参加了会议。

主编陶涛肯定了期刊取得的成绩，并指出，如何将《海外华文教育》杂志办得更好，加快步伐进入中文核心期刊阵营，是厦门大学海外教育学院《海外华文教育》杂志所面临及须深入探讨的问题。

张应强教授针对《海外华文教育》的发展现状，特别是如何提高稿件质量，作了"如何办好学术期刊"的讲座。与会编委也从"一带一路"、人类命运共同体、东南亚华文文学研究、中华优秀文化"走出去"等视角提出了相应的发展思路及建议。

通过此次编委会会议，厦门大学海外教育学院《海外华文教育》杂志对期刊的科学定位及如何更快发展为核心期刊有了更明确的认知及把握。

22. 美国西雅图华校举办"华语文教育在美的现状、挑战与发展机会"研讨会

2018 年 7 月 12 日，美国西北华文学校联谊会在"西雅图文教中心"举办"华语文教育在美的现状、挑战与发展机会"研讨会。"西雅图文教中心"负责人陈敏永出席研讨会，联谊会会长林岁玲主持会议。

会议邀请美国和加拿大的巡回讲师高诗涵、黄心恬，与西雅图中华侨民学校等华校校长与代表，就海外华语文教育的现状、未来发展与所面临挑战等议题，进行深入讨论并广泛交换意见。

23. 马来西亚台湾大学举办"台马大学校长论坛"系列活动

2018 年 7 月 26 日，马来西亚台湾大学在本校举办"台马大学校长论坛"。此次论坛集聚了台湾地区 37 所大学及马来西亚 26 所大学的校长及主管参会。

另外，已举办 12 年的"马来西亚台湾高等教育展"，由马来西亚留台校友会联合总会统筹，共有 89 所大学校院参展。高教展分为东马场及西马场两个场地，两场共有 27000 人次参观。

24. 第十次全国归侨侨眷代表大会召开，关注华裔新生代培养

2018 年 8 月 29 日，第十次全国归侨侨眷代表大会在北京举行，来自 110 多个国家的近 700 名海外侨胞作为特邀嘉宾出席此次会议。其间，多位海外侨胞对华裔新生代的培养表示了极大关注。

巴西中国和平统一促进会荣誉会长尹楚平认为，华裔青少年在当地出生，熟知当

地语言文化，在向当地社会传递中国和平统一理念方面，可以发挥重要作用。

马来西亚中华大会堂总会永久名誉会长林玉唐指出，当下科技发展、信息多元，培育华裔新生代对祖（籍）国的感情刻不容缓。对此，多位海外侨胞直言语言文化的传承是关键。

巴西里约华人联谊会秘书长上官建峰指出，加强中文教育对华裔新生代增强对祖（籍）国的认同至关重要。缅甸缅北中华商会秘书长、缅甸曼德勒福庆学校李祖清校长介绍，学校通过引进外派教师"输血"和培养本土教师"造血"，来解决华文教育师资问题。他认为，"造血"更重要，因为本土教师是华文教育在当地更有力的传承者。

25. 中国驻圣保罗总领馆举行华文教育座谈会

2018 年 9 月 9 日，中国驻圣保罗总领馆举行华文教育座谈会，当地 20 多位华文学校的校长及教师与会，大家就圣保罗侨界华文教育问题进行了深入的探讨与交流，并共同欢庆中国第 34 个教师节。座谈会上，圣保罗 6 名优秀华文教师受到了表彰。

中国驻圣保罗总领事陈佩洁表示，博大精深的中华文化是海内外中华儿女共同的魂，广大华文教师在海外教授中文，不单是在传承中华文化，更重要的是为海外华裔青少年塑造灵魂。希望圣保罗华校加强师资培训，提高办学质量，凝聚侨智侨力，共同推动圣保罗侨界华文教育迈上新台阶。巴西圣保罗天天学园校长汪振宇表示，华文教育质量的好坏，关键在于师资。目前，巴西华文教育面临着师资不足和师资水平参差不齐的问题。期望中国有关部门多选派一些优秀教师到巴西任教，以提高师资质量和教学水平，努力办好圣保罗的华文教育。

26. 中国驻葡萄牙使馆举办 2018 年旅葡侨领座谈会暨领保联络员表彰会

2018 年 9 月 18 日，中国驻葡萄牙使馆举办 2018 年旅葡侨领座谈会暨领保联络员表彰会。全体使馆领导和领事部、教育组有关同志及旅葡主要侨领、使馆领保联络员共 40 余人出席。

会上，与会代表就和谐侨社建设、行业转型升级、参与"一带一路"、青年侨胞培养、华文教育发展、推广中国文化、加强领保宣传等多个议题积极建言献策，会场气氛热烈。有侨领专门提到在葡华文教育，大家一致认为，当前，中葡关系正处于历史最好时期，为在葡推广华文教育提供了契机，不仅侨胞子女对华文教育有极大需求，很多葡萄牙朋友也在努力学习中文，希望将来华文教育能更上层楼，更好地"传播中国好声音、讲述中国好故事"。

在领保联络员表彰仪式上，中国驻葡萄牙大使蔡润同全体馆领导向李凯（博鳌商贸中心）、郑志宾（里斯本地区）等 10 名领保联络员颁发荣誉证书和新版《领事保护联络员（志愿者）手册》，表彰和感谢他们过去两年担任领保联络员期间为领保工作作出的突出贡献。

27. 泰北华文民校联谊会召开第二次理事会议

2018 年 9 月 26 日，泰北华文民校联谊会在泰国清迈崇华新生华立学校召开本届理事会第二次会议。16 所会员学校校董会代表及教师代表共 60 余人参加了会议。泰北华文民校联谊会主席陈汉展、崇华新生华立学校基金会主席陈潮真主持会议。

理事会就新的会员学校入会等问题进行了深入讨论，与会学校代表积极发言。会议还安排了 2018 年度中国国务院侨务办公室开办华文教师培训班事宜。

理事会议还对云南省侨办提供的 9 名学生的助学金进行了分配。会议决定，名额及奖金分配给 8 所办学层次到中学的学校。会议强调，奖金由学校代为发放，但是一定要确保助学金发到品学兼优的学生手中，起到激励学生学习中文的作用。

28. 中国驻日本新潟总领事馆举办华文教育机构负责人座谈会

2018 年 9 月 28 日，中国驻日本新潟总领事馆在新潟举办领区华文教育机构负责人座谈会。刘宏副总领事、领馆有关领事及新潟、福岛、山形、宫城四县的华文教育机构负责人和代表出席。

刘宏副总领事感谢大家长期以来积极致力于华文教育事业。他表示，随着中国综合国力的大大提升、国际影响力的日益增强以及海外华侨华人数量的剧增，华文教育越来越受到重视。学好中文不仅是中华文化的传承，而且对华侨华人子女国际竞争力的提升具有重要意义。他强调，近年来，中国有关部门和驻外使领馆都非常重视海外华文教育，并为此投入了大量人力和物力，诸如为海外华文教育机构提供教材课本、定期举办海外华文教师培训，提供网络教学，组织各种冬令营、夏令营活动等不断推动海外华文教育事业发展。

座谈会上，各华文教育机构的负责人及代表踊跃发言，感谢总领事馆对华文教育的重视和支持，纷纷表示今后将充分利用这一交流平台，互相交流办学经验，互鉴互学，努力办好华文教育。

29. 越南胡志明市召开侨生赴台说明会

2018 年 10 月 7 日，越南胡志明市侨生赴台升学说明会在胡志明市台湾学校召开。活动由校长江家衍主持，"中国台湾驻胡志明市办事处"工作人员许秀琴、何思毅主讲，近 90 名学生家长报名参加说明会。

据了解，胡志明台市湾学校华裔毕业生有部分赴台湾地区升学，很多人都选择就读台湾地区的大学。

30. "海外华裔青少年华文水平测试"鉴定会在暨南大学华文学院召开

2018 年 10 月 9 日，"海外华裔青少年华文水平测试"项目鉴定会在暨南大学华文学院举行。

华文水平测试项目组汇报了研究成果：测试中心主任王汉卫教授汇报了华文水平测试的总体设计，成员王洁汇报了华文水平测试的五个大纲，成员付佩宣汇报了试卷结构及试测结果。与会专家就华文水平测试的完善和实施提出了诸多建设性意见，尤其是题库建设、考试的相关研究以及考务安排等方面。

国务院侨务办公室汤翠英巡视员出席此次项目鉴定会，并表示"海外华裔青少年华文水平测试"系统的研发是推进海外华文教育"三化"建设的重点项目之一。鉴定专家组经过讨论，肯定了该项测试系统的成果，同意结项，并一致认为"海外华裔青少年华文水平测试"是针对海外华裔青少年的华文能力而设计的一个国家级标准化测试，填补了华文教育语言测试领域的空白，将对海外华文教育发挥积极的引导作用。鉴定会建议项目组梳理现有研究成果，提交下一阶段工作计划。同时，专家建议国家相关部门进一步加大投入，尽快向海外华人社会正式推出"海外华裔青少年华文水平测试"。

31. 美国北加利福尼亚州中文学校举办"行政管理研习会"

2018 年 10 月 28 日，美国北加利福尼亚州中文学校联合会在"金山湾区文教中心"举办"2018—2019 学年度行政管理研习会"，"金山湾区文教中心"负责人阎树荣等近百人参加了此次活动。

阎树荣表示，北加利福尼亚州中文学校联合会所聘讲师，各有所长，希望通过行政营学习让各校走出门户互相交流，传递海外中文学校永续经营教育理念，让中文学校行政管理与时俱进，实现行政管理正规化，提高办事效率，为海外华语文教育长远发展奠立基础。

32. 意大利侨界举办"新时代侨社新形象新作为"座谈会

2018 年 11 月 2 日，"新时代侨社新形象新作为"座谈会在意大利佛罗伦萨米洛酒店举办。中华海外联谊会副会长谭天星一行与侨界代表举行座谈，听取侨界声音、介绍惠侨计划、倡导和谐侨社理念，并对意大利侨社在新时代树立新形象、发挥新作用报以诚挚希望。

佛罗伦萨华侨华人联合总会会长陈敏勤表示，进入新时代，侨胞在自身发展的同时还应讲好"中国故事"，用真情、讲真话、树真理，向当地民众展现一个真实、立体、全方位的中国，助力"一带一路"倡议，为中意民心相通而努力。

佛罗伦萨中文学校校长潘世立指出，在中国驻佛罗伦萨总领馆的指导下，佛罗伦萨区域内各侨团越来越团结，这也为中文学校相关业务的开展提供了便利，同时，中意各机构的大力支持也让海外华文教育发展变得越来越好。

33. "2018 习近平总书记关于侨务工作重要论述研讨会"在暨南大学召开

2018 年 11 月 12 日至 14 日，由中国侨联指导，中国华侨华人研究所、暨南大学、五邑大学联合主办，暨南大学国际关系学院/华侨华人研究院承办的"2018 习近平总书记关于侨务工作重要论述研讨会"在暨南大学召开。

中国侨联副主席隋军表示，要深刻把握习近平总书记关于侨务工作重要论述的鲜明特点和实践要求，进一步坚定理论自信。此次会议的主题是"新时代的侨务工作与侨务研究"。在大会研讨阶段，张振江、李鸿阶、张国雄、林少红、张春旺等专家分别就人类命运共同体的启示、华侨华人与人类命运共同体、习近平总书记在福建工作期间的探索与实践、"一带一路"视角下的新时代侨务工作、习近平总书记关于侨务工作重要论述的理论与实践渊源等专题做了大会主旨发言。

34. 《海外华文教师培训教程》审稿会在暨南大学华文学院召开

2018 年 11 月 14 日，《海外华文教师培训教程》审稿会在暨南大学华文学院召开。中央统战部侨务事务局巡视员汤翠英、处长王匡廷出席会议并指导评审工作。

汤翠英巡视员在发言中指出，针对华文教育转型升级的新形势，依据海外华文教师培训、考核、认证"三位一体"的要求，推行《华文教师证书》"重在培训"的理念，海外华校和国内承办培训考试的基地院校急需一套更具针对性、规范化、统一的培训教材，来保证培训和考试的教学质量。

教材主编曾毅平教授对《海外华文教师培训教程》编写工作作整体汇报，向各位与会领导和专家详细介绍了《华文教师证书》的颁行背景和意义、培训考试现状、教材体系、教材特点等方面内容。

评审专家委员会组长吴勇毅教授组织专家委员对《汉语基础知识研读》《华文教学法》《中华文化研修》三册教材进行详细审议。经专家委员会决议，一致认为，该教材有利于海外华文教师职业能力的提高，可满足《华文教师证书》考试全面推行的需求。评审专家委员会一致同意通过鉴定。

教材审议结束后汤翠英巡视员作总结讲话，并对《华文教师证书》下一步机考平台研发工作提出了相关要求。

35. 《华文教学与研究》举行顾问、编委座谈会

2018 年 11 月 17 日，《华文教学与研究》顾问、编委座谈会在暨南大学举办。暨南大学华文学院院长、《华文教学与研究》主编邵宜教授和《华文教学与研究》新任编委会主任邵敬敏教授联袂主持了此次座谈会。

邵宜介绍了期刊当前建设情况并提出了发展愿景，请与会专家畅所欲言，为刊物发展建言献策。邵敬敏对新一届顾问、编委委员会的筹建过程进行了说明，并就刊物下一步发展提出了切实可行的发展计划。邵宜和邵敬敏共同为与会顾问、编委颁发聘书。

各位顾问、编委从坚守刊物特色、提升刊物质量、扩大刊物影响力等方面进行了深入的交流。在坚守刊物特色问题上，与会专家一致认可《华文教学与研究》多年来对办刊定位的坚守，鼓励编辑部继续坚持"华文教学"的特色招牌。

此次顾问、编委座谈会是《华文教学与研究》第二届顾问、编委会成立以来的第一次座谈会。值暨南大学华文学院 65 周年院庆和第三届华文教育国际学术研讨会举行之际，部分顾问、编委汇聚一堂，为《华文教学与研究》指明了今后的发展方向。

36. 暨南大学校党委召开工作会议，贯彻落实习近平总书记视察广东及暨南大学重要讲话精神工作行动计划

2018 年 11 月 22 日，暨南大学校党委召开专项工作会议，布置贯彻落实习近平总书记视察广东及暨南大学重要讲话精神工作。会议由党委书记林如鹏主持，校长宋献中部署具体工作。

林如鹏指出，学习贯彻落实习近平总书记视察广东及暨南大学重要讲话精神，是今后学校的头等大事和首要政治任务。会上，宋献中对专项行动计划进行了分工布置。他指出，要坚定不移贯彻全国教育大会精神，落实立德树人根本任务；坚持侨校特色，为港澳台侨学生学习创造更好的条件；传承弘扬"暨南精神"，把中华文化传播到五洲四海；擦亮暨南金字招牌，把学校办得更好；充分发挥暨南大学才智优势，积极为粤港澳大湾区和"一带一路"倡议贡献力量。他要求学校各相关部门强化责任担当，通力合作，重实践、深调研，尽快提交具体行动方案，力求把每一项工作任务落细、落小、落实。

37. 中国驻爱尔兰使馆召开华侨华人座谈会

2018 年 12 月 13 日，中国驻爱尔兰使馆召开华侨华人座谈会，来自爱尔兰 20 多

家侨团及华文媒体的负责人欢聚一堂。中国驻爱尔兰大使岳晓勇出席座谈会，他充分肯定了各侨团和华文媒体在发挥自身优势、积极促进中爱各领域交流合作、弘扬中华文化、维护祖（籍）国统一和民族团结、帮助侨胞融入当地社会、维护侨胞合法权益等方面发挥的作用，鼓励大家继续发展好自身事业，遵守当地法律和风俗习惯，积极回馈爱尔兰社会，与各族群和谐相处，为中爱交流合作牵线搭桥，推广华文教育，传递好中国声音，树立华人、华社良好形象。

爱尔兰和平统一促进会会长鲍绍钧等 10 名代表在座谈会上发言，总结、分享了各自一年来的生活、学习、工作和对 2019 年的规划，并就首届进口博览会、促进中爱交流与合作、开展华文教育、组织文化慈善活动等问题进行交流探讨，对使馆工作提出了意见和建议。

38. 华侨大学传达学习贯彻落实习近平总书记视察暨南大学重要讲话精神

2018 年 12 月 13 日，华侨大学在陈嘉庚纪念堂科学厅召开专题会议，传达学习贯彻落实习近平总书记视察暨南大学重要讲话精神。校党委书记关一凡主持会议，校长徐西鹏传达学习习近平总书记视察暨南大学重要讲话精神和中央统战部办公厅《关于认真学习贯彻落实习近平总书记视察暨南大学重要讲话精神的通知》，对学校的贯彻落实工作进行动员和部署。

徐西鹏指出，总书记的讲话为新时代华侨大学的改革发展指明了前进方向，明确了任务使命，提供了根本遵循。与学校正在贯彻全国教育大会精神、开展高水平大学建设、实施"侨校＋名校"的发展战略相吻合，是推动学校各项事业发展的强大动力。他表示，要准确把握总书记关于擦亮金字招牌的要求，"擦亮招牌谋划站位要高，要对标中央统战部、教育部和福建省的要求，思考建设'侨校＋名校'"。徐西鹏指出，办好侨校，要加强境外招生工作，要优化境外招生专业，显著提升境外生数量；要全面统筹学生教育管理服务的各种资源，进一步完善内地学生、港澳台学生、华侨华人学生的融合教育；要加强涉侨学科建设；要推进侨校特色新型智库建设，打造统战工作智库，建设"海丝"高端智库，做强涉侨研究智库。在建设名校方面，首先是"双一流"建设；要大力推进一流本科专业和课程"双万计划"建设；要大力推进产学研合作，提升横向服务能力。

39. 韩国华侨教师联谊会举办联合研讨会

2018 年 12 月 15 日，韩国华侨教师联谊会组织在韩的华侨教师分享华文教育心得。此次会议旨在商讨各校所面临的经营问题。共计 11 所学校的 40 多位代表参加会议。"中国台湾驻韩国代表处"工作人员廖静芝等参会，表达侨社对教育事业的关心。

40. 国务院侨办重点项目《周末制中文学校教学大纲（小学阶段）》终审会在华侨大学举行

2018年12月20日至21日，国务院侨办重点项目《周末制中文学校教学大纲（小学阶段）》（以下简称《大纲》）终审会在华侨大学厦门校区举行。华侨大学副校长曾路、中央统战部十局处长胡新明、专家组及课题组成员出席终审会。

曾路结合习近平总书记视察暨南大学重要讲话精神指出，在"侨校＋名校"的发展战略下，华文教育的重要性更加凸显，海外华文教育大发展对大纲的需求更加迫切，由华侨大学承担研制的《大纲》，对进一步办好华文教育具有重要意义。胡新明对专家莅临审定表示感谢，希望大家对《大纲》积极献言献策，助其不断完善。

《大纲》终审会共两场，分别为国内华文教育领域知名专家审定会、海外周末制华文学校资深教师审定会。由北京大学张英教授、北京语言大学张博教授、中山大学周小兵教授、暨南大学曾毅平教授、福建师范大学沙平教授组成的国内华文教育领域知名专家组，从专业角度对《大纲》研制的意义、内容体例、实用价值作出高度评价。专家指出，《大纲》符合海外华文教育的实际需求，具有科学性、引领性；《大纲》编排体现了系统性、基础性、层级性，突出了华文教育"语言与文化并重"的特点，具有较强的可操作性。

来自美国、澳大利亚、瑞士等国的海外资深教师表示，《大纲》将在指导海外华文教学、教材编写、课程测试等方面发挥不可替代的作用，极大满足了目前海外对"标准"的需求。

项目负责人贾益民教授感谢诸位专家对《大纲》的充分肯定和高度评价，感谢专家们对《大纲》提出的宝贵意见。他表示，课题组将充分听取专家意见，完善《大纲》建设，助力《大纲》实施。

三　华教机构发展与变迁

1. 江苏新增 33 家华文教育基地

2018 年 1 月 16 日，江苏省华文教育基地交流工作会议在南京召开。会议介绍了 2017 年江苏省教育对外交流工作所取得的成绩，宣读了由江苏省侨办和江苏省教育厅共同颁发的《江苏省华文教育基地管理办法》，并为新增加的 33 家华文教育基地授牌。江苏省南通中学、扬州文化艺术学校、扬州市梅岭小学、江苏省宝应中学、镇江市宜城中学、江苏省大港中学、丹徒实验学校、镇江市中山路小学、海州高级中学、连云港苍梧小学、连云港解放路小学、常州大学、常州旅游商贸高等职业技术学校、常州市博爱小学、无锡市东林中学、无锡连元街小学、宜兴市丁山实验小学、宿迁市实验小学等榜上有名。

目前江苏省华文教育基地总数已达 65 家，是面向海外华侨华人及其子女开展中华民族语言文字教育和中华文化传承活动、华文教师师资培训、编写华文教育教材、拓展中外校际合作交流的重要平台。

2. 于晓当选中国华文教育基金会新任副理事长兼秘书长

2018 年 2 月 6 日，中国华文教育基金会第三届理事会第九次会议在北京举行。全国政协港澳台侨委员会副主任、中国华文教育基金会理事长赵阳主持会议。此次会议经无记名投票选举于晓为中国华文教育基金会新一任副理事长兼秘书长，同时选举于晓为中国华文教育基金会新闻发言人。

3. 国务院侨务办公室并入中央统战部，侨务事务局主管华文教育工作

2018 年 3 月，中共中央印发了《深化党和国家机构改革方案》，并发出通知，要求各地区各部门结合实际认真贯彻执行。其中"深化党中央机构改革"部分对原国

务院侨务办公室的职能作了调整。相关内容摘要如下：

（十五）中央统战部统一管理侨务工作。为加强党对海外统战工作的集中统一领导，更加广泛地团结联系海外侨胞和归侨侨眷，更好发挥群众团体作用，将国务院侨务办公室并入中央统战部。中央统战部对外保留国务院侨务办公室牌子。

调整后，中央统战部在侨务方面的主要职责是，统一领导海外统战工作，管理侨务行政事务，负责拟订侨务工作政策和规划，调查研究国内外侨情和侨务工作情况，统筹协调有关部门和社会团体涉侨工作，联系香港、澳门和海外有关社团及代表人士，指导推动涉侨宣传、文化交流和华文教育工作等。

国务院侨务办公室海外华人华侨社团联谊等职责划归中国侨联行使，发挥中国侨联作为党和政府联系广大归侨侨眷和海外侨胞的桥梁纽带作用。

不再保留单设的国务院侨务办公室。

4. 马来西亚柔佛州郭鹤尧华小开工

马来西亚教育部于 2017 年宣布批准新建 10 所华小和搬迁 6 所华小。柔佛州新山市郭鹤尧华小是马来西亚教育部宣布全国"10＋6"所新建及搬迁华小之一，于 2018 年 3 月 29 日举行动土礼，4 月 12 日正式动工。

郭鹤尧华小占地约 6 亩，耗资约 600 万令吉，可容纳约 2000 名学生，建校工程分为 2 期，首期工程将建 40 间课室和食堂。预计在 2021 年，该华小可以完工并启用。

5. 雅典中文学校正式揭牌成为"华文教育示范学校"

2018 年 4 月 3 日，雅典中文学校正式挂上由中国国务院侨办授予的"华文教育示范学校"的牌匾，成为希腊第一所华文教育示范学校。中国驻希腊大使邹肖力、希腊各侨团侨领以及各界嘉宾应邀出席仪式。

雅典中文学校自 2004 年建校以来就以"传承中华文化、发展海外教育事业、促进中希文化交流"为己任。学校设有幼儿部和小学部，开设中文、武术、书法、绘画、希腊语等课程。

6. 柬埔寨华社侨领捐款助华侨公校建礼堂

2018 年 4 月 8 日，柬埔寨华侨公校动工兴建大礼堂。柬华理事总会轮值常务副会长庄明强勋爵、蔡壁光勋爵合捐 1 万美元，郑源来勋爵捐 1 万美元，郑棉发勋爵、钟贵强勋爵合捐 1.58 万美元。

7. 浙江省温州市外事侨务办公室捐建蒲公英图书室

2018 年 4 月，浙江省温州市外事侨务办公室向西班牙爱华中文学校赠送 900 余册中文课外读物，帮助该校 2 所分校建设蒲公英图书室。

2018 年 11 月，温州市外事侨务办公室向希腊萨洛尼卡中文学校赠送 1000 余册中文教材和课外读物，帮助该校建设蒲公英图书室。

"海外温籍华校蒲公英图书室"项目是 2012 年由温州市外事侨务办公室开展的，旨在帮助海外温籍华校解决中文课外读物缺乏问题、推动海外华文教育发展的公益活动。到目前为止，温州市外事侨务办公室已为意大利、西班牙、荷兰、葡萄牙、法国、奥地利、希腊 7 个国家的 26 所海外温籍华校捐建了蒲公英图书室，共捐赠中文图书 6 万多册。

8. 斐济逸仙学校举行扩建教学楼剪彩仪式并被授予"华文教育示范学校"牌匾

2018 年 4 月 12 日，中国驻斐济大使钱波夫妇出席斐济逸仙学校扩建教学楼剪彩仪式，并为该校颁发中国国务院侨办海外"华文教育示范学校"牌匾和资助金。斐济华人教育协会会长、逸仙学校董事会主席袁志光及部分董事、学校全体师生等逾千人出席。此次揭幕的学校教学楼扩建部分由广东省惠州市政府出资援建。

斐济逸仙学校占地 4 公顷，拥有 2 幢教学楼、2 个实验室、2 个图书室，并拥有电脑机房、绘图室、会议室、篮球场、橄榄球场及能容纳上千人活动的礼堂，学校共设置 13 个年级，从幼儿园一直开办到大学预科班，在校学生 1100 余人。

9. 江苏盐城举办大丰荷兰花海"省级华侨文化交流基地"揭牌仪式

2018 年 4 月 20 日，江苏盐城市侨联举办"'亲情中华·荷兰花海'省级华侨文化交流基地"揭牌仪式，江苏省侨联副主席宫琳和盐城市大丰区委常委、统战部部长董坤出席致辞并为其揭牌。

大丰荷兰花海是全国休闲农业和乡村旅游五星级单位、国家 4A 级旅游景区。该基地以 1919 年荷兰水利专家特莱克规划大丰农田水系为渊源，围绕郁金香花园、荷兰欧洲异域风情两大特色定位，于 2012 年开始规划建设，2013 年试验开放，现拥有"旅游、花卉、婚庆、康养"四大产业，成为"中国郁金香第一花海"。

10. 中国侨联在唐山设 2 处 "中国华侨国际文化交流基地"

2018 年 4 月 24 日、25 日，中国侨联在唐山地震遗址纪念公园和李大钊纪念馆分别设立了 "中国华侨国际文化交流基地"。

"中国华侨国际文化交流基地" 建设是中国侨联整合社会资源、推进优势互补、合力开展海内外文化交流活动的重要平台，每年都有成千上万的海外侨胞回到祖国参观访问。截至 2017 年年底，全国已累计设立 "中国华侨国际文化交流基地" 163 家。

11. 暨南大学授予中巴教育文化中心 "暨南大学海外招生处" 牌匾

2018 年 4 月 25 日，由暨南大学华文学院邵宜院长带领的暨南大学代表团一行参观了中巴教育文化中心。暨南大学希望与中巴教育文化中心一起开展在巴基斯坦华侨华人子弟和外籍学生招生事宜，并授予中巴教育文化中心 "暨南大学海外招生处" 牌匾。

中巴教育文化中心是一家致力于推动南亚地区对华文化、教育、经济、科技等交流，以加强人民之间的了解和信任、促进彼此之间友好关系为宗旨的民间机构。

暨南大学在全球 59 个国家设立了 95 个招生报名点（处）。

12. 柬埔寨福建总商会、太子地产慈善基金会捐款助培英公校建设教师宿舍楼

2019 年 5 月 1 日，在柬华理事总会常务副会长兼文教处处长郑棉发勋爵及蔡伟华副处长、黄美芬副处长的见证下，柬埔寨福建总商会会长、太子地产集团执行董事长、太子地产慈善基金会主席邱国兴先生代表柬埔寨福建总商会和太子地产慈善基金会向加江市培英公校捐助善款 1.5 万美元，用于修建教师宿舍楼。

仪式上双方代表签订捐赠协议。校方为柬埔寨福建总商会和太子地产慈善基金会颁发了捐赠证书，并授予了锦旗。

13. 泰北中华文化教育基金会成立

2018 年 5 月 20 日，泰北中华文化教育基金会成立大会暨基金会理事会理事就职仪式在泰国清迈举行。中国驻泰国大使吕健、驻清迈总领事任义生，云南省侨联主席李嵘以及泰国清迈府府尹巴温等嘉宾出席仪式。

泰北地区有华侨华人近 200 万人，大小华文学校近 120 所，但大多数华校为补习学校，未纳入正规教育体系，面临资金、师资、教材缺乏等困难。在中国驻清迈总领事馆的倡议和支持下，经过泰北侨胞的精心筹备，泰北中华文化教育基金会应需而

生，这对帮扶困难华校、带动整个泰北地区华文教育事业全面发展具有重要意义。

中国驻清迈总领事馆及泰北中华文化教育基金会联合向泰北华校代表发放了总领事馆捐赠的课桌椅 1200 套、书包 1000 个、文具 1000 套。

14. 印度尼西亚华文教育联合总会成立

2018 年 5 月 26 日，印度尼西亚华文教育联合总会（以下简称"印尼华教总会"）第一届理事会就职典礼在印度尼西亚首都雅加达举行。中国驻印度尼西亚大使馆领事部参赞祝笛到场祝贺。印尼华教总会的前身是成立于 2005 年的印度尼西亚全国华文教育协调机构联合秘书处，2017 年 12 月决定改组为印尼华教总会。

该会第一届理事会主席连俊伟表示，本届理事会的工作方向是与印度尼西亚其他族群携手，一起推动华文教育向全体国民扩展，并推动华文教育与职业教育同步发展。

15. 马达加斯加孔子小学被授予"华文教育示范学校"

2018 年 6 月 3 日，马达加斯加孔子小学"华文教育示范学校"揭牌仪式暨"全球华语朗诵大赛"马达加斯加赛区比赛举行。中国驻马达加斯加大使杨小茸、孔子小学校长王素梅共同为孔子小学"华文教育示范学校"揭牌。

马达加斯加孔子小学建校近十年来，为在马达加斯加的华人子弟和马达加斯加孩子们教授中文，弘扬传播中华文化，受到马达加斯加华侨华人和马达加斯加民众的欢迎与喜爱。

16. 柬埔寨磅湛社庙市养正学校举行新教学楼落成剪彩仪式

2018 年 6 月下旬，柬埔寨磅湛省社庙市公立养正学校举行新教学楼落成剪彩仪式。磅湛省省长郭忠南、中国驻柬埔寨大使馆领事张为宁、柬华理事总会常务副会长郑棉发勋爵、磅湛省柬华理事会以及会馆、宗亲会、各地柬华代表参加仪式。

养正学校创办于 1953 年。多年来，学校经费困难，2014 年被评为"贫困学校"获得中国国务院侨办赞助的 10 万元人民币。此次新教学楼的落成获得了郑棉发勋爵和钟贵强先生、方灿成阁下林惠妹伉俪、王汉明先生陈丽娟伉俪、谢礼荣先生郑叶伉俪、林国财先生谢碧英伉俪、陈廷伟先生谢美珠伉俪，分别赞助 1 间课室 1.3 万美元，共 6 间课室 7.8 万美元。此外，郑棉发勋爵、林国财先生、李美福先生各捐赠桌椅 18 套。

17. 浙江省温州市文成县玉壶镇中心小学被授予"温州市华文教育基地"牌匾

2018 年 7 月 13 日，在"中国寻根之旅"夏令营文成分营开营仪式上，浙江省温州市外事侨务办公室副主任朱玉贵代表温州市外事侨务办公室、温州市教育局授予文成县玉壶镇中心小学"温州市华文教育基地"牌匾。至此，温州已建成华文教育基地21个，其中国务院侨办华文教育基地3个、省级华文教育基地5个、市级华文教育基地13个。

文成县玉壶镇中心小学创办于1908年9月，是一所百年老校，地处浙江省重点侨乡玉壶镇。学校以"弘扬民族精神，传承中华文化"为校训，树"学爱爱学、会学学会"之学风，积极创设适合侨乡儿童学习、成长的幸福校园。

18. 印度尼西亚棉中中小学重建招生

2018年7月15日，由当地华侨华人自发捐资重建的棉中中小学在印度尼西亚棉兰市落成。中国驻棉兰总领事馆总领事孙昂，印度尼西亚苏钢集团董事长、棉中教育基金会理事长苏用发出席典礼。

"棉中"于1945年由当地华侨创办，在印度尼西亚华社有很高的知名度，培养的学生遍及全球，1966年因外部原因停办。2016年，在苏用发的带领下，"棉中教育基金会"成立，华侨华人纷纷慷慨解囊，使重建工程历时不到一年半便完工，一栋6层高的现代化教学大楼、篮球场、图书馆、大礼堂等设施一应俱全，60个教室装修一新。"棉中"的重建和恢复招生，将对棉兰教育特别是华文教育发展作出贡献，让中华文化成为印度尼西亚多元文化中重要的组成部分。

19. 沈阳故宫入选"中国华侨国际文化交流基地"

2018年7月30日，辽宁省侨联、沈阳市侨联、市文广局在沈阳故宫举行"沈阳故宫·中国华侨国际文化交流基地"揭牌仪式暨2018"亲情中华·汉语桥"夏令营辽宁沈阳开营式。

中国侨联在全国范围内审定确认100多个单位为中国华侨国际文化交流基地，沈阳故宫作为沈阳市第一家入选的"中国华侨国际文化交流基地"，是对故宫作为传播中华文化、讲好中国故事、增强文化自信、促进海内外文化交流的重要载体的肯定。

20. 湖北省首个华文教育基地落户三峡大学

为进一步促进湖北省华文教育工作发展，经过申请、考察论证、审核批准等流程，湖北省首个华文教育基地在三峡大学设立。

2018年7月16日，"2018年海外华裔青少年'中国寻根之旅'湖北三峡与土家文化夏令营"欢迎仪式暨湖北省华文教育基地授牌仪式，在三峡大学举行。湖北省外事侨务办公室副主任冯细国出席仪式并向三峡大学授牌，三峡大学副校长黄应平代表学校接牌。来自美国、加拿大、德国、西班牙、荷兰等国的 90 名华裔青少年见证了授牌仪式。

21. 华侨大学"华文星火"中华文化海外传播教育基地获评第三批福建省高校中华优秀传统文化教育示范基地

2018 年 8 月,华侨大学"华文星火"中华文化海外传播教育基地被福建省委教育工委确定为第三批福建省高校中华优秀传统文化教育示范基地。华侨大学此前已有侨乡优秀传统文化教育示范基地、"觞鼎文化国学传承"教育示范基地分别入选 2016 年、2017 年福建省高校中华优秀传统文化教育示范基地。

华侨大学"华文星火"中华文化海外传播教育基地以华文学院为主开展建设,基于福建侨务大省特点和华侨大学"为侨服务、传播中华文化"的办学宗旨,探索出留学生回国开展中华优秀传统文化海外传播的有效模式,开拓了一条中华优秀传统文化传承与传播并重的民心相通之路。"华文星火"中华文化海外传播实践团自 2016 年 7 月组建以来,已有 163 名留学生和 60 名境内生组建 21 支团队,利用寒暑假分赴泰国、印度尼西亚和老挝三个国家的 14 个地区、31 所学校开展实践,参与活动的当地中小学生共计 4900 余人。老挝乌多姆赛省教育厅厅长、泰国春武里府议员、泰国四色菊府教育厅厅长都曾对基地相关活动给予高度肯定。基地负责人表示,今后将力争把"华文星火"中华文化海外传播教育基地打造成省内最好、全国知名的中华优秀传统文化传承与传播教育基地。

22. 维也纳博雅学院正式开课

2018 年 9 月,博雅学院在奥地利维也纳正式开课。该学院由温籍华侨二代郑婕创办。郑婕的母亲吕小英创办了维也纳中文学校,受母亲的影响,她一直想创办一所自己的学校,让更多的侨二、三代从小学习中文,接受中华文化的熏陶。

博雅学院不仅开设了汉语、德语等语言课程,还开设了跆拳道、舞蹈、声乐、绘画等兴趣班。授课形式包括大班课、小班课、定制课、亲子课、托管班、家庭教师和课后辅导等,旨在适应华裔新生代的需求,吸引更多华裔新生代乃至外国孩子学习中文。

23. 华侨大学与巴黎精英中文学校合作共建华文教育基地

2018 年 10 月 22 日,华侨大学副校长曾路与巴黎精英中文学校校长宣琛在巴黎签署协议,共同建设华侨大学海外华文教育基地。曾路向宣琛赠授校标和华侨大学海外华文教育基地牌匾。中国驻法国大使馆领事部主任陆青江参赞、李成元一秘等出席了签字仪式。

华侨大学海外华文教育基地作为华侨大学在海外开展华文教育的分支机构，由华侨大学华文教育处直接管理，经授权和当地开展各类华文教育合作，共同开展华文教育调查研究，协助或承担华侨大学当地华文教育招生宣传、报名工作；组织或承办华侨大学各类华文教育项目；组织或承办华侨大学学历、非学历教育项目；协助或承办华侨大学在当地开展的各项活动；协助或承办华侨大学和当地相关政府机构、教育机构的合作项目等各项华文教育活动，提升海外华文教育的质量。

巴黎精英中文学校成立于 2007 年，2011 年从尚皮尼市迁入现在的主校区 11 区多元文化中心，2014 年 11 月，巴黎精英中文学校被国务院侨务办公室授予"华文教育示范学校"称号。学校除开展正常的华文教学外，还开展了各类文化活动，如承办中国国务院侨办"中华文化知识竞赛""中华文化大乐园"等，开展教师培训、文化讲座、"中国寻根之旅"夏令营、文化课培训等。

24. 江西省外事侨务办公室颁授第二批省级华文教育基地

2018 年 10 月 22 日，江西省外事侨务办公室主任赵慧先后前往江西师范大学和万年县露德实业有限公司，授予"江西省华文教育基地"牌匾。江西师范大学和上饶市、万年县有关领导和负责人分别见证了授牌仪式。

江西师范大学是江西历史悠久的特色名校，万年县是华夏稻作发源地，露德实业公司是发展良好的侨资企业，之前已经为江西省的华文教育事业做了不少工作，两地以基地授牌为契机，能够进一步发挥各自的品牌和特色优势，夯实基础，丰富内涵，为推广华文教育、弘扬中华文化、提升江西海外影响力作出新的更大贡献。

25. 马来西亚槟城州 14 人获委任提升为华小校长

2018 年 10 月 29 日，马来西亚槟城州 14 名副校长、班主任前往槟城州教育局接过委任状，正式获得提升为华小校长。

新上任的 14 名校长分别是：倪嫣驾、林引超、Choong Teik Keong、Chin Yoke Kuan、黄慧菁、黄淑田、林丽萍、曾碧娇、符彩凤、陈敏婷、庄顺利、Boo Cheng Choon、倪瑞濱、Ng Lee Fung。

目前槟城州没有掌校人的 14 所华小是：崇光华小、直落斗哇益侨小学、新江小学、丽泽 B 校、公民总校、中华三校、敬群小学、日新 B 校、美湖培英小学、培新小学、崇正小学、时中正校、同善小学及华都华小。

26. 广东省广州市华侨外国语学校被授予"广州市华文教育基地"牌匾

2018 年 11 月 12 日，广东省广州市华侨外国语学校"广州市华文教育基地"授牌仪式在学校报告厅举行。广州市侨办副主任莫景洪，广州市华侨外国语学校书记秦金华、校长许昌良等出席了授牌仪式，学校 100 多名师生代表参加了活动。

广州市华侨外国语学校（华侨小学）创办于 1955 年，是由华侨积极捐资建立的学校，由时任广州市市长朱光奠基，时任全国人大常委会副委员长何香凝题写校名。2003 年，华侨小学更名为广州市华侨外国语学校，成为广州市第一所公办外语学校。经过近 63 年的发展，学校目前有 61 个教学班，学生 2861 名，其中有不少华侨子弟。学校大力开展华文教育工作，如选派教师到海外教授汉语、参与组织海外华裔青少年"中国寻根之旅"夏令营、接待海外学校校董来访参观等。

27. 中国侨联确认第六批"中国华侨国际文化交流基地"名单

2018 年 11 月 12 日，中国侨联确认了第六批 41 个"中国华侨国际文化交流基地"名单（见表 3-1）。

这批交流基地融合了民族文化、地域文化、华侨文化特质，具有独特文化魅力、正面教育意义和较高传承价值，总体上可分为四类：一是文化遗产保护单位，如鄂温克博物馆、金上京历史博物馆等；二是特色文化景观，如黄帝陵、石宝寨等；三是涉侨文化研究展示机构，如华侨博物院、长汀县汀州客家研究中心等；四是革命文化展览陈列场所，如金寨县革命博物馆、王家坪革命旧址等。

截至 2018 年，全国已有交流基地 205 个。

表 3-1 第六批"中国华侨国际文化交流基地"名单

序号	单位名称	序号	单位名称
1	北京 798 国际艺术交流中心	13	黑龙江金上京历史博物馆
2	天津周恩来邓颖超纪念馆	14	浙江慈城古县城
3	河北留法勤工俭学运动纪念馆	15	安徽三河古镇
4	中国人民抗日军政大学陈列馆	16	安徽金寨县革命博物馆
5	河北临漳邺城遗址	17	安徽浮山——中国第一文山
6	河北滦平金山岭长城	18	福建华侨历史博物馆
7	内蒙古鄂温克博物馆	19	福建华侨博物院
8	内蒙古伊金霍洛郡王府博物馆	20	福建古田县临水宫
9	吉林四保临江战役纪念馆	21	福建长汀县汀州客家研究中心
10	吉林侵华日军辽源高级战俘营旧址展览馆	22	山东潍坊杨家埠民间艺术大观园
11	吉林长影旧址博物馆	23	河南冀鲁豫边区革命根据地旧址纪念馆
12	黑龙江大庆铁人王进喜纪念馆	24	湖北"昙华林"街区

序号	单位名称	序号	单位名称
25	湖北辛亥革命博物馆	34	陕西中华石鼓园
26	湖北屈原纪念馆	35	陕西梁家河村
27	重庆石宝寨	36	陕西王家坪革命旧址
28	贵州且兰旧州古镇	37	陕西张良庙博物馆
29	贵州西江千户苗寨	38	陕西黄帝陵
30	贵州土城古镇	39	青海黄南藏族自治州民族博物馆
31	云南东莲花村	40	宁夏西夏博物馆
32	云南云南驿村	41	宁夏贺兰山岩画遗址公园
33	陕西西安城墙		

28. 浙江省温州市新增2个"海外瓯越文化传承基地"

2018 年 8 月 28 日，世界旗袍联合会欧洲总会被温州市外事侨务办公室授予"海外瓯越文化传承基地"，成为温州市第 8 个"海外瓯越文化传承基地"。世界旗袍联合会成立于 2015 年 6 月 22 日，是一个无国界、无性别、无年龄限制，集旗袍文化推广、服饰文化传播、公益慈善事业于一体的组织，是欧洲各国了解中国旗袍文化、传统民俗文化的窗口。

2018 年 11 月 27 日，温州大学国际教育学院被温州市外事侨务办公室授予"海外瓯越文化传承基地"，成为温州市第 9 个"海外瓯越文化传承基地"。温州大学中国传统文化工作坊由国际教育学院教师团队倾力打造。工作坊内琴棋书画一应俱全，设计古朴雅致，传统文化气息浓郁，还陈列着该院老师精心制作的剪纸、雕刻、茶饼等作品以及编印的非遗书籍等，为海内外学生提供了一个全方位学习、感受中国传统文化的良好平台。

创建"海外瓯越文化传承基地"是温州市外事侨务办公室推出的一项打造富有温州特色侨务文化品牌的新举措，旨在依托海外温籍侨团、华文学校、华文媒体和文艺社团等，设立一批"海外瓯越文化传承基地"，并以此为载体，开办瓯越文化专栏、开设温州瓯越文化课程、举办传统中华文化活动等，让海外侨胞和外国友人近距离了解、感受瓯越文化魅力，推动瓯越文化走出国门，让瓯越文化在海外薪火相承，进一步提升温州侨务工作乃至温州文化的软实力。

29. 浙江省温州市外事侨务办公室捐建"侨馨书屋"

2018 年 11 月 27 日，浙江省温州市外事侨务办公室捐建的第 4 个"侨馨书屋"

在瓯海仙岩街道塘河口村正式挂牌。

塘河口村侨胞侨眷众多，为进一步满足侨界读者需求，经过前期调研摸底，市外事侨务办公室为该村图书馆捐赠补充了价值 1 万余元的书籍，内容涵盖中外文学经典、诗词书画、健康养生等各个方面，进一步丰富了当地华侨侨眷的精神生活，受到了当地群众的一致欢迎和好评。

2018 年 12 月 7 日，温州市外事侨务办公室捐建的第 5 个"侨馨书屋"在瓯海进口商品基地挂牌。瓯海华侨进口基地是以批发、集散、电商、微商为一体的综合商业模式基地，设有专用的仓储空间、办公区、住宿区、餐饮区，为消费者提供多样的选择。此次市外事侨务办公室送书下乡，并在该基地挂牌"侨馨书屋"，为广大消费者在基地内餐饮购物娱乐之余丰富精神生活，为基地增添阅读氛围，提升了基地文化底蕴。

30. "云南省华文教育基地"落户大理大学

2018 年 12 月 7 日，大理大学"云南省华文教育基地"揭牌仪式在大理大学古城校区举行。大理白族自治州人民政府副州长吴云劼，州侨务办公室主任张志坚、副主任朱江苇，学校副校长李小兵出席仪式。

大理大学是一所综合性大学，基础设施健全、师资力量雄厚、开展国际交流经验丰富。大理大学十分重视华文教育工作，承办了以大理为中心的华裔青少年"中国寻根之旅"夏令营、缅甸华文教育研修班等活动，获得了华裔师生和州侨办的一致好评。在大理大学成立华文教育基地，既为宣传推介大理搭建了平台，又对促进海外华侨华人及其子女学习了解中国历史文化、凝聚海内外中华儿女力量发挥了重要作用。

31. 华侨大学一批侨捐工程分别在泉州和厦门校区落成

2018 年 12 月 8 日，一批由华侨大学校董、海外华侨华人和社会人士捐资建设的侨捐工程分别在华侨大学泉州校区和厦门校区落成剪彩。

长期以来，华侨大学董事会联系和团结了一大批关心华大发展、海内外声望卓著、热心华侨教育的各界人士、华侨华人，捐款捐物，为华大建设和发展作出了重要贡献。该校许多楼宇、实验室、办公室设备和图书馆等都是由该校校董、海外华侨华人、港澳台同胞和社会人士捐献的。此次大均秀莲楼、徐伟福体育教学大楼、杨连嘉体育训练大楼在华侨大学泉州校区落成；王庭聪黄锦珠行政大楼在厦门校区落成。

大均秀莲楼系华侨大学校董汪琼南及其家族捐资 500 万元人民币，修葺原化学楼，并以其父亲汪大均、母亲杨秀莲之名命名。王庭聪黄锦珠行政大楼系王庭聪先生捐资 500 万元人民币建成。

32. 龙门缅甸华教基金会在缅甸腊戌成立

2018 年 12 月 11 日，龙门缅甸华教基金会成立仪式在缅甸腊戌黑猛龙中学高中部校区举行。

为帮助缅甸地区乡村贫困学校改善教学条件，鼓励优秀华裔学子报读清华大学、台湾大学等一流高等学府，协助缅北果文文教会更好地开展华文教育工作，龙门励学基金决定在缅甸成立"龙门缅甸华教基金会"。

基金会聘请龙门励学基金创始人伦景雄先生担任终身荣誉理事长，缅北果文文教会杨善麟副会长担任理事长，龙门励学基金总部负责人周伟、果敢民族青年会会长刘正昌和文教会副会长张湘武任副理事长，黑猛龙中学常务副校长叶星任秘书长，龙门总部干事安浩、爱缅基金会腊戌负责人李添富任常务理事，黑猛龙中学张剑蘋副校长任财务专员。

四　华教交流与合作

（一）国内交流与合作

1. 广西外事侨务办公室主任赴广西华侨学校开展调研工作

2018年1月17日，广西外事侨务办公室主任石东龙到广西华侨学校调研。石东龙在认真听取学校工作汇报后表示，广西华侨学校办学历史悠久、办学效益显著，学校立足广西，面向海外，充分发挥了"为侨服务、为经济建设服务"的办学宗旨，办出了特色、办出了亮点、办出了成绩，为海内外培养了大批优秀人才。

2. 温州外事侨务办公室一行慰问意大利中文学校联合总会会长

2018年1月17日，温州市外事侨务办公室调研员许捷一行3人赴文成，走访慰问了回乡探亲的意大利中文学校联合总会会长、意大利米兰华侨中文学校校长陈小微。在陈小微家中，许捷与陈小微亲切交谈，感谢她多年来为海外华校发展所作出的突出贡献，关切询问其父母的身体状况及生活情况。陈小微对温州市外侨办的关心表示由衷的感谢，表示将一如既往地为海外华文教育事业的发展作出自己的贡献。

3. 福州市外事侨务办公室赴晋江调研华文教育

2018年1月23日，福州市外事侨务办公室副主任张素燕一行在泉州市外事侨务办公室副调研员康彤明的陪同下，到晋江调研夏（冬）令营工作开展情况。晋江市侨台外事局领导陈建军、陈凌、夏勇参加调研。调研组一行实地参观福建省海外华文教育基地——泉州轻工职业学院、泉州市海外华裔青少年实践基地——五店市传统街区，并召开夏（冬）令营专项工作调研座谈会。晋江市侨台外事局希望通过此次活动与福州外侨办达到资源共享、取长补短、协同合作的长远目的，以促进夏（冬）令营工作再上新台阶，为"寻根之旅"开拓一片新天地。

4. 温州市外事侨务办公室副主任赴"寻根之旅"瓯海分营调研

2018 年 3 月 6 日，温州市外事侨务办公室副主任朱玉贵一行赴瓯海第一高中，调研 2018 年海外华裔青少年"中国寻根之旅"夏令营瓯海分营前期筹备工作。瓯海区委统战部副部长、外侨办主任董国华，瓯海一高校长项洪文等参加座谈会。

5. 苏州市侨务办公室与海归人才子女学校共商华文教育工作

2018 年 3 月 7 日，苏州工业园区海归人才子女学校总校长华晓杭、中方校长姜红到访苏州市侨务办公室，苏州市侨务办公室主任杨新、副主任苏进奇接待了华晓杭一行。

华晓杭介绍了工业园区海归人才子女学校目前的发展情况、2018 年新校区启用计划、师资力量储备和招生工作打算，希望能够充分发挥学校教育资源优势，为开展华文教育贡献力量。

杨新赞赏华晓杭和姜红的教育理念，感谢两位校长主动申请承办华裔青少年夏令营的意愿，以及为在苏国家"千人计划"专家人才子女开辟的绿色通道。他说，侨办和海归人才子女学校都是为侨服务而生，双方有许多交集和合作空间。他还向海归人才子女学校总校长华晓杭颁发了海外交流协会常务理事证书。

6. 中国华文教育基金会理事长一行走访厦门工学院

2018 年 4 月 24 日，国务院侨务办公室原副主任、中国华文教育基金会理事长赵阳到访厦门工学院，看望该校董事长李德文，感谢其对华文教育工作的大力支持，希冀社会上涌现更多这样的有识之士，支持海外华文教育的发展。

在厦门工学院董事长李德文、校长蔡远利的陪同下，赵阳率基金会一行，深入该校至善大厦、图书馆、智慧校园展厅、友敏书院、创客坊和音乐港等实地参观调研，并举办座谈会，畅谈华文教育发展事宜。

7. 中国华文教育基金会理事长一行走访西安华文教育机构

2018 年 5 月 9 日，国务院侨务办公室原副主任、中国华文教育基金会理事长赵阳一行到访西安恒坐标教育科技集团，参观、体验陕西亮宝楼蚂蚁部落研学旅行基地、小蚂蚁移动教学平台，并与相关负责人进行深入交流和座谈，围绕互联网教学探讨海外华文教育的发展。

中国华文教育基金会副理事长兼秘书长于晓、中国华文教育基金会项目二部主任李晓梅、西安恒坐标教育科技集团董事长郝建辉等参加活动。

8. 北京市人大常委会副主任赴水立方国家游泳中心和首都体育学院调研

2018 年 6 月 27 日，北京市人大常委会副主任李颖津带领调研组赴水立方国家游泳中心和首都体育学院，调研侨务对外文化交往和华文教育工作情况。

调研组在水立方国家游泳中心参观了海外华侨华人捐建奥运场馆留名墙、侨务对外文化交往活动展览，观看了"水立方杯"全球华人唱中国歌大奖赛宣传片。在首都体育学院考察了北京华文教育基地建设情况、学院奥林匹克教育博物馆和海外华侨华人"中国寻根之旅·魅力北京"夏令营营地，并观看了学生武术舞蹈表演。

在随后召开的座谈会上，调研组听取了北京市政府侨务办公室、北京市国资公司和首都体育学院有关侨务对外文化交往、华文教育及水立方华侨华人活动基地建设等工作情况的汇报，并就北京华文教育基地建设情况听取了北京语言大学、首都师范大学、中国戏曲学院和北京青年政治学院的专题发言。

9. 广东省侨办主任庞国梅率队到暨南大学调研交流

2018 年 7 月 6 日，广东省侨办主任、党组书记庞国梅率队赴暨南大学调研交流。暨南大学党委书记林如鹏、校长宋献中等有关领导出席了座谈交流活动。双方就如何进一步深化合作、更好地服务"一带一路"和粤港澳大湾区建设进行了深入探讨和交流。

庞国梅表示，广东省侨办与暨南大学历来保持紧密联系和良好的合作关系。此次调研交流，是广东省侨务部门全面贯彻党的十九大精神，以习近平新时代中国特色社会主义思想为指导，深入贯彻习近平总书记重要讲话精神，认真贯彻落实省委十二届四次全会精神，深化和总结运用"大学习、深调研、真落实"工作成果的具体举措。她希望暨南大学一如既往地支持广东省侨办的工作，加强合作，共同为"一带一路"和粤港澳大湾区建设作出应有的更大贡献。

林如鹏表示，"侨"是暨南大学的立校之本。一直以来，广东省委、省政府高度重视学校的发展，为学校的发展提供了重要机遇和有力支持，暨南大学将继续秉持"侨校、名校"的发展战略，继续为广东乃至粤港澳大湾区经济社会建设服务。

10. 教育部国际司到华侨大学开展"一带一路"教育行动专项调研

2018 年 7 月 6 日，教育部国际司政策规划处处长舒刚波一行到华侨大学调研高校服务"一带一路"倡议工作情况。华侨大学校长助理张云波和海上丝绸之路研究院、国际交流合作处、发展规划处、华文教育处、华文学院相关负责人与调研团座谈交流。

张云波介绍了学校办学情况。海上丝绸之路研究院负责人汇报了学校服务"一带一路"倡议工作情况。与会人员就境外生培养、境外办学、智库建设、中外合作办学、中外教育交流等问题进行探讨。

11. 云南省侨办副主任到瑞丽市调研华教工作

2018年9月21日，云南省侨办副主任刘云娥、德宏州侨办主任何庆国等，在瑞丽市委常委、市政府副市长王昆鹏，市侨办主要负责同志的陪同下，到瑞丽市调研华文教育工作。

调研组首先前往当地的华文教材仓库，详细了解教材库存及发放情况，对州市两级侨办历年华文教材发放和管理等工作给予了充分肯定。随后，调研组与缅甸缅北沿边地区8所华文学校负责人进行了座谈交流。会上，刘云娥认真听取了各个华校在外派教师管理、教材领用等方面交流的经验做法以及存在的问题困难，她表示，此次调研结束后，云南省侨办将根据各华校的实际情况和面临的困难，认真研究对策，加大支持力度，州市两级侨办协调做好资金、物资的管理和相关项目的对接工作，做到有的放矢，确实有效地解决缅甸华校的实际困难。

12. 国家主席习近平视察暨南大学

2018年10月24日，习近平总书记到广东知名华侨学府暨南大学视察，并发表重要讲话。习近平观看了校史展览和办学成果展示，了解学校教学科研、文化学术、人才培养等情况。在学校图书馆华侨华人文献馆，习近平认真察看馆藏文献和实物，同学生们亲切交谈，询问大家学习生活情况、学成后有什么打算，听到不少学生来自港澳台地区和海外，习近平勉励他们好好学习、早日成才，为社会作出贡献，把中华优秀传统文化传播到五湖四海。

习近平指出，中国有5000多万海外侨胞，这是中国发展的一个独特优势。改革开放有海外侨胞的一份功劳。他嘱托暨南大学，要认真贯彻落实全国教育大会精神，坚持自己的办学特色，把学校办得更好，为海外侨胞回祖国学习、传承中华文化创造更好条件。他对暨南大学提出了五点要求：一是坚持立德树人根本任务；二是坚持自己的办学特色；三是坚持"忠信笃敬"的暨南精神；四是擦亮学校的金字招牌，努力把学生培养好、把学校办得更好，为海外侨胞回祖国学习、传承中华文化创造更好的条件；五是勉励广大暨南学子好好学习、早日成才，将来为社会作出贡献，主动融入参与粤港澳大湾区建设，把中华优秀传统文化传播到五洲四海。

13. 成都多所高校访问暨南大学华文学院

2018 年 11 月 5 日，成都广播电视大学党委副书记、校长周继平，副校长刁元园，国家开放大学华侨学院执行院长刘冬梅，西安广播电视大学科研处负责人张抒等访问暨南大学华文学院，与学院党委书记史学浩，相关系、办负责人及任课教师交流座谈，并就培训、游学、汉语国际教育专业的教学与管理、共同开发网络教学资源等工作交换了意见。

史学浩具体介绍了暨南大学华文学院海外华裔青少年华文水平测试（HSC）、华文师资培训、夏（春、秋、冬）令营培训等项目情况、《中文》《华文写作》等教材的编写和发行情况以及网络课程建设情况等。周继平就成立教育技术应用联合研究院、建设汉语学习共享平台、打造华文教育培训基地等方面提出合作意向，刁元园对在线课程资源建设、教材资源开发合作、游学项目等方面提出合作建议。张抒介绍了西安广播电视大学开展"线上 + 线下"教学活动、文化体验活动的情况，并提议搭建合作平台，利用 VR 等现代技术手段打造智慧云学习中心。

三方就推进华文教育和网络教学资源合作等方面进行深入探讨，达成了初步共识，并将采取先易后难的策略，开展相关的合作，共同推进中华文化的传播。

14. 北京华文学院教师赴暨南大学华文学院进行工作交流和学习

2018 年 11 月 15 日至 18 日，北京华文学院教务处组织负责本科教学、教务和学生管理的老师赴暨南大学华文学院开展工作协作交流和学习活动。

北京华文学院教师参加暨南大学本科班教学观摩活动。两校老师面对面交流教学心得和经验，并参与集体座谈交流，分享合作过程中共同取得的成功经验，梳理解决存在的问题。座谈会由暨南大学华文学院史学浩书记和北京华文学院张德瑞副院长共同主持。暨南大学华文学院的课程牵头人、部分骨干教师和相关职能部门领导参加了会议。

15. 金门大学华语文学系师生到华侨大学华文学院交流访问

2018 年 11 月 23 日，金门大学华语文学系唐蕙韵主任率领师生 28 人到华侨大学华文学院交流访问，观摩了华文学院汉语言系"商务礼仪""初级汉语综合""中级口语""经贸汉语口语"的课堂教学。

华文学院副院长沈玲及汉语言系、学生办、招生办、教科办工作人员与来访客人座谈。双方就语言教学、学生交流以及今后的进一步合作等问题进行了初步探讨。

16. 中央统战部部长尤权赴广东调研并访问暨南大学

2018 年 11 月 27 日至 29 日，中共中央书记处书记、中央统战部部长尤权赴广东调研。广东省委书记李希一同调研。尤权强调，要坚持以习近平新时代中国特色社会主义思想和党的十九大精神为指导，贯彻落实习近平总书记考察暨南大学时的重要讲话精神，扎根中国大地办中国特色社会主义大学，为实现中华民族伟大复兴培育人才。

尤权参观了暨南大学校史展、办学成果展和图书馆华侨华人文献馆，并与师生代表座谈。尤权指出，习近平总书记在考察暨南大学时发表的重要讲话，充分体现了对教育事业和人才培养的高度重视、对港澳台同胞和海外侨胞的关心厚爱，为新时代办好华侨高等教育提供了重要遵循。贯彻落实习近平总书记重要讲话精神，关键要坚持党对教育事业的全面领导，将社会主义核心价值观融入教育教学全过程，巩固马克思主义在高校意识形态领域的主导地位。特别是要突出侨校特色，开展形式多样的港澳台侨交流活动，传播中华民族优秀文化，引导海内外校友为国家建设多作贡献。

17. 广西民族大学国际教育学院相关人员到访华侨大学华文学院

2018 年 11 月 28 日至 29 日，广西民族大学国际教育学院院长助理林浩业到访华侨大学华文学院，华文学院胡培安院长、沈玲副院长等接待了到访客人。双方举行会谈，会上胡培安院长介绍了学院办学历史、专业设置、生源情况，沈玲副院长主要介绍了学院两校区教学管理、特色项目及交流生教学等方面的情况。林浩业院长助理主要介绍了广西民族大学及国际教育学院办学情况，重点介绍了学校在海外开展的办学项目。双方主要就留学生招生、管理、教学及中华文化国际推广等展开座谈，在入学测试、分班管理、课程设置、教师队伍建设方面进行了深入的交流，并于会后参观了华侨大学校史馆、中华文化体验教室，并进课堂观摩现场教学。

18. 中央统战部相关人员到北京华文学院开展外事工作座谈

2018 年 11 月 28 日，中央统战部三局巡视员覃菊华率团到访北京华文学院，就外事工作进行座谈交流。

周虹院长向统战部领导介绍了北京华文学院外事工作基本内容，并表示一直以来北京华文学院严格按照上级部门要求办理外事工作。他还就北京华文学院外事工作中遇到的问题，提出了几点建议。孙伟恺副主任和许梅处长分别向统战部领导汇报了各自负责外事工作的内容及情况。随后，覃菊华巡视员讲话。她表示，关于一般性出访和科研性出访时间，会尽快请示研究，提出相关解决方案。另外，2019 年统战部会组织外事人员培训，介绍外事工作的有关要求。中央统战部三局七处调研员李鹏飞、三局八处处长王森及主任科员崔岩分别介绍了各自负责的外事工作内容，并就北京华文学院提出的问题做出解答。

19. 西安文理学院文学院相关人员到暨南大学交流考察

2018 年 11 月 30 日，西安文理学院文学院李志瑾副院长、高萍教授等访问暨南大学华文学院，与学院党委书记史学浩、副院长莫海斌及相关教材编写组教师座谈交流，并就汉语教材开发和编写的定位、教材推广与应用及教材出版等工作交换意见。

史学浩回顾了习近平总书记 2018 年 10 月 24 日视察暨南大学的重要讲话和"将中华传统文化传播到五湖四海"的殷切嘱托，介绍了暨南大学的基本情况、办学使命及其国别化教材编写和发行情况。莫海斌介绍了华文学院教材动态资源库建设情况、《初级华文》《中级华文》和柬埔寨《中文》等教材的编写情况和心得体会。李志瑾介绍了西安文理学院文学院专业建设情况、留学生数量、泰国留学生培养以及教材编写准备情况等，她希望通过此次交流考察，为西安文理学院文学院汉语教材编写提供帮助。

20. 华侨大学领导赴暨南大学调研，深入学习贯彻习近平总书记考察暨南大学重要讲话

2018 年 12 月 1 日至 2 日，华侨大学领导班子赴暨南大学调研学习，参观了暨南大学校史馆、世界华侨华人文献馆，重走习近平总书记考察暨南大学路线，深刻学习领会习总书记重要讲话精神，调研暨南大学贯彻落实习总书记重要讲话精神专项行动计划，并与暨南大学校领导及相关单位负责同志座谈。座谈会由暨南大学校长宋献中主持。

座谈会上，暨南大学党委书记林如鹏详细介绍了习近平总书记考察暨南大学的具体情形，传达了习近平总书记提出的五点要求以及中共中央书记处书记、中央统战部部长尤权强调的三点贯彻意见，介绍了暨南大学贯彻落实习近平总书记重要讲话精神的重要举措。

华侨大学党委书记关一凡表示，习近平总书记考察暨南大学的重要讲话，为华侨高等教育发展提供了根本遵循，让华侨大学备受鼓舞，学校要认真学习、贯彻习总书记重要讲话精神，努力将学习成果转化为推动学校发展的不竭动力，为把中华优秀传统文化传播到五湖四海培养更多的高素质人才。

华侨大学校长徐西鹏表示，习近平总书记在暨南大学发表的重要讲话，为学校的未来发展指明了方向，学校要贯彻落实好习近平总书记重要讲话精神，制定具体实施

行动计划，凝心聚力，推动学校发展。

21. 中央统战部副部长谭天星莅临北京华文学院视察指导工作

2018 年 12 月 12 日，中央统战部副部长谭天星到北京华文学院新校区视察和调研。谭天星参观了北京华文学院中华文化体验式教学中心，考察了学院图书馆、泰来馆、华文教育发展史馆、党建活动室，并与北京华文学院人员展开座谈。

谭天星指出，当前，华文教育事业面临着新形势、新机遇和新挑战，为北京华文学院跨越式发展提供了千载难逢的新契机，希望学院继续深入领会、贯彻落实习近平总书记视察暨南大学重要讲话精神，在统一战线新领域，充分发挥学院在培养海外华裔人才、弘扬中华优秀传统文化等多方面的作用。北京华文学院院长周虹、党委书记刘香玲表示，学院将秉承"发展海外华文教育，促进中外文化交流"的办学宗旨，积极探索华文教育发展新路径，将华文教育的独特作用深度融入"一带一路"倡议，强化侨校办学特色。

22. 福建省委统战部副部长、省侨办主任冯志农一行到华侨大学访问

2018 年 12 月 19 日，福建省委统战部副部长、省侨办主任冯志农一行 5 人到华侨大学访问，华侨大学校长徐西鹏接待来访客人并进行座谈。

座谈会上，华侨大学相关单位负责人介绍了学校在涉侨研究、统战工作、华文教育、服务"一带一路"智库建设、华侨史编撰等方面的基本情况及发展中面临的困难。双方并就华侨华人权益保护立法、新侨研究、海外招生、华侨华人奖学金等具体问题开展交流与讨论。

（二）国际互访与交流

1. 法国华校校长到访温州市外事侨务办公室

2018 年 1 月 2 日，温州市外事侨务办公室调研员许捷会见了法国华人进出口商会中文学校校长董文荣。董文荣向许捷介绍了法国华人进出口商会中文学校的办学情况和发展历程，希望加强与温州市外侨办在开展教育教学和文化交流方面的联系与合作，得到温州市外侨办的支持。许捷对法国华人进出口商会中文学校的办学成果给予充分肯定，对董文荣校长前来商谈加强交流合作表示欢迎和赞赏。她表示，温州市外侨办会尽全力支持温籍华校向正规化、标准化、专业化发展，同时会发挥桥梁作用，

为温籍华校开展教育文化交流提供帮助。

2. 意大利都灵华侨华人联谊会会长一行赴湖北交流访问

2018 年 1 月 10 日至 12 日，受意大利都灵市文化局局长 Francesca Leon 委托，意大利都灵华侨华人联谊会会长吴秀君一行访问湖北省，在湖北省外事侨务办公室与湖北省博物馆和武汉体育学院足球学院负责人进行了座谈交流。

双方首先相互介绍了各自的情况，并就在意大利举办楚文化巡展、申办都灵 2019 中国文化年、湖北省博物馆引进文艺复兴展、开展青少年足球合作项目等进行了深入探讨，并达成初步合作意向。访问期间，湖北省外侨办副主任冯细国会见并宴请了代表团一行，邀请客人组团参加 2018 年"华侨华人专业人士创业发展洽谈会"，希望联谊会通过"华侨华人专业人士创业发展洽谈会"平台进一步促进华侨华人企业创新发展，为推动中意两国经济、文体交流等方面作出更多贡献。

3. 海外侨领组团访问温州大学

2018 年 1 月 12 日，丹麦王国安徒生文化基金会执行主席周臻、丹麦中国友好协会会长赵温华、全德华侨华人联合总会主席吴伟泽、温州市德国华侨联合会会长陈勇、西班牙华侨华人协会常务副主席孙小敏等一行访问温州大学，温州大学副校长钱强，相关部门、学院负责人热情会见代表团一行。

钱强介绍了温州大学的办学历史，对华侨在温州大学创办与发展过程中作出的贡献表示敬佩与感激，希望未来双方可以发挥各自优势，在文化交流、教育合作与产教融合方面开展合作。周臻对温州大学近年来取得的快速发展深表赞叹，并深情表达了作为温州人心系桑梓的家国情怀。

4. 中国海外交流协会副会长会见马来西亚华人公会总会长

2018 年 1 月 30 日，中国海外交流协会副会长兼秘书长谭天星在北京会见了马来西亚华人公会总会长、政府交通部部长廖中莱一行。双方就加深在华文教育、文化交流、"一带一路"倡议等方面的合作进行了探讨。谭天星表示，"一带一路"倡议是中国实施全方位对外开放、推动国际合作共赢的重要方案，目前已取得阶段性成果。谭天星还向客人们介绍了中国海外交流协会开展华文教育工作的情况。他表示，中国海外交流协会通过完善华文教材体系、为海外华校提供师资培训、组织夏（冬）令营活动等多种措施助力海外华文教育发展。

廖中莱表示，在中国提出"一带一路"倡议后，马来西亚率先响应并积极参与。作为马来西亚执政党之一的马华公会成立了"马华一带一路中心"，并联合多个全国性社团商会，发表"一带一路"宣言，举办一系列活动进行宣传。他表示，马华公会将再接再厉，用实际行动参与支持"一带一路"倡议。

5. 华侨大学访问团到访泰国农业大学

2018年1月31日至2月3日，华侨大学副校长曾路率学校社会科学研究处、国际交流合作处相关负责人一行3人访问泰国，出席泰国农业大学75周年校庆暨教育论坛系列活动。泰国农业大学校长 Chongrak Wachrinrat 对曾路一行的到来表示欢迎。他指出，华侨大学是泰国农业大学的重要合作伙伴，两校合办的孔子学院在泰国华文教育领域独树一帜，对该校、对校外其他泰国民众的中文水平提高，都发挥了重要作用。

6. 安哥拉总统基金会主席席尔瓦一行访问华侨大学

2018年2月5日，华侨大学副校长曾路在厦门校区会见了莅校访问的安哥拉总统基金会席尔瓦主席一行。

曾路代表学校欢迎席尔瓦一行再次来访华侨大学，简要回顾了安哥拉政府青年科技人才班自2014年开办至今的基本情况，重点介绍了该项目学生2017—2018学年的学业情况、日常表现、文化交流、经费保障等方面的情况。席尔瓦代表安哥拉总统基金会感谢学校对安哥拉学生的辛勤培养，希望该项目学生能够努力提升自身的汉语水平和中华文化素质，更好地适应中华文化，严格遵守中国的法律和华侨大学的各项管理规定，充分利用在华侨大学的学习资源，提升自己的综合素质和科学技术能力。

双方就该项目学生专业选择、学业提升、日常管理、违纪处理、经费保障及该项目可持续发展等进行了深入和细致讨论，并达成一致意见。双方一致认为该项目是符合中安两国战略合作要求的重要项目，得到了中安两国政府相关部门的高度赞赏，华侨大学和安哥拉总统基金会致力于将该项目学生培养为具有高度社会责任感和具备较高专业素养的青年科技人才，毕业后能够成为安哥拉国家建设发展的栋梁，成为中安友好合作的推动者和支持者。双方同意将进一步加强互访、沟通和协调，进一步加强对该项目学生的学业发展、日常管理、社会活动的支持和帮助，进一步推动该项目的可持续发展。

华侨大学安哥拉政府青年科技人才班已招收三期共74名学生在校学习，该项目实行"2+4"培养模式，前两年在华文学院完成汉语言学习，后四年录取进入本科专业学习。目前，第一批18名、第二批28名已完成了2年语言阶段的学习，分别在机电及自动化学院、土木工程学院、信息科学与工程学院等相关本科专业学习。

7. 中国驻马来西亚大使走访占美华文小学

2018 年 2 月 10 日，中国驻马来西亚大使白天抵达巴罗，走访了巴罗占美华人新村和占美华文小学。在华人新村，白天大使向 3 户困难家庭赠送了新春礼篮和拜年红包，表示中国大使馆将一如既往关心在马华人的生存发展，并愿为此提供力所能及的帮助。在占美华文小学，白天大使向学校捐赠了一间"精明教室"和部分中文图书，向全体师生派发了新年红包，以趣味问答的方式与小学生们展开互动，并祝愿占美华小继续秉持"十年树木、百年树人"的精神，越办越好。

8. 国务院侨务办公室郭军副主任一行走访马德里侨民聚居区

2018 年 2 月 24 日，中国国务院侨务办公室郭军副主任一行在中国驻西班牙使馆朱健参赞、西班牙华侨华人协会毛峰主席、西班牙青田同乡会倪晔敏会长等人的陪同下，前往马德里华侨华人中文学校进行视察，并同马德里当地各华文学校、华文教育代表，就华文教育的发展方向与心得进行探讨。在座谈会上，郭军副主任表示，目前海外华文教育仍需要不断改善，中国国务院侨办一直以来重视华文教育向标准化、正规化与专业化发展，需要更加规范细化，开展"接地气"的华文教学。针对师资短缺等问题，以及华文教育在网络时代所面临的挑战，郭军副主任提出了新的思路与思考。他表示，中国国务院侨办将给予海外华文教育力所能及的帮助，同海外华文教育工作者一起因地制宜地发展华文教育，最大化地利用有限的资源提升华文教学的技术水平与教学质量，提高性价比，扩大华文学校的影响力，加强与华裔新生代的联系，以达到传播中华文化的目的。

9. 中国驻厄瓜多尔大使王玉林赴思源中国语学校与师生共庆元宵佳节

2018 年 3 月 1 日，厄瓜多尔思源中国语学校举办迎新元宵晚会。中国驻厄瓜多尔全权特命大使王玉林先生、厄瓜多尔国家议会议员 Jose Egas 先生、中国驻厄瓜多尔大使馆文化参赞刘庆伟先生、厄瓜多尔文化部国际交流司司长 Lucia Pazminon 女士、厄瓜多尔华人华侨联合会副会长施建武先生、驻厄中资机构代表、思源中国语学校全校师生及家长 300 余人应邀参加活动。大家齐聚一堂，欢度元宵佳节。

10. 中国海外交流协会副会长一行走访缅甸云华师范学院

2018 年 3 月 1 日，中国海外交流协会江岩副会长一行 6 人，在驻曼德勒总领事馆刁明副总领事的陪同下，访问云华师范学院慰问外派教师。江岩副会长参观校园后，在学院会议室与全体外派教师召开了座谈会。他在讲话中说，云华师范学院作为一所集教学和文化交流为一体，以培养华校语文、数学教师为主，小学至高中基础教育和职业培训为辅的综合性公益院校，积极推动华文教育向标准化、正规化、专业化建设，切实加强缅甸华文教师本土化培养工程，起到了很好的教学示范作用，受到了所在地区社会各界的高度肯定。与会外派教师纷纷表示，绝不辜负祖（籍）国和人民对自己的期望。

11. 中国海外交流协会副会长一行访问菲律宾华教中心

2018 年 3 月 5 日，中国海外交流协会副会长江岩率领考察团一行 6 人到访菲律宾华教中心，受到了中心领导和中国国务院侨务办公室外派教师代表的热烈欢迎。在驻菲律宾大使馆参赞兼总领事罗刚、领事董洪亚和菲律宾华教中心主席黄端铭、副主席杨美美的陪同下，江岩副会长一行参观了华教中心各职能部门、华文教育展览厅和中国语言文化图书馆。

12. 美国三校师生参观"华盛顿文教中心"

2018 年 3 月 7 日、13 日和 4 月 11 日，美国马里兰州罗兰德公园学校、弗吉尼亚州什里夫伍德小学和俄克拉荷马州罗兰德公园学校的 50 多名师生分别参观了"华盛顿文教中心"，受到中心主任陈世池、副主任王怡如以及文化导览志愿者老师们的热烈欢迎。学生们在志愿者老师蒋宜娟的解说下，参观了中心陈列的珐琅瓷、布袋戏偶、客家纸伞、台湾风情画等艺术品，体验了带有台湾地区特色的中华文化。

13. 中国驻阿根廷大使会见阿根廷教育部长

2018 年 3 月 8 日，中国驻阿根廷大使杨万明会见阿根廷教育部部长菲诺恰罗，双方就深化和扩大两国在教育领域的交流与合作深入交换了意见。

菲诺恰罗表示，阿方钦佩和赞赏中国政府对教育事业的倾力投入，高度重视在教育领域同中方深入开展交流合作，期待学习借鉴中国经验，同时寻求进一步扩大赴华留学生名额，并在互认学历学位等方面取得新进展。另外，2018 年阿根廷将在二十国集团（G20）框架下主办教育部长会，阿方愿同中方保持密切协调沟通，共同为 G20 议程作出积极贡献。

杨万明大使积极评价 2017 年马克里总统对华进行国事访问以来，中阿在设立政府间教育对话机制、互派留学生、促进汉语教学等方面取得的积极进展，表示中方愿同阿方加强友好协商，充分利用 2018 年两国在 G20 框架下密切高层交往的契机，推动深化和扩大教育领域合作，不断增进人文交流和民心相通，助力中阿全面战略伙伴关系持续稳定发展。

14. 中国驻泰国大使考察泰南地区华文教育情况

2018 年 3 月 10 日至 12 日，中国驻泰国大使吕健率使馆工作人员访问泰南地区，推动中泰"海上丝绸之路"合作，看望慰问当地华侨华人，考察当地华文教育。驻宋卡总领事周海成及总领事馆工作人员随同访问。

访问期间，吕健大使一行在走访合艾国光慈善中学期间，参观了校园教学设施，同泰南华文民校董和中国志愿者教师代表座谈，并向学校捐赠了教学设备。吕健大使感谢泰南侨团为华文教育奉献力量，向各校华文教师和志愿者教师致以亲切慰问。他表示，泰国华文教育事业发展迅速，为弘扬中华文化、推动中泰文化交流提供了重要支撑，未来中泰双语人才的需求将与日俱增，汉语教学的任务将更加繁重。中国使领馆将一如既往地支持在泰华文教育，支持华校建设。

15. 泰国南部华文民校联谊会代表参访昆明华文学校

2018 年 3 月 14 日，在泰南华文民校联谊会秘书长魏光磊先生的陪同下，合艾国光慈善中学法人代表方木基及校长苏潘妮、国光孔子课堂中方负责人蒋艾纯、德教树强学校校长马琳、陶华教育慈善中学中文校长蔡咏华等一行 12 人赴昆明华文学校访问。双方就今后泰南地区华文教育的发展进行了友好的沟通，昆明华文学校今后除了在教师培训、夏令营、中华文化大乐园等文化交流上对泰南地区持续支持外，还将结合实际，在泰南华文民校联谊会开办中国大学直通班，让当地学生就近就地入学，享受到优质的华文教育。

16. 越南老街高等师范学校校长一行到访昆明华文学校

2018 年 3 月 16 日，越南老街高等师范学校校长黄文阳、培训与科研处处长阮辉龙、外语与信息系副主任阮翠霞一行 3 人到访昆明华文学校，双方就交换生、教师培训、派遣教师等内容进行了座谈。双方在两校 2018 年教学科研与教育培训合作事项上达成了如下共识：昆明华文学校将继续接收老街高等师范学校中文系输送的学生到校交流学习，学生人数在原 20 人/年的基础上增加到 30 人/年；在汉语教师岗前培训、教材教法培训等短期培训项目方面优先考虑老街高等师范学校。

17. 北京华文学院派团赴印度尼西亚、文莱展开招生宣讲活动

2018 年 3 月下旬，由北京华文学院副院长刘香玲带队、招生办副主任孙伟恺和华研中心教师白娟为组员的招生宣讲团到访印度尼西亚和文莱。

3 月 24 日至 25 日，由印度尼西亚智民学院主办的"2018 赴华留学展"分别在印

度尼西亚棉兰、雅加达两地举行。参展期间，宣讲团成员在宣传、解说之余，还利用各种机会，向展会主办方、当地学生及家长等调研当地华侨华人和华文教育状况，了解当前印度尼西亚华文教育、汉语教学的发展趋势，摸清学生的学习动机和需求。

3月27日，宣讲团赶赴文莱，对文莱的华文教育展开了调研。中岭学校校长黄汉华先生带领宣讲团对文莱8所华校中的5所进行了实地考察。

18. 中国驻马来西亚大使访问柔佛州视察华文教育工作

2018年4月1日至3日，中国驻马来西亚大使白天到访马来西亚柔佛州宽柔中学。在出席华团公宴，走访新山华族博物馆、宽柔中学时，白天大使盛赞当地华团表演的二十四节令鼓和宽柔中学龙狮队表演，表示柔佛华人与友族同甘共苦、共存共荣，为马来西亚及柔佛当地的发展作出了不可磨灭的贡献。他称赞宽柔中学办学不息、人才辈出，积极传承和发扬中华文化，并宣布中国驻马来西亚大使馆将为宽柔中学提供10个"中国大使助学金"名额，并捐助龙狮队表演器材。

19. 北京市侨务办公室与马来西亚青年总团举行座谈交流活动

2018年4月4日，由马来西亚中华大会堂总会青年团团长拿督王琮钦、马来西亚－中国总商会青年团团长张柏垣、马来西亚乡青总团联合会主席萧志国等组成的马来西亚青年总团一行12人到访北京市侨务办公室进行访问交流。北京市侨办刘春锋主任、李长远副主任，团市委国际联络部副部长崔竞与到访嘉宾进行了友好交流。

座谈中，各青年团负责人分别介绍了各自情况，表示将进一步加强与北京在文化、商业、教育、人才合作发展等方面的友好合作。

北京市侨办主任刘春锋对青年总团的来访表示欢迎，并对马来西亚华侨华人为冬奥会申办和北京经济社会发展等各方面作出的积极贡献表示感谢，希望马来西亚各青年社团继续发挥各自优势，在促进中马经贸文化交流，响应"一带一路"倡议、助力京津冀协同发展和加强和谐侨社建设等方面作出积极贡献。

20. 温州高校与意大利华校达成合作意向

2018年4月10日，温州大学、温州肯恩大学和温州职业技术学院代表赴西班牙、意大利参加浙江国际教育展。展会期间，温州肯恩大学与国务院侨务办公室华文教育示范学校、意大利罗马最大的中文学校——罗马中华语言学校达成合作意向。

21. 中国驻泰国大使会见泰北中华文化教育基金会筹委会代表

2018年4月10日，中国驻泰国大使吕健在使馆会见泰北中华文化教育基金会筹委会主任委员、泰北地区和统会会长马剑波一行。吕健大使欢迎泰北中华文化教育基金会筹委会成员到访使馆，并对马剑波等为推动泰北华文教育事业、筹备成立泰北中华文化教育基金会所做的工作予以肯定。吕健大使勉励马剑波等泰北侨领继续为弘扬中华文化、推广华文教育、促进中国和平统一大业和推动中泰友好关系深入发展作出更大贡献。马剑波向吕健大使介绍了泰北中华文化教育基金会的筹备情况和泰北地区和统会开展工作的有关情况，并表示愿与泰北侨团一道，继续为促进泰国华文教育事业和中国和平统一大业以及中泰友好贡献力量。

22. 上海市侨务办公室副主任会见菲律宾教育代表团

2018 年 4 月 16 日，上海市侨务办公室副主任姚卓匀会见来访的菲律宾教育访问团一行。

菲律宾教育代表团由菲律宾华教中心组织的菲律宾侨中学院领导和幼儿园部老师共 10 人组成，此次访问旨在学习上海幼儿园的教学理念及管理方法，促进中菲文化教育交流。姚卓匀对菲律宾教育访问团的到访表示热烈欢迎，希望通过此次访问，架起一座中菲教育界友好交流的桥梁，同时希望大家对上海的幼儿教育提出宝贵的意见。

在沪期间，菲律宾教育代表团赴思南路幼儿园、机关建国幼儿园观摩教学和幼儿活动，交流各自幼儿园教学发展情况，并开展文化考察。

23. 澳大利亚两校师生参观"悉尼文教中心"

2018 年 4 月 17 日，澳大利亚德国国际学校和悉尼史代纳学校两校师生及家长参观"悉尼文教中心"。中心主任吴春芳接待来宾。

吴春芳向访问团师生介绍了"悉尼文教中心"的历史和台湾地区侨务主管部门主办的各项华裔青年研习活动，鼓励大家到台湾地区学习华文、旅游，并向学生赠送台湾地区侨务主管部门编写的双语解说版华文教材及充满童趣的狗年小提灯。

24. 马来西亚砂拉越古晋福建公会首次组团访问厦门

2018 年 4 月 18 日，福建省友好省州马来西亚砂拉越古晋福建公会访问团一行 33 人到访厦门。这是自古晋福建公会成立 147 年以来，第一次组团回乡访问。厦门市外侨办副主任陈俊泳对古晋福建公会组团来访表示热烈欢迎，并向来宾介绍了厦门近年来的发展状况。

古晋福建公会访问团田松茂会长表示，由于各种原因，马来西亚始终无法开办华文独立大学，希望厦门大学可以在这方面为马来西亚华文教育添砖加瓦，协助其把华教办得更好。如果条件许可，他希望可以邀请中国的教师到砂拉越讲学、交流，惠及当地的华裔子弟。

25. 中国驻马来西亚大使到访巴生滨华中学

2018 年 4 月 20 日，中国驻马来西亚大使白天应邀出席由马来西亚华校董事联合会总会举办的第 14 届中国高等教育展，并参访巴生滨华中学。董总主席刘利明、巴生滨华中学校董会董事长谢松坤等马来西亚教育界、侨界、媒体人士以及来自中国 35 所大学的参展代表、马来西亚当地中小学师生出席活动。白天大使在开幕式致辞中表示，马来西亚的华文教育历史悠久，几百年来，马来西亚华裔历经艰辛，经过几代人的努力和奋斗，华文教育在马来西亚生生不息，成就卓越。刘利民在致辞中表示，中国政府对海外华文教育给予了大力支持，中国许多高校已接受华文统考成绩作为入学的考量。教育展的连续举办，不仅促进两国教育交流的合作，更显示了中国高校和马来西亚学生的深厚情谊，也为两国长期友好紧密的关系，注入了绵延不绝的动力。

26. 海南省侨联"亲情中华·美丽海南"文化交流团赴老挝、缅甸交流

2018 年 4 月 27 日至 5 月 4 日，"亲情中华·美丽海南"文化交流访问团一行 15 人赴老挝万象、缅甸仰光开展文化交流活动。访问团由海南省侨联副巡视员陈勇率领。每到一处，团员们即向乡亲们讲述海南改革开放 30 年取得的巨大成就，以及建设美好新海南和自由贸易试验区、中国特色自由贸易港的相关政策。大家畅叙乡情，共话友谊。

27. 温州大学意大利分校校长到访普拉托华人华侨联谊会中文学校

2018 年 5 月 2 日，温州大学意大利分校校长严晓鹏博士应邀到访意大利普拉托华人华侨联谊会中文学校，并做了主题为"意大利华文教育的历史、现状与发展趋势"的讲座。普拉托联谊会中文学校部分教师以及马可波罗中文学校、语林社中文学校、意大利国际教育文化交流学院、温瑞学堂的负责人到场参加活动。

严晓鹏博士回顾了意大利华文教育的历史，阐述了第四届世界华文教育大会中达成的三点重要共识：华文教育要在新时代展现新气象新作为；华文教育要在"三化"进程中全面转型升级；华文教育要不断汇集起强大的内外合力。讲座结束后，严晓鹏博士与在场的老师们进行了热烈的互动交流。普拉托联谊会中文学校执行校长吴静云对讲座进行了简短的总结。

28. 中国驻西班牙使馆参赞一行参观西班牙博思语言学校

2018 年 5 月 15 日，中国驻西班牙大使馆领事部朱健参赞一行，前往埃尔切市西班牙博思语言学校参观。朱健一行在校领导的陪同下参观学校，了解学校概况、举办的活动和获得的奖项，并仔细向老师询问了学生情况及学校的现用教材，叮嘱老师们一定要注重培养学生的阅读能力。朱健一行还在学生们的邀请下一起合唱了《让我们荡起双桨》。

埃尔切国家警察局局长 Javier Perez Castillo、埃尔切移民局局长 Angel Jesus Luengo Rodriguez 也到学校，对朱健参赞到埃尔切市表示欢迎。他们表示，埃尔切国家警察局与移民局和当地华人建立了非常好的关系，也会尽心尽力为学校提供帮助。Javier 局长向朱健赠送了警徽，寓意着未来与当地华人的友谊更加深厚。

29. 美国休斯敦独立学区双语学校组团参访"休斯敦文教中心"

2018 年 5 月 22 日，美国休斯敦独立学区双语学校 5 年级近 90 位师生及家长参访"休斯敦文教中心"。台湾文化导览志愿者团队结合墨西哥传统节庆，带领学生们了解端午节由来及其习俗并观看志愿者们包粽子的整个过程。

30. 马来西亚琼籍侨领率文化教育交流团到访海南

2018 年 5 月 24 日，马来西亚海南会馆联合会总会长林秋雅率文化交流团赴海南华侨中学和海南中学进行文化交流访问并参观考察。

文化交流团一行参观了海南华侨中学校园、对外国际交流厅、科技馆、校史柱等教学设施，了解海南华侨中学近 80 年发展历史和现状。林秋雅在随后的座谈中表示，此次前来的有马来西亚海南乡亲和中学生，通过考察交流加深对海南的了解，促进交流、增进友谊。随后，马来西亚和海南华侨中学的中学生演唱了《军坡》《阿婆来》《老爸茶》《哩哩美》《久久不见久久见》等海南方言歌曲。

31. 泰中文化经济协会副会长蔡百山访问华侨大学

2018 年 5 月 28 日，国务院侨办文化司巡视员汤翠英在华侨大学厦门校区会见到华侨大学访问的泰中文化经济协会副会长兼秘书长蔡百山。华侨大学校长徐西鹏、副校长曾路参加会见。

汤翠英表示，由国务院侨办主办、华侨大学承办的"外国政府官员中文学习班"致力于培养"一带一路"民心相通的使者。该班至今已成功举办 13 年，从最初仅有来自泰国的学员拓展至多个国家学员参加，规模和影响力不断扩大。学员们学成回国后为所在国的发展、为促进所在国与中国的友好关系作出了积极贡献，这离不开泰中文化经济协会一直以来的鼎力支持。她表示，国务院侨办和华侨大学将不断开拓创新，继续办好"外国政府官员中文学习班"。

蔡百山希望，中国国务院侨办、华侨大学能为学员们增设"一带一路"倡议有关课程，以及到中国厦门等经济特区考察学习社会实践内容，让泰国学员们更加了解中国发展现状，学习中国先进管理经验，回国后更好地服务泰国国家建设和发展，促进泰中密切合作，推动泰中共建"一带一路"。

双方就丰富"外国政府官员中文学习班""中泰战略研讨会"等合作项目的具体内容和形式等方面展开座谈。

访校期间，蔡百山一行还分别与"外国政府官员中文学习班""'海丝'国家高端人才培训班"的教师及泰国学员座谈。

32. 泰国留学中国大学校友总会访问团访问广东省侨办

2018 年 5 月 30 日，广东省侨办党组副书记、巡视员林琳会见到访的泰国留学中国大学校友总会罗铁英主席。

林琳在会见时表示，为侨服务是侨务部门的职责，支持开展华文教育和大力推动人文交流，是广东侨务部门服务海外侨社、服务"一带一路"倡议的重要内容。他希望泰国留学中国大学校友总会发挥会员众多、"学贯泰中"的优势，在密切泰中联系，促进泰中两国传统友谊和经济、科技、文化、教育的交流合作方面，继续发挥桥梁和纽带作用。

罗铁英主席介绍了泰国留学中国大学校友总会的基本情况及开展相关工作情况。她希望与广东省侨办加强联系，在促进泰中两国民心相通和促进经贸合作等方面作出贡献。

33. 新加坡圣尼各拉女校师生访问福建师范大学附属中学

2018 年 6 月 13 日，新加坡圣尼各拉女校一行 3 名华文教师及 19 名华裔学生赴福建师范大学附属中学参观访问。福建师范大学附属中学校长温青、副校长阮云、校务委员王焕蒲热情接见了来宾。温青校长向来宾介绍了学校校情。随后，新加坡师生深入课堂听课，并与福建师范大学附属中学高一年级同学一对一结对子交流。

此次新加坡圣尼各拉女校师生一行到访，旨在加强中新文化交流，践行中国文化课程，亦希望进一步加强合作与交流。

34. 宁夏回族自治区外事侨务办公室相关人员到访菲律宾华教中心

2018 年 6 月 15 日，宁夏回族自治区外事侨务办公室副主任张怀义率领考察团一行到访菲律宾华教中心。

座谈会上，菲律宾华教中心主席黄端铭向来宾介绍了菲律宾华文教育的发展历程、菲律宾华校办学特点和办学性质。黄端铭主席指出，菲律宾华校的发展完全得力于华侨华人社会的无私奉献和大力支持，而近些年来，年轻一代的华侨华人对祖籍国的情感越来越淡薄，菲律宾华教中心的第三个十年计划中将"唱响'华教精神'主旋律"放在很重要的位置，就是要增强新一代华侨华人对祖籍国的认同感。

张怀义副主任说，习近平主席所讲的"根、魂、梦"把全世界的华侨华人紧密地联系在一起，作为侨办领导没有理由不去支持海外华文教育的发展，期望能与菲律宾华教中心建立长期持久的合作关系。他期待菲律宾华校和宁夏大中小学校建立友好学校，在菲律宾华教中心设立宁夏高校招生处、设立菲律宾学生夏（冬）令营宁夏接待点。

35. 澳大利亚悉尼学校组织学生参观"悉尼文教中心"

2018 年 6 月 21 日，澳大利亚悉尼坎巴拉女子学校组织学生参观"悉尼文教中心"。"悉尼文教中心"负责人吴春芳欢迎学生参观。志愿者江美如老师担任文化服务讲师，向大家介绍了客家文化，并特别介绍了"客家舞蹈"搭配"仕女扇"，让学生对客家文化有了初步的认识。课程结束后吴春芳赠予学生们生肖灯笼以表欢迎之意。

36. 华侨大学代表团赴肯尼亚、毛里求斯交流访问

2018 年 6 月 24 日至 7 月 1 日，华侨大学副校长吴季怀一行赴肯尼亚和毛里求斯进行访问，签署校际合作协议、设立海外招生处、走访华校华社，并对两国侨界进行招生政策宣传，拓展与非洲国家高校合作和非洲地区招生业务。

在肯尼亚内罗毕，代表团与中肯文化教育中心签署设立海外招生处协议，挂牌成立华侨大学肯尼亚海外招生处；与内罗毕大学签署合作备忘录，参观该校孔子学院、研究生院、生物与物理科学学院、计算机学院等，寻求合作机会；向内罗毕大学有兴趣到华侨大学交流学习的学生系统地介绍学校情况，与学生交流座谈。吴季怀并应邀为内罗毕大学生物与物理科学学院师生作了题为"The Third Generation of Photovoltaic Devices"的学术报告。

代表团还先后走访了肯尼亚中国妇女联合总会、华韵学校、肯尼亚中华总商会、东非中国和平统一促进会、内罗毕华助中心等华校华社和当地中资机构，与中国驻肯尼亚大使馆侨务参赞和领事部官员进行交流座谈，向侨界进行招生政策宣介。座谈会上，吴季怀介绍了国家创办华侨大学的初衷和目前办学情况，表示将顺应国家"一

带一路"倡议，进一步加强非洲招生工作，更好地服务当地华侨华人回国求学的需求。东非中国和平统一促进会主席韩军表示，肯尼亚是中国对非援助的重要支点，近年来新侨数量增长迅速，当地华侨华人子女对华文教育和高等教育需求也越来越大，希望华侨大学能为非洲华侨华人子女教育提供更多帮助。

在毛里求斯路易港，代表团与毛里求斯华商总会续签设立海外招生处协议。毛里求斯华商总会会长李彩纯等介绍了华商总会开展服务当地华侨华人的活动，感谢华侨大学对华商总会的信任，表示会尽最大努力向当地华侨华人推荐选读华侨大学。双方就华侨大学派人参加毛里求斯高教展、举办毛里求斯华侨华人学生升学夏令营等达成共识。

在毛里求斯访问期间，代表团还走访了毛里求斯新华学校、华夏学校两所华校，实地了解毛里求斯华文教育现状。代表团还访问了毛里求斯大学孔子学院，双方就开展学生交流、合作研究等议题进行了探讨。

37. 印度尼西亚三语学校协会主席访问广东省侨办

2018 年 6 月 29 日，广东省侨办党组副书记、巡视员林琳会见了到访的印度尼西亚三语学校协会主席陈友明一行。双方就加强合作、促进海外华文教育发展进行了座谈交流。

林琳在会谈时表示，印度尼西亚三语学校协会在促进印中双方友好往来、推动海外华文教育发展、加强印度尼西亚各三语学校之间的联系沟通、促进印度尼西亚三语学校的发展等方面发挥了积极的作用。林琳还表示，广东省侨办将一如既往地支持海外华文教育的发展，在选派优秀华文教师赴海外任教、组织海外华裔青少年到广东参加"中国寻根之旅"夏冬令营、"请进来""走出去"培训华文师资、赠送文化用品等方面，加强与印度尼西亚华文教育界及印度尼西亚三语学校协会的联系和合作，共同把海外华文教育工作做好，努力促进中华优秀传统文化在海外的传播和传承。他希望印度尼西亚三语学校协会在密切印中联系，促进印中两国人文交流、民心相通和经济文化发展方面发挥更大作用。

陈友明介绍了印度尼西亚三语学校协会的基本情况及开展相关工作情况，希望与广东省侨办加强联系，在华文师资、教材、教学标准化建设及开展华裔青少年夏冬令营等方面继续得到广东省侨办的支持和帮助。

38. 美国《侨报》小记者团到广东采访

2018 年 7 月 3 日，广东省侨办党组副书记、巡视员林琳在广东华侨博物馆亲切会见了由美国《侨报》组织、美国美东华人社团联合总会协办的《侨报》小记者访华团。

林琳向小记者们简单介绍了广东省经济、社会发展情况，以及广东省侨情和省侨办的职能。他希望小记者们在广东活动期间好好观察、深入挖掘，通过他们的采访和报道，介绍宣传广东改革开放取得的巨大成就，宣传岭南特色文化和中华传统文化，让更多人了解中国、了解广东，共享广东发展新机遇，促进共同发展。林琳还勉励小记者们好好学习，将来学有所成，做和谐侨社建设的推动者、中华文化的传播者、中美友好合作的促进者。

这是美国《侨报》第6次组织小记者团访华，也是小记者团首次应广东省侨办邀请到广东采访。该团共18名小记者，年龄在11岁至16岁之间，是从美国《侨报》举办的美国少年儿童中文大赛中选拔出来的。

39. 成都大学大学生艺术团赴哥伦比亚演出交流

2018年7月10日，应哥伦比亚伊瓦格市政府邀请，四川省成都市外事侨务办组派成都大学大学生艺术团赴伊瓦格参加第46届哥伦比亚民俗文化节。

活动期间，艺术团在伊瓦格多个剧院、广场和大型商场开展了11场演出，参加大型游行路演活动2场，与当地市民进行了亲密的交流与互动，受到当地市民的热烈欢迎，充分展示了中国民族文化艺术的独特魅力。活动期间，哥伦比亚伊瓦格市市长吉列尔莫·哈拉米略亲切接见了艺术团师生。他表示，希望在成都与伊瓦格友好合作关系城市基础上，加强与成都大学的联系与合作，由成都大学选派师生到伊瓦格市开展汉语课程教学或设立孔子课堂。伊瓦格市政府希望选派人员到成都大学学习汉语，了解成都发展规划和发展模式，借鉴和学习成都发展经验，希望双方能够以民俗文化节为纽带进一步开展文化交流活动。

40. 广东省侨务办公室代表团访问意大利、西班牙、葡萄牙

2018年7月12日至21日，广东省侨务办公室副主任蔡伟生率团访问意大利罗马、那不勒斯、佛罗伦萨，西班牙马德里和葡萄牙里斯本。

访问期间，蔡伟生一行拜访在有关城市的广东省海外交流协会理事，走访当地华商企业、华文媒体和中文学校，并与当地主要侨团负责人座谈交流。蔡伟生向侨胞们介绍了广东近年来的发展情况。他希望侨胞们积极支持参与广东新一轮发展，支持参与"一带一路"倡议和粤港澳大湾区建设，讲好广东故事，推动人文交流，参与和推动有关项目合作，共同促进广东与所在国合作交流。蔡伟生还欢迎海外侨胞多到广东走走看看，多到广东省侨办访问交流，不断加深情谊、加强合作。

蔡伟生一行还先后拜访了中国驻三国使领馆，分别与中国驻葡萄牙大使蔡润、参

赞许志达，中国驻意大利大使馆参赞吴冬梅，中国驻佛罗伦萨总领事王辅国，中国驻西班牙大使馆参赞朱健等交流侨务工作，感谢驻三国使领馆长期以来对广东侨务工作的支持和帮助。

41. 上海师范大学师生与赴印度尼西亚华教工作者交流汉语教学经验

2018 年 7 月 13 日至 14 日，由 11 名师生组成的上海师范大学暑期汉语教学研修小组与即将赴华学习的印度尼西亚陆海空三军军官及印度尼西亚华文教育工作者在印度尼西亚雅加达进行了面对面的汉语教学经验交流。

在与印度尼西亚华文教育界座谈时，上海师范大学汉语教学研修小组成员从师资力量、生源及学习动机、中华文化传承、教学方法、教材使用等方面，与 10 名印度尼西亚大、中、小学汉语教学一线教师就学校教学环境与配套设施、华文学校汉语教师师资水平、教学内容与课程设置等方面进行深入的专业探讨和交流。

印度尼西亚华文教育联合总会副会长郑洁珊希望通过此次交流能给印度尼西亚华文教育一线教师提供学习和借鉴机会，华侨大学印度尼西亚校友会副会长伍英临希望能通过借鉴中国较为先进的教育模式，对印度尼西亚华文教学起到指导作用。

42. 广东省侨办领导会见圣马丁华人会馆访问团

2018 年 7 月 24 日，广东省侨办党组副书记、巡视员林琳在广州会见了圣马丁华人会馆会长莫劲壮。

林琳代表广东省侨办对莫劲壮的到来表示欢迎，对圣马丁华人会馆在团结联系侨胞、维护侨胞权益、开展华文教育、弘扬中华文化等方面所做的工作给予肯定。林琳表示，此次圣马丁华人会馆中文学校学生到广东参加华裔青少年"中国寻根之旅"夏令营，并参加江门市举办的"少年中国说"诗词朗诵大赛，表现非常好，体现了中文学校的办学成果。他希望圣马丁华人会馆今后多组织侨胞回广东走走看看，进一步了解祖（籍）国的经济社会发展情况，在促进圣马丁和广东的联系交流等方面继续发挥积极作用。莫劲壮会长表示，希望与广东省侨办加强联系，在华文师资、华裔青少年夏冬令营等方面继续得到广东省侨办的支持和帮助。

43. 广东省侨办领导会见印度尼西亚东爪哇华文教育统筹机构主席

2018 年 7 月 31 日，广东省侨办党组副书记、巡视员林琳在广东省侨办会见了印度尼西亚东爪哇华文教育统筹机构李光迈主席。

李光迈向林琳介绍了印度尼西亚华文教育发展情况及东爪哇华文教育统筹机构近期的工作，希望未来的工作能够得到广东省侨办等各方面的大力支持。林琳对东爪哇华文教育统筹机构为推动印度尼西亚华文教育发展所做的努力表示赞赏和感谢。他表示，华文教育的开展有利于促进印度尼西亚与中国的人文交流和民心相通，广东省侨办将一如既往加强与印度尼西亚华教机构的合作，继续在外派华文教师及幼师来粤培训、赠送文教用品、组织举办青少年夏令营等方面给予支持，共同推动印度尼西亚华文教育的进一步发展。

44. 巴西"圣保罗文教中心"负责人拜访当地中文学校

2018 年 8 月 7 日，巴西"圣保罗文教中心"负责人詹前校拜访愉港市柯太太中文学校，了解海外华文教育基金会短期华语志愿者教师在该校的教学情况，并在福尔摩沙侨营餐厅与校方进行交流会谈，关怀侨胞餐厅经营情况。詹前校还参加了 8 月 7 日上午的民俗文化体验课程，并表示体验课丰富有趣。

45. 匈牙利华星艺术团与河南小朋友交流演出

2018 年 8 月 10 日，匈牙利华星艺术团与格华美河南电视台少儿艺术团文化交流演出在匈牙利布达佩斯"Benczur 之家"演出厅举行。双方交替演出了精彩的文艺和互动节目。

此次演出是两个艺术团体的首次同台交流，匈牙利华星艺术团此次参加交流演出的有舞蹈班、主持班和声乐班的小朋友，演出的节目有合唱、舞蹈、相声、绕口令和诗朗诵等；河南的小朋友则献上了独唱、二重唱、傣族舞和芭蕾舞等。

匈牙利华星艺术团团长施艳卫表示，此次交流演出为海外小朋友与中国国内小朋友提供了相互交流和了解的机会，也加深了彼此的友谊，希望这一交流形式能够坚持下去，让大家在相互学习中共同提高和进步。

匈牙利华星艺术团 2016 年 5 月由中国国务院侨务办公室在北京授牌，除组织成人艺术活动、主办承办各类演出外，又先后开办了儿童舞蹈班、主持班和声乐班，并经常参加匈牙利的比赛和演出活动。

46. 泰南华校联谊会与昆明华文学校座谈推进泰南华教发展

2018 年 8 月 10 日，昆明华文学校泰南生源基地工作座谈会暨奖学金发放仪式在泰国合艾国光中学孔子课堂会议室举行。

昆明华文学校副校长陈娜、泰国南部华文民校联谊会主席张俊贵、德教树强学校董事长陈礼琛、国光慈善中学副董事长吴金财和校长苏潘妮、陶华教育慈善中学校长姚娃蕾等以及国光、陶华和树强三校的优秀学生代表 60 余人参加座谈。

张俊贵在座谈中表示，希望通过此次座谈，进一步交流感情、增进友谊，持续共同做好昆明华文学校泰南生源基地的工作，深入推进项目合作。陈娜介绍了昆明华文学校的发展历史。她表示，相信昆明华文学校与泰南方面的华文教育合作会越来越密切。

47. 海外华文学校校长赴河南交流访问

2018 年 8 月 15 日，来自美国、加拿大等 27 国 84 所海外"华文教育示范学校"的 91 名校长在中国河南就海外华文教育展开交流座谈。

河南省政府外事侨务办公室副主任王自文在座谈会上表示，文化是民族的血脉，汉字是中华民族最重要的标识，离开了中华文化传承，海外华侨华人就很难维系自己的血脉亲情。许多海外华侨华人一辈子甚至几代人都在做华文教育，兢兢业业，默默奉献，这就是一种执着的文化坚守和民族情怀。

此次访问河南的 91 位华校校长长期耕耘在海外华文教育一线，直面广大华裔新生代，熟知住在国的教育理念和模式。在河南期间，他们将把有益于华文教育发展的好经验、好做法、好建议一并提出，互学互鉴、取长补短。同时，此次交流亦将对河南的华文教育发展及河南教育国际化起到促进作用。

48. 福建省侨办讲学团赴菲律宾大马尼拉地区开展华文教育讲学与座谈活动

2018 年 8 月 21 日，受中国国务院侨办委托，由福建省侨办选派的讲学团在菲律宾马尼拉侨中学院举办华文教育专题讲座，来自 25 所大马尼拉地区华文学校的 266 位华文教师聆听了福建讲学团专家的授课。专题讲座由大马尼拉华教协会秘书长、百阁公民学校校长林文诚先生主持。

福建讲学团还与来自菲律宾大马尼拉地区的 34 位福建外派教师进行座谈，关切询问教师们在菲的工作生活情况，鼓励他们继续发扬光大中华文化。福建外派教师对讲学团畅谈了做好华文教育工作的感受与收获，表达了对福建省侨办的感谢以及坚守教学岗位、做好华文教育工作的信心和决心。菲律宾华教中心黄端铭主席，杨美美、蔡艺术副主席等参加了座谈会。

49. 中国驻柬埔寨大使会见中国援柬埔寨华文教师

2018 年 8 月 28 日，中国驻柬埔寨大使熊波在驻柬埔寨使馆会见 2018—2019 年度中国援柬华文教师。柬华理事总会代表、中国国务院侨办外派教师和国家汉办志愿者教师 230 余人参加。

熊波表示，中国和柬埔寨是好邻居、好伙伴，中国和柬埔寨传统友好关系是两国老一辈领导人共同缔造的。在两国领导人有力引领下，新时期中国和柬埔寨关系保持高水平运行。柬埔寨有百万华侨华人，中华文化元素无所不在，华文教育快速发展，全柬埔寨华文学校对中国援柬埔寨教师的到来十分期待。希望大家做好中国与柬埔寨友谊的传承者和中华文化的传播者，同柬埔寨师生友好相处、互帮互学，通过言传身教使柬埔寨学生感受到中国人民的友好情谊和中华文化的魅力。同时，要始终把安全放在首位，加强安全意识和纪律意识，遵守当地法律法规，服从外派单位和校方管理，与使馆保持沟通联络，确保在柬期间人身安全。

50. 中国驻希腊大使看望希腊华侨华人并与主要侨团代表座谈

2018 年 9 月 1 日，中国驻希腊大使章启月在雅典"中国城"与中国旅居希腊侨团代表举行座谈，雅典各侨团负责人、华文媒体、中文学校代表参加。

章启月大使表示，当前中希关系发展进入新阶段，"一带一路"倡议和中希关系发展为广大侨胞带来了新机遇。希望侨胞们积极融入当地社会，为中希关系发展和"一带一路"倡议作出新贡献。中国驻希腊使馆将继续与侨界加强沟通交流，为侨胞们多办实事。旅希侨团负责人、华文媒体和中文学校代表纷纷发言，感谢使馆对侨胞的关心，并就如何进一步服务侨胞、讲好中国故事、推动中希关系发展建言献策。当天，章启月大使还走访了两所中文学校和多家侨胞商铺，详细了解侨胞在当地工作生活情况。

51. 河南省外侨办领导会见英国侨领钟荣彬

2018 年 9 月 20 日，河南省外侨办党组书记付静在郑州会见英国华文教育基金会理事长钟荣彬。

付静表示，2018 年是改革开放 40 周年，广大海外华侨华人从一开始就积极发挥资金、技术、渠道等优势，为中国经济社会发展作出了重要贡献。海外华侨华人根在河南，中原文化、根亲文化、姓氏文化等每年吸引众多海外华侨华人回到河南寻根问祖，投资兴业。同时，通过侨社和侨领，河南与包括英国在内的世界各地建立了密切的交流合作关系。

付静还介绍了 2018 年河南举办首届"五侨"服务"一带一路"倡议座谈会、承办中国国务院侨办海外华文教育示范学校校长研修班以及开展"翻译河南"工程等工作情况，并指出河南是侨务资源大省，目前正围绕"一带一路"倡议，努力发挥侨务优势，将"五通"落到实处。付静对钟荣彬致力华文教育事业表示赞赏，表示将积极考虑组团参加英国华文教育基金会拟于 2019 年 5 月举办的"一带一路"华文教育论坛活动，并希望双方进一步扩展合作，促进河南与英国在经贸、科技、金融、文化旅游等各领域的交流合作。

52. 中国驻日本新潟总领事馆举办华文教育机构负责人座谈会

2018 年 9 月 28 日，中国驻日本新潟总领事馆在新潟举办领区华文教育机构负责人座谈会。刘宏副总领事、领馆有关领事及新潟、福岛、山形、宫城四县的华文教育机构负责人和代表出席。

刘宏副总领事表示，随着中国综合国力的大大提升、国际影响力的日益增强以及海外华侨华人数量的剧增，华文教育越来越受到重视。学好中文不仅是中华文化的传承，而且对华侨华人子女国际竞争力的提升也具有重要意义。华文教育是中华文化在海外的"希望工程"、中华民族在海外的"寻根工程"，是华侨华人社会最重要的"民生工程"。刘宏副总领事还表示，中国驻新潟总领事馆将一如既往支持领区华文教育事业，并提供力所能及的帮助。希望此次座谈会能为大家搭建交流的平台，共享资源、相互借鉴、相互协助，推动领区华文教育不断取得发展。座谈会上，各华文教育机构的负责人及代表踊跃发言，感谢总领事馆对华文教育的重视和支持，纷纷表示今后将充分利用这一交流平台，互相交流办学经验，互鉴互学，努力办好华文教育。

53. 柬埔寨因塔韦杰大学代表团访问暨南大学华文学院洽谈合作

2018 年 10 月 10 日，柬埔寨因塔韦杰大学校长 H. E. LachSamrong 和副校长 H. E. CheaMunyrich 莅临暨南大学华文学院，洽谈合作事宜。暨南大学华文学院院长邵宜、党委书记史学浩与来访嘉宾进行了深入的交流和座谈。

邵宜院长表示，华文学院近年来结合国家发展战略及"一带一路"沿线国家的实际情况，有针对性地开办了"旅游汉语"本科专业，并已和多所国外高水平大学初步达成了联合培养高级旅游专业人才的意向。H. E. LachSamrong 校长表示希望以此次访问为契机，与华文学院在汉语人才培养等方面开展进一步合作。

54. 华侨大学代表团访问捷克、波兰，深化华文教育合作关系

2018 年 10 月上旬，华侨大学副校长曾路率团赴捷克、波兰开展专题访问，深化原有合作基础，拓展"一带一路"中欧校际合作，推动华文教育、学生交流以及全英文专业招生等工作开展。

捷克布拉格中文国际学校校长戴波接待了代表团。捷克布拉格中文国际学校是捷克第一所以汉语为授课语言的全日制中文国际学校，是中国国务院侨办"华文教育示范学校"和捷克第一所"孔子课堂"。双方就拓展主题冬夏令营、专业华文师资实习选派、华文师资培训、华侨大学生源推荐等达成一致意见，并签署战略合作协议。

55. 马来西亚华校教师参访台湾高雄科技大学

2018 年 10 月 11 日，马来西亚华校董事联合总会主席陈大锦带领 14 名教师赴中国台湾参访台湾高雄科技大学。教师们表示，高雄科技大学非常重视应用层面，且具有创新元素，值得借鉴学习。

56. 菲律宾外交关系委员会代表团访问华侨大学

2018 年 10 月 11 日，华侨大学副校长曾路在华侨大学厦门校区会见了由菲律宾外交关系委员会代理主席、前旅游部部长、前内政和地方政府部部长拉斐尔·阿鲁南率领的菲律宾外交关系委员会代表团。

曾路代表学校欢迎菲律宾外交关系委员会一行来访交流。他表示，华侨大学与菲律宾的友谊有着深厚的历史渊源。目前在华侨大学就读的菲律宾学生以及"一带一路"沿线国家政府官员中文学习班的菲律宾学员超过了 400 人。他希望双方共同努力，建立可持续性合作，为推动两国友好关系深入发展作出更大贡献。

拉斐尔·阿鲁南感谢华侨大学对菲律宾学生、外国政府官员中文学习班学员的培养与帮助。他希望华侨大学继续招收和培养菲律宾学生，进一步加强交流互动，拓展更多合作渠道。

57. 马来西亚台湾教育文化协会代表团赴台湾地区参访招生学校

2018 年 10 月 12 日，马来西亚台湾教育文化协会一行 26 人由团长马秋南带领访问中国台湾地区。

中国台湾侨务主管部门工作人员吕元荣表示，台湾地区侨务主管部门不仅时刻关心留台生学习状况，也给予课业辅导及奖助学金，为华裔青年创造到台湾地区就学更优质的环境。双方还就台湾地区教育现况及升学相关议题交换意见，强化合作关系。

58. 马来西亚霹雳教育文化考察交流团到访天津市侨联

2018 年 10 月 16 日，马来西亚霹雳教育文化考察交流团到访天津市侨联，天津市侨联党组副书记、常务副主席陈钟林在侨联会所接待交流团。双方就职业培训、华文教育等工作进行了座谈交流。

交流团先后到天津国际汉语言学院、南开大学国际汉语学院、天津职业技术师范大学进行了考察交流。

59. 中国外交部外管司副司长访问菲律宾华教中心

2018 年 10 月 19 日，中国外交部外管司杜德文副司长率领的考察团访问菲律宾华教中心。双方在会议室进行了座谈。

座谈会由菲律宾华教中心交流部主任林有耐主持。菲律宾华教中心黄端铭主席向来宾介绍了菲律宾华文教育的发展历程、菲律宾华校办学特点和办学性质。黄端铭指出，菲律宾华校的发展完全得力于华侨华人社会的无私奉献和大力支持，使得菲律宾华文教育事业薪火相传。近些年来，年轻一代的华侨华人对祖籍国的情感越来越淡薄。为了加强年轻一代华侨华人同祖籍国的交流和联系，加强他们对中华文化的认同，菲律宾华教中心组织青少年开展系列中国语言文化活动，有些活动已经被中国国务院侨办推广成为国际品牌，在世界很多国家开展，在全球有着广泛的影响力。

杜德文表示，在这么艰难的环境下，菲律宾华教中心把华文教育工作开展得这么有特色、有成效、有意义，着实令人敬佩。她希望菲律宾华教中心继续通过开展各种活动激发学生学习华文的兴趣，让学生们喜欢上中国文化，为中非文化交流作出更大的贡献。

60. 甘肃省侨办派团访问泰国、印度尼西亚和菲律宾华校并慰问外派华文教师

2018 年 10 月 25 日，由甘肃省侨办侨务处处长、甘肃省海外交流协会秘书长尹清敏任团长，甘肃省政府外事办及白银市、庆阳市、陇南市侨办有关人员为团员的"甘肃省看望慰问外派教师团"，赴泰国、印度尼西亚和菲律宾三国看望慰问甘肃省外派华文教师。

代表团分别考察访问了泰国曼谷语言学院、泰国芭提雅明满学校、印度尼西亚巴中三语学校、印度尼西亚巴厘岛文桥三语学校、印度尼西亚华文教育联合总会、菲律宾华教中心等华文教育学校及机构。6 所华文教育学校及机构希望有机会能够与甘肃省在华文教育、中华文化大乐园、海外华裔青少年"中国寻根之旅"夏令营、甘肃高校汉语言相关专业研究生赴国外实习等领域开展更广泛的交流与合作。

61. 福建省侨联参访印度尼西亚雅加达南洋学校

2018 年 10 月 26 日，中国侨联副主席、福建省侨联主席陈式海访问印度尼西亚雅加达南洋学校。陈式海表示，雅加达南洋学校的成功创办，体现了融侨集团和林宏修先生注重品质、严谨厚实的理念；并祝愿雅加达南洋学校越办越好，希望融侨集团创办更多高质量国际型学校，造福社会。

62. 中国驻南非大使走访当地中文学校

2018 年 10 月 27 日，中国驻南非大使林松添带领使馆阳光学校老师、教育组和

领事部工作人员走访南非华文教育基金会中文学校、南非中国经贸协会中文学校和南非中国文化和国际教育交流中心中文学校，同三校师生互动交流，并实地调研当地中文教学状况。

林松添大使走进校园和一间间教室详细了解中文办学情况，仔细翻阅教材教辅，与任课教师亲切交谈，细心询问教学中存在的问题和困难，耐心听取他们的意见和建议，并同学生们互动。他对三校办学成绩予以充分肯定，赞赏中文学校致力于在当地华人社区传播汉语、传承中华文化，表示使馆愿积极支持当地开办更多中文学校，满足当地特别是侨胞子女学习中文的需求，为促进中南友好、推动中南全面交流合作作出应有贡献。

63. 中华海外联谊会副会长谭天星走访印度尼西亚、德国、意大利

2018 年 10 月 27 日至 28 日，中华海外联谊会副会长谭天星访问印度尼西亚，出席第九届世界福建同乡恳亲大会开幕式、参加新时代华商与"一带一路"倡议座谈会、走访三语学校并与有关华文教育机构座谈交流。

10 月 29 日至 31 日，谭天星副会长到访德国杜塞尔多夫和汉堡，出席"华侨华人与改革开放 40 周年"图片展和"湖南文化走进德国"活动，并与两地侨胞座谈。

11 月 2 日，谭天星副会长到访意大利佛罗伦萨，与侨界代表举行座谈，听取侨界声音、介绍惠侨计划、倡导和谐侨社理念，并对在意大利侨社在新时代树立新形象、发挥新作用报以诚挚希望。佛罗伦萨中文学校校长潘世立介绍了学校创办 18 年来的发展情况，并指出，在中国驻佛罗伦萨总领事馆的指导下，佛罗伦萨区域内各侨团越来越团结，这也为中文学校相关业务的开展提供了便利；中意各机构的大力支持也让海外华文的教育发展正变得越来越好。

64. 暨南大学华文学院代表团赴越南、马来西亚考察华文教育发展情况

2018 年 10 月 29 日至 31 日，由暨南大学华文学院院长邵宜教授带领的访问团赴越南就当地汉语人才培养情况展开深入调研。邵宜院长分别访问了芽庄大学、岘港东亚大学和岘港建筑大学，就旅游汉语专项人才建设、教师访问、学生交流、合作创立研究项目等方面交换了意见。此次访问主要目的在于了解越南本地旅游汉语的人才需求状况，提供有针对性的汉语人才培养方案。双方就学生联合培养模式、师资培训项目、教师外派、奖学金申请类别、有针对性的课程定制等方面展开了热烈讨论。

11 月 1 日至 5 日，访问团赴马来西亚就当地华人社会发展和华文教育现状展开深入调研。邵宜院长先后拜访了中国驻马来西亚大使馆、马来西亚华校董事联合会总会和马来西亚华校教师会总会。双方就招生宣传、师资培养方式、冬夏令营学生选

拔、硕士学位点创办、华文教育生态规划等方面交换了意见。访问团还走访了蕉赖九支国民型华文学校，双方代表就教师进修、华文师资培养模式创新等问题展开讨论。

65. 澳大利亚中文教师联会主席访问北京华文学院

2018 年 11 月 7 日，澳大利亚标准中文学校校长、澳大利亚森隆集团董事长、澳大利亚中文教师联会主席李复新博士到访北京华文学院华侨华人与华文教育研究中心，并与北京华文学院周虹院长等主要负责人座谈。该中心副主任李嘉郁教授主持座谈会。

李复新博士介绍了澳大利亚的华文教材状况、社区语言学校发展状况、本土汉语师资培养状况等，并就华文教育产业化、家庭和家长对华文教育的影响、培养华人认同感等问题谈了自己的思考，并于会后参观了北京华文学院博物馆"泰来馆"。

66. 菲律宾达沃雅典耀大学代表团访问华侨大学华文学院

2018 年 11 月 13 日，菲律宾达沃雅典耀大学 Joel E. Tabora S. J 校长在华侨大学曾路副校长的陪同下，到华文学院参观访问。华侨大学国际交流与合作处处长赵新城，华文学院院长胡培安、党委书记纪秀生等参加交流。

在华文学院校史馆，曾路副校长向到访客人介绍了华侨大学华文教育方面开展的工作，重点介绍了学校与泰国农业大学、缅甸福星语言与电脑学苑等合作建设的孔子学院、孔子课堂，以及华侨大学面向菲律宾开展的中华文化大乐园、菲律宾华裔青少年学中文夏令营等项目。Joel E. Tabora S. J 校长表示愿意加强教育文化交流，推进双方合作。

67. 泰国驻华使馆教育处相关人员访问北京华文学院

2018 年 11 月 15 日，泰王国驻华大使馆教育处公使衔参赞马培文女士及其助理莲美英女士、张云云女士到北京华文学院座谈交流。北京华文学院副院长刘香玲、专修部主任孔雪梅、培训部副主任王图保、学生处副处长刘召兴、相关任课老师以及"2018 '一带一路' 沿线国家政府官员中文学习班"的 31 名泰国学生参加了座谈。

马培文女士对北京华文学院教授泰国政府官员中国语言文化课程表达感谢，同时表明此行目的在于了解学员学习生活情况，寻求与北京华文学院在更广、更宽层面上的合作。

68. 美国马萨诸塞州当地学校访问"华盛顿文教中心"

2018 年 11 月 15 日，美国马萨诸塞州当地学校油漆分厂小学的 40 余位师生参访

"华盛顿文教中心",受到"华盛顿文教中心"负责人陈世池、王怡如的热烈欢迎。

经过半天的台湾文化导览活动,学生们不仅领略了中国台湾地区的风情,还享用了台湾地区特色茶点,学习了捏面人手工艺创作艺术。

69. 福建省政协代表团考察缅甸福星孔子课堂

2018 年 11 月 20 日,福建省政协副主席洪捷序一行到缅甸福建同乡总会、福星孔子课堂考察访问,并与当地侨胞座谈。

座谈会上,缅甸福建同乡总会会长吕振膜向考察团介绍了缅甸华文教育的发展以及福星孔子课堂的创办成长之路。洪捷序肯定了华侨社团的贡献。他强调,福建是我国建设 21 世纪海上丝绸之路的核心区,未来不管是经济还是华文教育都离不开与缅甸的合作,希望福星孔子课堂作为桥梁,继续连接中缅友谊。缅甸福建同乡总会、福星孔子课堂向福建省政协赠送缅甸特色画作,寓意中缅友谊长存。

70. 中央统战部侨务事务局巡视员汤翠英访问菲律宾华教中心

2018 年 11 月 23 日,中央统战部侨务事务局巡视员汤翠英访问菲律宾华教中心,就第三个十年工作计划展开座谈。菲律宾华教中心主席黄端铭,副主席杨美美、洪湄玲、蔡艺术及各部门相关负责人参加。

黄端铭主席表示,第三个十年计划将在"唱响华教精神,深化教学改革,组建科研队伍"三个方面下功夫,加强教材建设和本国华语师资力量的"221"工程建设。同时,其开展的"造血计划"已初显成效,极大地缓解了华校教师资源匮乏的压力。另外,为加强华文教育理论指导,改变华校办学"摸着石头过河"的现状,该中心成立了科研委员会。各部门亦就教材修订、外派教师选派、HSK 考试、中华文化大赛、中华文化大乐园、夏(冬)令营、华星书屋等方面的新情况与汤翠英巡视员进行交流。汤翠英提出了多项指导性的意见和建议。

71. 清华大学法学院代表团访问泰中华文教育基金会

2018 年 12 月 1 日,清华大学法学院申卫青院长和崔国斌副院长、刘洁莹拜访泰中华文教育基金会。双方洽谈本科生、硕士生、博士生项目合作事宜,对接下来的工作及招生全面推广做了深入讨论,达成共识。代表团在泰中华文教育基金会魏青会长陪同下参观了泰国斯巴顿大学,与斯巴顿大学硕士学院院长洽谈未来硕士生和博士生合作,并观摩博士生上课过程,与学员进行座谈交流。

72. 暨南大学华文学院院长赴澳大利亚拓展院际合作并开展学术交流

2018 年 12 月 2 日至 8 日,暨南大学华文学院邵宜院长赴澳大利亚交流访问并举办讲座。在澳大利亚期间，邵宜参观访问了西悉尼大学人文与传播艺术学院，与该院院长 Peter Hutchings 及齐汝莹教授等举行会谈，就研究合作、人才培养、课程开发等方面交换意见。

邵宜参观了西悉尼大学中澳文化研究中心、暨南大学－西悉尼大学双语联合研究实验室等地。双方就继续推进双语联合实验室建设、开展科学研究合作、人才培养、课程开发等方面达成一致意见；双方拟合作举办双语研讨会，促进两校双语研究。同时，暨南大学华文学院计划选派优秀中青年教师和研究生赴该校进行学术访问和专业进修。邵宜还为双语联合研究实验室博士研究生开设讲座，赴当地社区实地调查语言使用情况及语言生态，了解悉尼社区多元文化，社区不同移民语言、生活状况等。

73. 暨南大学华文学院与澳大利亚国际商学院洽商设立墨尔本研究生教学点

2018 年 12 月 5 日至 10 日，应澳大利亚国际商学院邀请，暨南大学华文学院副院长曾毅平教授等人访问墨尔本，与澳大利亚国际商学院常务副校长 Celina Yu 教授就设立研究生教学点和汉语教学合作进行了磋商。代表团还访问了墨尔本大学孔子学院、澳大利亚皇家理工大学、新金山中文学校和墨尔本暨南大学校友会，就孔子学院建设、汉语国际教育硕士课程设置和生源情况、汉语教材编写以及中华文化体验中心建设等进行了实地调查和访谈。

74. 马来西亚巴生中华独立中学董事会代表团访问华侨大学

2018 年 12 月 5 日，马来西亚巴生中华独立中学董事会代表团在董事长拿督蔡崇伟局绅的带领下访问华侨大学，了解学校办学情况及马来西亚学生升读华侨大学的政策。

华侨大学副校长吴季怀向来访团介绍了学校及学科建设情况。他希望未来能有更多的巴生中华独立中学的学生走进华侨大学，共同为华文教育发展作出贡献。蔡崇伟称，巴生中华独立中学与华侨大学有着长期友谊，很多优秀的校友毕业于华侨大学。他感谢华侨大学为前来就读的巴生中华独立中学学生提供了优越的学习环境和奖学金支持，期待与华侨大学有更加深入的合作。

75. 安徽池州侨联代表团访问菲律宾华教中心

2018 年 12 月 11 日，安徽省池州市归国华侨联合会主席王贵杰、安徽省东至县外侨办主任廖建国等访问菲律宾华教中心。

王贵杰等人先后参观了中心办公室、华文教育展览厅和中国语言文化图书馆，并与华教中心相关负责人展开会谈。菲律宾华教中心黄端铭主席重点介绍了菲律宾的华文教育现状和中心工作，特别是中心在师资建设、教材出版与发行、汉语水平考试、夏（冬）令营组织等方面取得的良好效果。他希望与安徽在人文方面加强交流，让菲律宾华裔学生了解安徽，共同讲好安徽故事。

王贵杰主席表示将继续加强与菲律宾华教中心的联系，积极拓展合作项目，为海外华文教育作出应有的贡献。

76. 中国驻柬埔寨新任大使与柬华理事总会座谈

2018 年 12 月 12 日，中国驻柬埔寨新任大使王文天在驻柬使馆李杰参赞等陪同下，分别走访了柬埔寨华人理事总会和柬埔寨中国港澳侨商总会，并与两会主要代表进行了座谈。

王文天大使高度评价柬埔寨华社积极融入柬主流社会，大力兴办华文教育的优良传统，肯定华社在推动柬埔寨经济社会建设、发展中柬传统友谊、支持中国和平统一大业等方面作出的重要贡献。王文天表示，希望在柬华侨华人充分利用中柬关系顺利发展的契机，对接中国"一带一路"倡议和柬埔寨"四角战略"，争取更大发展。同时，感谢华社长期以来对使馆工作的支持。华社代表表示，柬埔寨华社将继续支持中国驻柬埔寨使馆工作，保持柬埔寨华社的优良传统，为传承中华文化、促进中柬务实合作和传统友谊继续努力。

77. 泰国立法议会代表团访问华侨大学

2018 年 12 月 18 日，由泰国立法议员差猜旺·素颂吉、初差·本猜、瓦拉蓬·素迪亚努拉、差猜旺·阿披班希、素薇蒙·普密信哈勒等 28 位成员组成的泰国立法议会代表团到华侨大学访问。

华侨大学校长徐西鹏在厦门校区会见代表团，介绍了学校办学情况，并从为泰国社会培养各类人才，传播中文化，与泰国高校、研究机构合作办学及学术交流等方面详细介绍了华侨大学与泰国的交流合作。差猜旺·素颂吉感谢华侨大学为泰国各方培养了众多优秀中文人才。他称，华侨大学在开展中文培训项目方面贡献卓越。希望华侨大学与泰国各界的合作持续加深，共同促进泰中两国之间教育、文化领域的交流。

代表团一行到访华侨大学华文学院，参观诗琳通图书馆，听取泰国留学生在校学习生活情况介绍，走进中国书法、剪纸、茶艺、古筝、舞蹈等中华传统文化课堂，体验中华文化。

78. 中国国家汉办代表团赴缅甸福星孔子课堂督导工作

2018 年 12 月 24 日，中国国家汉办党委书记、副主任马箭飞率国家汉办新闻处、发展规划处、综合处等相关负责人，莅临缅甸福星语言与电脑学苑孔子课堂督导工作。

马箭飞肯定福星孔子课堂的工作，勉励福星孔子课堂继续培养后辈力量，和国家汉办一起促进课堂的更快更好发展。缅甸福建同乡总会会长、缅甸福星语言与电脑学苑孔子课堂理事长吕振胺代表缅华侨团和孔子课堂，对中国国家汉办领导的到访表示热烈欢迎，对国家汉办的关心和支持表示由衷的感谢。他称，福星孔子课堂新教学楼项目已经获得缅甸政府部门批准，即将奠基开工；缅甸福建青年联谊会的后辈力量也将加入汉语推广和中华文化的传播。

缅甸福星语言与电脑学苑孔子课堂中方院长雷云、缅华侨团代表和课堂全体汉语教师志愿者参加座谈。孔子课堂各教学点志愿者代表分别汇报了所在教学点的工作和生活情况，部分留任志愿者教师分享了在缅工作的经验与感悟。

（三）华文教育组织及机构间的合作

1. 马来西亚晋江社团联合会会长赴晋江考察交流签订缔结姊妹学校协议

2018 年 1 月 17 日，马来西亚晋江社团联合会会长、拿督黄东海率马来西亚晋江社团联合会（以下简称"马晋联"）教育访问团赴福建泉州晋江考察交流。晋江市侨台外事局副局长陈凌陪同考察并座谈。

"马晋联"教育访问团首先参观了泉州轻工学院的机器人实训室、融媒体实训室、食品工程系实训室、安踏集团校内生产性实训基地、学生宿舍等，并听取了校长林松柏对办学情况的介绍。他指出，马来西亚学生到轻工学院学习，对于响应"一带一路"倡议、发展华文教育有着巨大的优势。此举不仅能够使马来西亚学生学习到更多知识和先进的技术，还能进一步促进两个国家的友好往来，同时也为马来西亚培养更多的高素质人才。

考察期间，"马晋联"教育访问团还参观了晋江城市馆、五店市传统街区、侨声中学等，感受晋江经济社会发展变化以及了解晋江文化教育情况。马来西亚安顺三民独立中学和侨声中学成功签署缔结姊妹学校的协议。

2. 华侨大学与柬埔寨王家研究院签署合作备忘录

2018 年 1 月 24 日至 25 日，柬埔寨王家研究院院长宋杜访问华侨大学，并与华侨大学校长徐西鹏分别代表两家单位签署合作备忘录。双方将在中国语言文化交流、旅游安全研究、中国与东盟关系研究等领域展开合作。

访校期间，宋杜还访问了华侨大学华文学院，与国际关系学院/国际关系研究院、海上丝绸之路研究院等单位的青年教师座谈交流。

柬埔寨王家研究院是柬埔寨最高科学研究机构，直属于柬埔寨王国内阁事务部，也是柬埔寨最重要的国家级智库。该研究院现有社会人文研究所、国家语言研究所、国际关系研究所等 6 个研究所，以及孔子学院、国家公园、研究生院和国家语委等下设机构。

3. 中泰两国政府部门签署华文教育合作备忘录

2018 年 3 月 13 日，在中国驻泰国大使馆侨务参赞张东浩的见证下，中国国侨办文化司司长雷振刚、泰国教育部民教委秘书长帕荣·秦那翁分别代表双方签署备忘录，以推动泰国华文教育事业进一步发展。

备忘录阐明了双方的合作内容，涵盖泰国华文教师培训、华文教材编写、举办泰国青少年夏（冬）令营、中华文化知识竞赛活动、外派教师工作等多个方面。

帕荣·秦那翁在致辞时表示，泰国目前很迫切需要让学生学习汉语。备忘录的签署是泰国和中国教育合作的一个里程碑，以此为起点，泰中两国之间将会有更多教育方面的合作计划。

4. 美国加州大学河滨分校校长一行访问暨南大学签订合作协议

2018 年 3 月 28 日，美国加州大学河滨分校校长 Kim Wilcox、副校长 Christine Victorino、副教务长 Kelechi Kalu 以及商学院院长 Yunzeng Wang 等一行到访暨南大学。暨南大学党委书记林如鹏、校长宋献中会见了代表团。宋献中代表学校与 Kim Wilcox 签署了《暨南大学－加州大学河滨分校合作备忘录》。宋献中表示，暨南大学与加州大学河滨分校已在学生交流等方面展开对话，此次两校正式签订校际协议，将进一步拓展两校更多领域和形式的交流与合作。

5. 新加坡教育部课程规划与发展司代表团赴暨南大学考察华文教育

2018 年 5 月 15 日，新加坡教育部课程规划与发展司副司长林美君率团赴暨南大学访问，就华文教材编写与华文课程开发进行考察。暨南大学副校长张宏会见了林美君一行。

林美君介绍了目前新加坡实行的双语教育政策以及在华文课程与教材开发中遇到的问题与挑战。她谈到新加坡政府重视华文教育及华文课程改革，以应对华裔青年依赖英文沟通的挑战。张宏表示，暨南大学在海外华文教育、华文教材编写、华文师资培训等方面都开展了卓有成效的研究与实践。学校与新加坡南洋理工大学、华文教研中心、东南亚教育部长组织区域语言中心等都有深入交流合作，希望此次来访够搭建未来双方合作桥梁。华文学院院长邵宜、副院长曾毅平还介绍了华文学院的海外华文水平测试、《华文教师证书》考试相关情况。双方就未来华文教师培训、新加坡华文教材共建方面达成了初步意向。

6. 马来西亚华文小学与福建省晋江市小学缔结友好学校

2018 年 5 月 17 日到 19 日，马来西亚晋江社团联合会会长黄东海率"马晋联"教育访问团到福建省晋江考察交流。晋江市委常委、统战部部长黄文福，晋江市副市长李自力，市委统战部副部长陈金尚、市侨台外事局局长陈建军、侨联主席庄晓芳、市侨台外事局副局长陈凌等出席活动。

此次参访是在"马晋联"教育访问团于 2018 年年初到访晋江的基础上，晋马两地进行的又一次深入交流活动。考察期间，双方探讨了更富实质性的内容并达成初步合作意向，马来西亚太平华联国民型第二小学、北海中华公学总校分别与金井毓英中心小学、晋江市实验小学成功签署缔结友好学校的协议。

7. 华人头条与阿根廷富兰克林中文学校签约，共建在线华文教育平台

2018 年 5 月 18 日，阿根廷富兰克林中文学校校长毛亦丰先生到访华人头条福州总部，华人头条董事长黄琪旺与毛亦丰校长签订合约，双方将共建线上华文教育平台，立足当地，为世界华文教育作出贡献。

毛亦丰校长表示，通过共同创建在线华文教育平台，实现学校和华人头条双赢局面。此次的合作对文学文化交流意义非凡，不仅能够将中华文化传播出去，还能将外国文化接收进来，实现文化的双向传播。

8. 暨南大学代表团出访法国、比利时、捷克三国，签署合作协议

2018 年 6 月 15 日至 24 日，暨南大学书记林如鹏应邀率团访问法国、比利时、捷克三国，先后访问法国巴黎第十二大学（University Paris-Est Creteil，简称 UPEC）、埃克斯政治学院（Sciences Po Aix），比利时鲁汶大学（University of Leuven）、蒙斯大学（University of Mons），捷克西波西米亚大学（University of West Bohemia）、布拉格中华国际学校等单位，并与比利时蒙斯大学签署了合作备忘录和学生交换协议。

代表团还访问了中国驻法国大使馆，公使衔教育参赞杨进向林如鹏一行分享了法国当下的华侨华人近况和法国华文教育现状，并希望暨南大学能在华文师资培训和华文教材方面给予支持。

此外，代表团还与法国和捷克侨校侨团进行了深入交流。在法国，代表团与法国华侨华人协会、法国华人服装业总商会、法国潮州会馆等组织的侨领交谈，与大巴黎地区碧西圣乔治市副市长刘志伟探讨了暨南大学在该市开展海外教育的可能性。在捷克，代表团与布拉格国际中文学校、捷克华商联合会、捷克青田同乡会的负责人座谈，对华侨华人子女教育、中文学校的发展现状及暨南大学可以提供的支持进行了深入探讨。林如鹏希望能与当地侨校、侨团、侨社加强合作，为暨南大学在欧洲的招生和人才培养作出更大的贡献。

9. 暨南大学代表团访问埃及、希腊、土耳其三国

2018 年 6 月 17 日至 26 日，暨南大学副校长张荣华应邀访问埃及、希腊、土耳其三国，拜访中国驻当地使领馆，并同时开展招生宣传，与当地高校及其他机构广泛探讨合作办学的可能性。

在埃及开罗，访问团与埃及中国和平统一促进会会长陈建南进行会谈，全面了解当地华侨华人的教育状况和对华文教育的需求，双方就进一步的合作展开了深入讨论，并共同为招生处揭牌。在埃及期间，访问团访问了开罗美国大学、德仁中文学校、埃及华人联谊理事会、亚历山大中华总商会，并就华侨华人的招生政策与相关代表进行了会谈。

在希腊雅典，访问团考察了希腊华侨华人总会，就学校教学科研、学生生活条件进行深入交流，并举行了暨南大学海外招生处的授牌仪式。代表团还访问了阿尔巴商学研究生院（ALBA Graduate Business School），与该院院长 Axarloglou 及外事处处长讨论了完善校级合作的具体事宜，并讨论了展开本科毕业生及研究生的交流交换和联合培养的方案，以及如何完善学生联合培养的机制。

在土耳其伊斯坦布尔，访问团拜访了中国驻伊斯坦布尔总领事崔巍。张荣华介绍了暨南大学对华侨子弟归国求学的相关优惠政策和优质教育资源，并表示暨南大学一直以来非常重视海外华侨华人子女的教育问题。崔巍介绍了总领事馆的主要工作和土耳其大选后的新形势。他表示将鼓励华侨子弟归国求学。代表团还访问了土耳其中国工商总会，就在伊斯坦布尔建立招生点进行了探讨，重点了解了专业、学费等影响土耳其学生到中国留学的因素，就暨南大学与当地政府教育部门建立联系、在当地招生等进行了商谈。

10. 温州大学欧洲华文教育研究所与葡萄牙淑敏语言文化中心合作建立研究基地

2018 年 8 月 1 日，葡萄牙淑敏语言文化中心校长韩淑敏与温州大学欧洲华文教

育研究所执行副所长包含丽在温州大学签订了合作建立研究基地的协议。

协议签订后，葡萄牙淑敏语言文化中心将成为温州大学欧洲华文教育研究所的研究基地，温州大学为其提供学术讲座、课题研究辅导和校园文化建设等服务。与此同时，葡萄牙淑敏语言文化中心将为研究所的华文教育研究提供需要的信息与数据，协助进行调研。双方共建研究基地将实践与理论相结合，更深入地拓展华文教育的研究范围和方向，满足广大海外华文教师的教学和科研需要。

11. 贵州师范学院分别与多所海外学校签订合作协议

2018 年 8 月 27 日，第十一届中国 – 东盟教育交流周主要活动之一的"华文教育学校校长论坛"在贵州贵安新区启幕。论坛以"一带一路"背景下的华文教育为主题，旨在通过分享华文教育教学经验，探讨办学模式，充分了解海内外华文学校的教学、教材及师资方面的情况，增进彼此的感情与认同，加强海内外华文教学界的联系。活动主办方贵州师范学院党委书记石培新表示，贵州师范学院积极响应"一带一路"倡议，加强与海外华侨华人的交流沟通，加强与东盟国家华文教育的交流与合作。学校将继续把华文教育基地建设成为区域对外汉语教育的示范基地和国际交流的重要窗口。

论坛上，贵州师范学院分别与阿联酋侨星培训学校、澳大利亚同心中文学校、德国华夏教师协会、德国大唐华文学校签订合作协议。合作双方将加强交流合作，努力成为促进中国和"一带一路"沿线国家文化交流和友谊传承的使者，为华文教育的繁荣发展作出积极的贡献。

12. 海南大学与印度尼西亚海南总会签署友好合作备忘录

2018 年 10 月 11 日，海南大学与印度尼西亚海南总会进行交流座谈并签署友好合作备忘录。双方将在华裔子弟来校就读、师生学术交流等方面开展合作。

印度尼西亚海南总会总主席刘家衔，雅加达海南联谊会主席萧世平，海口市侨联副调研员韩发定，海南大学副校长、海南大学侨联主席傅国华出席仪式。

座谈会上，双方与会人员就学生来校学习、参加冬（夏）令营活动，合作举办汉语中心或语言学校、编印汉语教材等内容进行了深入交流。

13. 中国总领事馆与马来西亚媒体合作推动华文教育

2018 年 10 月 12 日，中国驻马来西亚古晋总领事馆与马来西亚知名华文媒体《星洲日报》共同启动"爱华文"希望阅读计划，推动华文教育在马来西亚的进一步发展。

该计划面向砂拉越州 222 所华文小学展开，活动包括华文报纸阅读推广、华文知识比赛、板报设计比赛等。

马来西亚教育部副部长张念群表示，马来西亚联邦政府关心华文教育的发展，将以更加开放与开明的态度对待华文教育。砂拉越州政府官员沈桂贤表示州政府将继续大力支持华人群体和华文教育，期盼能有中国大学在砂拉越开设分校。

14. 印度尼西亚三语学校协会代表团与菲律宾华教中心签署合作意向书

2018 年 10 月 25 日，印度尼西亚三语学校协会主席陈友明率领的印度尼西亚三语学校代表团一行 19 人到访菲律宾华教中心。双方在会议室进行了座谈。座谈会由菲律宾华教交流部主任林有耐主持。座谈会上，华教中心黄端铭主席向来宾介绍了华教中心从无到有、从小到大的发展历程，详细介绍了华教中心组织架构、工作流程、"五部一委"工作职责以及华教中心开展的华教品牌项目。黄端铭指出，华教中心立足于菲律宾全国，着力华文教育顶层设计，为各华校提供全方位的服务。

座谈会后，双方举行了《合作意向书》的签署仪式。该意向书为菲律宾华教中心与印度尼西亚三语协会双方进一步合作的初步框架，双方承诺今后将在各领域（教学、科研、管理、教师、学生等方面）开展进一步合作，推动下属学校开展各种形式的校际交流、合作活动（姊妹学校、领导互访、师生交流等方面）。

15. 马来西亚董教总教育中心代表团与海南师范大学签署框架性合作协议

2018 年 10 月 30 日，马来西亚董教总教育中心代表团到访海南师范大学。双方签署框架性合作协议。

马来西亚董教总教育中心代表团董事部主席叶新田称，此次来访希望探讨未来与新纪元大学学院开展项目合作的可能性。他简单介绍了目前马来西亚华文教育开展情况以及遇到的问题，特别希望能够借助海南师范大学教师培养的优势，对马来西亚的华文老师进行培训，吸引更多的华侨华人子女到海南师范大学学习，并以新纪元大学学院的设立为契机开展化学、农业以及生态学等方面的对口合作。

16. 华侨大学与菲律宾达沃雅典耀大学签署合作协议共建孔子学院

2018 年 11 月 13 日，中国福建省晋江市与菲律宾达沃市缔结友好城市签约仪式在晋江举行。仪式上，华侨大学与菲律宾达沃雅典耀大学签署了两校合作备忘录和共建孔子学院协议，推进双方在师生交流、共同研究、共建孔子学院等方面的合作。

协议签署后，达沃雅典耀大学校长 Joel E. Tabora S. J 一行赴华侨大学厦门校区参观访问。华侨大学副校长曾路会见客人一行，对中国驻菲律宾达沃总领事馆和福建省外办为推动两校合作给予的支持与帮助表示感谢。他称，中菲关系的日益改善为双方开展教育交流提供了更多机会，孔子学院是中外教育文化交流的重要平台，华侨大学愿与达沃雅典耀大学共同努力，推进孔子学院的申办工作。Joel E. Tabora S. J 表示，开办孔子学院，把中国的语言和文化带到菲律宾南部地区，是他长期以来的愿望。很荣幸此次有机会和华侨大学合作共建孔子学院，此举不但能满足达沃市和棉兰老地区对中文学习的需求，还能增进菲律宾民众对中国悠久历史文化的了解。随后，在曾路的陪同下，Joel E. Tabora S. J 一行参观了校史馆以及华文学院校史馆、中华文化体验教室，并体验了中国书法和茶艺。

达沃雅典耀大学创办于 1948 年，是菲律宾著名私立研究型大学，位列 QS 亚洲大学排行第 201～300 名。

五 华教活动

（一）夏（春、秋、冬）令营·行在中国

1. 中国寻根之旅

（1）"中国寻根之旅"冬令营苏州营举办

2018 年 1 月 4 日，由江苏省苏州市侨务办公室、常熟市侨务办公室共同承办的"中国寻根之旅"冬令营苏州营开营。来自澳大利亚和新西兰的 70 名华裔师生在苏州开展为期 15 天的冬令营活动。营员们听评弹、赏昆曲，参观沙家浜爱国主义教育基地、苏州博物馆、拙政园等地，并学习汉语、武术、书法等传统文化课程，了解中国历史，感受中国传统文化。

（2）"中国寻根之旅"冬令营黑龙江营举办

2018 年 1 月 12 日，由国务院侨务办公室、中国华文教育基金会主办，黑龙江省侨务办公室承办的"中国寻根之旅"冬令营黑龙江营开营。来自马来西亚、印度尼西亚、新西兰、澳大利亚、荷兰 5 个国家的 200 余名海外华裔青少年，开展为期 15 天的冬令营活动，体验了中国传统文化，参观了具有北国特色的人文和自然景观。

（3）"中国寻根之旅"春令营济南营举办

2018 年 3 月 25 日，由国务院侨务办公室主办，山东省侨务办公室、济南市外事侨务办公室联合承办的"中国寻根之旅"春令营在山东济南开营。80 名来自德国曼海姆中文学校的营员开展为期 15 天的春令营活动。他们参观学习中国传统技艺，包括中国传统射艺、书法、陶艺、武术、中国象棋、乒乓球等。

（4）"中国寻根之旅"春令营上海营举办

2018 年 3 月 25 日，由上海市侨务办公室主办的"中国寻根之旅"春令营上海营

开营。43 名泰国华裔青少年开展为期 14 天的春令营活动，一方面了解中国的人文景观，一方面学习剪纸、书法、中国功夫、舞蹈、中国结等多门中国传统文化艺术课程。

（5）"中国寻根之旅"春令营山东德州营举办

2018 年 3 月 28 日，由国务院侨务办公室、中国海外交流协会主办，山东省侨务办公室和山东省海外交流协会承办，德州市外事侨务办公室协办的"中国寻根之旅"春令营山东德州营开营。来自泰国的 60 名华裔青少年开展为期 15 天的春令营活动，体验了国画、民族乐器、书法、京剧、剪纸、陶艺等传统艺术。

（6）"中国寻根之旅"春令营暨南大学营举办

2018 年 3 月 30 日，由国务院侨务办公室主办、暨南大学华文学院承办的"中国寻根之旅"春令营暨南大学营开营。来自泰国的 80 位营员开展为期 16 天的春令营活动，体验了形式多样的文化，既有中华绳结、草编、剪纸等多个传统民间艺术，也有南拳、太极扇、初级刀等传统武术项目。

（7）"中国寻根之旅"夏令营闽澳中学生民宿营举办

2018 年 3 月 30 日，由国务院侨务办公室、福建省侨务办公室主办的"中国寻根之旅"夏令营闽澳中学生民宿营开营。来自福建、澳门两地的 39 名营员开展为期 5 天的夏令营活动，学习中华传统经典，参观历史悠久的文化街区，品尝当地特色小吃，体验特色风土人情，切身感受八闽文化。

（8）"中国寻根之旅"夏令营菲律宾华裔学生学中文营举办

2018 年 4 月 1 日，由国务院侨务办公室、福建省侨务办公室主办，集美大学、华侨大学、泉州师范学院和泉州南少林国际学校承办，菲律宾菲华商联总会永远名誉理事长陈永栽资助组织的"中国寻根之旅"菲律宾华裔学生学中文夏令营在厦门集美大学举行开营仪式。940 名菲律宾华裔青少年齐聚一堂，开启近两个月的文化寻根和中文学习之旅。夏令营期间，营员们学习汉语知识、武术、国画、音乐、书法、手工制作等课程。活动融"文化寻根"与"中文学习"于一体，主题鲜明，形式活泼，内容丰富，深受菲律宾华裔青少年的喜爱。

（9）"中国寻根之旅"春令营菲律宾华裔青少年游学营举办

2018 年 4 月 2 日，由国务院侨务办公室主办、北京华文学院承办的海外华裔青少年"中国寻根之旅"春令营——菲律宾华裔青少年游学营在北京华文学院昌平校区开营。北京华文学院为营员们设置了丰富的培训课程，通过全方位、立体化的课程体系，让学生们在课堂内外、校园内外，提高汉语水平、了解中国文化。

（10）"中国寻根之旅"春令营泰国华裔青少年营举办

2018 年 4 月 2 日，由国务院侨务办公室主办、北京华文学院承办的海外华裔青少年"中国寻根之旅"春令营——泰国华裔青少年古都游学营、泰国春府大众学校北京游学营在北京华文学院开营。相关任课教师以及来自泰国春府大众学校、泰国集美校友会、泰国曼谷语言学院的 73 位同学、6 位领队老师出席开营仪式。

（11）"中国寻根之旅"夏令营福州营举办

2018 年 4 月 2 日，海外华裔青少年"中国寻根之旅"夏令营（汉语短训班）在福建福州闽江师范高等专科学校开营。此次夏令营为期 28 天，分汉语课、文化课、户外锻炼、文化体验和"阳光下共成长"五大板块。其中，汉语课为主线，以趣味汉字、歌谣与童诗、绘本、趣味写作、硬笔书法、毛笔、舞台剧、学唱中文歌、看电影学中文等青少年易接受的形式授课。

（12）"中国寻根之旅"春令营鹰潭营举办

2018 年 4 月 9 日，海外华裔青少年"中国寻根之旅"春令营鹰潭营在江西鹰潭开营。来自泰国曼谷的 80 余名青少年在"中国道教祖庭"江西鹰潭龙虎山开展为期 10 天的"寻根问道之旅"。此次活动以"相约龙虎山、道文化行"为主题。营员们学习了道文化、华语歌曲、民族舞蹈、中医药理知识、道家武术，参观了"道教千年祖庭基址"大上清宫、天师府和道教博物馆等地。

（13）"中国寻根之旅"春令营泰国华裔青少年暨大营举办

2018 年 4 月 10 日，由国务院侨务办公室主办、暨南大学华文学院承办的泰国华裔青少年"中国寻根之旅"春令营暨大营在暨南大学华文学院开营。此次活动为期 15 天，营员们学习了功夫太极扇、武术南拳、中国书画、中国绳结等中华文化课程和生活汉语等语言课程，并赴佛山、深圳开展文化体验之旅。

（14）"中国寻根之旅"春令营新西兰华裔青少年暨大营举办

2018 年 4 月 16 日，海外华裔青少年"中国寻根之旅"春令营暨大营在暨南大学华文学院开营。50 余名新西兰华裔青少年学习了丰富多彩的才艺课程，参加了多样的考察活动。

（15）"中国寻根之旅"春令营澳大利亚华裔青少年营举办

2018 年 4 月 17 日，由国务院侨务办公室主办、北京华文学院承办的海外华裔青少年"中国寻根之旅"春令营——澳大利亚华裔青少年北京游学营开营。

（16）"中国寻根之旅"春令营武夷学院营举办

2018 年 4 月 17 日，由国务院侨务办公室、福建省侨务办公室主办，武夷学院承办的海外华裔青少年"中国寻根之旅"春令营武夷学院营在武夷学院宋明理学中心开营。此次春令营活动为期 15 天，营员们在厦门、武夷山、福州三地学习、体验福建历史文化、武夷茶文化、朱子文化、传统民俗、中华传统技艺等。

（17）"中国寻根之旅"春令营江苏南京营举办

2018年4月18日，海外华裔青少年"中国寻根之旅"春令营南京营在江苏省南京市浦口区行知小学开营。来自泰国和澳大利亚的130余名华裔青少年在南京、淮安、扬州三地开启为期10天的文化寻根和中文学习之旅，内容包括游览夫子庙、体验雕版印刷、学习剪纸艺术等。

（18）"中国寻根之旅"春令营南宁营举办

2018年4月19日，由国务院侨务办公室、中国海外交流协会主办，广西外事侨务办公室、广西海外交流协会、广西华侨学校共同承办的海外华裔青少年"中国寻根之旅"春令营广西华侨学校营在广西南宁开营。来自泰国的近70名华裔青少年在12天的活动中学习了汉语言基础知识、民族舞蹈、中国武术、画团扇、中国书法等课程，体验了中国茶文化，还游览了广西民族文物苑，并赴桂林参观游览。

（19）"中国寻根之旅"春令营江苏扬州营举办

2018年4月20日，由国务院侨务办公室主办，江苏省侨务办公室、扬州市侨务办公室承办的海外华裔青少年"中国寻根之旅"春令营扬州营开营。81名泰国华裔青少年在8天的活动中学习汉语基础知识和传统戏曲等中华才艺课程，参观了瘦西湖、个园、东关街、何园、486非物质文化遗产集聚区等地。

（20）"中国寻根之旅"春令营江苏南京营举办

2018年4月24日，海外华裔青少年"中国寻根之旅"春令营江苏营在南京浦口行知教育基地开营。来自泰国和澳大利亚的130位华裔青少年和领队老师参加了此次春令营。在为期12天的活动中，营员们在南京集结4天后分赴扬州和淮安两市继续开展活动。营员们领略了南京夫子庙的繁荣，并在侵华日军南京大屠杀遇难同胞纪念馆举办了"勿忘历史、珍爱和平"签名活动。

（21）"中国寻根之旅"夏令营晋江深沪营举办

2018年5月1日，由国务院侨务办公室、福建省侨务办公室、泉州市外事侨务办公室、晋江市侨台外事局主办，深沪镇人民政府承办，深沪镇归国华侨联合会、菲律宾晋江深沪镇同乡联合总会、共青团深沪镇委员会、晋江深沪中学协办的菲律宾华裔青少年"中国寻根之旅"夏令营晋江深沪营在深沪中学开营。此次夏令营为期10天，共有29名营员参加，营员们参观了解深沪的人文风情、历史民俗、传统美食；学习剪纸、书法、篆印雕刻、南音等中国传统文化；到晋江籍结对学生家中体验闽南家庭生活，参观晋江城市展馆、博物馆、五店市传统街区等地。

（22）"中国寻根之旅"夏令营菲律宾华裔青少年福建晋江营举办

2018年5月8日，由国务院侨务办公室、福建省侨务办公室、泉州市外事侨务办公室、晋江市侨台外事局主办，东石镇人民政府、菲律宾晋江同乡总会、东石镇侨联、晋江市侨声中学承办，旅菲晋江东石镇联乡会、旅菲侨声中学校友会协办的菲律宾第八届华裔青少年"中国寻根之旅"夏令营福建晋江营在晋江市侨声中学开营。此次夏令营为期 12 天，48 名菲律宾华裔青少年与侨声中学学生开展结对互动，学习书法、版画、猜灯谜、五祖拳、舞狮、民间艺术扎染、南音吟唱、禅文化等中华传统文化；到金井石圳拓展基地开展素质拓展活动；到泉州、厦门、南平等地体验福建风土人情，了解家乡人文遗产及现代城市建设成果。

（23）"中国寻根之旅"春令营烟台营举办

2018 年 5 月 13 日，由国务院侨务办公室主办、山东省外事侨务办公室承办、烟台市外事侨务办公室协办的 2018 海外华裔青少年"中国寻根之旅"春令营烟台营开营。来自菲律宾的华裔青少年及领队共百余人，在烟台、德州、济南、曲阜开展为期 14 天的"寻根之旅"。

（24）"中国寻根之旅"夏令营七彩云南行昆明营举办

2018 年 5 月 29 日，由云南省海外交流协会主办、昆明华文学校承办的海外华裔青少年"中国寻根之旅"夏令营——七彩云南行昆明营在昆明华文学校开营。来自印度尼西亚、马来西亚、缅甸、越南的 50 名营员学习中国文化，了解云南少数民族风情。

（25）"中国寻根之旅"夏令营泉州台商投资区营举办

2018 年 6 月 3 日，由国务院侨务办公室、福建省侨务办公室主办，泉州台商投资区党群工作部承办的菲律宾华裔青少年"中国寻根之旅"夏令营——泉州台商投资区营在泉州华光职业学院开营。20 名菲律宾华裔青少年在泉州开展为期 11 天的"中国寻根之旅"。此次夏令营组织营员们学习古诗文、书法、国画、南音、木偶表演等中国传统文化，并参观洛阳桥、清源山、九日山、少林寺等地。

（26）"中国寻根之旅"夏令营泉州华光营举办

2018 年 6 月 9 日，由国务院侨务办公室、福建省侨务办公室主办，泉州华光职业学院承办的"中国寻根之旅"夏令营泉州华光营在泉州华光职业学院开营。此次夏令营以海丝文化和闽南文化为主题，新加坡华裔青少年在 12 天的活动中学习了海丝历史、闽南语、南音、木偶、漆线雕制作等课程，并到泉州九日山、海上交通历史博物馆、海丝艺术公园等海丝名胜古迹实地考察。

（27）"中国寻根之旅"夏令营河北营举办

2018 年 6 月 11 日，由国务院侨务办公室和河北省侨务办公室主办，河北大学承办的"中国寻根之旅"夏令营河北营在河北大学开营。此次夏令营以"魅力河北，相约保定"为主题，营员们学习了武术、剪纸、书法等中华文化技艺，并参观了长城汽车、巨力集团等现代化企业。

（28）"中国寻根之旅"夏令营暨大营举办

2018 年 6 月 11 日，由国务院侨务办公室主办、暨南大学华文学院承办的海外华裔青少年"中国寻根之旅"夏令营暨南大学营开营。来自美国和马来西亚的 185 位营员及领队老师分别于 6 月 9 日、10 日抵达，开启为期 14 天的"寻根之旅"。

（29）"中国寻根之旅"夏令营河南平顶山营举办

2018 年 6 月 11 日，由国务院侨务办公室主办、河南省平顶山市外事侨务办公室承办的海外华裔青少年"中国寻根之旅"夏令营平顶山营在河南省平顶山市文化艺术中心开营。来自美国、菲律宾的 29 名华裔中学生在 10 天的活动中，学习体验面塑、剪纸等多项非物质文化遗产项目；实地游览尧山、少林寺等景区；与平顶山本地青少年开展文体联谊活动；聆听民俗知识，动手学习包粽子，体验传统民俗风情。

（30）"中国寻根之旅"夏令营福州外语外贸学院营举办

2018 年 6 月 12 日，由国务院侨务办公室主办，福建省侨务办公室、福州外语外贸学院承办的海外华裔青少年"中国寻根之旅"夏令营福州外语外贸学院营开营。营员们在 12 天的活动中学习了寿山石欣赏与雕刻、中国剪纸、中国武术等具有福州地方文化特色的课程；还参观了福州三坊七巷、中国船政文化博物馆等人文风景，近距离了解体验闽都文化、中华文化。

（31）"中国寻根之旅"夏令营北京游学营举办

2018 年 6 月 16 日，由国务院侨务办公室主办、北京华文学院承办的海外华裔青少年"中国寻根之旅"夏令营印度尼西亚华裔青少年北京游学营在北京华文学院昌平校区开营。

（32）"中国寻根之旅"夏令营梅州营举办

2018 年 6 月 19 日，由国务院侨务办公室主办、印度尼西亚梅州会馆承办的 2018 海外华裔青少年"中国寻根之旅"夏令营梅州营开营，来自印度尼西亚、俄罗斯的 64 名华裔青少年及其领队老师参加了开营仪式。此次夏令营为期 10 天，华裔青少年学习了客家方言、客家山歌、书法、武术，并前往丰顺参观李坚真纪念馆，到平远游览程旼故居、红四军纪念馆等，了解客家民俗风情，欣赏客家山水。

（33）"中国寻根之旅"夏令营柳州营举办

2018 年 6 月 20 日，由国务院侨务办公室主办、广西柳州市第一职业技术学校承办的海外华裔青少年"中国寻根之旅"夏令营柳州营开营。58 名来自美国等地的华裔青少年在 2 周的活动中于柳州城市职业学院、桂林、三江等地学习了礼仪、武术、汉服、诗歌朗诵、茶艺古筝等中国传统文化课程，游历了秀美的山水风光。

（34）"中国寻根之旅"夏令营华侨大学中华语言文化营举办

2018 年 6 月 26 日，由国务院侨务办公室主办、华侨大学承办的海外华裔青少年

"中国寻根之旅"夏令营华侨大学中华语言文化营开营。此次夏令营除了重点开设汉语听、说、读、写相关课程以外，还设置了武术、音乐、龙舟、舞蹈、华语影视课程等中华文化课程。夏令营还组织营员们通过摄影的方式感受中华文化的传统之韵和现代之美。

（35）"中国寻根之旅"夏令营北京中华文化体验营举办

2018 年 6 月 26 日，由国务院侨务办公室主办、北京华文学院承办的海外华裔青少年"中国寻根之旅"夏令营中华文化体验营在北京华文学院开营。此次中华文化体验营共有来自印度尼西亚、美国、瑞典的 102 名师生参加。在为期 17 天的行程中，组织者为营员们安排了"文化体验""语言学习""游教体验"三大块内容，寓教于乐、游教结合。

（36）"中国寻根之旅"夏令营广西师范大学营举办

2018 年 6 月 27 日，海外华裔青少年"中国寻根之旅"夏令营广西师范大学营在广西桂林开营。此次夏令营为期 15 天，营员们学习中国画、中国书法、民族舞等中华传统文化，游览桂林人文景观，并与广西师范大学学生联欢。

（37）"中国寻根之旅"夏令营在江西南昌举办

2018 年 6 月，海外华裔青少年"中国寻根之旅"夏令营南昌优异生营在江西南昌举办。来自美国的 19 名优秀华裔学生参营。此次夏令营安排了 10 天住宿结对学生家庭以及 4 天住宿中学宿舍的生活体验和实践交流。营员们学习了中国地理、中国历史、国学、书法、美术、音乐、茶艺、太极拳、陶瓷艺术，感受了户外拓展、共享单车游南昌、看"一江两岸"灯光秀，参观了庐山风景区、滕王阁、海昏侯考古成果展等。

（38）"中国寻根之旅"民族舞蹈夏令营在云南举办

2018 年 7 月 2 日至 14 日，由国务院侨务办公室主办、云南师范大学承办的海外华裔青少年"中国寻根之旅"民族舞蹈夏令营在云南昆明举办。此次夏令营以学习中国民族舞蹈基础知识和技艺为主，云南师范大学音乐舞蹈学院傣族舞、藏族舞、佤族舞等 7 个中国民族舞种的专业舞蹈教师对 120 名来自越南、泰国的营员进行基本功培训和集体演出编排。此外，承办方还开设了"一带一路"、中国历史、中国文化、中国地理专题讲座，组织营员开展团队拓展训练并赴昆明捞鱼河湿地公园、石林风景区等地进行文化考察。

（39）"中国寻根之旅"意大利协议营在北京举办

2018 年 7 月 3 日，由国务院侨务办公室主办、北京华文学院承办的海外华裔青少年"中国寻根之旅"夏令营意大利协议营在北京华文学院开营。来自意大利中意国际学校、意大利金龙学校的 40 多位华裔青少年参加了此次活动。

（40）"中国寻根之旅"夏令营桂林营在广西举办

2018年7月3日，海外华裔青少年"中国寻根之旅"夏令营桂林营在广西桂林举办。此次夏令营由国务院侨务办公室和广西外事侨务办公室主办，桂林市外事侨务办公室、桂林旅游学院承办。来自德国、美国、西班牙、加拿大、爱尔兰的营员在15天的活动中学习了汉语言和中国书法、民族舞蹈、京剧脸谱描绘、陶艺、武术、声乐、剪纸等中国传统文化；参观了明代靖江王府——桂林王城和桂林甑皮岩考古遗址；游览了漓江风光，游览了象鼻山、芦笛岩景区等名胜。

（41）"中国寻根之旅"夏令营在福建厦门举办

2018年7月5日，海外华裔青少年"中国寻根之旅"夏令营开营典礼在福建厦门举行。此次夏令营由福建省侨务办公室主办、集美大学海外教育学院承办。美国华夏中文学校（总校）总领队刘伟红带领的70名华裔青少年参加。此次夏令营为期12天，组织方为学员们开设了汉语、国画、书法、手工、中国音乐、武术等中华文化课程，并安排夏令营师生外出参观考察，了解福建的自然景观和人文风貌。

（42）"中国寻根之旅"夏令营广西医科大学营在广西举办

2018年7月8日，海外华裔青少年"中国寻根之旅"夏令营广西医科大学营开营。来自英国、美国、加拿大、印度尼西亚等地的60名青少年在广西南宁、桂林开展为期10天的中国语言文化之旅。此次活动由国务院侨务办公室、中国海外交流协会、广西壮族自治区外事侨务办公室、广西海外交流协会主办，广西医科大学国际教育学院承办，开设了民歌、书画武术、民族舞蹈、乐器演奏、手工制作等课程，并组织营员赴桂林游览漓江，探访龙胜各族自治县红瑶长发第一村。

（43）"中国寻根之旅"夏令营乡音故里"家国情怀"闽南师范大学营在福建漳州举办

2018年7月8日，由国务院侨务办公室主办，福建省侨办、漳州市外侨办以及闽南师范大学联合承办的海外华裔青少年"中国寻根之旅"夏令营——乡音故里"家国情怀"闽南师范大学营在福建漳州举办。来自德国和美国的42名华裔青少年在12天的行程中学习书法、武术、剪纸，体验木偶表演、戏曲、中国民族舞蹈、茶艺茶道、古琴，手工制作和品尝中国传统美食，参观独具闽南特色的名胜古迹，与中国同龄学生交流联谊。

（44）"中国寻根之旅"夏令营在青海西宁举办

2018年7月9日，为期12天的2018海外华裔青少年"中国寻根之旅"夏令营——唐卡艺术营在青海省西宁市开营。此次夏令营以"学习唐卡艺术，传承中华文化"为主题，来自13个国家的37名海外华裔青少年学习唐卡、泥塑、藏族舞蹈，并游览塔尔寺、青海湖、原子城纪念馆、王洛宾音乐艺术馆、热贡艺术博物馆等。这是青海省首次举办此项活动。

（45）"中国寻根之旅"夏令营在福建龙岩举办

2018 年 7 月 9 日，以"相约上杭、不忘初心"为主题的海外华裔青少年"中国寻根之旅"夏令营在福建龙岩上杭开营。此次夏令营为期 14 天，来自北美的华裔青少年接触茶文化、宗祠文化，学习中国象棋、太极拳知识，并与上杭青少年开展交流互动活动。

（46）"中国寻根之旅"夏令营重庆营举办

2018 年 7 月 10 日，由国务院侨务办公室主办、重庆市政府外事侨务办公室和重庆市暨华中学承办的"中国寻根之旅"夏令营重庆营在重庆市暨华中学开营。来自美国、加拿大、西班牙和泰国等国家的近百名华裔青少年在重庆游学 15 天，学习中华礼仪、民族乐器、中国古诗词、陶艺制作、中国书法，制作京剧脸谱，并深入重庆家庭生活一天，体验"做一天重庆人"。

（47）"中国寻根之旅"夏令营在河南郑州举办

2018 年 7 月 10 日，由国务院侨务办公室主办、河南省政府外侨办承办的海外华裔青少年"中国寻根之旅"夏令营河南营在郑州轩辕黄帝故里开营。来自美国、加拿大、阿联酋、匈牙利、德国、法国、意大利、捷克、西班牙 9 个国家的 14 所中文学校和协会近 240 名营员和领队参加了开营式。此次活动主办方为营员安排了少林拳、书法艺术、剪纸技艺、河南豫剧等艺术研修活动。

（48）"中国寻根之旅"夏令营福建厦门营举办

2018 年 7 月 10 日，由国务院侨务办公室主办，福建省侨务办公室、厦门市外事侨务办公室承办，厦门工学院协办的澳大利亚华裔青少年"中国寻根之旅"夏令营福建厦门营在厦门工学院开营。来自澳大利亚悉尼中国育才学校的 50 名海外华裔青少年在厦门开启为期 12 天的"中国寻根之旅"。夏令营开设了生活汉语、国学、书法、中华武术、传统诗歌等课程，并组织营员与中国学生交流，赴企业参观；组织参观集美学村、陈嘉庚纪念馆、开元寺、闽台博物馆等厦门、泉州的人文景观。

（49）浙江各地举办"中国寻根之旅"夏令营

2018 年 7 月 10 日，由浙江省绍兴市外侨办与绍兴文理学院联合举办的海外华裔及港澳地区青少年"中国寻根之旅"夏令营浙江营绍兴分营在绍兴文理学院开营。来自 7 个国家和地区的 67 位海外华裔及港澳地区青少年在 12 天的活动中学习了书法、国画、戏剧等中华文化课程，并游览了鲁迅故里、安昌古镇等地。

2018 年 7 月 10 日，海外华裔青少年"中国寻根之旅"夏令营"相约温州营"瑞安分营在瑞安市外国语学校开营。来自葡萄牙、意大利等地的 75 名营员参加了此次夏令营。

2018 年 7 月 17 日至 26 日，由国务院侨务办公室、浙江省人民政府外事侨务办公室、宁波市人民政府侨务办公室主办，镇海区人民政府侨务办公室、镇海蛟川书院共同承办的海外华裔青少年"中国寻根之旅"夏令营书法营在浙江宁波举办。活动于 7 月 18 日在镇海蛟川书院开营。来自美国、加拿大、西班牙、波黑、波兰、中国香港等国家和地区的近百名海外华裔青少年在 10 天的活动中学习了书法、汉字棋、绘画、剪纸等课程，并走进宁波古镇街巷，领略民俗民风；还体验了传统手工艺、非遗项目。此次夏令营突出书法特点，推出娱教结合的汉字棋特色课程。

2018 年 7 月 17 日，"中国寻根之旅"夏令营浙江金华营在浙江师范大学附属中学开营。来自美国、西班牙、巴西、刚果（金）等 7 个国家近 30 名海外华裔青少年在 12 天的活动中，通过游教结合的方式，体验书法、武术、汉服文化、茶道等多种传统文化，以及美丽的文化景观和美味的特色食物，从而更多地了解家乡的风土人情。

2018 年 7 月 19 日，由国务院侨务办公室、温州市外侨办主办，温州大学承办的"中国寻根之旅·相约温州营"优秀华裔青年商务营在温州大学开营。来自法国、西班牙、葡萄牙、匈牙利、瑞典、德国等 8 个国家的 60 名优秀海外华裔青年参加了为期 15 天的活动。此次华裔青年商务营是温州大学为发挥学校应用型人才培养、创新创业教育优势而创设的营，以"商务能力"训练为主旨，课程内容包含"创新创业""商务沟通""形象素养""文化提升"四大板块。

2018 年 7 月 24 日，浙江省泰顺县港澳台侨界青少年及泰商二代"中国寻根之旅"夏令营——经典朗读营在浙江泰顺文礼书院开营。活动为期 10 天，来自美国、澳大利亚、尼日利亚和中国香港、中国台湾等国家和地区的侨界青少年参营。此次夏令营通过大量的国学经典诵读和中华诗词诵读，带领营员们感受中华传统优秀文化的魅力。营员还在每日的晨练中练习中华武术。

2018 年 7 月 24 日，"中国寻根之旅"夏令营青田华侨中学分营开营，来自西班牙、意大利、奥地利、法国等 15 个国家和地区的 90 名海外华裔青少年参加此次活动。

（50）"中国寻根之旅"夏令营威海营在山东举办

2018 年 7 月 11 日，"中国寻根之旅"夏令营威海营在威海职业学院开营。来自澳大利亚、美国、加拿大、韩国的 105 名华裔青少年在 13 天的活动中学习民族舞蹈、音乐、茶艺等传统文化艺术，开展朗诵、健身操、文艺汇演等交流活动，并对刘公岛基地参观学习，了解胶东的人文风情、历史民俗。此次夏令营由国务院侨务办公室、中国海外交流协会主办，山东省人民政府外事侨务办公室、山东省海外交流协会承办，威海市人民政府外事侨务办公室、威海市海外交流协会、威海职业学院协办。

（51）"中国寻根之旅"七彩云南——大理丽江夏令营举办

2018 年 7 月 11 日，由国务院侨务办公室主办、云南省侨务办公室和云南华文学院承办的"中国寻根之旅"大理丽江夏令营在云南华文学院开营。40 名优秀华裔学生在为期 12 天的活动中，学习了中文、书法、剪纸、太极拳等课程，并到大理和丽江等地参观人文、自然景观。

（52）"中国寻根之旅"夏令营在广西举办

2018 年 7 月 12 日，125 名来自越南、老挝等东盟国家 6 所华校的华裔青少年在广西南宁开启为期 12 天的"中国寻根之旅"，体验独特的壮乡文化。此次活动由广西华侨学校承办，学校以"相互比拼、加强交流、共同提高"为主题，将营员分成 3 个班，安排篆刻、剪纸、武术、糖画、民族舞蹈等不同的才艺课程进行教学，并通过游学相结合的方式，让他们寻找、感悟中老、中越文化的交汇融合。

（53）"中国寻根之旅"夏令营（福建致公营）在福建举办

2018 年 7 月 12 日，由致公党福建省委和福建省政府侨务办公室联合主办的海外华裔及中国台湾地区青少年"中国寻根之旅"夏令营（福建致公营）在福建福州开营。来自缅甸、泰国等国和中国台湾的 30 余名华裔青少年参加了此次为期 10 天的夏令营。营员们在福州、武夷山、厦门、漳州等地开展游学活动。活动内容有紧扣中华文化主题的茶文化、剪纸艺术、中华诗词诵读、中华传统礼仪、中国书法等体验式课程，也有到福建省残疾人体育管理中心与残障运动员联谊互动。这是致公党福建省委与福建省侨办连续第 8 年合作开展"中国寻根之旅"活动。

（54）"中国寻根之旅"夏令营在宁夏举办

2018 年 7 月 12 日至 23 日，由国务院侨务办公室主办，宁夏回族自治区外事（侨务）办公室承办，石嘴山市、固原市外事（侨务）办公室和宁夏国际交流中心协办的"中国寻根之旅"夏令营——花儿绽放新时代宁夏营在宁夏举办。来自美国、加拿大、意大利、西班牙、比利时和奥地利 6 个国家的 120 名华裔青少年在银川、石嘴山、固原和中卫开启为期 12 天的寻根之旅。营员们通过学习中华文化、探访丝路重镇、了解长征精神、探奇沙漠之缘、走进塞上湖城等元素设计，探寻中华文化的独特魅力和精神内涵。

（55）"中国寻根之旅"夏令营四川营在成都举办

2018 年 7 月 13 日，海外华裔青少年"中国寻根之旅"夏令营四川营在成都开营。来自美国、加拿大、意大利、西班牙等 7 个国家的 229 名华裔青少年与领队以及来自甘孜藏族自治州理塘县的 18 名学生和老师在四川相聚，共同开启此次旅程。活动为期 13 天，青少年们走进成都、乐山、自贡等城市，参访大熊猫繁育研究基地、武侯祠、乐山大佛、恐龙博物馆等地，并近距离感受武术、篆刻、书法等中国传统文化。

（56）"中国寻根之旅"夏令营陕西营举办

2018 年 7 月 13 日，海外华裔青少年"中国寻根之旅"夏令营陕西营在西安开营。来自美国、德国、加拿大、西班牙、澳大利亚等国家和地区的 180 名海外华裔师生参加。此次活动以"汉语·汉唐文化·寻根"为主题，采用寓教于乐、游教结合的方式，通过举办陕西历史文化讲座、与当地中学生交流联欢、参观现代城市景观和历史文化名胜、体验陕西民俗风情等多种活动形式，展示陕西悠久的历史文化、丰富的文物资源、新型国际大都市的魅力和当代中小学生的风采。

（57）"中国寻根之旅"夏令营吉林营举办

2018 年 7 月 13 日，海外华裔青少年"中国寻根之旅"夏令营吉林营在吉林长春开营。来自美国、德国、葡萄牙和西班牙的 86 名海外华裔青少年共同开启为期 12 天的"寻根之旅"。营员年龄在 12 岁至 18 岁，均有一定的汉语基础。此次夏令营安排了国学知识、古筝等传统乐器、宫廷舞蹈以及书法、国画、武术等传统文化课程，并组织营员参观长春雕塑公园、伪满皇宫博物院、长白山景区、延边朝鲜族自治州博物馆等东北特色自然风光与人文景观。

（58）"中国寻根之旅"夏令营黑龙江营举办

2018 年 7 月 13 日至 21 日，海外华裔青少年"中国寻根之旅"夏令营黑龙江营在哈尔滨、齐齐哈尔、大庆三地举办。来自美国、加拿大、德国、荷兰、奥地利、马达加斯加等 9 个国家的 100 多名海外华裔青少年在活动中了解世界多种建筑物风格，参访扎龙自然保护区观赏丹顶鹤，参观大庆石油博物馆和铁人纪念馆等。此外，华裔青少年还观看冰球比赛，学中国武术、学汉语，看民族歌舞，体验包饺子，感受中国传统文化。

（59）"中国寻根之旅"夏令营山西营举办

2018 年 7 月 15 日，海外华裔青少年"中国寻根之旅"夏令营山西营开营。来自德国、西班牙、美国等 10 个国家的 17 个海外华校和华文教育机构的 400 名华裔青少年参营，这是山西省外事侨务办公室承办的规模最大的一届"中国寻根之旅"夏令营。

此次夏令营，400 名华裔青少年兵分多路，体验山西不同的人文风貌。在运城、长治，有 88 名海外华裔青少年前往壶口瀑布、洪洞大槐树等地。其余 312 人前往五台山、悬空寺等地。活动期间，他们还学习了包括中国历史、舞蹈、武术、体育、手工等在内的文化课程。

（60）"中国寻根之旅"传媒文化体验营在北京、辽宁举办

2018 年 7 月 16 日，由国务院侨务办公室主办、北京华文学院承办的海外华裔青少年"中国寻根之旅"夏令营——传媒文化体验营在北京华文学院开营。加拿大华文教育协会领队郝政君，法国《欧洲时报》中文学校领队徐嘉蓉、杨文宇带领的 40 位华裔青少年在北京和辽宁丹东、大连等地开展文化寻根活动。活动于 8 月 2 日闭营。

（61）"中国寻根之旅"丝路探源古都文化感知夏令营在北京、西安举办

2018 年 7 月 17 日至 8 月 4 日，由国务院侨务办公室主办、北京华文学院承办的海外华裔青少年"中国寻根之旅"夏令营——丝路探源古都文化感知营在北京、西安两地举办。来自美国、西班牙、法国、意大利、荷兰的 50 余名华裔青少年在首都北京和古都西安学习语言文化知识，体验了中华传统书法、绘画、手工、武术等课程，还参观了两地文化古迹。

（62）"中国寻根之旅——中华经典诵读体验营"在北京举办

2018 年 7 月 18 日至 8 月 5 日，由国务院侨务办公室主办、北京华文学院承办的海外华裔青少年"中国寻根之旅——中华经典诵读体验营"在北京华文学院开营。来自美国、葡萄牙、西班牙、加拿大的 20 余名学生参加了此次夏令营。

（63）"中国寻根之旅"欧洲优秀华裔青少年游学营在北京、上海举办

2018 年 7 月 18 日至 8 月 5 日，由国务院侨务办公室主办、北京华文学院承办的海外华裔青少年"中国寻根之旅"夏令营——欧洲优秀华裔青少年游学营在北京、上海举办。来自法国巴黎精英中文学校、法国中华学校和西班牙巴塞罗那中文教育基金会的 80 余位营员参营。营员们参观游览了天安门、故宫、王府井、居庸关长城、鸟巢、水立方等北京名胜古迹和东方明珠、孙中山故居等上海著名景点，还学习了汉语、手工、书法和国画等语言、文化知识。

（64）中国港澳、海外华裔青少年在湖南开启"中国寻根之旅"

2018 年 7 月 18 日至 23 日，海外华裔青少年"中国寻根之旅"夏令营湖南营在湖南长沙开营。来自美国、加拿大和中国香港、中国澳门的 69 名华裔青少年在 6 天时间里学习趣味汉语、地理知识、书法国画、声乐舞蹈、手工艺、武术等课程，并参观张家界国家森林公园，领略自然风光，了解社会发展，感受湖湘文化。

（65）"中国寻根之旅"黑土地民俗文化感知营在北京、哈尔滨举办

2018 年 7 月 19 日，由国务院侨务办公室主办、北京华文学院承办的海外华裔青少年"中国寻根之旅"夏令营——黑土地民俗文化感知营在北京华文学院开营。来自法国、加拿大的 40 余名营员在北京、哈尔滨等地学习了汉语、书法、绘画、手工等课程，并参访两地名胜古迹。活动于 8 月 6 日闭营。

（66）"中国寻根之旅"夏令营海南营在海口举办

2018 年 7 月 19 日，海外华裔青少年"中国寻根之旅"夏令营海南营在海南海口开营。来自泰国、日本、美国以及中国香港、中国澳门等地的华裔青少年 40 余人到海南寻根问祖。活动期间，营员们学习中国历史文化知识及中国传统才艺课程，与中国学生联谊交流，参观游览海南知名自然、人文景观和地标建筑。

（67）北美华裔"寻根之旅"夏令营在福建厦门举办

2018年7月21日，北美华裔寻根协会会长蔡青娜带领的北美"寻根之旅"夏令营30位美籍华裔青少年到达福建厦门同安，与同安区侨联开展联谊交流活动。营员们参观古龙酱园、孔庙等地；现场体验炸枣、薄饼、汤圆等同安传统美食手工制作，品尝同安封肉等美食；到罗汉山参观莲花书院书画长廊、收藏馆，与莲花书院知恩夏令营营员联谊汇演。

（68）"中国寻根之旅"草原民族文化营在北京、内蒙古举办

2018年7月22日至8月9日，由国务院侨务办公室主办、北京华文学院承办的海外华裔青少年"中国寻根之旅"夏令营草原民族文化营在北京、内蒙古举办。

来自英国、西班牙、法国的40名华裔青少年学习语言文化知识、参观北京名胜古迹，到内蒙古感受草原文化的魅力。这是北京华文学院首次举办以草原为主题的夏令营，营员们体验了草原骑马、射箭、摔跤、舞蹈等丰富多彩的蒙古族特色活动，并学习了红山文化、兴隆洼文化、蒙古族文化等当地文化。

（69）"中国寻根之旅"湖北三峡与土家文化夏令营在湖北举办

2018年7月22日，由国务院侨务办公室主办的海外华裔青少年"中国寻根之旅"湖北三峡与土家文化夏令营在三峡大学闭营。

来自美国、德国、加拿大等国的90名华裔青少年学习了巴山舞、湖北民歌、五步拳、书法、国画、剪纸等中国文化课程，还参观游览了湖北省博物馆、三峡大坝、车溪等地。

（70）"中国寻根之旅"民族舞蹈营在北京举办

2018年7月24日至8月5日，由国务院侨务办公室主办、北京华文学院承办的海外华裔青少年"中国寻根之旅"民族舞蹈营在北京华文学院开营。来自美国、德国、西班牙的56名营员在活动中学习了舞蹈课程和文化体验课程，并参观了代表当代北京风貌的景点。

（71）"中国寻根之旅"夏令营在广东珠海举办

2018年7月24日至8月2日，由广东省珠海市侨务局主办，珠海市第七中学、珠海市女子中学联合承办的海外华裔青少年"中国寻根之旅"夏令营在广东珠海开营。来自美国、加拿大的58名华裔青少年入住珠海同学家中，零距离体验"珠海生活"；参观会同古村、古元故居、古元文化馆、北山古村、容闳纪念馆，通过与结对的中国家庭同吃同住、探寻古村民风民俗、传统文化课程学习等，对珠海侨乡历史文化有了进一步的了解。

（72）"中国寻根之旅·魅力北京"夏令营在北京举办

2018 年 7 月 24 日至 8 月 4 日，由国务院侨务办公室主办、北京市侨务办公室和中国戏曲学院承办的"中国寻根之旅·魅力北京"戏曲营在北京举办。来自美国、日本、爱尔兰等 9 个国家的 134 名营员参营。

2018 年 7 月 31 日至 8 月 9 日，由国务院侨务办公室、北京市政府侨办主办的"中国寻根之旅·魅力北京"书画、武术夏令营在北京举办。来自荷兰、西班牙的华裔青少年参加了北京语言大学承办的书画营。营员们学习了书法、绘画、太极功夫扇、剪纸、画脸谱等课程，还参观了故宫、颐和园等地，并到动物园寻访国宝大熊猫。来自日本、加拿大、爱尔兰、美国等国家的 74 位华裔青少年参加了首都体育学院承办的武术营。营员学习功夫扇、双节棍、防身术、太极拳、中国象棋、乒乓球、团队建设等课程，并参观天安门、故宫、长城、颐和园等景点。

2018 年 7 月 31 日至 8 月 9 日，由国务院侨务办公室、北京市政府侨办主办的海外华裔青少年"中国寻根之旅·魅力北京"艺术舞蹈营在北京举办。活动于 8 月 1 日在首都师范大学举办开营式。来自美国、荷兰、英国、比利时、法属圭亚那 5 个国家和地区的 7 个团组近 90 名营员学习了民族舞蹈、太极、京剧等课程，并参观了北京名胜古迹。

（73）第九届"中国寻根之旅"北京集结营开营

2018 年 7 月 25 日，来自 40 个国家和中国港澳台地区的 3000 余名青少年欢聚北京，参加在人民大会堂举行的第九届（2018 年）海外华裔及港澳台地区青少年"中国寻根之旅"夏令营北京集结营开营仪式。中共中央书记处书记、中央统战部部长尤权出席，向营员颁授营旗并讲话。尤权代表中国政府和人民向广大华裔和港澳台青少年表示热烈欢迎，并勉励营员们牢记习近平主席关于"根""魂""梦"的重要论述，担负起推动实现中华民族伟大复兴的历史重任，努力做中华民族优秀传统的自觉弘扬者、中外交流的积极促进者和"一带一路"的热诚支持者。

（74）"中国寻根之旅"厦门营在福建厦门举办

2018 年 7 月 25 日，美国、意大利华裔青少年"中国寻根之旅"夏令营福建厦门营在厦门集美大学诚毅学院开营。此次夏令营由国务院侨务办公室主办，福建省侨办、厦门市外侨办承办，集美大学诚毅学院协办。来自美国和意大利的 54 名海外华裔青少年在 12 天的活动中学习了国画、太极、书法、剪纸等课程；参观了集美学村、陈嘉庚纪念馆等景点；体验了古琴文化、茶文化等。

（75）"中国寻根之旅"夏令营"泼墨中华"传统书画体验营在北京举办

2018 年 7 月 26 日至 8 月 6 日，由国务院侨务办公室主办、北京华文学院承办的海外华裔青少年"中国寻根之旅"夏令营"泼墨中华"传统书画体验营在北京举办。

来自英国、西班牙、法国、加拿大和美国的 69 位营员参加此次夏令营。

（76）"中国寻根之旅"夏令营在福建南平举办

2018 年 7 月 27 日至 8 月 2 日，由国务院侨务办公室、福建省侨办主办，南平市外侨办、武夷山市外侨办共同承办的海外华裔及港澳地区青少年"中国寻根之旅"夏令营——南平朱子文化夏令营在武夷山举办。此次夏令营以"学习朱子理学，弘扬中华文化"为主题，来自中国澳门的 31 名营员聆听朱子文化讲座，诵读朱子诗词，行敬师礼，学习书法、剪纸、太极，体验茶文化，考察"双世遗"景点，身临其境感悟朱子理学的当代价值和中华文化的博大精深。

（77）"中国寻根之旅"夏令营在安徽马鞍山举办

2018 年 7 月 28 日，海外华裔青少年"中国寻根之旅"夏令营安徽营在安徽省马鞍山市开营。来自美国翰林文教基金会、全美中文学校协会和美国新泽西华夏博根中文学校的 55 名华裔青少年学生和领队老师参加。此次活动旨在让美国华裔青少年通过学习、交流、参观，学习汉语，感悟中华文化，领略祖籍国大好河山，结交中国青少年朋友，增强对祖籍国和安徽的了解。

（78）"中国寻根之旅"夏令营在江苏举办

2018 年 7 月 30 日到 8 月 8 日，海外华裔青少年"中国寻根之旅"夏令营江苏营在江苏苏州、无锡、常州、镇江、徐州、宿迁等地陆续举办。2018 年的"中国寻根之旅"夏令营共有来自 17 个国家的 29 个团组走进江苏，参加的国家数、团组数创江苏省历年新高，同时江苏省的办营数也走在全国前列。江苏省侨办首次联合南京师范大学、晓庄学院等高校办营。

在南京，102 名来自美国和迪拜的华裔青少年走进侵华日军南京大屠杀遇难同胞纪念馆，向南京大屠杀遇难同胞默哀并敬献花圈，并参观了纪念馆展厅、"万人坑"遗址、和平公园等。南京大学历史学院教授刘成为营员们讲授"全球化世界的和平文化"。营员们还参观了中山陵、南京博物院等地，并学习了剪纸、书法等中华文化传统技艺。

在无锡，来自老挝、奥地利、爱尔兰、法国、瑞士、美国、加拿大的华裔青少年在 12 天的活动中体验了书画、古琴、武术等中华传统文化，参观了无锡、江阴的著名历史人文景点和现代企业。

在徐州，97 位营员在 12 天的时间里，近距离触摸了徐州的汉文化、大运河文化。承办方徐州幼儿师范高等专科学校根据营员汉语水平，降低了汉语课程的难度，同时增加了风筝、面塑、扎彩等手工课程。

在常州，营员们学习了趣味汉语、手工编织等课程，体验了"中国式"购物，学习了"常州团子"的制作。

在苏州，近百名来自美国、加拿大、德国等国家的华裔师生和中国香港、中国澳门的青少年展开为期 12 天的文化寻根之旅。营员们实地了解运河文化，参观苏州博物馆、拙政园等地，学习汉语、武术、书法等传统文化课程，体验昆曲、评弹、画扇等传统技艺，并与苏州工业园区海归人才子女学校师生开展互动交流。

在南通，来自美国、西班牙、日本、缅甸的 60 名华裔青少年欣赏了书画、古琴、武术，参观了南通民俗博物馆、蓝印花布馆、沈寿刺绣传习馆，游览了狼山、濠河等风景区。

在盐城，来自全美中文学校协会、圣地亚哥华夏中文学校、美国菁英学院、韩国蔚山华人同胞协会、盐城中学海外校友会的 70 多名青少年分为盐城中学营和盐城第一中学营，在 12 天里学习武术、书画、剪纸等中华才艺，感受大美盐城。

在镇江，来自德国等地的 74 名海外华裔青少年参观了醋文化博物馆、镇江博物馆、西津渡、古运河历史文化展示馆，学习了中华太极拳等中华文化课程。

在泰州，共有来自美国、德国、西班牙、爱尔兰和阿联酋的 58 名营员欣赏了泰州自然生态景观，学习了绘画、书法、舞蹈和武术等传统文化艺术。

在宿迁，营员们学习中华文化、了解京杭大运河、畅游国家农业主题公园、欣赏三台山公园美景等，还参加了中华美食文化活动——制作豆腐、包饺子等。

同时，江苏省侨办于 8 月 1 日举办了首届海外华裔青少年"华文创想曲"作文大赛颁奖典礼。这是依托每年在江苏省举办的"中国寻根之旅"夏令营开展的特色活动。活动从 24 个国家 2500 余件来稿中评出了特等奖 20 名、一等奖 400 名、二等奖 800 名。比赛旨在让更多的海外华裔青少年学习汉语、运用汉语，用汉语来思考、写作。

(79)"中国寻根之旅"夏令营在广东举办

2018 年 8 月 1 日至 10 日，"中国寻根之旅"德国华裔青少年夏令营在广东佛山、韶关、广州等地举办。此次夏令营由佛山科学技术学院承办。营员们参观了佛山祖庙、黄飞鸿纪念馆、清晖园、南风古灶等地；体验了陶艺制作、狮头扎作、嫁女饼制作；到佛山粤剧传习所，观看并体验粤剧表演；参观顺德博物馆、顺德广东工业设计城、侨资企业周大福珠宝、海天味业、佛山科技馆；与乳源瑶族自治县金禧小学进行文化交流，品尝当地少数民族长桌特色宴；参观南海藤编传习所，学习藤艺；参观岭南印象园，珠江夜游赏广州美景。

(80)"中国寻根之旅"夏令营（暨南大学营）在广东广州举办

2018 年 8 月 2 日至 15 日，由国务院侨务办公室主办、暨南大学华文学院承办的海外华裔青少年"中国寻根之旅"夏令营（暨南大学营）在广东广州举办。承办方为来自美国、加拿大、西班牙等国家的 150 余名营员设置了汉语学习课程和文化体验课程，包括泥塑、草编、绳艺等传统民间艺术和南拳、初级剑等传统武术项目；组织营员到广州、深圳开展文化考察。

（81）"中国寻根之旅"贵州营在贵州铜仁举办

2018 年 8 月 2 日至 11 日，海外华裔青少年"中国寻根之旅"夏令营在贵州铜仁举办。此次夏令营由铜仁幼儿师范高等专科学校承办。来自美国、中国香港的营员学习了剪纸、古典乐器演奏、武术、箫笛欣赏、铜仁民俗文化讲座等课程，并赴梵净山、苗王城、万山朱砂古镇等参观、考察。

（82）"中国寻根之旅"夏令营德兴营在江西举办

2018 年 8 月 2 日至 10 日，海外华裔青少年"中国寻根之旅"夏令营德兴营在江西省德兴市举办。此次夏令营由国务院侨务办公室、江西省外事侨务办公室主办，上饶市外事侨务办公室、德兴市外事侨务办公室承办。来自美国、德国、加拿大等 5 个国家的华裔青少年学习了汉语、中华武术、中华民乐、书法、剪纸等课程，并参观了江西矿冶博物馆、德兴城乡规划馆；游览了聚远楼、三清山；体验了包乌佬果、打麻子果等民俗活动。

（83）"中国寻根之旅"夏令营福建幼高专营在福建福州、武夷山举办

2018 年 8 月 5 日至 14 日，由国务院侨务办公室和福建省人民政府侨务办公室联合主办，福建幼儿师范高等专科学校承办的海外华裔青少年"中国寻根之旅"夏令营福建幼高专营在福建福州、武夷山举办。此次夏令营共有来自加拿大多伦多、温哥华、埃德蒙顿、渥太华、红鹿、米西索加、万锦 7 个城市的 59 名海外华裔青少年和领队参加。营员们在福州和武夷山两地学习、参观、访问。

（84）"中国寻根之旅"夏令营山东莱芜营举办

2018 年 8 月 9 日，由国务院侨务办公室主办，山东省人民政府外事侨务办公室、莱芜市人民政府外事侨务办公室承办，莱芜市文广新局、市文化馆、莱芜梆子艺术传承保护中心共同协办的海外华裔青少年"中国寻根之旅"夏令营山东莱芜营开营。来自美国、赞比亚、德国、日本、西班牙的华裔青少年参加此次夏令营。

（85）"中国寻根之旅"夏令营在江西南昌举办

2018 年 8 月 15 日至 25 日，由国务院侨务办公室和江西省外事侨务办公室主办的海外华裔青少年"中国寻根之旅"夏令营南昌营在江西南昌举办。此次夏令营共有来自美国、加拿大、荷兰、西班牙、阿联酋的百余名海外华裔教师和学生参营，营员们在活动期间参观了"江南名楼"滕王阁、"世界名山"庐山等名胜古迹，感受了剪纸、瓷板画、书法等中国传统文化。

（86）"中国寻根之旅"秋令营在暨南大学举办

2018 年 10 月 9 日至 19 日，由国务院侨务办公室主办、暨南大学华文学院承办的

海外华裔青少年"中国寻根之旅"秋令营在暨南大学华文学院举办。来自泰国华泰教育交流中心、泰中华夏中文学校和印度尼西亚巴淡慈容学校的 100 余位营员参加此次活动。

（87）"中国寻根之旅"秋令营在福建漳州举办

2018 年 10 月 10 日，为期 12 天的海外华裔青少年"中国寻根之旅"秋令营——亲情中华泰国营在福建漳州华侨饭店开营。此次秋令营以"亲情中华"为主题，由国务院侨务办公室主办，福建省政府侨务办公室、漳州市外事侨务办公室和闽南师范大学共同承办。来自泰国的 36 名华裔青少年参加。此次活动内容包括课堂汉语和书法学习、中华文化艺术体验，以及闽南地区自然风光、人文景观参访活动。

（88）"中国寻根之旅"华侨大学"海丝"文化专题营在福建举办

2018 年 10 月 12 日，海外华裔青少年"中国寻根之旅"华侨大学"海丝"文化专题营开营。来自泰国、缅甸、印度尼西亚、马来西亚的 187 名华裔师生相聚福建泉州，开启为期 15 天的"海丝"文化寻根之旅。活动期间，华裔青少年学习中华传统文化，听取"海丝"文化讲座，走访泉州的社区、中学，感受中国改革开放后的城乡变化，并与华侨大学学生结对学习，搭建中外学生交流学习平台。此外，营员们还游览了武夷山、鼓浪屿、泉州开元寺等八闽名胜古迹，考察了中国企业发展和管理，感受中国秀美山川、悠久历史和现代活力。

（89）"中国寻根之旅"冬令营（暨南大学营）举办

2018 年 12 月 7 日至 18 日，百余名来自澳大利亚、马来西亚和印度尼西亚的华裔青少年参加了国务院侨务办公室主办、暨南大学华文学院承办的"中国寻根之旅"冬令营（暨南大学营）。营员们学习了汉语以及手工制作、武术、绘画等中华文化课程。

（90）"中国寻根之旅"冬令营三峡文化营在湖北举办

2018 年 12 月 10 日至 20 日，由国务院侨务办公室主办、湖北省外事侨务办公室和三峡大学承办的海外华裔青少年"中国寻根之旅"冬令营三峡文化营在湖北宜昌举行。澳大利亚同心中文学校校长陈蕾、新加坡华源会副秘书长欧阳小萱等带领来自澳大利亚、新加坡、印度尼西亚和马来西亚的 60 多位华裔青少年，走进三峡库区，通过专家讲座、亲身参与、实地考察、成果展示等方式，学习传统武术、中国书法、国画、三峡民歌、传统舞蹈，参观名胜古迹、学校和企业，寻根问祖，以多元的方式体验三国、水电、土家文化，领悟中国日新月异的变化。

（91）"中国寻根之旅"冰雪营在吉林长春举办

2018 年 12 月 10 日至 22 日，海外华裔青少年"中国寻根之旅"冰雪营在吉林长春举办。来自马来西亚、美国、英国、澳大利亚、博茨瓦纳等 14 个国家的海外华裔青少年参营。此次活动由东北师范大学承办。

（92）"中国寻根之旅"冬令营在北京举办

2018 年 12 月 15 日至 20 日，由国务院侨务办公室主办、北京华文学院承办的 2018 年海外华裔青少年"中国寻根之旅"冬令营——塞外北国感知营在北京华文学院举行。印度尼西亚日惹崇德三语国民学校林秀莲女士、马来西亚汉文化中心董事经理吴明倪女士、总经理杨毅德先生，泰国华云学校领队马梅娟女士、董春玫女士带领的近 100 名来自马来西亚、印度尼西亚、泰国和南非的华裔青少年参加此次冬令营活动。

（93）"中国寻根之旅"冬令营在广西桂林举办

2018 年 12 月 15 日至 27 日，海外华裔青少年"中国寻根之旅"冬令营在广西桂林举办。来自印度尼西亚、新西兰、澳大利亚的 52 名海外华裔青少年在为期半个月的活动中学习了中国书法、中华武术、民族舞蹈、剪纸、宫灯制作等中国传统文化，游览了靖江王城、甑皮岩、漓江、芦笛岩等著名文化遗址和自然风光。

（94）"中国寻根之旅"塞外北国感知营 2 团开营

2018 年 12 月 17 日，由国务院侨务办公室主办、北京华文学院承办的 2018 年海外华裔青少年"中国寻根之旅"冬令营——塞外北国感知营 2 团在北京开营。109 名来自印度尼西亚、新西兰的华裔青少年参加此次为期两周的活动。营员们先在北京华文学院学习汉语和文化课程，并游览天安门、故宫、长城、颐和园等名胜古迹；后前往黑龙江省哈尔滨、伊春等地领略塞外雪原美景。

（95）"中国寻根之旅"中华武术营在湖南举办

2018 年 12 月 17 日，海外华裔青少年"中国寻根之旅"中华武术营湖南师范大学营在湖南长沙开营。来自马来西亚和印度尼西亚的 120 名华裔青少年在为期半个月的活动中学习拳术、刀术和功夫扇等中华武术课程。

（96）"中国寻根之旅"冬令营冬奥文化体验营开营

2018 年 12 月 18 日至 30 日，海外华裔青少年"中国寻根之旅"冬令营——冬奥文化体验营在北京华文学院开营。巴西天主教堂中文学校王宗茹、杨燕，新西兰北京协会冉金玉带领来自巴西和新西兰的华裔青少年参加此次活动。在为期两周的活动中，营员们除了在北京学习中国语言文化课程、参观北京历史名胜以外，还赴张家口参观奥运场馆并开展趣味滑雪等活动。

2. 中国语言文化之旅

（1）"冰雪文化行——经纬冬令营"在黑龙江举办

2018 年 1 月 12 日，由中国华文教育基金会主办、北京华文学院承办、经纬置地有限公司赞助的"2018 冰雪文化行——经纬冬令营"在北京华文学院开营。来自印度尼西亚、泰国、老挝、日本、马来西亚、摩洛哥、巴西、玻利维亚等 10 余个国家的 68 名营员，到黑龙江哈尔滨和伊春开展为期 5 天的冬令营活动。

（2）中文学习乐园——"一带一路"经纬重庆营开营

2018 年 4 月 3 日，由中国华文教育基金会主办、重庆市政府外事侨务办公室和重庆市暨华中学联合承办的中文学习乐园——"一带一路"经纬重庆营在重庆暨华中学开营。在为期 1 个月的时间里，30 名泰国华裔青少年学生在重庆学习和感受中国传统文化艺术。

（3）上海举办在沪华裔留学生春令营

2018 年 5 月 11 日，由上海市人民政府侨务办公室和上海市教委联合主办的"2018 年在沪华裔留学生春令营"在上海市长宁区政府开营。此次活动共有来自 6 所高校、11 个国家的 30 名师生参与。营员们在 3 天的活动中参访企业、进行文化考察、探访历史古迹，并与留学归国人员交流。

（4）北京华文学院举办"亲情中华·汉语桥"北京情思夏令营

2018 年 6 月 6 日，由北京市侨联主办、西城区侨联承办、北京华文学院协办的"亲情中华·汉语桥"北京情思夏令营西城营在北京华文学院昌平校区开营。夏令营为期 12 天，营员们既游览了古都的历史古迹，也感受了北京的现代化气息，汉语水平有了明显进步，对中国文化也有了更深入的了解。

（5）"亲情中华·亮丽内蒙古·寻根问祖"夏令营开营

2018 年 6 月 20 日，由中国侨联主办、内蒙古侨联承办、鄂尔多斯市侨联和鄂尔多斯市星光国旅有限责任公司共同协办的"亲情中华·亮丽内蒙古·寻根问祖"夏令营开营仪式在内蒙古鄂尔多斯市成吉思汗陵举行。来自蒙古国的 37 名华裔学生参加此次活动。

（6）"2018 海外华裔新生代广东行"在广东举办

2018 年 6 月 25 日至 30 日，广东省侨办举办"2018 海外华裔新生代广东行"活动。来自马来西亚、印度尼西亚、德国、巴西等 9 个国家的 17 名华裔青年先后参访了广东华侨博物馆、科大讯飞华南总部、微信总部、南沙国际邮轮母港、云从科技、南沙规划馆、东莞规划展览馆、松山湖高新区、松山湖智能机器人研究院、中铁华隧重型装备有限公司、广东工业设计城、美的创新中心、碧桂园总部等地。华裔青年通过此次参访体验活动，感受到了广东新发展、新变化。

（7）北京华文学院举办菲律宾马尼拉天主教崇德学校夏令营

2018 年 6 月 25 日，由中国外交部、财政部主办，北京华文学院承办的 2018 菲律宾马尼拉天主教崇德学校夏令营在北京华文学院昌平校区开营。

（8）"2018 中国文化行——'一带一路'经纬黑龙江营"举办

2018 年 6 月 26 日，由中国华文教育基金会主办、黑龙江省人民政府侨务办公室承办、经纬置地有限公司资助的"2018 中国文化行——'一带一路'经纬黑龙江营"在黑龙江哈尔滨开营。在为期 12 天的活动中，营员们学习汉语和武术、民族歌舞、手工制作等中华文化课程；参观侵华日军七三一部队罪证陈列馆、铁人纪念馆和大庆石油博物馆等反映中国人民英勇抗击外国侵略者、艰苦奋斗建设祖国的历史遗迹和博物馆等；游览太阳岛景区、扎龙自然保护区等黑龙江省特色文化景观。

（9）"亲情中华"美国华裔青少年夏令营在湖北举办

2018 年 7 月 1 日至 13 日，"亲情中华"美国华裔青少年夏令营在湖北十堰举办。来自美国的 40 名华裔青少年通过学习体验、走访交流、参观游览等方式，深入体验武当文化、炎帝文化、木兰文化和武汉三镇民俗文化，聆听汉语课，学习剪纸、书画、茶艺、武术等中华文化，走访参观武当山博物馆、玉虚宫等地。

（10）"亲情中华·汉语桥"夏令营在广西举办

2018 年 7 月 3 日，由中国侨联主办，广西侨联承办，南宁市侨联、桂林市侨联和广西华侨学校协办的"亲情中华·汉语桥"（南宁·桂林）夏令营在广西南宁开营。33 名美国华裔青少年在为期 14 天的行程中，学习汉语、民族舞蹈、中国武术、绣球制作、糖画制作等课程，并到桂林、柳州等地游学。

（11）"亲情中华·上海徐汇夏令营"在上海举办

2018 年 7 月 5 日，由中国侨联主办，上海市侨联、徐汇区侨联承办，上海师范大学侨联、上海中智国际教育培训中心、徐汇区社区学院协办的 2018 "亲情中华·上海徐汇夏令营"在上海师范大学开营。来自 8 个国家的 30 名海外华裔青少年在上海、杭州开展学习、交流、参观活动，学中文、听国学，了解民俗、体验四大发明，感受中国文化的深厚魅力。

（12）"亲情中华"河北夏令营在河北举办

2018 年 7 月 8 日，由中华全国归国华侨联合会主办，河北省归国华侨联合会、河北师范大学国际文化交流学院、张家口市归国华侨联合会承办的"亲情中华"河北夏令营在河北举办。来自西班牙、澳大利亚、德国、法国、斯洛伐克等国家的 35 名华裔青少年在 14 天的行程中，学习汉语课程，感受剪纸、书画、茶艺等河北特色文化艺术。

（13）"亲情中华·汉语桥"北京情思夏令营举办

2018 年 7 月 9 日，由中国侨联和国家汉办主办，北京市侨联、共青团北京市委、北京中华文化学院等单位共同承办的"亲情中华·汉语桥"北京情思夏令营在中国华侨历史博物馆开营。中国侨联文化交流部副部长邢砚庄宣布夏令营开营并授旗。来自新西兰、澳大利亚、美国、俄罗斯、德国、加拿大6个国家的130名营员在14天的活动中，观看《功夫传奇》舞台剧及京剧扮相，体验书法，制作兔儿爷和中国结；参观故宫、长城、孔庙国子监、天津瓷房子等名胜古迹，领略中华古代文明和智慧；参观中国科技馆、鸟巢、水立方、滨海新区图书馆等现代建筑，感受中国发展变化。

（14）"2018 海外优秀华裔大学生广东行"夏令营举办

2018年7月9日至18日，由广东省侨办主办、华南师范大学承办的"2018海外优秀华裔大学生广东行"夏令营在广东举办。来自美国、英国、法国、加拿大等10个国家和地区、49所世界知名大学的70名优秀华裔大学生聆听多场粤港澳大湾区专题讲座，参观广东省博物馆、广东华侨博物馆、广东美术馆、世界文化遗产开平碉楼群、港珠澳大桥等，品尝广式早茶，欣赏中国戏曲，体验拓印、篆刻等中华传统文化。

（15）加拿大华裔青少年福建厦门开启"中国文化行"

2018年7月10日至21日，由中国华文教育基金会主办、厦门工学院承办的"中国文化行"——经纬厦门工学院营在福建厦门举办。主办方为25名加拿大华裔青少年安排了语言、书法、中华武术、传统诗歌等课程，并组织他们参观集美学村、陈嘉庚纪念馆、开元寺、闽台博物馆等厦门和泉州的人文景观。

（16）万余名海峡两岸青少年聚集北京探秘科学营

2018年7月16日，由中国科协、教育部共同主办的青少年高校科学营全国开营式暨北京营开营。来自海峡两岸暨港澳的11000名中学生和1100名教师分别走进全国68个分营，体验大学生活，聆听名师讲座，感受科技魅力。

北京营活动于7月16日至22日举办，共有2300名高中学生和230名带队老师参加。他们走进北大、清华等11所重点高校及4家中央企业和科研机构，体验为期1周的大学生活。

青少年高校科学营活动从2012年至2017年已经连续开展6年。共招募来自海峡两岸暨港澳的58125名中学生和5829名教师参加活动，组织院士专家讲座1263场，开放国家级、省部级重点实验室1752次，举办科技实践活动1359场，参观科普场馆、文化场所等交流活动累计超过7000场次。

（17）国际青年社会实践夏令营在北京举办

2018年7月16日至8月6日，2018"未来领袖青春使者"国际青年社会实践夏令营分组在河北雄安、海南海口、浙江安吉、吉林白山、湖南凤凰五地举行。活动以"融合与发展"为主题，来自吉尔吉斯斯坦、马来西亚、越南、巴巴多斯、埃及、古巴、贝宁、哈萨克斯坦等29个国家和地区的114名中外青年代表分成5支队伍，跟随不同的北京高校大学生社会实践团队，分别赴河北雄安、吉林白山、浙江安吉、湖南凤凰、海南海口五地，通过理论宣讲、社会观察、调查研究、公益服务等形式，围绕城市发展、精准帮扶、生态环境保护、文化传承、改革开放等内容，深入了解中国各地区经济社会发展现状，全面感受中国改革开放40周年的成果。夏令营主题鲜明、形式新颖，突出了互动性、参与性和实践性。

"未来领袖青春使者"国际青年社会实践夏令营创办于2014年，至今已成功举办四届，通过组织各国在京留学生参与生态文化体验、重走"丝路"、探寻中国文化名城和创新发展等方式，为各国青年提供深入了解中国历史文化、全面感知中国现代化建设实践的机会。

（18）北京市政协举办京港澳青少年中华文化体验营

2018年7月17日，由北京市政协港澳台侨和外事委员会举办的第四届京港澳青少年中华文化体验营在北京开营，100余名港澳师生到北京参加体育、文化等交流体验活动。此次活动为期5天，既有乒乓球、羽毛球友谊比赛，也有书法交流等文化体验活动。港澳中学生还登上长城，并参观清华大学、清华附中、琉璃厂文化街区、国家大剧院等，感受中华传统文化和北京发展变化。

（19）香港集美校友后裔夏令营在福建厦门举办

2018年7月18日至22日，由福建省厦门市集美区海外联谊会、集美区侨联主办，集美校友总会协办，华侨大学华文学院具体承办的第三届"嘉庚风·中华情"香港集美校友后裔夏令营在陈嘉庚先生故里——厦门市集美区举办。35名11～23岁的香港集美校友后裔和香港集美校友，相聚厦门，参观鳌园、陈嘉庚纪念馆，了解陈嘉庚的光辉一生；观赏集美城市建设风貌；参观厦门老院子，深入学习了解中国和闽南、华侨文化；参观诚毅科技馆，体验祖国高尖端科学技术发展；参观环岛路、南普陀、中山路等风景名胜。

（20）"亲情中华·汉语桥"夏令营广东营在广东举办

2018年7月18日至29日，由中国侨联、国家汉办主办，广东省侨联、暨南大学华文学院承办的"亲情中华·汉语桥"夏令营广东营，以及广东省侨联和广东省侨界仁爱基金会主办的"广东情·中国梦"夏令营在广东举行。来自荷兰和中国港澳台地区的60余名华裔青少年在10余天时间里根据自己的兴趣爱好选课，学习中国民族舞蹈、腰鼓、诗词、武术、书法、草编、泥塑、茶艺等课程，并赴清晖园、沙湾古镇以及佛山祖庙、南风古灶台、锦绣中华、中华民俗村等中华文化特色地和广东科学中心、广州大学城等现代广东代表地参观游览。

（21）"亲情中华"夏令营在福建举办

2018年7月19日，由中国侨联主办，福建省侨联、南平市侨联承办，武夷学院、武夷山市侨联、北美华人华裔寻根协会协办的"亲情中华"夏令营（福建·武夷山营）在武夷学院开营。来自美国、加拿大、德国的 33 名海外华裔青少年在为期 14 天的活动中近距离感受武夷山碧水丹山，探访朱子故居，学习福建朱子文化、人文民俗和传统艺术。

（22）粤港澳湾区青年营在广东深圳举办

2018 年 7 月 23 日，第二届粤港澳湾区青年营在广东深圳开营。来自粤港澳三地的 110 名高中生在为期 1 周的活动中走进腾讯、大疆、新世界集团、万国击剑等大湾区创新企业和机构，亲自动手拍摄制作微电影、在腾讯众创空间组队创办创新类"公司"，并在由米兰理工大学、清华美院等国内外名校定制的"未来城市畅想"课程中，用蓝图和沙盘为粤港澳大湾区规划未来。营地活动项目横跨深港两地，深圳部分的课程围绕"现代科技与创业"主题展开，香港部分的课程以"传统文化与设计"为主。

此次活动以"粤港澳新青年"为主题，由腾讯公司发起并首度邀请新世界集团联合主办，分两期举行，每期有 110 名湾区三地高中生代表参加，较第一届的营员人数增加了超过一倍，参与学校也从 6 家扩大到 36 家。在往届的科学课基础上，新增了文化艺术体验，并特别邀请电影人专业指导，由营员跨区域组队，用影像表达自我，并在闭营典礼上演一场"微电影展"。

（23）暨南大学举办"中国文化之旅"夏令营

2018 年 7 月，暨南大学"一带一路·寻梦中华"——2018 年中国文化之旅夏令营暨优秀港澳台侨学生领袖研习营在暨南大学开营。来自 20 多个国家及港澳台地区的近 500 名师生参与了活动。

此次夏令营以"一带一路·寻梦中华"为主题，精心设计古丝绸之路等系列历史文化考察路线，开展中华传统文化教育，让港澳台侨学生以亲身体验、寻根溯源、探究研习、合作论文和新媒体展演等不同方式，直观地了解并感知祖（籍）国人文历史某一阶段的历程，及所产生的现实意义和长远影响，逐步培养年轻人的家国情怀。

研习营则重温重走中国革命史迹路线，开展红色革命文化教育。学校特别选拔了优秀港澳台侨学生干部分赴西柏坡、兰考、上海嘉兴、延安等地区进行学习和研修。

此外，多支团队沿途结合"中国梦""一带一路"，开展社会主义先进文化教育。以"一带一路"国内城市为主区域，重点遴选"一带一路"沿线国家的学生，并邀请当地知名学者围绕"中国梦""一带一路"等时政热点召开专题教育讲座，同时参访知名企业、学习考察乡村振兴等，引导年轻学子正确认识中国特色社会主义发展之路。

（24）"亲情中华"夏令营在浙江舟山举办

2018 年 7 月 23 日，"亲情中华"夏令营浙江舟山营在浙江舟山育华国际学校开营。来自美国的近 40 名华裔青少年在为期两周的活动中，学习中文课程和茶艺、戏曲欣赏、剪纸、书法、射箭、击剑、汉服礼仪等中华文化选修课程，并走访定海南洞艺谷、舟山名人馆等历史文化教育基地，感受舟山海洋文化和风土人情。

（25）"亲情中华"江苏淮安夏令营举办

2018 年 7 月 24 日，由中国侨联主办，江苏省侨联、淮安市侨联承办，淮阴师范学院、淮安市佳一教育培训学校、加拿大 BC 省中文协会协办的"亲情中华"江苏淮安夏令营在淮阴师范学院开营。此次活动为期 7 天。

（26）第二届国际友城青少年"看四川"夏令营举办

2018 年 7 月 26 日，由四川省外事侨务办公室主办的第二届国际友城青少年"看四川"夏令营在成都开营。近 70 名来自比利时、捷克、法国、瑞典、英国的青少年学生一同前往四川绵竹年画村观摩年画制作，亲手制作、品鉴川菜，并游览都江堰水利工程、乐山大佛、峨眉山等景点。

（27）"魅力北京行·汉字乐园夏令营"在北京举办

2018 年 8 月 1 日，由北京市人民政府侨务办公室主办，北京国际汉语研修学院承办，日本中华总商会、中国旅美科技协会、荷兰华人专业协会、法国中法服装实业商会等单位协同组织的"魅力北京行·汉字乐园夏令营"在北京工业大学耿丹学院开营。营期为 8 月 1 日至 8 月 8 日，来自日本、荷兰、英国、意大利、西班牙等 10 个国家的 60 位营员学习汉语基础、汉字等课程，体验书法等中国传统文化，进入中国家庭，在北京市内考察游览。

（28）"海外学子华夏行"在北京举办

2018 年 8 月 2 日，由共青团中央学校部和全国学联秘书处共同主办的"海外学子华夏行"活动在北京开营。来自美国、加拿大、俄罗斯等 15 个国家的 26 名中国海外留学生组织代表与团中央学校部、全国学联秘书处有关负责人参加开营仪式。此次活动为期 8 天，围绕"精准扶贫·华夏科技行"，组织营员在北京、四川、贵州等地开展政务参访、企业考察、文化交流、民情体验等活动，帮助营员更好地"爱国、励志、求真、力行"，并在回校求学的同时努力当好全国学联与中国海外留学生的沟通桥梁和联系纽带。

（29）"亲情中华·美好安徽"夏令营在安徽合肥举办

2018 年 8 月 6 日，由中国侨联主办，安徽省侨联、合肥市侨联、六安市侨联和池州市侨联承办的"亲情中华·美好安徽"华裔青少年夏令营在安徽合肥开营。来自美国、加拿大、日本、爱尔兰、摩洛哥、意大利、泰国等国家和地区的 130 余位海外华裔青少年分赴合肥、六安、池州三地，通过黄梅戏、徽剧、剪纸、文房四宝、武术等课程体验徽文化。

（30）"亲情中华"夏令营太原营开营

2018年8月12日至16日，由中国侨联、山西省侨联主办，太原市侨联承办的"亲情中华"夏令营山西太原营在山西举办。这是"亲情中华"夏令营首次在山西太原举办。来自加拿大、英国、美国等国家，以及中国香港及山西省侨界的青少年、志愿者共40名营员参加此次活动。营员们游览平遥古城、祁县大院，制作非遗布老虎，参与漆器制作，通过游览古迹、学习传统文化、参观高新企业及老字号企业等深入了解山西文化。

（31）"2018文化中国行——海外中国文化中心优秀学员团访华计划"在北京启动

2018年8月20日，由中国文化和旅游部对外文化联络局主办，中外文化交流中心承办的"2018文化中国行——海外中国文化中心优秀学员团访华计划"在宋庆龄青少年科技文化交流中心正式启动。中外文化交流中心副主任刘红革、文化和旅游部对外文化联络局中心管理处处长崔英兰和48名中国文化中心优秀学员共同出席启动仪式。

2018年共有来自巴黎、新西兰、老挝、曼谷、马德里、墨西哥、贝宁等18个海外中国文化中心的48名优秀学员访华，旨在通过为注册学习汉语、书画、武术等各类中华传统文化技能的外国优秀学员提供来华实地交流和体验的机会，拉近距离，促进交流互鉴，进一步传播和推广中华文化，深度开展人文交流和对话。

（32）在桂留学生中华文化体验营在广西举办

2018年11月1日，"一带一路·壮乡行"——2018在桂留学生中华文化体验营在广西南宁开营。来自广西民族大学、广西中医药大学、广西华侨学校等7所院校的28个国家和地区的260名留学生共同开启为期5天的壮乡文化体验之旅。此次活动专门针对在桂留学生设计，采取课堂教学、动手操作、户外体验相结合的方式进行，融合了打油茶、壮族香包制作、壮族米粉制作、壮族婚俗礼仪、抛绣球、唱山歌等丰富多彩的民俗课程。

（33）"完美"马来西亚华裔青少年广东感知行冬令营（暨南大学营）开营

2018年12月8日，由中国华文教育基金会主办，暨南大学、广东省侨务办公室承办，马来西亚广东会馆联合会协办，完美（中国）有限公司资助的"2018年'完美'马来西亚华裔青少年广东感知行冬令营（暨南大学营）"举行开营仪式。原国务院侨务办公室副主任、中国华文教育基金会理事长赵阳，马来西亚驻华大使拿督再努丁·叶海亚，完美（中国）有限公司董事长、马来西亚丹斯里皇室拿督、暨南大学校董古润金，中共广东省委统战部副部长、广东省侨办主任庞国梅，暨南大学校长宋献中，以及来自马来西亚的 100 余名营员及其领队老师等出席了开营仪式。

（34）海外华裔大学生冬令营——雅居乐江苏苏州营开营

2018 年 12 月 11 日，由中国华文教育基金会主办，江苏省侨办、苏州市侨办和苏州大学共同承办，雅居乐地产公司资助的"2018 海外华裔大学生冬令营——雅居乐江苏苏州营"在苏州大学开营。来自印度尼西亚茂物同一财经学院的 22 名华裔大学生及教师相聚苏州，深入学习苏州人文历史，感受中华优秀传统文化魅力。

（二）夏（春、秋、冬）令营·行在海外

1. "中华文化大乐园——柬埔寨西哈努克营"在柬埔寨举办

2018 年 1 月 23 日，由国务院侨务办公室主办，江苏省侨务办公室承办，西哈努克省柬华理事会、公立港华中学协办的"中华文化大乐园——柬埔寨西哈努克营"开营。当地华裔青少年参加了为期 10 天的活动，体验了京剧、武术、书法、国画、泥塑、剪纸、音乐和舞蹈等，加深了对中国文化的认知。

2. "2018 中国文化海外行——'一带一路'经纬泰国营"开营

2018 年 3 月 22 日，由中国华文教育基金会主办、湖南师范大学和泰国华文教师公会共同承办、泰国曼谷孔堤公学协办、经纬置地有限公司资助的"2018 中国文化海外行——'一带一路'经纬泰国营"在泰国首都曼谷孔堤公学开营。此次活动连续第 6 年由湖南师范大学承办，同时也是连续第 2 年在泰国举办，受到当地华裔和友族学生家长及社会各界的热烈欢迎。

3. 湖南省海外交流协会举办"2018 中国文化海外行——经纬新西兰营"

2018 年 4 月 16 日，由中国华文教育基金会主办、湖南省海外交流协会承办、新西兰爱德华文传承与教育中心（爱德慈善）协办、经纬置地有限公司资助的"2018 中国文化海外行——经纬新西兰营"在克赖斯特彻奇市 Avonhead 学校开营。在为期一周的活动期间，由来自中国湖南的 6 位教师向当地华裔学生讲授国画书法、中国乐器、传统手工、语言表演、舞龙国术、民族舞蹈 6 门课程。

4. 第 14 届马来西亚华文独中科学营在居銮中华中学举行

2018 年 6 月 8 日至 12 日，由居銮中华中学主办，马来西亚物理协会、马来西亚

留台校友会联合总会、马来西亚留台成功大学校友会和台湾大学马来西亚校友会协办的第 14 届马来西亚华文独中科学营"科学带着走，更小、更快、更智能"在居銮中华中学举行。科学营共吸引了全马来西亚 39 所独中超过 350 名高初中师生参加，台北市木栅高工、印度尼西亚 SMA KRISTEN BASIC BATAM 国际学校前往观摩。科学营通过大师演讲、与大师交流、科学实验、科学创意实作、虚拟实景的科学闯关游戏及科学海报制作等环节共同学习、探讨、分享科技新知，创新教学模式与学习模式。

5. 美国"芝加哥文教中心"举办"儿童中华文艺夏令营"

2018 年 6 月 18 日至 22 日，美国芝加哥"儿童中华文艺夏令营"在"芝加哥文教中心"举办。活动为期 5 天。余淑君担任营长，10 位老师和 15 位青年志愿者担任辅导员，加上 50 位小学员，总人数近 80 人。

夏令营在第 5 天举办成果展，"台湾驻芝加哥办事处"董庆丰等嘉宾出席活动。

6. 美国北加利福尼亚州中文学校联合会举办"海外华裔青少年夏令营"活动

2018 年 6 月 18 日至 22 日，美国北加利福尼亚州中文学校联合会在"旧金山湾区文教中心"举办"2018 年海外华裔青少年夏令营"第一期活动，共 63 名学生参加。联合会特别邀请中国台湾地区专业体育教师及当地文化艺术教师教授体育、文化、艺术等课程。

活动于 2018 年 7 月 9 日至 13 日在旧金山湾区文教中心举办成果发表会。

7. "中华文化大乐园——意大利米兰营"举办

2018 年 6 月 28 日，由国务院侨务办公室主办、河南省政府外侨办与米兰龙甲中文学校共同承办的"中华文化大乐园——意大利米兰营"开营。在为期两周的活动中，来自河南的 12 名优秀教师秉承快乐教学理念，充分发挥专业优势，向 350 多名营员教授了汉语知识、少林武术、民族舞蹈、唱歌、葫芦丝、安塞腰鼓、中国书法、绘画、手工制作等课程。

此次活动中，河南省实验学校郑东小学与米兰龙甲中文学校签订了友好合作协议，以扩大双方师生在语言文化领域的合作与交流。

8. 美国南加利福尼亚州中文学校举办"中华文化夏令营"活动

2018 年 6 月 30 日至 7 月 7 日，美国南加利福尼亚州中文学校联合会在洛杉矶大熊湖营地举办 2018 年"中华文化夏令营"活动。7 月 6 日，"台湾驻洛杉矶办事处"

朱文祥等人前往营区了解学员生活动态及学习成果，并为全营 100 多位师生及志愿辅导员加油打气。

来自南加利福尼亚州各地的青少年，在八天七夜的夏令营中体验多样户外运动，并学习民俗舞蹈体育、传统节庆童玩、书法刻印、童军结、剪纸及手工艺品制作。

9. 法国亭林中文学校举办"夏令营结营典礼暨成果展"

2018 年 7 月 14 日，法国亭林中文学校在巴黎近郊大努瓦西市校址举办"夏令营结营典礼暨成果展"。"台湾驻法国办事处"林宏颖与"2018 年台湾青年海外搭侨计划"苏治元、范睿慈、林家玮、曹咏晴 4 位学员到场见习并观礼。56 位学员分组表演了少林基本武术、传统剪纸、节庆结艺等才艺。

10. 美国阿拉巴马州亨城中文学校举办夏令营活动

2018 年 7 月中旬至 7 月底，美国阿拉巴马州亨城语文榜中文学校举办夏令营活动。除儿童学员外，还有学员家长、义工等 55 人参加。夏令营活动内容包括美术劳作、毛线编织、民俗运动、歌唱舞蹈、益智游戏及中国烹饪等项目，分别由李艳侠、姜亚菲等老师负责指导。

11. "亲情中华·海外行"走进印度尼西亚

2018 年 7 月 15 日至 18 日，"亲情中华·海外行"活动走进印度尼西亚，先后在棉兰棉中中小学、棉兰亚洲国际友好学院等地献艺，用中国歌舞、民乐、魔术等丰富多彩的节目向当地侨胞表达慰问。中国驻棉兰总领事馆副总领事张洪与印度尼西亚苏北省 140 多家华社团体代表、68 所三语学校师生及文化、艺术、教育界人士观看演出。

在棉中中小学，艺术团见证了关闭 52 年后、当地华侨华人自发捐款重建的新校舍的落成，并与当地演出团体同台表演、示贺。中国驻棉兰总领事馆总领事孙昂出席落成典礼。

12. 加拿大多伦多维德中文学校举办青少年夏令营活动

2018 年 7 月 16 日至 27 日，由多伦多教育局国际语言课程与维德中文学校合办的青少年夏令营活动，在加拿大北约克雷斯特维尤公立学校举办。26 日举办"结业式暨成果展"，300 余名 6～15 岁华裔儿童及青少年参加，"台湾驻多伦多办事处"徐咏梅等嘉宾出席。此次夏令营，台湾地区侨务主管部门特地选派民俗体育老师杨堃祥教授文化课程，受到学生热烈欢迎。

13. "中华文化大乐园——匈牙利布达佩斯营" 在布达佩斯举办

2018 年 7 月 17 日至 27 日，"中华文化大乐园——匈牙利布达佩斯营"在布达佩斯光华中文学校举办。此次活动由中国国务院侨务办公室主办，中国福建省侨务办公室、布达佩斯光华中文学校、匈牙利华人联合总会承办，匈牙利中华文化传承传播基金会、中欧经贸物流园区协办。活动为期 11 天，共有 200 余位当地华裔青少年参加。来自福建的教师团向营员们教授了中华武术、舞龙、舞狮、中国画、书法、中国舞蹈、中国音乐、手工剪纸、手工编织、中国结等中华文化技艺。

14. 美国亚特兰大中华文化学校举办"美东南区青少年夏令营"活动

2018 年 7 月 19 日，由美国亚特兰大中华文化学校主办的"美东南区青少年夏令营"在爱默蕾牛津学院举办开营典礼。共 80 多个华裔大小朋友参加，在相处的一周时间里，大家一起起床做早操，学习中国功夫，认真玩扯铃，拿针线学习缝制香包、染布等民俗艺品。主办单位表示，活动旨在提供华裔少年接触中华文化的机会、培养团队精神及独立生活能力，希望参加的学生们能够有所收获。

15. "中华文化大乐园——日本东京营" 在东京举办

2018 年 7 月 28 日至 8 月 5 日，"中华文化大乐园——日本东京营"在东京神田女子学园举办。此次活动由中国海外交流协会主办，广西壮族自治区外事侨务办公室、日本华文教育协会、日本同源中文学校承办，睦新中文学校、广西同乡会协办，并获得了中国驻日本大使馆领事部的大力支持。来自广西壮族自治区高校的 12 位老师安排了中国文化常识、民族声乐、民族舞蹈、中国武术、书法、国画、葫芦丝、腰鼓、手工剪纸等课程，带领近 300 名华裔青少年近距离感受中华文化。

16. 加拿大加东中文学校举办"2018 年多伦多侨民青少年夏令营"

2018 年 7 月 30 日至 8 月 3 日，加拿大加东中文学校联合会在"多伦多文教中心"举办"2018 年多伦多侨民青少年夏令营"，共有 40 余位 6～15 岁的儿童及青少年学员参加。台湾地区侨务主管部门选派民俗体育老师杨堃祥授课，主办单位也特地聘请专业舞蹈老师黄丽熏教授民族舞蹈课程。两位老师寓教于乐，将文化意象自然融入教学。

活动于 8 月 3 日下午举办结业成果展。

17. 巴黎精英中文学校举办中华文化体验和汉语提升营

2018 年 7 月 31 日，法国巴黎精英中文学校在巴黎举办的中华文化体验和汉语提升营结营,以书画展览和表演的形式进行了教学成果汇报。

此次暑期班主要为孩子提升汉语水平和体验中华文化而设。课程的设置根据孩子的特点和水平因材施教,以"欢乐体验"为主题。对 4~5 岁的儿童,学校设置了幼儿汉语启蒙、歌舞表演、绘画、手工、朗诵等课程;6 岁起的孩子则按中文水平分汉语拼音和中文一、二、三、四、五年级,开设汉语课和中华武术、中国传统书法国画艺术、现代与民族舞蹈、合唱、朗诵等兴趣班。共有 120 余名学生报名学习。

巴黎精英中文学校是国务院侨务办公室海外华文教育示范学校之一、华侨大学海外华文教育基地,现设 11 区 Charonne、20 区 Nation/Porte de Vincennes、93 区 Aubervilliers 三个校区。

18. 英国伦敦华夏中文学校举办"英国儿童夏令营结业典礼"

2018 年 8 月 3 日,英国伦敦华夏中文学校举办"英国儿童夏令营结业典礼"。典礼现场进行"传统扇子舞""儿童唱游"等成果表演以及书法、剪纸等静态展示,展示了夏令营 5 天的学习成果。

19. 美国北卡洛丽中文学校举办夏令营活动

2018 年 8 月 8 日,美国北卡洛丽中文学校在凯瑞镇白原卫理公会举办夏令营活动。30 多名学生在一周的夏令营活动中学习了十余种文化课程。台湾地区侨务主管部门选派扯铃教师陈姿萍、舞蹈班教师林品菡等进行授课。

20. "中华文化大乐园——美国纽约营"举办

2018 年 8 月 13 日,由纽约中国总领事馆、中国国务院侨务办公室及浙江省侨办以及华夏总校共同举办的 2018"中华文化大乐园——美国纽约营"开营。此次活动为期 10 天,来自浙江省杭州市各学校和文化团体的 12 位优秀老师,围绕"学会一首歌,学跳一支舞,学打一套拳,学画一幅画,学做一件手工艺品"开展教学。

21. "中华文化大乐园——葡萄牙里斯本营"举办

2018 年 8 月 16 日,由中国国务院侨务办公室主办、淑敏语言文化中心承办、环球伊比利亚传媒协办的 2018"中华文化大乐园——葡萄牙里斯本营"开营。此次活动为期 10 天,营员们学习了京剧戏曲、民族舞蹈、国画书法、中国历史地理常识、二胡和葫芦丝乐器等具有中华文化特色的课程。

22. "中国文化海外行——'一带一路'经纬印度尼西亚营"举办

2018 年 8 月 21 日至 30 日,由中国华文教育基金会主办、华侨大学承办、巴厘岛文桥三语学校协办、经纬置地有限公司资助的"中国文化海外行——'一带一路'经纬印度尼西亚营"在巴厘岛文桥三语学校举办。中国驻登巴萨总领事馆总领事苟皓东、领事孙丽华、巴厘岛文桥三语学校董事长江睿以及华侨大学教师团队、营员代表等近 300 人参加了开营仪式。此次文化营华侨大学共选派了 10 名教师，向营员们传授舞龙、武术、打击乐、中国画和中国舞蹈等中华文化课程。

在印度尼西亚期间，教师团队还拜访了中国驻登巴萨总领事馆，汇报此活动的教学情况，并参加了"总领事馆开放日"活动，献上中华文化节目表演。

23. "2018 中国文化海外行——雅居乐德国营"举办

2018 年 10 月 7 日，由中国华文教育基金会主办、山东省外侨办承办、威海市外侨办和德国华达中文学校协办、广东雅居乐公益基金会资助的"2018 中国文化海外行——雅居乐德国营"在德国华达中文学校开营。代表团一行在此开展为期 10 天的教学和展演活动，内容涉及中华文化、书法国画、胶东剪纸、民族器乐、中华武术、民族舞蹈、民歌声乐 7 个传统文化领域。

24. "中华文化大乐园——缅甸仰光营"举办

2018 年 10 月 16 日，由中国海外交流协会、云南省海外交流协会主办，缅甸仰光东方语言与商业中心承办的"中华文化大乐园——缅甸仰光营"在缅甸仰光东方语言与商业中心开营。来自云南的 12 位优秀教师向 500 余位营员教授了书法、绘画、手工、舞蹈、民族乐器等课程。中国驻缅甸大使馆于边疆参赞等嘉宾出席了 10 月 27 日举行的闭营仪式暨教学成果汇报演出。

（三）竞赛活动

1. 第六届海外华裔青少年中华文化大赛（知识竞赛）总决赛举行

2018 年 1 月 2 日晚，由国务院侨务办公室、中国海外交流协会主办，华侨大学承办的第六届海外华裔青少年中华文化大赛（知识竞赛）总决赛举行。本届大赛分为海外预赛和国内决赛两个环节，共有 14 个国家的 100 余名营员及领队参加了本届大赛的优胜者冬令营暨总决赛活动。大赛期间，营员们不仅比拼中华文化知识，还参加文化讲座、文化考察等丰富多彩的活动。最终，意大利队摘取状元奖，马来西亚队和奥地利队分获榜眼奖和探花奖。国务院侨务办公室文化司长雷振刚，华侨大学校长徐西鹏、副校长曾路等到现场观看比赛并为获奖者颁奖。

2. 菲律宾棉兰老地区"华语情"系列竞赛开赛

2018 年 1 月 27 日，在菲律宾华教中心指导下，由棉兰老华教协会主办、密三密斯光华中学承办的第九届棉兰老地区"华语情"系列竞赛活动在贝瑟尼花园度假村举行。此次比赛分中小学讲故事、硬笔书法、歌唱和课本剧等 7 个项目，参赛选手近百人。棉兰老华教协会会长徐奋忠和华教中心师资部主任郝海庭向获奖学生和学校颁发了奖状和奖金。

3. 美国新泽西新海中文学校举办查字典比赛

2018 年 3 月 17 日，美国新泽西州新海中文学校举办查字典比赛，"纽约侨教中心"副主任王盈蓉参观班级比赛并担任评审。王盈蓉除了关心学生学习中文的情况之外，还鼓励参赛学生努力学习汉字，日后成为汉英双语专家。

4. 美国田纳西州大纳城中文学校举办"中文说故事比赛"

2018 年 3 月 24 日，美国田纳西州大纳城中文学校举办"中文说故事比赛"。全校 14 个班级共 95 名学生参赛。校长严秋燕希望借此机会为学生们提供练习中文听、说、读、写的机会，鼓励学生们努力提高学习汉语的能力与技巧，进而建立起学习汉语的自信心。

5. 美国北加利福尼亚州中文学校举办"2017—2018 学年度学术比赛"

2018 年 3 月 25 日，美国北加利福尼亚州中文学校联合会在圣若泽市利兰高中举办"2017—2018 学年度学术比赛"，共有 500 人参赛。"旧金山湾区文教中心"主任阎树荣、北加利福尼亚州中文学校联合会会长施光庭等出席比赛。

6. 马来西亚举办第二十一届马来西亚全国华小儿童诗创作比赛

2018 年 4 月 12 日，由南马来西亚文艺研究会主办的第二十一届马来西亚全国华小儿童诗创作比赛开幕。此次比赛旨在培养儿童的创造力，促进学生对华文诗歌、写作和阅读的兴趣。

7. 美国北加利福尼亚州中文学校联合会举办第二届多媒体 PPT 制作比赛

2018 年 4 月 15 日，美国北加利福尼亚州中文学校联合会在美国旧金山湾区文教中心举办第二届多媒体 PPT 制作比赛，"旧金山湾区文教中心"主任阎树荣、北加利福尼亚州中文学校联合会会长施光庭等嘉宾以及中文学校校长、老师约百人出席。

2018 年活动以"游览名胜古迹"为主题，通过搜集资料、版面设计等发挥学生们的创造能力，加深学生们对中华文化的了解。这项比赛也在现场安排了中文问答环节，考验学生的临场应变能力。

8. 美国休斯敦长青中文学校举办演讲比赛

2018 年 4 月 15 日，美国长青中文学校 2018 年演讲比赛在校内举行。"休斯敦文教中心"主任庄雅淑、"台湾驻休斯敦办事处"负责人何仁杰等出席。长青中文学校校长王晓明表示演讲比赛是培养学生能力与自信的良好平台。庄雅淑表示此次演讲比赛可以激发他们学习中文的热情，是很有意义的活动。

9. 第四届"大使杯"中文朗诵大会在东京举行

2018 年 4 月 28 日，由日本华文教育协会和全日本华侨华人联合会主办的第四届"大使杯"中文朗诵大会在东京举行。此次朗诵大会吸引了来自日本各地约 200 位华侨华人子女参赛，约 600 名观众到现场观看比赛。

10. 美国北加利福尼亚州中文学校联合会举办团体才艺观摩比赛

2018 年 5 月 12 日，美国北加利福尼亚州中文学校联合会在库比蒂诺市主要街道举办了"2017—2018 学年中华儿童青少年文艺日——团体才艺观摩比赛"。"旧金山湾区文教中心"副主任钟佩珍等共 400 人出席。

校方鼓励学生在华语文学习之外，学习多元的中华传统才艺。比赛共有博爱中文学校等 8 校参加，表演了铃鼓舞、国乐演奏、花灯舞、扯铃等民间艺术。

11. 意大利中文学校联合总会在米兰举办中文诗歌朗诵比赛

2018 年 5 月 13 日，为传承和弘扬中华传统文化，庆祝母亲节，促进意大利各华校师生之间的交流，意大利中文学校联合总会在米兰举办意大利首届主题为"感恩母亲，歌颂母爱，弘扬传统美德"的"母亲杯"中文诗歌朗诵比赛，来自意大利各地的 20 多所中文学校的选手参加了比赛。

12. 澳大利亚纽修威中文教育理事会举办"第 28 届全澳中文朗诵比赛"

2018 年 5 月 19 日，澳大利亚纽修威中文教育理事会举办为期两周的"第 28 届全澳中文朗诵比赛"。

"台湾驻悉尼办事处"负责人王雪虹、"悉尼文教中心"主任吴春芳应邀出席 5

月 19 日的非母语团体组赛事，受到纽修威中文教育理事会主席张学丰及副主席吕进梁、蔡荣基等人的热烈欢迎。王雪虹及吴春芳为前三名优胜队伍颁发获奖证书。

13. 韩国水原华侨中正小学举办"华侨小学学艺竞赛"

2018 年 6 月 1 日，韩国水原华侨中正小学举办"第三届华侨小学学艺竞赛"。首尔、永登浦、原州、釜山及水原 5 所小学组队，共 58 名同学参赛。

竞赛分高低两个年级组，有中文演讲、韩语演讲、英语演讲、歌唱等比赛项目。主办单位特别邀请首尔华侨中学舞狮队进行现场表演，也增加了拔河比赛的环节。首尔华侨协会会长李宝礼等嘉宾出席活动。

14. 美国举办第 11 届"联成杯"青少年中华文化常识问答比赛

2018 年 6 月 3 日，美国美东联成公所在公所礼堂举办第 11 届"联成杯"青少年中华文化常识问答比赛。来自纽约、新泽西及波士顿等地的 11 所中文学校的 19 个代表队报名参赛。

"台湾驻纽约办事处"杨光彬、"纽约文教中心"负责人黄正杰、美东联成公所负责人黄达良等及领队老师、家长共 180 人出席。

15. 第十四届中华缘大赛在韩国国会举办

2018 年 6 月 9 日，以"中韩两国的伟大发展"为主题的"龙庆峡杯"第十四届中华缘大赛在韩国国会议员会馆大会议室举办。大赛特设中国文化体验区和演出环节，让参赛者和到场观众不仅通过中文感知中国，而且能够通过视觉、触觉、味觉等更多地体验、了解中国传统文化。

16. 第十六届全英普通话朗诵比赛在苏格兰、伦敦举行

2018 年 6 月 9 日，第十六届全英普通话朗诵比赛（苏格兰赛区）在 The Edinburgh Academy 举行。此次大赛由英国中文教育促进会主办，Heriot-Watt University 苏格兰商务与交流孔子学院协办，苏格兰华夏中文学校承办。苏格兰商务与交流孔子学院的温秀颖院长、刘惠院长，George Watson's College 校长 Melvyn Roffe，爱丁堡爱侨中文学校董事长谢怀义、校长黄雅晴，爱丁堡中文学校校长李静懿，苏格兰华夏中文学校校长杨尔辅等嘉宾出席。来自苏格兰各地的 8 所学校共 207 名学生参加了大赛，参赛项目 60 个。

2018 年 6 月 24 日，由英国中文教育促进会主办的第十六届全英普通话朗诵比赛（伦敦赛区）在伦敦威斯特敏斯特大学举行。来自伦敦及周边地区的 41 所学校共 417

名学生参加，创历史新高。英国中文教育促进会会长伍善雄、伦敦华侨互助工团名誉会长文祖述、中国驻英使馆费明星公参兼总领事和王霄巍领事等嘉宾出席开幕式。

比赛旨在推广普通话，鼓励学生学习普通话。比赛根据选手个人背景分为四组：非华裔外语组（B组）、华裔粤语或其他方言组（C组）、华裔其他外语组（M组，父母中的一方或养父母不是华人）、华裔普通话组（P组，父母双方是说普通话的华人）。每个组别又分设个人赛和集体赛。当天个人赛节目118个，集体赛节目75个，最终决出95个奖项。2018年的参赛学校中，周末华文学校占60%，选手最多的是普通话背景的学生。而参赛人数少的非华裔背景选手，成绩极为优秀。

17. 华侨华人（中山）征文系列比赛启动仪式在广东中山举行

2018年6月20日，2018年华侨华人（中山）征文系列比赛启动仪式在广东中山举行。此次比赛以"文化同根，中华同梦""我心中的祖国"为主题，旨在庆祝改革开放40周年、广东省侨联成立60周年、中山升格地级市30周年，巩固和发展海内外中华儿女的大团结，推动文化交流合作，促进"一带一路"倡议、粤港澳大湾区建设，最大限度地把全民族的力量凝聚起来，共同推进祖国和平统一大业，共同搭建海内外中华儿女的文化交流平台。

18. 第五届"与声剧来"广播剧大赛在新加坡举行颁奖典礼

2018年6月21日，第五届"与声剧来"广播剧创作比赛在新加坡国家图书馆大厦举行颁奖典礼。获得最佳剧本奖的7个作品都已录制成广播剧播出。所有得奖作品也将编写续集，其中4个佳作将再制成广播剧播出。配合比赛举办的一系列工作坊，让17所学校约1000名学生获益，而超过八成的学生认为，工作坊激发了他们学习华文的兴趣。配合此次比赛，主办单位也首次为教师举办工作坊，让约100名教师学习广播剧的创作技巧，鼓励他们运用到日常教学中，营造愉快的学习氛围。

19. 首届全英少儿"丝路回响"中文海报设计大赛在伦敦举行

2018年6月24日，由英国中文教育促进会、富中传媒和酷锐传媒联合主办的首届全英少儿"丝路回响"中文海报设计大赛在伦敦举行，数十幅得奖作品生动地勾画出从古代"丝绸之路"到今日"一带一路"历史传承的纽带，小画家们也成为中英友谊的文化使者。中国驻英国大使馆公使衔参赞兼总领事费明星在颁奖典礼致辞中称赞，有如此多的英国儿童和华人子弟参加大赛，他们成为中英两国友好的"大使"。

20. 首届海外华裔"印象·泉州"主题摄影比赛在福建泉州举办

2018年7月5日，首届海外华裔"印象·泉州"主题摄影比赛在福建泉州黎明职业大学举行。这是美国华裔青少年"中国寻根之旅"夏令营海丝非遗文化体验营的活动之一。比赛由泉州市社科联和黎明职业大学联合主办，以"面向海外华裔，讲好海丝故事"为主题，要求营员们用镜头记录"寻根之旅"，用作品分享"海丝文化"，用汉语讲述"泉州印象"。

21. 广东江门举办海外华裔青少年诗词大赛

2018 年 7 月 11 日，由广东省江门市外事侨务局、江门市港澳事务局、江门市台湾事务局等单位主办的"少年中国说"2018 粤港澳台暨海外华裔青少年中华诗词大赛交流晚会暨颁奖仪式在广东省江门市举行。此次中华诗词大会是江门"少年中国说"粤港澳台暨海外华裔青少年文化交流品牌活动的一个项目，共有 20 多个国家和地区的 62 支队伍参赛。

22. "唱响星途"全球华人流行歌手大赛在澳大利亚悉尼举办

2018 年 7 月 16 日，在澳大利亚悉尼举办的历时 6 个月的 2018"唱响星途"全球华人流行歌手大赛落幕。来自悉尼大学的女选手寻清获得全球总冠军。此次全球总决赛在悉尼星港演艺中心举行。爱奇艺奇秀直播网络在线直播，近 600 万人在线观看了大赛。

2019 年"唱响星途"全球华人流行歌手大赛将覆盖全球五大洲，增设 9 个分赛区，并开通全球报名公众平台，以吸引更多海内外华人参加。"唱响星途"大赛及系列活动永久落户悉尼，使全球华人文化推广活动更具有持续性和延展性。

23. 浙江省温州外侨办联合《温州晚报》开展华裔青少年征文比赛

2018 年 7 月 25 日至 28 日，浙江省温州市外侨办联合《温州晚报》在海外及海外华裔青少年"中国寻根之旅"夏令营"相约温州营"中，开展以"留根连心 家在我心中"为主题的纪念改革开放 40 周年征文比赛。

此次征文比赛参赛对象为 18 周岁以下的海外温籍华裔青少年，要求以"纪念改革开放 40 周年"为主题，展现改革开放 40 年以来温州所取得的辉煌成就。征文内容从作者对故乡温州特殊的情感出发，个人经历、家乡变迁、风情人文都可作为书写内容，将自己对家乡的感情和眷恋用文字表达出来。

24. "文化中国·水立方杯"唱响双奥之城华侨华人大联欢在北京举行

2018 年 8 月 8 日，由北京市政府侨办联合北京冬奥组委新闻宣传部、北京市政府新闻办、北京市文化局、北京国资公司共同主办，北演公司、北京电视台、北京国家游泳中心有限责任公司联合承办的"文化中国·水立方杯"唱响双奥之城华侨华人大联欢在国家游泳中心"水立方"举行。中央统战部副部长、国务院侨务办公室主任许又声出席晚会并致辞，中央统战部副部长谭天星，北京市委常委、统战部部长齐静，北京冬奥组委秘书长韩子荣，北京市政府副秘书长韩耕，北京市人民政府侨务办公室主任刘春锋，北京国资公司总裁直军，北京国资公司副总裁、国家速滑馆公司董事长武晓南等嘉宾出席此次活动。

演出共分"青春梦想""家国情怀""北京冬奥"三个篇章。来自 25 个国家 39 个赛区的 100 余名选手与国内知名歌唱家同台献艺，表演武术、歌舞等精彩节目。现场海内外青年相聚"水立方"以歌传情，宣扬和铭记海外华侨华人支持奥运、情系祖（籍）国的桑梓情怀。此外，演出现场还进行了万人助力冬奥长卷签名活动启动仪式，为北京冬奥会献上祝福。

大赛新设加拿大卡尔加里、阿根廷、德国慕尼黑、澳大利亚珀斯、南非开普敦和津巴布韦 6 个赛区，海外赛区总数达 39 个。25 个国家的 39 个赛区举行了海外初赛，上至 72 岁老侨下至 7 岁孩童共 7000 余名选手参与了海外选拔，1000 多家侨界社团、华文媒体、中文学校及中资机构参与办赛，现场观众累计 8 万余人，通过网络参与人数超过百万。最终，70 余名青少组选手和 30 余名成人组优胜选手获得到北京参赛的资格。

"文化中国·水立方杯"海外华人中文歌曲大赛是一项大型公益性侨务文化交流活动，自 2011 年以来，已连续成功举办七届。2017 年纳入国务院侨务办公室"文化中国"品牌体系，升级成为国家级侨务文化品牌和全体华侨华人积极参与的音乐文化盛会。此次活动以 2008 年北京夏季奥运会成功举办 10 周年和 2022 年冬奥会进入北京周期为契机，以"相聚水立方 唱响中华情 共圆冬奥梦"为主题，旨在助推和谐侨社建设，打造全球华人文化盛会，促进中外文化交流，助力北京冬奥筹办。

2018 年是北京夏季奥运会成功举办 10 周年纪念，也是 2022 年冬奥会进入北京周期的关键节点，北京市政府侨办还以此为契机，联合北京市国资公司等部门，共同举办首届"水立方文化节"。除歌曲比赛外，还以"放眼'侨'世界、畅想冬奥、美丽北京新时代"为主题，举办海外华侨华人书画大赛、摄影大赛，通过雅俗共赏、喜闻乐见的艺术形式，反映侨胞在海外的生活状态、对冬奥的期盼以及对北京的美好印象，并在国家游泳中心——水立方举行优秀作品展。

25. 首届"春华秋实"中外学生诗词大会在北京举行

2018 年 8 月 15 日，由中国华文教育基金会主办、北京四中网校承办的首届"春华秋实"中外学生诗词大会在北京举行。历经 3 个多月的初赛、复赛的激烈竞争和严格选拔，21 名选手在北京进行决赛角逐。决赛以中外学生相互合作、小组参赛的形式进行，通过笔答题、抢答题和"飞花令"等环节，决出 4 个团队奖和 3 个个人奖。中国华文教育基金会副理事长兼秘书长于晓，北京四中网校校长黄向伟、副校长刘开朝等出席现场观赛。

26. 加拿大多伦多举行"中国熊猫杯"学生中文演讲大赛

2018 年 8 月 25 日，由中国驻加拿大多伦多总领事馆主办、加拿大华文教育学会承办、加拿大国际电视台协办的"中国熊猫杯"学生中文演讲大赛举行决赛。80 多名华裔青少年围绕"中加旅游年"的主题展开角逐，展示学说中文的成果。比赛历时近两个月，分小学组、中学土生组、中学新移民组 3 个组别进行。

作为中国驻多伦多总领事馆面向华裔青少年推广中文及中华文化的系列赛事及活动品牌，"中国熊猫杯"活动已连续举办 7 次。此前举办过的该系列活动包括中文征文、中华才艺、书法绘画、视频创作等比赛及专题活动。

27. 第二届宿务"华语情"系列竞赛活动成功举办

2018 年 8 月 27 日，由中国驻菲律宾宿务总领事馆主办、菲律宾华教中心协办的第二届宿务"华语情"系列竞赛在宿务文华大酒店落幕。中国驻宿务总领事馆副总领事吴晓敏、领事蒋雯，米沙鄢华教协会顾问何安顿，菲律宾华教中心主席黄端铭等嘉宾出席。此次"华语情"比赛历时一周，举办了华语能力考试、讲故事、朗诵、书法、中文歌曲、民族舞蹈等项目，宿务地区 9 所学校约 600 名学生参赛。

28. 第三届中美青少年中英文征文大赛颁奖仪式举行

2018 年 8 月，《红杉林》杂志等华人社团、华文传媒与教育机构在美国旧金山中国城胜利堂举办第三届中美青少年中英文征文大赛颁奖仪式。中国驻旧金山总领事馆代总领事查立友向获奖选手颁发奖状。

中美青少年中英文征文大赛每两年举办一次，至今已举办三届。2018 年有逾万人参赛，300 多人获奖。

29. 美国华盛顿地区侨团侨校共同举办推广华语活动

2018 年 9 月 22 日，世华工商妇女企管协会蒂巴城分会与华盛顿中文学校联谊会在"华盛顿文教中心"举办第一届"外国人说华语"演讲比赛。

"台湾驻美国代表处"迟耀宗与"华盛顿文教中心"陈世池应邀出席。参赛者及家长 50 余人与会。此次比赛分初级、中级和高级 3 组进行，共有 10 名来自不同文化背景的参赛者分享与中文的邂逅以及对中文的热爱。

30. 美国加利福尼亚州圣地亚哥中华学苑举办中文演讲比赛

2018 年 10 月 28 日，美国加利福尼亚州圣地亚哥中华学苑举办中文演讲比赛"我的爱好"。比赛由台湾侨务部门工作人员傅家康、北郡中文学校校长黄玲玲、台湾中华学苑前校长法薇担任评审。理事会还在现场为台湾普悠玛列车翻覆进行义卖募款活动。

31. 美国佐治亚州亚特兰大中文学校举办汉字听写比赛

2018 年 11 月 2 日，美国佐治亚州亚特兰大中文学校及"亚特兰大文教中心"为提高学生学习中文的兴趣，增强学生中文能力，促进学生在中文听、说、读、写各方面的发展举行汉字听写比赛。

32. 美国南加利福尼亚州中文学校举办学术比赛

2018 年 11 月 4 日，美国南加利福尼亚州中文学校联合会秋季学术比赛在洛杉矶东区亚凯迪亚高中（Arcadia High School）举行。38 所中文学校和多个个人团体，近 600 名 6~18 岁的学生参加了比赛。

此次比赛以"学中文好好玩"为主题，设毛笔书法、硬笔书法、翻译、作文、中文海报等项目。主办方希望借助比赛增进南加利福尼亚州各中文学校学生良性互动，互相观摩学习，从而坚定孩子们学习中文的信心。

33. 美国北卡罗来纳州洛丽中文学校举办查字典及翻译比赛

2018 年 11 月 17 日，美国北卡罗来纳州洛丽中文学校在该校办公室举办"第五届查字典及翻译比赛"。活动共有 90 多名学生、老师及家长参加。

当天比赛依年龄及班别分成 4 组，评审依据积分确定获胜者。校方表示希望借此练习和比赛，加强学生查字典及翻译的能力，进而推广汉字之美。

34. 孟加拉国举办"中国知多少——汉语的魅力"知识竞赛

2018 年 11 月，孟加拉国"中国知多少——汉语的魅力"知识竞赛颁奖典礼在达卡加姆纳未来大厦中心广场举行。中国驻孟加拉国大使张佐受邀出席颁奖典礼。此次以中国文化为主要内容的知识竞赛，共收到孟加拉、印度、巴基斯坦等国读者和网民答卷 5000 余份。活动是 2018 年"中国文化月"的收官活动，极大激发了孟加拉民众了解中国和学习汉语的热情。

35. 美国华盛顿中文学校联谊会举办书法比赛

2018 年 12 月 1 日，美国华盛顿中文学校联谊会在"华盛顿文教中心"举办书法比赛。黎明、华盛顿、洛城等 7 所中文学校、近 30 名学生参赛。各校校长、老师、家长近百人出席。

36. 美国南加利福尼亚州中文学校举办秋季学术比赛

2018 年 12 月 2 日，美国南加利福尼亚州中文学校联合会在"洛杉矶文教中心"举办 2018 年秋季学术比赛颁奖典礼。"洛杉矶文教中心"工作人员傅以蒨出席，逾 600 人到场观礼。

37. 第二届全球华语朗诵大赛在北京启动

2018 年 12 月 27 日，第二届全球华语朗诵大赛暨第五届"曹灿杯"青少年朗诵展示活动在北京举行启动仪式。"曹灿杯"组委会秘书长王丹，中国华文教育基金会副理事长、秘书长于晓等嘉宾出席。

大赛由中国关心下一代工作委员会事业发展中心、中国华文教育基金会、北京市教育学会、北京市东城区文化委员会主办，致力于提高海外华裔青少年学习中国语言的兴趣，增强其文化自信，巩固和扩大海外华文学校的教学成果。

（四）文体活动

1. "文化中国·四海同春"大型文艺活动举办

2018 年 2 月 4 日，由国务院侨务办公室组派的 2018 年"文化中国·四海同春"文化艺术团在香港红磡体育馆献上首场演出。而后，各支艺术团分赴北美、南美、亚洲、欧洲、大洋洲 16 个国家和地区的 29 座城市，共演出 33 场（见表 3 - 2）。阎维文、杨洪基、莫华伦、蔡国庆、王宏伟、吕薇等多位知名艺术家，中国东方演艺集团、中国歌舞剧院、中国杂技团、中国铁路文工团、北京舞蹈学院等多个优秀艺术院团，共 330 余位演职人员为世界各地的华侨华人带去祖国的问候。

2018 年是"文化中国·四海同春"文化品牌活动十周年。中国国务院侨办主任裘援平表示，国侨办最初打造"四海同春"这一文化品牌，就是想代表祖（籍）国慰问在世界各地的华侨华人，为他们带来一台具有浓郁中华民族特色的演出，与他们

表 3 - 2　"文化中国·四海同春"慰问演出行程

艺术团	演出时间	演出地点
港澳团	2 月 4 日至 5 日	中国香港
	2 月 8 日	中国澳门
欧洲团	2 月 18 日至 19 日	伦敦
	2 月 22 日	剑桥
	2 月 25 日	曼彻斯特
	2 月 28 日	巴黎
	3 月 6 日	米兰
亚洲团	2 月 19 日	清迈
	2 月 22 日	合艾
	2 月 24 日	吉隆坡
	2 月 28 日	古晋
	3 月 4 日	马尼拉
	3 月 6 日	宿务
北美团	2 月 19 日	巴拿马
	2 月 21 日	圣何塞
	2 月 24 日	休斯敦
	2 月 28 日	奥兰多
	3 月 3 日	旧金山
	3 月 6 日	芝加哥
南美团	2 月 21 日	圣保罗
	2 月 28 日	里约热内卢、利马
	3 月 3 日	圣地亚哥
大洋洲团	2 月 22 日	奥克兰
	2 月 25 日	惠灵顿
	2 月 28 日	墨尔本
	3 月 2 日	悉尼
	3 月 5 日	珀斯

一同欢度春节。十年来,"四海同春"已累计向超过 150 个国次和港澳地区派出逾 70 支艺术团组,在五大洲逾 330 个城次演出 450 场。"四海同春"的舞台"有容乃大",展示中华文化的源远流长,也展示其现代性和国际性。世界各地民众通过"四海同春"感受中国节庆文化,了解中华传统文化。

2. 比利时华侨中山学校举行 2018 年元旦升旗典礼

2018 年 1 月 1 日，比利时华侨中山学校举行 2018 年元旦升旗典礼。台湾地区侨务工作人员林长成、中山学校校长屠德芬、"台湾驻欧盟兼驻比利时代表"曾厚仁等出席典礼。

3. 海外华校、华教组织开展活动庆祝中国新年

2018 年 1 月 12 日，韩国首尔华侨小学举办 2018 年新年晚会。董事长吴学彬主持此次晚会，10 多位董事、"台湾驻韩国办事处"廖静芝出席。吴学彬强调未来主要是推动校舍的改建和完善各项校务工作，希望将首尔华侨小学打造成一个模范学校。

2018 年 1 月 28 日，美国新泽西普林斯顿中文学校在新泽西蒙哥马利高中礼堂举办新年晚会。西温莎市市长薛信夫等嘉宾应邀出席。校长罗安妮致辞感谢一年来教师、家长们的付出。台湾地区侨务主管部门戴松昌代表部门向学校赠送狗年小提灯。

2018 年 1 月 28 日，日本东京中华学校校友会在东京中华学校举办"2018 年春节联欢活动"。校友会会长陈樱芳、"台湾驻日本办事处"郭仲熙等嘉宾出席。

2018 年 2 月 3 日，美国圣地亚哥北郡中文学校暨中华文化联谊会举办新年园游会活动。"橙县文教中心"主任杨海华等嘉宾出席。现场有精彩的舞狮表演、各种台湾美食，吸引了 800 多名社区人士参加。

2018 年 2 月 3 日，美国密歇根州安娜堡中文学校在瓦什特洛社区学院举办新年晚会。校长高淑芬、"台湾驻芝加哥办事处"李唯诚等嘉宾出席。

2018 年 2 月 10 日至 11 日，英国伦敦华夏中文学校在北伦敦永业中心举办"书法迎新春"活动。来自台湾地区的华文教师刘婉芸和吴佳苇现场展示汉字艺术。华夏中文学校校长丁惠慈向在场嘉宾介绍汉字文化及学校的华语文课程，并且表示学校时刻关注着台湾花莲地震的灾情，并会在 2 月 24 日、25 日两天的春节活动中发起救灾募捐活动。

2018 年 2 月 10 日，美国橙县富乐顿中文学校在日光坡高中举办新年庆祝活动。"橙县文教中心"主任杨海华、南加利福尼亚州中文学校联合会副会长洪信哲等嘉宾出席。此次活动还就花莲地震发动了捐款活动。

2018 年 2 月 10 日，美国芝加哥西北郊中文学校举办 2018 年新年联欢晚会。"台湾驻芝加哥办事处"负责人张志强等嘉宾出席。张志强致辞感谢西北郊中文学校校长姜晓林长期以来举办多元活动，协助推动汉字教育及推广具有台湾地区特色的中华文化。

2018 年 2 月 11 日，美国波士顿慈济人文学校举办新春联欢晚会。除观看学生表

演的节目外，活动还播放了有关花莲地震救援视频，组织学生捐款。

2018 年 2 月 11 日，美国勒星顿中文学校举办新春联欢活动，校长黄冠群等人发起"学生 1 人 1 元"的捐款活动，关心台湾花莲地震灾情。

2018 年 2 月 11 日，美国南海岸中华文化协会暨尔湾中文学校在学校体育馆举办新年游园会开幕式，"台湾驻洛杉矶办事处"负责人夏季昌、"橙县文教中心"主任杨海华等到场与学校师生一起欢庆新年。

2018 年 2 月 17 日，美国哥伦布市中文学校举办新年游园会，"芝加哥文教中心"副主任赖贞利前往参加。赖贞利致辞感谢哥伦比亚市中文学校校长李国辉每年协助举办夏令营、汉字文化节等文教活动，培养学生对华语文学习的兴趣，并鼓励学生们利用暑假到台湾地区参加青年语文研习班及英语服务营。

2018 年 2 月 17 日，美国哥伦比亚市中文学校在克拉德洛克小学举办"2018 新春联欢晚会"，共有师生、家长、当地人士约 400 人参加。晚会邀请"台湾驻美办事处领务组"负责人周道元、办公室负责人王柏翰和"华盛顿文教中心"主任陈世池、副主任王怡如出席。

2018 年 2 月 18 日，美国波特兰慈济人文学校举办春节庆祝活动，"西雅图文教中心"主任陈敏永、慈济波特兰支会负责人林政文、校长黄瑞金、师生及学生家长等约 200 人出席。

2018 年 2 月 18 日，美国芝加哥瑞柏中文学校举办春节联欢晚会，"芝加哥文教中心"副主任赖贞利、美中中文学校协会会长洪嫚明等应邀出席。赖贞利向 2017 年参加"海外华裔青年英语服务营"及热心公益的学生颁发了"白宫总统志愿者奖"。

2018 年 2 月 24 日，英国伦敦中华学校在校内张荣发大会堂举办"戊戌年春节恳亲游艺会"。学校创办人暨校长张志强夫妇、"台湾驻英国办事处"程祥云夫妇、台湾地区侨务办公室负责人张希贤、路威甚市议会主席奥巴基米·阿德菲拉尼等约 450 人参加活动。活动不但有舞蹈、中国功夫等演出，还在现场设美食摊位，义卖中华传统美食，所有收入将全部作为中华学校的教育经费。

2018 年 2 月 24 日，加拿大西部中文侨校联合会在本拿比市举办春节聚餐活动，"台湾驻温哥华办事处"刘汉清、教育办公室负责人唐天华、台湾地区侨务办公室负责人黄俪萱等出席。活动由加西中文侨校联合会会长欧阳金玲主持，在活动中她鼓励各校使用台湾地区侨务主管部门编订的华语教材《学华语 向前走》。

2018 年 2 月 24 日，美国南普峡华美联谊会和南普峡中文学校联合举办春节庆祝活动。"西雅图文教中心"主任陈敏永、台湾地区侨务顾问张良枝等约 250 人参加。陈敏永致辞感谢主办单位的辛勤付出，肯定了他们借举办活动传播传统习俗与优秀的文化，使侨胞二代子女们体验农历新年气氛的行为，并向南普峡中文学校校长林岁玲颁发感谢奖，表彰其担任校长期间所付出的努力与所做的贡献。

2018 年 2 月 24 日，美国华盛顿地区中文学校联谊会举办校长春节聚餐活动，来自华盛顿地区的多所中文学校校长及行政主管人员约 20 人参加。"台湾驻美办事处"迟耀宗、"华盛顿文教中心"副主任王怡如应邀出席。

2018 年 2 月 24 日，菲律宾侨中学院家长会、小厨师社团在马尼拉市上帝的礼物修道院举办春节济贫活动，并邀请菲华文经总会消防研习营同学会负责人到场传授基本防灾知识。

2018 年 2 月 25 日，德国斯图加特中文学校举办"2018 年春节联欢晚会"，"台湾驻德国办事处"谢志伟、台湾地区侨务办公室负责人张玉枝、"台湾驻慕尼黑办事处"负责人许聪明等近 700 人参加。谢志伟还向新任台湾侨务促进人员陈玉玫及高静香颁发聘任证书，并鼓励他们继续为服务侨胞贡献力量。

2018 年 2 月 25 日，美国华盛顿中文学校在托马斯·伍顿高中举办春节联欢晚会。学校董事长李定远、校长李中慧、师生、家长及来宾近 500 人参加。"华盛顿文教中心"主任陈世池、副主任王怡如应邀出席。

2018 年 3 月 10 日，美国长岛中华文教协会暨中文学校在纽约法拉盛市举办新年晚会，晚会上有扯铃表演、舞龙舞狮以及儿童演出。市议员顾雅明与"台湾侨教中心"副主任叶帝余出席。中文学校校长甘居正表示，扯铃教学是学校近五年来主要发展的项目之一，希望学生通过扯铃进而对中文学习产生兴趣。

2018 年 3 月 25 日，固德中华语文学校在美国"芝加哥文教中心"举办春节联欢会，"台湾驻芝加哥办事处"李佳怡，"芝加哥文教中心"主任王伟赞、副主任赖贞利，美中中文学校协会洪嬿明会长等应邀出席。

4. "亲情中华·欢聚金边"大型文艺晚会在柬埔寨金边举行

2018 年 1 月 22 日，由中华全国归国华侨联合会、中国驻柬埔寨大使馆联合主办，柬埔寨柬华理事总会、柬埔寨中国商会、柬埔寨中国港澳侨商总会、柬埔寨中华文化发展基金会、柬埔寨华助中心、柬埔寨福建总商会共同承办的"2018 亲情中华·欢聚金边"文艺晚会在金边演出，为当地华侨华人和金边市民奉上了一台中华文艺盛宴。

5. 越南胡志明市台湾学校举办感恩宴会

2018 年 1 月 24 日，越南胡志明市台湾学校举办感恩宴会。"台湾驻胡志明市办事处"负责人梁光中夫妇、海华文教基金会董事长吴明颖等约 200 人出席。梁光中致辞表示，在胡志明市教育部、台湾地区侨务主管部门及越南台商的帮助下，学校的办学质量日益提升。他相信在全体教师及家长的努力下，台湾学校将会有更好的发展。

6. 美国多所华校举办校庆活动

2018 年 2 月 3 日，美国西雅图慈济人文学校举办 20 周年校庆活动。"台湾驻西雅图办事处"负责人姚金祥、"西雅图文教中心"主任陈敏永等嘉宾以及学生家长等约 600 人参加。

2018 年 2 月 11 日，美国芝北中文学校在伊利诺伊州北郊的欧克顿社区学院举办 37 周年校庆活动，"台湾驻芝加哥办事处"负责人张志强、"芝加哥文教中心"主任王伟赞等嘉宾应邀出席。

2018 年 2 月 11 日，美国圣地亚哥中华学苑举办 30 周年校庆活动，台湾地区侨务咨询代表黄莉莉、北郡中文学校校长蔡小枫等与全校师生及家长共 400 人出席。"台湾驻洛杉矶办事处"负责人夏季昌到场祝贺，并对校方予以高度的评价。

7. "亲情中华·欢聚广州"慰侨演出在广东广州举办

2018 年 2 月 27 日晚，由中国侨联、广东省侨联主办，广州市侨联、中共番禺区委、番禺区政府承办的中国侨联"亲情中华·欢聚广州"慰侨演出在广东省广州市番禺区会议中心开幕。中国侨联文化交流部副部长邢砚庄，广东省侨联副主席李丰，中共广州市委常委、统战部部长卢一先等嘉宾，海外和港澳地区侨领、归侨侨眷等共计 1000 余人现场观看了演出。演出在多个网络直播平台上同步进行网络直播。演出当晚，通过主入口及 5 个直播平台在线观看演出的观众超过 20 万人次，来自 39 个国家和地区。此次演出以"亲情中华·欢聚广州"为主题。

"亲情中华"主题活动启动于 2008 年，是中国侨联的文化品牌活动，内容包括海外巡演、国内走侨乡演出、华裔青少年夏令营、中医药海外行、书法美术展览、中华美食全球巡游等多种活动，深受海外侨胞和归侨侨眷的欢迎和喜爱。此次演出是该项目第一次走进广州。

8. 巴拉圭东方市中山侨校庆祝创校 30 周年

2018 年 3 月 11 日，巴拉圭东方市中山侨校举办庆祝创校 30 周年的校庆运动会。校长司徒梓明主持活动，"台湾驻东方市总领事"陈昆甫、台湾地区教育主管部门吴丰兴及东方市中华会馆理事长尤南岩等出席，全校师生、家长约 300 人参加。

9. 日本东京中华学校举办毕业典礼

2018 年 3 月 17 日，日本东京中华学校举办高中部第 59 届、中学部第 69 届及小学部第 71 届毕业典礼。校长刘剑城主持活动，"台湾驻日本代表处"郭仲熙等应邀出席。刘剑城勉励毕业生要勇敢面对挫折并表示东京中华学校重视语文及品德教学，希望每位同学以立足日本、活跃国际为目标，不断学习，永远保持竞争力。

10. 美国南佛罗里达州中文学校联合举办校际运动会

2018 年 3 月 18 日，美国南佛罗里达州迈阿密中文学校、珊瑚泉中文学校与慈济人文学校联合举办校际运动会，"台湾驻迈阿密办事处"负责人王赞禹、各校校长等近 200 人到场。

11. 韩国永登浦华侨小学举办"第 87 届儿童节"活动

2018 年 4 月 4 日，韩国永登浦华侨小学举办"第 87 届儿童节"活动，活动由校长秦嗣义主持，永登浦华侨协会会长乔聚东、永登浦华侨小学董事长刘家栋等百人参加，"台湾驻韩国办事处"负责人廖静芝、韩华学会会长许庚寅应邀出席。

12. 美国北半岛中文学校举办 40 周年校庆活动

2018 年 4 月 14 日，美国北半岛中文学校在旧金山湾部圣马特奥县万豪酒店举办 40 周年校庆活动。"台湾驻旧金山办事处"负责人马钟麟等 300 余人出席。校长刘恒毅致辞表示，学校一直以来教授繁体字，另外开设演讲、绘画等文化课程，积极参与北加利福尼亚州中文学校联合会举办的活动并获得不错的成绩。

13. 加拿大西部中文侨校联合会举办"2018 年加西地区汉字文化节"

2018 年 4 月 22 日，加拿大西部中文侨校联合会在温哥华兰加拉学院举办"2018 年加西地区汉字文化节"。"台湾驻温哥华办事处"侨务组负责人夏基陆到场慰问工作人员。此次活动共举办 4 个比赛项目，希望能借此机会提高学生对汉字、词汇与成语的兴趣。

14. 加拿大多伦多慈济人文学校举办恳亲会

2018 年 4 月 22 日，加拿大多伦多慈济人文学校举办"2018 年低年级班恳亲会暨学校开放日"活动。"多伦多文教中心"主任李叔玲于当日前往学校访问。校长刘美淳及茶道老师蔡惠妃接待，并向李叔玲介绍了学生学习成果展及相关课程。

15. "中华文化大乐园"优秀才艺学生交流团在蒙古国演出

2018 年 5 月 3 日，由中国国务院侨务办公室主办，北京爱乐者文化交流有限公司、旅蒙华侨协会、旅蒙华侨蒙中友谊学校共同承办的"2018 中华文化大乐园"优秀才艺学生交流团演出在蒙古国工会文化宫成功举办。中国驻蒙古国大使馆官员、旅蒙华侨蒙中友谊学校师生、华侨华人及中资企业代表 800 余人观看了演出。

16. 美国华校举办"亚裔传统月"庆祝活动

2018 年 5 月 5 日，美国纽约中华公所和纽约华侨中文学校联合举办"亚裔传统月"庆祝活动。纽约华侨中文学校的学生和联成曼哈顿歌舞团带来了精彩的表演。纽约中华公所主席伍锐贤介绍了亚太裔传统月的历史。"台湾驻纽约办事处"负责人徐俪文希望华侨子女们能够珍惜在华侨学校求学的机会，将优秀的中华文化传承下去。

2018 年 5 月 19 日，华盛顿州三镇华美协会在当地奇兰公立图书馆举办"第九届亚裔传统月"系列活动。"西雅图文教中心"负责人陈敏永等嘉宾应邀出席。活动现场还举办了赠书仪式，陈敏永将 234 册华语书籍捐赠给图书馆，图书馆馆长发表致谢感言。

17. 美国休斯敦长青中文学校举办结业典礼暨新旧校长交接仪式

2018 年 5 月 6 日，美国休斯敦长青中文学校举办结业典礼暨新旧校长交接仪式。新校长杨千满接任。典礼由董事长张银丽主持，"台湾驻休斯敦办事处"负责人陈家彦致辞说中文不只是人们沟通的桥梁，更是帮助学生认识中华文化的工具。得克萨斯州州众议员吴元之前往祝贺。

18. "中华文化大乐园"优秀才艺学生交流团在日本演出

2018 年 5 月 8 日至 12 日，为纪念 2018 年《中日和平友好条约》缔结 40 周年，"中华文化大乐园"优秀才艺学生交流团到日本东京、长崎、大阪进行演出，为在日华侨华人和日本朋友表演了京剧、武术、杂技、二胡、歌舞等中华传统艺术节目。演出促进了中日民间的交流。

19. 海外华校举办母亲节庆祝活动

2018 年 5 月 12 日，智利圣地亚哥中文学校举办母亲节庆祝活动，"台湾驻智利办事处"负责人王清源、智利台商会会长曹秀乡、学生、家长及侨界人士共 100 余人出席。学生们用各种方式表达对母亲的感谢，师生合唱"天下的妈妈都是一样的"，小朋友们也展示了自己的中文学习成果。

2018 年 5 月 13 日，美国波士顿地区勒星顿中文学校举办母亲节庆祝活动，让小朋友们通过歌唱、跳舞、献花等活动，向母亲们表达感谢。活动当天同时举办"学校开放日"活动。

20. 美国圣玛利诺中文学校举办谢师宴

2018 年 5 月 12 日，美国圣玛利诺中文学校举办一年一度的谢师宴，"台湾驻洛杉矶办事处"暨"洛杉矶侨教中心"主任翁桂堂、副主任傅以俰应邀参加。在校长陈秋昌及教师李佳霓的带领下，翁桂堂参观了学校教室，实地了解了各年级课堂教学情况；与学生及老师们互动，与校董交谈，听取董事们对经营中文学校的看法，还就数字化教材应用、学生招收等问题与学校领导们交换了意见。

21. 美国迈阿密慈济人文学校举办结业暨毕业典礼

2018 年 5 月 19 日，美国佛州迈阿密慈济人文学校举办结业暨毕业典礼。"台湾驻迈阿密办事处"侨务办公室负责人萧蓓如致辞并代表台湾地区侨务主管部门赠送礼物，感谢教师的努力付出。

22. 美国圣地亚哥北郡中文学校举办结业典礼暨新旧任校长交接仪式

2018 年 5 月 19 日，美国圣地亚哥北郡中文学校在圣地亚哥峡谷学院的剧院中举办结业典礼。会上表彰了资深教师、全勤教师、全勤学生及就读中文学校 9 年以上的学生等。典礼上同时举办了新旧任校长交接典礼，黄玲玲接任新一届校长，蔡小枫接任圣地亚哥中华文化联谊会会长。

23. 美国休斯敦奥斯汀中文学校举办创校 40 周年庆祝活动

2018 年 5 月 20 日，美国休斯敦奥斯汀中文学校举办创校 40 周年庆祝活动，学校董事高莉莉、校长张复中、"休斯敦文教中心"工作人员李美姿等嘉宾出席活动。学校希望借此次活动让学生们了解奥斯汀中文学校的历史文化和 40 年文化传承的重要性。

24. 美国圣地亚哥市中华学院举办"2017—2018 学年度结业暨毕业典礼"

2018 年 5 月 20 日，美国圣地亚哥市中华学院举办"2017—2018 学年度结业暨毕业典礼"。孙丽敏校长致辞并颁发教学组感谢奖及行政人员、教师全勤奖；感谢理事会成员为学校 30 周年校庆所作的贡献；对任教教师、工作人员表示感谢。

25. 美国加利福尼亚州尔湾慈济人文学校举办"20 周年校庆结业典礼"

2018 年 5 月 20 日，美国加利福尼亚州尔湾慈济人文学校在尔湾高中举办"20 周年校庆结业典礼"。"橙县文教中心"负责人杨海华等嘉宾应邀出席。杨海华肯定了学校"办学严谨、注重人文教育"的教学风格，并鼓励结业生在生活中多多运用华语文，体验学习的乐趣。在成果展中，学生们充分展现才艺学习成果，包括手语歌唱、诗词吟唱、啦啦队、跆拳道、舞蹈表演等。

26. 瑞典斯德哥尔摩举办首届汉语文化节

2018 年 5 月 24 日，由中国驻瑞典大使馆和孔子学院总部/国家汉办共同主办、中瑞教科文交流协会和畅通国际承办、斯德哥尔摩中国文化中心等协办的第一届斯德哥尔摩汉语文化节举行。汉语文化节共设 12 个展台，分别展出了外国学生汉语教材、江苏吴中非遗瑰宝、中华旗袍等传统服饰、丝绸、传统手工艺剪纸、美食美酒、茶艺等。中国传统文化演出部分包括民族舞蹈和民乐表演、诗歌合唱、传统服装展示、昆曲、京剧、武术、歌曲等丰富多彩的文艺节目。这些文艺节目由当地华侨华人、留学生学者、斯德哥尔摩蒙特梭利国际学校和英文国际高中的汉语学生们自编自导自演。

27. 美国西雅图贝尔优学院举办"Taiwan Yes，台湾夜市"活动

2018 年 5 月 25 日，美国西雅图贝尔优学院台湾同学会在位于西雅图东郊的学生活动中心举办"Taiwan Yes，台湾夜市"活动，台湾侨务咨询人员孙乐瑜等参与此次活动。

此次"Taiwan Yes，台湾夜市"活动虽然只是第 3 年举办，但因为受到学校师生的喜爱，校方已列入年度重要活动之一。

28. 日本东京中华学校家长会举办"迎新游园会"活动

2018 年 5 月 27 日，日本东京中华学校家长会在学校大礼堂举办"迎新游园会"活动。"台湾驻日本办事处"郭仲熙及台湾侨务组办公室负责人文君妃等嘉宾应邀出席。

29. 四川省侨联"亲情中华·美丽四川"艺术团赴越南交流

2018 年 6 月 1 日，四川省侨联"亲情中华·美丽四川"艺术团在越南平阳省进行文化交流。艺术团带去了川剧《梨园芳华》、舞蹈《锦鲤》、羌族舞蹈《尔玛兰巴》、长绸木偶《峨眉山月》等独具中华文化、巴蜀文化的精彩文艺节目。

30. 美国西雅图华文学校举办"2018 年毕业暨结业典礼"

2018 年 6 月 2 日，美国西雅图华文学校举办"2018 年毕业暨结业典礼"，"台湾

驻西雅图办事处"姚金祥、"西雅图文教中心"负责人陈敏永、校长曾千绮和师生及家长约 600 人参加。曾千绮给 12 位毕业生颁发毕业证书。在结业典礼中，颁发了"全勤奖""优秀成绩奖""最佳进步奖"和"纪念奖学金"。

31. 加拿大温哥华菁英中文学校举办年度"结业典礼暨文化营"活动

2018 年 6 月 2 日，加拿大温哥华菁英中文学校在本拿比市举办"2018 年结业典礼暨文化营"，活动由校长林婕芸主持。"台湾驻温哥华办事处"李志强等嘉宾及学生、家长、老师共 300 多人参加。

32. 法国巴黎亭林中文学校举办"2018 学年度成果展"

2018 年 6 月 3 日，法国巴黎亭林中文学校在巴黎东郊大诺瓦西市国际学校活动中心举办"2018 学年度成果展"，"台湾驻法国办事处"林宏颖、成冠中，文化协会会长陈嘉辉等嘉宾应邀出席。

33. 加拿大不列颠哥伦比亚省慈济人文学校举办"五校联合结业典礼"

2018 年 6 月 3 日，加拿大不列颠哥伦比亚省慈济基金会加拿大分会 5 所人文学校在加拿大分会静思堂举办"五校联合结业典礼"，位于不列颠哥伦比亚省的温哥华、列治文、本拿比、素里及高贵林 5 所分校毕业生、老师、家长、志愿者近百人参加。"台湾驻温哥华办事处"邓卓然、分会执行长兼人文学校总校长何国庆等嘉宾出席。

同日，慈济北多伦多人文学校在万锦市于人村高中举办"2017—2018 学年度毕业结业典礼暨 5 周年校庆"。各华文学校负责人、学生及家长 500 余人出席。

34. 加拿大温哥华华侨公立学校举办"创校一百周年募捐晚宴"活动

2018 年 6 月 3 日，加拿大温哥华华侨公立学校联合温哥华北斗星狮子会在温哥华举办"创校一百周年募款晚宴"活动。"台湾驻温哥华办事处"夏基陆等嘉宾约 200 人出席晚宴。

35. 斐济逸仙小学举办"海外文化教师黄俊芳教学成果发表会"

2018 年 6 月 6 日，斐济苏瓦市逸仙小学举办"海外文化教师黄俊芳教学成果发表会"。会上，逸仙小学代表向师生及家长介绍了黄俊芳丰富的海内外教学经验，并感谢台湾地区侨务主管部门多年来对斐济逸仙小学的重视及支持。"台湾驻斐济办事处"邱太钦出席并致辞。

36. 美国北加利福尼亚州费利蒙中文学校举办毕业典礼

2018 年 6 月 9 日，美国北加利福尼亚州费利蒙中文学校举办毕业典礼，23 位同学毕业。"台湾驻旧金山办事处"马钟麟、"旧金山湾区文教中心"负责人阎树荣等嘉宾出席。校长李惠中、学生和家长共 350 人参加毕业典礼。

37. 加拿大列治文国语学校举办"2017—2018 年度结业典礼"

2018 年 6 月 9 日，加拿大列治文国语学校举办"2017—2018 年度结业典礼"，校长邓华一主持典礼，"台湾驻温哥华办事处"李志强等嘉宾出席，学校师生及家长等 200 余人参加。

38. 美国北加利福尼亚州中文学校联合会举办"中华文化日"系列活动

2018 年 6 月 9 日，美国北加利福尼亚州中文学校联合会在"旧金山湾区文教中心"举办"第一届中华文化日——民俗体育观摩赛"，活动包括扯铃、踢毽子、跳绳等。"台湾驻旧金山办事处"马钟麟致辞表示，希望借此活动有效地推广多元社教活动，也希望可以让华裔学生了解传统民俗体育，感受更多的中华传统文化。

39. 意大利普拉托联谊会中文学校举办儿童节汇演

2018 年 6 月 13 日，意大利普拉托华人华侨联谊会中文学校举办"绽放自我，精彩无限"六一国际儿童节文艺汇演。学生、老师、家长相聚在学校大礼堂，共同庆祝。

40. 四川省侨联"亲情中华·美丽四川"艺术团赴中国香港演出交流

2018 年 6 月 21 日，应香港华侨华人总会邀请，四川省侨联"亲情中华·美丽四川"艺术团赴中国香港演出并出席香港华侨华人总会成立 25 周年暨第八届理监事及青委会第三届理事就职典礼。四川省侨联"亲情中华"艺术团向与会嘉宾奉献了一场富有巴蜀特色的精彩演出，表达了四川人民对香港华侨华人参与支持四川经济社会建设的诚挚谢意。四川省侨联代表团还与香港华侨华人总会及其青年委员会进行了深入交流，并向他们发出到四川开展文化经贸交流及参加"2018'一带一路'华商峰会"活动的邀请。

41. 美国纽约华埠人力中心中文学校举办"2018 年毕业暨结业典礼"

2018 年 6 月 23 日，美国纽约华埠人力中心中文学校在学校礼堂举办"2018 年毕业暨结业典礼"。"纽约文教中心"叶帝余等嘉宾应邀出席，鼓励毕业生并为其颁发证书。叶帝余致辞时感谢杨甘泉校长在 26 年前辛苦创立人力中心中文学校，同时也感谢现任校长石蔚静和全校老师的辛苦付出，为学生们提供良好的中文学习环境。他鼓励大家努力学习中文，积极发扬中华文化。

42. 美国洛杉矶台湾中华孔教学校举办"2018 年毕业暨颁奖典礼"

2018 年 6 月 24 日，美国洛杉矶台湾中华孔教学校举办"2018 年毕业暨颁奖典礼"，近 300 位学生及家长参加。校长张国斌及校董聂泽英致辞，勉励学生继续学习中文教育及中华文化，为未来升学及工作奠定基础。"台湾驻洛杉矶办事处"朱文祥肯定了中华孔教学校"传承孔子六艺教育"的办学理念，并期许学生珍惜先辈流传的文化，积极发扬中华文化。

43. 美国芝加哥中华学校举办"2018 年度结业典礼"

2018 年 6 月 24 日，美国芝加哥中华学校在中华会馆举办"2018 年度结业典礼"。"台湾驻芝加哥办事处"黄钧耀等嘉宾应邀出席。2018 学年共有 400 余学子完成学业。校长黄于纹祝贺毕业生顺利毕业，迈向新的里程，并感谢中华会馆历届主席、董事、所有家长和老师的支持。黄钧耀致辞感谢学校自成立以来积极发扬中华文化，期许未来文教中心能和中华会馆及中文学校有更多的交流合作，协助培训中文学校老师，让中华学校办得越来越好。

44. 加拿大温哥华华侨公立学校举办"第 78 届毕业典礼"

2018 年 6 月 24 日，加拿大温哥华华侨公立学校举办"第 78 届毕业典礼"。"台湾驻温哥华办事处"工作人员夏基陆、学生、家长等百余人参加。夏基陆致辞鼓励毕业同学秉持"终身学习"的理念，将所学的语言及文化运用到生活中去。典礼上还举办了新、旧任校长交接仪式，李碧云校长荣退，谢明如接任新校长。

45. 中日艺术家到日本横滨山手中华学校慰问演出庆祝建校 120 周年

2018 年 6 月 26 日，中国国际文化交流中心艺术家代表团与日本松山芭蕾舞团的数十名中日艺术家，在横滨山手中华学校开展了慰问演出，庆祝该校建校 120 周年。横滨山手中华学校的师生、家长及其他各界人士 1000 余人观看了精彩的演出。

46. "亲情中华·文化讲堂"走进江苏南通

2018 年 6 月 27 日，由江苏省南通市侨联主办，通州区侨联、通州高级中学协办的"亲情中华·文化讲堂·张謇故事"大型多媒体演讲会在通州高级中学举办。此次演讲采用大型 LED 屏图文声并茂，5 位演讲者对与会侨眷作了一次爱国主义教育。

47. 英国伦敦中华学校举办"附属幼儿园毕业典礼"

2018 年 7 月 4 日，英国伦敦中华学校在学校张荣发纪念堂举办"附属幼儿园毕业典礼"。"台湾驻英国办事处"张希贤致辞勉励家长及学生，他表示持续让孩童接受华语文教育是极其重要的事情。校长张志强替幼儿园同学拨穗后进行答谢感恩仪式。

48. 韩国首尔华侨中学举办"2018 年度毕业典礼"

2018 年 7 月 6 日，韩国首尔华侨中学在学校大操场举办"2018 年度毕业典礼"，共有 175 位同学毕业。"台湾驻韩国办事处"易志成等来宾到场祝贺。校长于植盛在致辞中勉励毕业同学们要勇于尝试，努力学习新知；对于自己的未来，负起责任；对于自己的决定，有始有终。

49. 阿根廷新兴文教中文学校举办"联合毕业典礼"

2018 年 7 月 7 日，阿根廷新兴文教中文学校在学校礼堂举办"小学部、中学部及高中部联合毕业典礼"。"台湾驻阿根廷办事处"谢俊得夫妇等 400 余人到场共襄盛举。校长刘兴国致辞表示，毕业虽是学习阶段的终点，但也是充满挑战的开始，他期盼每个同学再接再厉。

50. "亲情中华·魅力湖南"在英国伦敦上演

2018 年 7 月 7 日，"亲情中华·魅力湖南"慰问演出在英国伦敦市皇后学院上演。慰问演出表演了京剧、舞蹈、歌曲、杂技、二胡、唢呐、花鼓戏、武术等 13 个精彩节目。湖南省侨联党组书记、侨情调研团和文化交流团总团长朱建山，中国驻英国大使馆公使马辉等嘉宾，海外侨胞、国际友人、留学生等近 1000 名观众观看了精彩演出。

51. 韩国永登浦华侨小学举办"2018 学年度毕业典礼"

2018 年 7 月 11 日，韩国永登浦华侨小学在学校大礼堂举办"2018 学年度毕业典礼"，共有 21 位同学毕业。"台湾驻韩国办事处"廖静芝等嘉宾到场祝贺。校长秦嗣义致辞勉励毕业生要培养自信心，发挥自己的专长，学习更多的知识。毕业同学向老师们献花，感谢师长 6 年来的谆谆教诲。

52. 菲律宾奎松市菲华中学举办"民俗体育教学成果展"

2018 年 7 月 27 日，菲律宾奎松市菲华中学举办"民俗体育教学成果展"，院长李淑慧主持活动，"菲华文教中心"工作人员黄凤娇出席。此次被选派到奎松市菲华中学的老师为台北市立金华小学等校扯铃社教练。

53. 美国加利福尼亚州华文学校举办"2017—2018 年毕业暨结业典礼"

2018 年 7 月 28 日，美国加利福尼亚州二埠中山华文学校在学校礼堂举办"2017—2018 年毕业暨结业典礼"。"台湾驻旧金山办事处"马钟麟及"旧金山文教中心"负责人叶子贞等嘉宾出席。马钟麟、叶子贞及吕慧娟分别致辞鼓励在校生及应届毕业生，校长张如玉也致辞感谢老师及家长的配合。

54. 首届"中国成都熊猫文化美食节"亮相秘鲁阿雷基帕市

2018 年 8 月 1 日，秘鲁阿雷基帕市举行建市 478 周年纪念活动开幕式。在中国驻秘鲁大使馆、秘鲁阿雷基帕市政府、当地华侨华人及中资企业的多方协助下，由中国四川省经济文化协会会展部主办、圣玛利亚天主教大学孔子学院协办的首届"中国成都熊猫文化美食节"系列活动在此次纪念活动中亮相。

开幕式上，来自四川成都的艺术家、当地华侨华人代表及孔院师生组成中国方队。队伍由四川省经济文化协会会展主任喻挺及孔院中方院长彭启贵带领，由身穿不同中国民族服装的孔院教师、身着唐装汉服的四川艺术家及孔院舞龙队组成。游行结束后，队伍移步至步行街为此次"中国成都熊猫文化节"进行宣传表演。

55. "亲情中华·走进宁夏"——第三届世界华侨华人摄影展举办

2018 年 8 月 1 日，为纪念改革开放四十年、庆祝宁夏回族自治区成立六十周年，"亲情中华·走进宁夏"——第三届世界华侨华人摄影展巡展在宁夏博物馆开幕。中国侨联副主席、宁夏侨联主席朱奕龙，中国侨联顾问、中国华侨摄影学会会长王宏等嘉宾和宁夏侨界代表百余人出席了开幕式。

此次摄影展以"一带一路"的故事为主题。展览共收到了来自全球 28 个国家和地区 2020 余名华侨华人摄影家的 19000 余幅/组作品。海内外华侨华人摄影家们通过镜头呈现了"一带一路"中国与沿途世界各国的人民生活、民俗风情、文化传统与自然风光。

56. 马来西亚举办全国华人文化节

2018 年 8 月 8 日，马来西亚槟城州华人大会堂、大山脚福德正神会及威省五大乡联青联合主办的"第 35 届全国华人文化节威中区火炬跑"活动举行。本届华人文化节除了火炬跑，还有世界作家造访槟城州、历史文人及中华文化讲座会、海外华侨历史展等活动。

57. 印度尼西亚雅加达八华三语学校举办"文化教学成果发表会"

2018 年 8 月 8 日，印度尼西亚雅加达八华三语学校举办"文化教学成果发表会"。"台湾驻印度尼西亚办事处"丘志凯、八华基金会主席梁世桢等嘉宾出席活动。台湾地区侨务主管部门此次选派文化教师吴望如进行为期 3 周的教学，对 30 个班级的学生及种子教师进行指导、培训。

58. "伟大的中华传统文化"实景课堂"线上 + 线下"同步开课

2018 年 8 月、11 月、12 月，"伟大的中华传统文化"实景课堂系列开课，共有课程 21 期（见表 3 - 3）。意大利中意学校、那不勒斯咏恩中文学校、瓦雷泽中文学校、长城中文学校、米兰弘扬中文学校、热那亚长城中文学校、普拉托华人华侨联谊会中文学校、都灵中文学校、贝加莫中文学校、文轩学堂，西班牙哆来咪文化学校、博思语言学校、优尔教育、塞利维亚中文学校、萨拉戈萨中国学校，英国伯明翰中英文化艺术学院、彼得堡中文学校，法国法中国际文化交流中心，巴西德馨双语学校，爱尔兰卡斯诺克中文学校，斯洛伐克敦敏书院，澳大利亚悉尼华夏文化学校，比利时欧华汉语语言学校、列日中文学校，美国华夏南部中文学校等多所华校的华裔学生参与实景互动，全球 2 万多个登录点同时在线学习。严莉莉、张林、何欣欣等担任外景老师，周瑞华、王璐瑶、李嘉欣等担任内景老师。

中国华文教育基金会实景课堂由中国华文教育基金会、中国妇女发展基金会和中国青少年发展基金会联合主办，完美（中国）有限公司和华霖投资有限公司资助，恒坐标教育科技集团承办，基于全新的教学模式，利用现代科技手段为海外华裔学生提供了打开中华文化大门的钥匙。与传统口述、图片、视频的授课方式不同，实景课堂教师身处实景环境之中，依托实景呈现教学内容，启发学生通过现场观察去探索世界，使中华文化的学习不再停留在课本上、文字里，而是跨越时空，立体生动地展现在学生面前，从而使全世界的华裔青少年不受时间、空间限制，远程实时共同学习丰富多彩的中华文化知识。

表 3 - 3 "伟大的中华传统文化"课程名录

时间	主题	外景地点	主要内容
8 月 9 日	算盘与珠算	江苏南通中国珠算博物馆	参观中国珠算博物馆，了解中国古今运算工具及其使用方法，体验珠心算与算盘运用。
8 月 14 日	杜甫和古诗	四川成都杜甫草堂	参观杜甫草堂，了解其建筑结构及杜甫居住环境、诗歌作品；玩"古诗大比拼、古诗诵读"游戏，读杜甫诗并为之配画。

时间	主题	外景地点	主要内容
8月16日	水利	四川成都都江堰	认识都江堰三大主体工程，了解其功能；了解中国古代修建都江堰的原因及其相关历史。
8月21日	传统民居	北京南锣鼓巷	欣赏北京南锣鼓巷的雨儿胡同及画家齐白石居住过的四合院，了解胡同的作用、取名方式以及四合院的民居特色；制作纸房子。
8月23日	北京天坛	北京天坛	了解天坛建筑群及其历史、作用、蕴含的建筑文化因素，回音壁的传声效果及原理，剪纸制作祈年殿。
8月28日	孔子	山东曲阜	参观孔庙、杏坛和孔府，了解孔子的生活轨迹和思想情怀；学习拜师礼，诵读《论语》。
11月3日	中国结	陕西西安	走访西安的中国结店铺，了解中国结的不同种类、造型、功能及其寓意；学习与"结"相关的成语；动手编织中国结。
11月4日	中国桥		从桥梁的建造艺术、功能作用、历史故事维度了解中国四座名桥——卢沟桥、赵州桥、龙门桥和嘉陵江大桥，了解中国桥梁发展史；通过"力学小实验"了解中国人的造桥智慧；了解"鹊桥"典故。
11月10日	中华美食——吃在西安	陕西西安	走访西安袁家村和回民街的美食世界，了解不同美食背后的故事和制作工艺；分享意大利面的做法和意大利披萨的历史故事；学习代表食物的汉字。
11月11日	坐地铁	陕西西安	从过安检、买票（扫码支付）、进站、上车到爱心专座的设置等体验乘坐西安地铁三号线；了解地铁建设的基本流程，结合地图规划乘车方式。
11月17日	魅力城市——广州	广东广州	到广州茶餐厅"吃早茶"，体验广州茶道、茶礼仪、茶文化和各色小吃；参观陈家书院和广州塔，了解岭南建筑艺术；领略精巧粤绣；欣赏珠江夜景和上下九步行街，全方位感受古典与现代相融合的广州。
11月18日	快乐学成语	陕西西安	在西安曲江池探寻"曲江流饮"的渊源，在大雁塔诗词广场寻找包含汉字"花""月"的成语；不同学校的学生分别演绎了"守株待兔、坐井观天、狐假虎威、掩耳盗铃"。
11月24日	国画（第一期）		学习国画名称的由来和书画同源历史，通过洗笔、笔尖蘸取色料、构图、描绘等绘画步骤创作国画《紫藤花》。
12月8日	凤翔泥塑	陕西凤翔中国泥塑文化园	参观泥塑文化园，了解凤翔泥塑的历史发展、种类、用途、制作材料、制作方法；用超轻黏土代替泥土，捏制动物形象。
12月9日	景泰蓝	北京	参观中国景泰蓝艺术博物馆，并到景泰蓝制作车间了解制作流程。
12月15日	中华美食——吃在成都	四川成都	走访成都街头的美食世界，了解川菜品类和成都人的饮食文化；了解中国饮食的八大菜系；手工捏制熊猫。
12月16日	川剧	四川成都	走进成都蜀风雅韵川剧馆，观看变脸以及喷火表演，近距离观看服装和配饰，诠释了变脸在川剧中的基础作用。

时间	主题	外景地点	主要内容
12 月 22 日	剪纸	陕西西安关中民俗艺术博物馆	了解剪纸的历史发展、流派以及用途；欣赏陕西剪纸；手工折叠、绘画和剪刻"春"字；中国写字教育专家李敬伟老师执教"李老师教汉字"环节。
12 月 23 日	中华姓氏	四川成都中国百家堂姓氏文化博物馆	参观中国百家堂姓氏文化博物馆；了解黄帝陵中的姓氏图腾；手工制作家谱树；李敬伟老师指导学生书写汉字"龙、家"。
12 月 29 日	国画（第二期）	陕西西安	学习国画题材和技法分类；在国画教师黎颖指导下于西安乐画少儿美术创意中心学习运笔、配色、布局，创作国画《牵牛花》。
12 月 30 日	古典乐器		了解吹管乐器、弹拨乐器、打击乐器、拉弦乐器等不同类别乐器的构造、发声原理、音色等基本知识，欣赏古琴曲《高山流水》、二胡曲《茉莉花》；手工捏塑民间乐器大鼓。

59. 匈牙利华星艺术团与河南小朋友交流演出

2018 年 8 月 10 日，匈牙利华星艺术团与格华美河南电视台少儿艺术团文化交流演出在匈牙利布达佩斯"Benczur 之家"演出厅举行。双方交替演出了精彩的节目。

匈牙利华星艺术团 2016 年 5 月由中国国务院侨务办公室在北京授牌，除组织成人艺术活动、主办承办各类演出外，又先后开办了儿童舞蹈班、主持班和声乐班。格华美河南电视台少儿艺术团是一家创建于 1991 年的少儿艺术教育机构。此次演出是两个艺术团体的首次同台交流。

60. 中国民乐奏响开罗萨拉丁城堡

2018 年 8 月 13 日晚，埃及第 27 届古堡国际音乐歌唱节——中国紫禁城室内民族乐团专场晚会在开罗萨拉丁城堡举行。中国驻埃及使馆文化参赞兼开罗中国文化中心主任石岳文出席了活动，现场近 1000 名观众欣赏了演出。

紫禁城室内乐团是国际知名的中国民乐团，由中国音乐学院的著名音乐家组成。此次紫禁城室内乐团与埃及开罗中国文化中心共同举办"与民乐经典近距离——紫禁城室内乐团音乐会"和一系列文化交流演出活动，并应邀在古堡音乐节晚会上演奏了《花好月圆》《十面埋伏》等中国经典民乐。

61. "亲情中华·文化讲堂·张骞故事"在联合国总部大厦上演

2018 年 8 月 21 日，在联合国总部大厦上演了"亲情中华·文化讲堂·张骞故事"大型多媒体演讲。"文化讲堂"是中国侨联的文化交流项目，南通市侨联以"讲好南通故事"为形式，撷取先贤张謇在实业、教育、文化、慈善等方面的动人故事。演讲团在 10 天中辗转洛杉矶、旧金山、纽约，进行 4 场演出。这是"张謇故事"首次以艺术表现形式登上世界舞台。

62. 国际汉字书法展在美国科罗拉多开幕

2018 年 8 月 25 日，由美国落基山中华书法学会、丹佛社区大学孔子学院、奥罗拉市图书馆、奥罗拉市国际移民办公室和中美邮报联合举办的 2018 科罗拉多国际汉字书法展在美国科罗拉多州奥罗拉市图书馆开幕，130 位中美各界嘉宾朋友出席活动。

此次国际展是继 2017 年 2 月首届丹佛国际书法展之后的科罗拉多州第二届国际展会。共有来自美国、中国等 22 个国家与地区的近 80 幅书画作品展出。

63. 黎巴嫩举办"中国电影月"活动

2018 年 8 月 30 日，中国电影频道和黎巴嫩国家电视台在贝鲁特签署"2018 中国电影月"赠播协议，后者在此后一个月里播放 10 部中国电影。"中国电影月"活动于 8 月 30 日开幕，至 9 月 30 日结束。这期间，黎巴嫩国家电视台陆续播放《大唐玄奘》《十二生肖》《大武当之天地密码》和《被偷走的那五年》等 10 部中国电影。

中国驻黎巴嫩使馆临时代办蒋祖扬、黎巴嫩新闻部总司长哈桑·法勒哈等出席在黎巴嫩国家电视台总部举行的协议签字仪式。

64. 美国佛罗里达州迈阿密市墨尔本棕榈湾中文学校举办中秋节活动

2018 年 9 月 23 日，美国佛罗里达州迈阿密市墨尔本棕榈湾中文学校举行中秋节校聚活动，校长陈昭志亲自主持。"台湾驻迈阿密办事处"负责人钱冠州等人出席了活动。钱冠州代表台湾地区侨务主管部门向穆椿荣等三位老师颁发奖状，勉励他们继续为华文教育而努力。学生上台介绍了有关月饼的典故，学校还邀请学生家长上台制作月饼。

65. 英国伦敦中华学校举办中秋节活动

2018 年 9 月 27 日，英国伦敦中华学校举办"中秋节联欢餐会"。"台湾驻英国办事处"工作人员程祥云夫妇与台湾地区侨务主管部门工作人员张希贤、英国伦敦中华学校师生及侨界人士共 60 人参加。活动现场除了有彩虹幼儿园的小朋友的歌唱表演之外，还有大人们的团体健身体操、卡拉 OK 以及社交舞表演等。

66. 美国华校举办中秋节庆祝活动

2018 年 9 月 29 日，美国佛罗里达州中文学校举办中秋节庆祝活动。校长梁桂台主持活动。"台湾驻迈阿密办事处"负责人钱冠州、学生及家长共百余人参加。钱冠州介绍教师节由来与至圣先师孔子的故事；学生们也上台讲述孔子和《论语》故事。

2018 年 9 月 30 日，美国得克萨斯州休斯敦市长青中文学校邀请"休斯敦文教中心"台湾文化导览志愿者团队前往该校向 60 余位师生与家长介绍中秋节，解说中秋节赏月、吃月饼的由来及意义。

2018 年 10 月 2 日，美国田纳西州大纳城中文学校举办庆中秋节园游会。活动有毛笔提名、后羿射箭等项目。其中，新增加的毛笔提名项目反响热烈。

2018 年 10 月 16 日，美国小时代中文学校儿童国乐团在尔湾加大音乐厅首度举办"中秋圆月国乐飨宴"。演出吸引了尔湾市长华格纳等各界人士参加。国乐飨宴也展现了该中文学校学生从音乐层面学习中华文化的丰硕成果。

67. 海外华校、华教组织举办教师节活动

2018 年 9 月 23 日，美国北加利福尼亚州中文学校联合会在"金山湾区侨教中心"举办"2018 年教师节庆祝大会"。"金山湾区侨教中心"工作人员阎树荣，中文联合会会长奚藻等及在校师生约 350 人出席。此次活动表彰了周芝华等 43 位优秀教师。"优秀教师表彰活动"是北加利福尼亚州中文学校联合会专为推进海外华文教育、激励华文教师而设，是中文学校联合会的年度重要活动。

2018 年 9 月 28 日，缅甸曼德勒孔教学校在东校区大礼堂举行"祭孔典礼"暨教师节活动。"台湾驻缅甸办事处"工作人员杨碧华和张俊福夫妇应邀参加。学校董事会成员，校友会代表，学校校长、老师、学生等约 300 人参加。

2018 年 9 月 28 日，韩国汉城华侨小学举行教师节联欢活动。理事长吴学彬主持。"台湾驻韩国办事处"唐殿文出席。

2018 年 9 月 28 日，加拿大西部中文侨校联合会举办"教师节敬师餐会"。活动由会长邓华一主持。加拿大西部的 14 所华校约 150 位来宾参加。"台湾驻温哥华办事处"负责人陈刚毅、工作人员唐天华，加拿大卑诗省托儿省务厅厅长陈菁蓁等向老师们致意。

2018 年 9 月 29 日，阿根廷侨校教师联合会举办庆祝教师节活动，感谢华校教师们一年来为阿根廷华教事业的奉献及努力。教师联合会会长刘兴国和"台湾驻阿根廷办事处"林英忠、谢俊得等 200 余人参加。

68. 美国北加利福尼亚州圣何塞市柏拉图中文学校推广书法篆刻艺术

2018 年 10 月 6 日，美国北加利福尼亚州柏拉图中文学校在圣何塞市举办"名家书法篆刻联展"。"台湾驻旧金山办事处"负责人马钟麟，文艺界大家及师生等 200 余人出席开幕展。

69. "亲情中华·魅力陕西"大型文化活动在北美举行

2018 年 10 月 6 日至 16 日，由中国侨联和陕西省侨联联合主办的"亲情中华·魅力陕西"在北美展开慰侨之行。此次慰问团由陕西省侨联副主席兼秘书长尚小红女士为团长，集合了陕西省歌舞团、西安音乐学院、陕西戏曲研究院、西安市国粹书画艺术研究院的艺术家进行慰问文化演出活动，助力中国"一带一路"倡议，进一步讲好中国故事，传播好中国声音，通过中华文化艺术的展示，让世界解中国文化、了解陕西文化。

70. 美国北加利福尼亚州中文学校联合会举办"最酷风筝节"活动

2018 年 10 月 21 日，美国北加利福尼亚州中文学校联合会在"金山湾区文教中心"举办民俗彩绘——"最酷风筝节"活动。台湾地区侨务工作人员林美莲等出席活动。此次活动吸引中文学校老师、家长、学生和当地华侨华人 300 余人参加。

71. 美国加利福尼亚州尔湾市中文学校举办"万圣节故事活动"

2018 年 11 月 4 日，美国加利福尼亚州尔湾市中文学校举办"万圣节故事活动"。活动以寓教于乐为理念，在学习中华文化中庆祝万圣节。学生们手工制作皮影戏人偶，用皮影戏表演中国名著中的巫婆形象，以生动的方式呈现故事内容。

72. "汉字之美"诗书画印展在英国开幕

2018 年 11 月 6 日，"汉字之美"聂晖诗书画印展在英国威尔士三一圣大卫大学举行。英国威尔士三一圣大卫大学孔子学院英方执行院长 Krystyna 和中方院长全琼、市长夫人 Mrs. Phillips 等嘉宾与三一圣大卫大学的学生百余人参观了展览。此次展览以"汉字之美"为主题，展出了中国书法家聂晖精心创作的 64 件作品，涉及从甲骨文到帛书、金文、小篆、隶书、楷书、行书、草书等汉字发展历程中的主要书体。作品展出分为"源远流长、从容中道、上善若水、天心月圆"4 个篇章。此次展览也是中国国家艺术基金"一带一路"汉字水墨国际交流创作人才培养项目展览之一。

73. 越南胡志明市台湾学校展示文化教师教学成果

2018 年 11 月 9 日，越南胡志明市台湾学校在学校体育馆举行舞狮成果展，包括舞狮——"祥狮献瑞"及原住民舞曲——"彩虹之子""丛林狩猎""欢庆丰年"表演。活动邀请中、小学部学生及教师前来观赏。

74. 希腊中文学习者走进"中国之夜"感触中国文化

2018 年 11 月 9 日，来自希腊雅典 Iordanakeion 学校和鸿龙汉语学校的学生参加了在斯塔夫罗斯－尼亚尔霍斯文化中心（SNFCC）举行的"中国之夜"文化交流系列活动。学生们参观了"冰雪北京"2022 北京冬奥主题展览和彩塑京剧脸谱、风筝、剪纸、京绣等非物质文化的代表性项目，并在现场几位非物质文化遗产传承大师的指导下，动手参与制作剪纸和风筝。此外，活动组织方还为参观者精心准备了传统舞蹈、民乐演奏、武术等多个精彩节目。

2018 年 11 月 10 日和 11 日，作为"中国之夜"文化交流系列活动的一项重要内容，来自北京民族乐团、北京舞蹈学院以及武匠武术会馆的优秀表演艺术家们为雅典中文学校和希腊华侨中文学校的师生，带去了精彩的民乐、民族舞蹈、武术表演，并普及了琵琶、阮琴、二胡、三弦、笛子等传统乐器知识，舞姿、手势等基本舞蹈知识，猴拳、虎拳、蛇拳、蛤蟆拳、鹰拳等代表性武术招式。杨利平、邢仙和林泓魁三位非物质文化遗产传承人分别为学生们带来了风筝制作、民间剪纸和彩绘京剧脸谱三种具有北京特色的非物质文化遗产展示。

75. 外国中小留学生过"京味儿"汉语节

2018 年 11 月 15 日，由北京市教育委员会主办，北京市国际教育交流中心、北京市中小学国际教育研究会承办的 2018 北京市中小学外国学生汉语节"北京情，中国梦"展演暨颁奖典礼在北京师范大学附属中学礼堂拉开帷幕。

来自北京师范大学附属中学、北京四中、中国人民大学附属中学、育才学校、汇文中学等 20 多所中小学校的外国中小留学生自主策划、编排、演绎了戏曲、歌舞、武术、情景剧、说唱等 30 多个节目。

2018 年汉语节系列活动还包括外国学生的作文、书画、摄影作品评选，以及1200 人次的京剧欣赏、武术、陶艺及非遗项目体验。

76. 越南胡志明市台湾学校欢庆二十一周年校庆活动

2018 年 11 月 18 日，越南胡志明市台湾学校举办二十一周年校庆——"遇见大未来特展"暨"静态教学成果展"开幕典礼。"台湾驻胡志明市办事处"负责人钟文正偕同事何思毅等出席。钟文正表示，胡志明市台湾学校华侨华人子弟比例高，长年传播中华文化，贡献卓著。今后办事处一定会全力支持学校发展。

77. "亲情中华"中医药专家慰侨活动在德国、捷克举行

2018 年 11 月 22 日至 29 日，应德国柏林中国妇女联谊会、捷克华人青年联合会邀请，江苏省侨联"亲情中华"中医药专家慰问团赴德国法兰克福、柏林、德累斯顿和捷克布拉格等地展开 8 天 4 地 7 场次的中医药专家慰侨活动。

78. 雅典中文学校与希腊教育机构组织联谊助力汉语推广

2018 年 11 月 24 日，雅典中文学校联合希腊 Eurognosi 语言培训学校、萨拉米斯外国语国际学校，举办以推广汉语及中国文化为目的的联谊活动，以中文歌曲、中国曲风的街舞、武术、中国画、书法为载体展示中国文化魅力。有多年汉语学习经验的希腊人还现场结合幻灯片分享了自己学习中文的有趣经历和在中国的难忘生活。

79. 巴西圣保罗圣儒华文学校举办毕业典礼

2018 年 11 月 25 日，巴西圣保罗圣儒华文学校举行 2018 年毕业典礼。活动共有 400 余位嘉宾参加。"台湾驻圣保罗办事处"负责人张崇哲等出席。幼儿园部以多元的歌舞表演欢送毕业生，毕业生也准备了精彩的节目。

80. 泰国中华国际学校展现舞蹈教学成果

2018 年 11 月 30 日，泰国中华国际学校在学校体育馆举办年度文化教学成果展，台湾地区侨务主管部门选派文化教师郭玲娟对学生进行舞蹈指导。泰国中华国际学校教育基金会董事长章维斌等到场观看。当天多位学生展现舞蹈学习成果。活动吸引了学校师生及家长逾 500 人参与。

81. 日本东京中华学校举办岁末联欢会

2018 年 11 月 30 日，日本东京中华学校举办岁末联欢会，感谢学校教职员一年来的辛勤教学。"台湾驻日本办事处"工作人员郭仲熙，台湾地区侨务工作人员张碧华等 80 余人出席活动。东京中华学校校长刘剑城表示近年来报考人数成倍增长，这都归功于老师们的认真教导和侨界好友们对学校的支持。

82. 英国伦敦中华学校举办圣诞联欢会

2018 年 12 月 6 日，英国伦敦中华学校在学校张荣发大会堂举办了"2018 戊戌年

圣诞节联欢餐会"。近百位在地人士、师生家长齐聚一堂，在充满节日氛围的学校里庆祝圣诞。刘易舍姆市市长杰奎琳·帕舒出席同欢。

83. "亲情中华·侨聚八闽"庆祝改革开放 40 周年文艺晚会在福建福州上演

2018 年 12 月 8 日晚，"亲情中华·侨聚八闽"庆祝改革开放 40 周年文艺晚会在福建福州大戏院上演，近千人观看了演出。晚会上演了歌舞、杂技、戏曲、服饰秀等精彩表演，生动展示了改革开放 40 年来福建侨乡的巨大变化与闽籍侨胞的特殊贡献，展现了闽籍乡亲"爱国爱乡、海纳百川、乐善好施、敢拼会赢"的福建精神。

84. 英国伦敦华夏中文学校举办"圣诞联欢会"

2018 年 12 月 8 日，英国伦敦华夏中文学校在汉普斯特德校区举办 2018 年圣诞节庆祝活动。校长顾问丁惠慈、英国中山协会会长孙爱珍、"台湾驻英国办事处"负责人张希贤等嘉宾与近百位当地人士、师生家长齐聚一堂，共庆佳节。

85. 美国北加利福尼亚州中文学校联合会举办岁末感恩联谊会

2018 年 12 月 9 日，美国北加利福尼亚州中文学校联合会在"旧金山湾区文教中心"举办岁末感恩联谊会。"台湾驻旧金山办事处"负责人马钟麟、"旧金山湾区文教中心"负责人阎树荣等 150 余人出席活动。马钟麟表示，北加利福尼亚州中文学校联合会走过 41 个年头，坚持以推广华语文和传统文化为宗旨，举办活动与时俱进。历任会长卸任后仍持续协助推动会务，积极参与侨社活动，令人钦佩。

86. 澳大利亚悉尼台湾学校举办毕业典礼

2018 年 12 月 9 日，澳大利亚悉尼台湾学校北岸校区在圣·艾夫斯公立中学举办毕业典礼暨学生期末成果展。校长吕进梁致辞感谢台湾地区侨务主管部门向学校提供华文教材及对文教活动的支持。活动现场为各年级成绩优异及写字朗诵比赛优胜的同学颁发了奖状。各年级同学也展示了丰富多彩的学习成果，如唱歌、跳舞、朗诵、绕口令、猜谜等。

87. 美国佐治亚州亚特兰大中华文化学校举办期末圣诞欢庆晚会

2018 年 12 月 15 日，美国佐治亚州亚特兰大中华文化学校于杜鲁斯高中举办期末圣诞晚会。活动现场不仅有丰富美食，还有不同年级学生准备的古筝、扯铃、芭蕾舞、戏剧、歌唱以及武术等精彩节目。

88. 美国华盛顿中文学校体育文化节展现学生学习成果

2018 年 12 月 16 日，美国华盛顿中文学校举办体育文化节。学校师生、家长及亲友近 600 人参与、体验各项有趣的运动竞赛及文化表演活动。当日表演节目包含功夫扇舞、扯铃、蝴蝶武扇等，并以室内大型拔河比赛压轴。

89. "2018 功夫之夜" 在美国旧金山举办

2018 年 12 月 16 日，由美国福济基金会与美国山东总商会联合主办、美国腾飞教育集团和华星艺术团联合承办的 "2018 功夫之夜" 成功举办。奥运冠军赵庆建携手尚德精武学院、国际功夫太极学院、美国龙韵少林功夫学院、中国功夫发展协会、少林真功夫学院、飞师傅功夫学院等北加州近 20 家武馆的武术队名师联合首都体育学院师生，为现场的 900 余位观众和通过中国华文教育基金会实景课堂在线观看直播的全球中国功夫迷奉献了一场功夫盛宴。

90. 美国北卡罗来纳州夏乐市中文学校举办秋季结业表演

2018 年 12 月 19 日，美国北卡罗来纳州夏乐市中文学校举行秋季结业表演。校长江义玄教授、教务长贺清华教授主持活动，教职员、学生和家长百余人参加。

91. 华侨大学举办 "泰懂中国" 语言实践活动

2018 年 12 月 26 日，华侨大学华文学院在龙舟池校区举办第四期 "泰懂中国" 语言实践活动。来自 2018 级泰国皇太后大学中文交流学习班的 20 名泰国留学生和 25 名中国同学参加。此次活动以 "缘起华文，情深中泰" 为主题，由中国学生介绍中国各地独具特色的民风民俗。活动还设置了互动游戏，中泰同学在游戏中进一步加深了解、建立友谊。

活动组织境内生与泰国皇太后大学交流班留学生结对互助，旨在提高留学生的汉语实践能力。此前三期活动主题分别为："回忆童年" 玩游戏交朋友、"城市之旅" 结伴同行看厦门、"走进泰国" 泰国同学说泰国。

92. 德国柏林中文学校举办 35 周年校庆活动

2018 年 12 月，德国柏林中文学校在凯瑟琳海因洛特小学举办 35 周年校庆活动。"台湾驻德国办事处" 工作人员谢志伟等人参加盛会。学生、老师、家长、侨团侨领等逾 300 人出席，共同见证学校迈向推广华文教育的新里程。

（五）公益活动

1. 深圳市锦澎辉建筑工程有限公司向中国华文教育基金会捐款

2018 年 1 月 17 日，中国华文教育基金会在国务院侨务办公室为深圳市锦澎辉建筑工程有限公司举行捐赠仪式。中国华文教育基金会副理事长兼秘书长邱立国接受该公司捐款，并为公司总经理佘少敏颁发捐赠匾牌。根据约定，深圳市锦澎辉建筑工程有限公司向中国华文教育基金会捐款 300 万元人民币，主要用于中国留学生、海外华裔青少年人身财产安全、法律法规培训，地域文化及宗教文化常识普及，心理健康辅导以及法律援助，等等。

2. 福建福州侨领郭依琛捐资 7 万元助学扶贫

2018 年 5 月 25 日，旅比福建同乡联合会永久名誉会长郭依琛助学扶贫资助款发放仪式在福建福州连江县侨联举行，福建省侨联副主席、福州市侨联主席蓝桂兰，连江县委常委王振华，县委统战部副部长许麟，县扶贫办主任郑德典，县外事侨务办公室主任李秀文等参加仪式。仪式上，郭依琛捐赠善款 7 万元，资助贫困学生 10 人，帮扶连江县 8 个乡镇 15 个村 30 户贫困家庭。

3. 中国华文教育基金会在广西华侨学校举行经纬奖学金颁发仪式

2018 年 5 月 31 日，中国华文教育基金会 2017—2018 学年奖学金颁发仪式在广西华侨学校举行。中国华文教育基金会副理事长兼秘书长于晓、项目一部主任熊志远，自治区外事侨务办公室副主任陈洁，华侨学校校长陈进超、副校长雷丽芳，以及该校 2018 届全体留学生和家长、教师代表等近 300 人参加活动。本期 30 万元奖学金由经纬置地有限公司提供，在广西华侨学校就读高中学历班的来自东南亚 7 个国家的 94 名华裔学生获得资助。

4. 中国华文教育基金会举行经纬奖学金发放仪式

2018 年 6 月 21 日，由中国华文教育基金会主办、昆明华文学校承办、经纬置地有限公司资助的"2018 年海外华裔青少年初高中学历教育经纬奖学金"发放仪式在昆明华文学校举行。本项奖学金专门用于资助海外华裔学生圆满完成初高中学业，项目总金额为 30 万元。此次受助的是昆明华文学校的境内外合作办学点的 81 名缅甸、泰国、老挝的华裔学生。

5. "归根情·情暖归侨侨眷"系列活动在华侨大学启动

2018 年 6 月 26 日，"归根情·情暖归侨侨眷"系列活动启动仪式暨"老侨说"侨课进校园首场授课在华侨大学厦门校区王源兴国际会议中心启动。当天，"归根情·老侨说"侨课进校园系列主题教育首场讲座开讲。原致公党厦门市委副主委、厦门市侨联副主席王起鹍老先生以侨史、侨联、侨务为主题同华裔新生代和志愿者学生们分享厦门的华侨华人历史发展情况。

6. 菲律宾中国商会捐资助力广西华文教育

2018 年 10 月 10 日，在中国驻菲律宾大使馆牵线搭桥下，菲律宾中国商会代表团到广西访问，向广西华侨学校捐资人民币 100 万元，支持华文教育发展。

中国驻菲律宾大使馆领事董洪亚、菲律宾中国商会会长洪及祥、广西外事侨务办公室副主任陈洁等嘉宾出席捐赠仪式。

菲律宾中国商会成立于 2007 年，现有 9 个分会。

7. 中国华文教育基金会举行 2018 年海外华裔本科生"雅居乐"学历教育奖学金发放仪式

2018 年 12 月 19 日，中国华文教育基金会海外华裔本科生"雅居乐"学历教育奖学金发放仪式在云南师范大学举行。50 名缅甸、老挝、泰国华裔学生获得奖学金。中国华文教育基金会副理事长兼秘书长于晓、项目主管张泽军、云南省委统战部巡视员胡明学等嘉宾出席发放仪式。

六　华教师资培养

（一）中国外派华文教育师资培训

1. 菲律宾华教中心举办"2017—2018 年度国务院侨务办公室外派教师总结会"

2018 年 3 月 26 日，"2017—2018 年度国务院侨务办公室外派教师总结会"在菲律宾马尼拉世纪公园大酒店开幕，菲律宾华教中心领导与国务院侨务办公室外派教师 300 人与会。

总结会开幕式由菲律宾华教中心师资部主任郝海庭主持。在开幕式上，菲律宾华教中心黄端铭主席高度赞扬了外派教师爱岗敬业、辛勤耕耘、无私奉献的精神。他表示，外派教师不仅为菲律宾华校带来了先进的教学理念、科学的管理方法，更以中国教师光辉的形象，在当地树立了良好的榜样，为菲中两国的友好搭建了桥梁，在两国人民之中传递了友谊，为菲律宾华文教育作出了应有的贡献。他希望大家继续发扬优良传统，虚心学习，认真总结，为菲律宾华文教育留下宝贵的经验财富。

2. 广西桂林市外事侨务办公室举办外派教师座谈会

2018 年 2 月 9 日，广西桂林市外事侨务办公室举办外派教师座谈会。全市 15 名外派教师、相关单位负责人共 22 人参加。

座谈会上，各位外派教师分别结合自身实际畅谈了援教工作的体会感受。桂林市外事侨务办公室副主任余治水在讲话中充分肯定了外派教师的工作，进一步强调了华文教育的重要意义。他指出，华文教育工作是海外华侨华人的"希望工程"，是中华民族的"留根工程"，希望各位外派教师牢记使命，勇挑重担，履行好外派职责，为海外华文教育事业繁荣发展作出新的更大贡献。

会议期间还表彰奖励了2016—2017年度优秀外派教师。

3. 2018年川渝黔外派教师行前培训班在重庆举办

2018年4月15日，由国务院侨务办公室主办、重庆市政府外事侨务办承办的"2018年川渝黔外派教师行前培训班"在重庆开班。来自四川、重庆、贵州的80名外派教师和工作人员参加培训。四川省6名拟外派海外的华文教师由省外事侨务办带队参加了此次培训。

为期5天的培训主要开设了海外侨情、华文教育、涉外礼仪礼节、华文教学特点和教学办法、跨文化交际、国家安全教育、海外领保、应急管理、礼宾礼仪和外事纪律等方面课程，有助于外派教师加深对海外侨情和华文教育工作的认识，为完成外派任务打下良好基础。

4. 江西德兴召开回国外派教师座谈会

2018年4月18日，江西省德兴市委统战部召开回国外派教师座谈会，听取外派教师在海外的工作生活情况汇报、海外华校开展华文教育状况及对外派教师工作的建议意见等。市委常委、统战部部长刘栋义，外事侨务办公室主任吴飞，侨联主席毛映敏出席会议，泰国、菲律宾等学校的12名外派教师代表参加了座谈会。

外派教师在座谈会上畅所欲言，详细介绍了在海外任教的工作生活情况，感谢市委市政府提供了在海外任教的工作平台。会上，教师们结合海外任教实际对今后如何更好地招募、选派外派教师及开展行前培训等提出了意见和建议。

刘栋义对外派教师为海外华文教育工作作出的努力和贡献表示感谢，他希望外派教师回到海外华校后，要服从教学安排，克服困难，高标准、严要求地完成外派任务；要积极与当地华侨华人、学生建立友好联系，充分展示外派教师良好形象，大力宣传德兴；要注意人身财产安全，学会疏解心理压力，保持良好的心态；做海外华校和所在学校友好交流的使者，积极推动教育"走出去"。

5. 2018年晋蒙陕甘宁五省区外派华文教师行前培训班在山西太原举办

2018年4月23日至27日，由国务院侨务办公室举办、山西省外事侨务办公室承办的2018年晋蒙陕甘宁五省区外派教师行前培训班在山西太原举办。来自五省区近80名外派教师及各省领队参加了此次培训。

国务院侨务办公室文化司王匡廷副处长出席开班仪式并介绍了海外华文教育简况

和外派教师工作相关事项。按照国务院侨办统一部署，山西省外事侨务办安排了东南亚华文教学的特点及其对策研究、跨文化交际与文化教学、海外领事保护与协助、外事纪律礼仪介绍、平安出国心理准备等课程，还邀请了山西省优秀外派教师与大家面对面分享教学经验、生活注意事项。

6. 2018 年中南四省外派华文教师行前培训班在湖北大学举行

2018 年 4 月 24 日至 28 日，由国务院侨务办公室主办、湖北省人民政府外事侨务办公室和湖北大学承办的"2018 年中南四省外派教师行前培训班"在湖北大学举行。来自江西、湖北、湖南、广东的 97 名外派教师参加了此次培训。

此次培训班旨在帮助外派教师尽快适应海外教学和生活环境，专门安排了资深专家教授为外派教师集中讲授海外侨情、华文教育历史与现状、外事纪律和涉外礼仪、心理压力与情绪管理、中国文化精神、华文教学特点等课程。参加培训的四省外派教师将分批赴泰国、菲律宾、印尼、荷兰、委内瑞拉、巴拿马、马达加斯加、南非 8 个国家的 50 多所华文学校任教。

7. 2018 年国务院侨务办公室外派教师皖苏浙行前培训班在合肥举办

2018 年 5 月 7 日至 11 日，由国务院侨务办公室主办、安徽省侨务办公室和安徽大学共同承办的 2018 年国务院侨务办公室外派教师皖苏浙行前培训班在安徽合肥举办。来自安徽、江苏、浙江的 51 名即将赴海外华文学校任教的教师参加了此次培训。

此次培训专门邀请国务院侨办和教育部门长期从事华文教育和对外交往工作的领导和负责人员，为学员们专题介绍海外华文教育情况、外派教师注意事项和要求、涉外礼仪礼节等，还进行了外事纪律教育。同时还邀请安徽大学教授为学员们讲授华文教学特点和方法、跨文化交际、突发事件应急处理、心理调适等专业知识，并且组织了经验交流活动，由安徽、江苏历任优秀外派教师面对面和教师们分享海外教学经验和生活体会。

8. 2018 年国务院侨务办公室东北三省外派教师行前培训班在长春举行

2018 年 5 月 7 日至 11 日，由吉林省外事侨务办公室承办、为期 5 天的 2018 年国务院侨务办公室外派教师行前培训班在吉林长春举行。此次培训班共有来自黑龙江、吉林、辽宁的 40 余名新遴选外派教师参加。

国务院侨务办公室文化司汤翠英巡视员出席培训并就海外侨情及外派教师工作规范作专题辅导。吉林省外事侨务办公室李建华副主任作开班动员并授课。

9. 2018 年豫鲁冀外派教师行前培训班在河南大学举行

2018 年 5 月 15 日，由国务院侨务办公室和河南省人民政府外事侨务办公室举办的"2018 年豫鲁冀外派教师行前培训班"在河南大学举行。国务院侨务办公室文化司华教中心王匡廷副处长出席开幕式。来自河南、山东、河北的 60 多名学员参加了此次培训。

开班仪式上，王匡廷作了题为《派驻国国情、侨情和华文教育情况》的讲座，对外派教师提出注意事项和要求。在培训中，外派泰国和菲律宾的归国教师做经验介绍和交流，培训专家从外事纪律、涉外礼仪礼节、海外侨情、跨文化交际、海外华文教学方法和心理健康与应对等方面进行授课。

10. 2018 年福建省外派教师行前培训班在华侨大学举行

2018 年 5 月 25 日，由福建省侨务办公室主办、华侨大学承办的 2018 年福建省外派教师行前培训班在华侨大学厦门校区举行。此次行前培训为期 5 天，来自福州、泉州、漳州等地市侨务办公室推选的 79 名外派教师参加了此次培训。

培训紧贴海外国情侨情，先后开设《海外华文教育教学特点》《外事纪律和涉外礼仪》《菲律宾、印尼国情侨情介绍》等讲座课程，并邀请有丰富外派经验的往届外派教师代表交流介绍。

11. 泰国清莱府美赛县光明华侨公学举行外派教师座谈会

2018 年 7 月 16 日，泰国清莱府美赛县光明华侨公学举行了外派教师座谈会。学校董事会徐秀如主席向外派教师们介绍了学校十年的办学历史，希望在教授给孩子们知识的同时，更要教会孩子们优秀的品德，用一位优秀教师的言行去感染每一位学生，注重学生健全人格的培养。希望外派教师用一种使命感和责任感来对待这份工作，切实维护祖国形象和教师形象。也希望所有外派教师尽快适应当地生活、工作，同时帮助海外华校培养更多的优秀师资，帮助本地老师快速成长。学校范进荣校董也表示学校会为大家营造良好的环境，希望大家相互学习、合作，为办好华文教育尽自己的一份力量。

12. 广西桂林市外事侨务办公室召开 2018 年外派教师座谈会

2018 年 8 月 17 日，广西桂林市外事侨务办公室组织召开 2018 年外派教师座谈会。

会上，何志群、刘自富、蒋子伶等外派教师与大家分享自身援教工作、生活的感受和体会，他们一致表示，感谢外侨部门的关心和爱护，将克服困难，遵守纪律，履职尽责，不辱使命，为海外华文教育事业繁荣发展作出新贡献。

桂林市外事侨务办公室副主任余治水对外派教师顺利完成阶段教学任务表示祝贺，对外派教师为华文教育事业所作的贡献表示感谢，并重申了外派教师工作的重要性，希望外派教师不忘初心，努力完成外派援教任务，做中华文化的传播者、中外友好的民间使者。

13. 云南楚雄州外事侨务办公室召开 2018 年外派教师座谈会

2018 年 8 月 19 日，云南省楚雄州外事侨务办公室召开 2018 年外派教师座谈会暨外派教师行前培训。楚雄州外事侨务办公室党组书记、主任邹志琼参加了此次培训。座谈会和培训旨在了解楚雄州外派教师在海外从事华文教育的情况，分析海外华校和华文教育发展现状，了解外派教师对外派工作的意见建议，总结经验，进一步做好外派教师工作。

14. 2018 年广西赴老挝外派教师座谈会在南宁举行

2018 年 8 月下旬，国务院侨务办公室外派老挝华文教师行前中转座谈会在广西南宁举行，32 位华文教师参加了培训。培训围绕华文教育、海外侨情、国外安全等事项展开。座谈会上，新老外派教师共同交流在海外华校的教学经验和工作方法。

（二）海外来华师资培训

1. "华文教师证书" 专项培训

（1） 暨南大学举办 "华文教育·华文教师证书" 培训 5 月班

2018 年 5 月 22 日，由中国国务院侨务办公室、中国海外交流协会主办，暨南大学华文学院承办的 2018 年 "华文教育·华文教师证书" 培训暨南大学班（5 月）开班典礼在暨南大学华文学院举行。来自全球 18 个国家和地区的 78 名海外华文教师参加了此次培训。

暨南大学华文学院副院长曾毅平向学员们阐释了华文教师证书的研发意义。他简要介绍了海外华校的发展历程以及近年来办学规模、师资力量的发展状况，同时强调在这个阶段中国国务院侨办推出《华文教师证书》培训的重要性以及暨南大学华文学院在《华文教师证书》培训过程中的重要职责。

（2）云南师范大学举办"华文教育·华文教师证书"培训班

2018 年 5 月 28 日，由云南省侨务办公室委托、云南师范大学承办的 2018 年第二期《华文教师证书》培训班开班仪式在云南师范大学举行，来自泰国、老挝、缅甸、越南、印度尼西亚、韩国、瑞士 7 个国家的 60 名华文教师参加了此次培训。

此次培训为期 16 天，云南华文学院的三位教学专家针对"汉语基础知识""华文教学理论与方法""中华文化专题"三门课程进行课堂讲解。依据"华文教师测评大纲"、《华文教师证书》的相关要求，完成"汉语知识与能力"和"汉语教学及中华文化专题"的考试与"华文教学实践"考查工作。同时，在培训教学的过程中，还安排了 3 次文化考察和 1 次教学观摩活动。

（3）广西师范大学举办"华文教育·华文教师证书"培训班

2018 年 6 月 23 日至 7 月 10 日，由中国国务院侨务办公室主办、广西师范大学承办的 2018 年《华文教师证书》研习班在广西桂林举行。来自全球 19 个国家的 45 名华文教师参加了此次培训。

培训期间，广西师范大学对学员就"汉语基础知识""汉语教学理论与方法""中华文化基本知识"三方面内容展开系统培训，并结合相关内容安排学员到靖江王府、桂海碑林博物馆等地实地参观考察。

（4）暨南大学举办"华文教育·华文教师证书"培训 7 月班

2018 年 7 月 11 日，由中国国务院侨务办公室主办、暨南大学华文学院承办的 2018 年"华文教育·华文教师证书"培训暨南大学班（7 月）开班典礼在暨南大学华文学院举行。来自全球 31 个国家的 108 名海外华文教师参加了此次培训。

暨南大学华文学院副院长曾毅平代表学院对世界各地学员们的到来表示欢迎，介绍了海外华校的发展历程以及近年来办学规模、师资力量的发展状况，同时也指出了华文教育目前处于发展的新阶段，指出海内外华文教师继续共同努力的方向，最后介绍此次培训班的基本情况和培训活动的安排。

（5）华中师范大学举办"华文教育·华文教师证书"培训班

2018 年 8 月 2 日，由中国国务院侨务办公室主办、华中师范大学华文教育基地承办的第四届"华文教育·华文教师证书"班开班典礼在华中师范大学举办，来自 24 个国家的 90 多名华文教师参加了开班典礼。

此次培训班为期 16 天。学员们学习了汉语基础知识、汉语教学理论与方法、中国传统文化等，并聆听了专题讲座，考察武汉的民风民情及中国的道教文化。

（6）北京语言大学举办"华文教育·华文教师证书"培训班

2018 年 8 月 13 日，由中国国务院侨务办公室主办、北京语言大学承办的 2018 年《华文教师证书》研习班在北京举行开学典礼。来自全球各地华校的 70 多名华文教师参加了此次培训。

此次培训为期 17 天，学员们学习了华文教学、华文要素教学、古代汉语、课堂教学、华文教育技术、教学测评、技能教学法等板块的内容。在考核环节，除笔试所学的课堂教学内容外，学员们还要接受华文教学实践测评，两者总分合格才能通过华文教师的资格认证考试。

（7）暨南大学举办"华文教育·华文教师证书"培训 9 月班

2018 年 9 月 11 日，由中国国务院侨务办公室主办、暨南大学承办的 2018 年"华文教育·华文教师证书"培训暨南大学班（9 月）开班典礼在暨南大学华文学院举行。来自 17 个国家的 40 余位华文教师参加了此次培训。

（8）暨南大学举办"华文教育·华文教师证书"培训 11 月班

2018 年 11 月 26 日，由中国国务院侨务办公室、中国海外交流协会主办，暨南大学承办的 2018 年"华文教育·华文教师证书"培训暨南大学班（11 月）开班典礼在暨南大学华文学院举行。此次培训共有来自 17 个国家和地区的 50 余名海外华文教师参加。

此次培训为期 18 天，学员们学习了"汉语知识与能力""中华文化知识""汉语语法知识"等课程，并前往广州、深圳、佛山三地进行文化考察。

（9）海南师范大学举办"华文教育·华文教师证书"培训班

2018 年 12 月 2 日，中国国务院侨务办公室主办、海南省侨务办公室和海南师范大学承办的 2018 年《华文教师证书》研习班开班典礼在海南师范大学举行。来自亚洲、美洲、欧洲、非洲、大洋洲 11 个国家的 29 位华文教师参加了此次培训。

此次培训为期 18 天，学员们系统学习了汉语基础知识、汉语教学知识、中国文化知识等课程，并于课程结束后参加《华文教师证书》考试。

（10）华侨大学举办"华文教育·华文教师证书"培训班

2018 年 12 月 19 日，2018 年《华文教师证书》研习班在华侨大学厦门校区开班。来自澳大利亚、新西兰、美国、加拿大、德国、英国、奥地利、卢森堡、斯洛文尼亚、西班牙、意大利、荷兰、瑞士、智利、斐济、日本、缅甸、泰国、新加坡、南非共 20 个国家的近 100 名海外华文教师参加了为期 18 天的培训学习。

华侨大学副校长曾路对远道而来的海外华文教师表示欢迎，对中央统战部侨务事务局的支持和信任表示感谢。他向学员们简要介绍了华侨大学侨校办学特色与学科优势，希冀各位海外华文教师以此次培训为契机，系统学习汉语教学理论知识，掌握华文课堂教学技巧，切实提高华文教师综合职业能力。

（11）东北师范大学举办"华文教育·华文教师证书"培训班

2018 年 12 月 25 日，由东北师范大学华文教育基地承办的 2018 年《华文教师证书》研习班顺利结业。共有来自美国、德国、新西兰、澳大利亚等 11 个国家的海外华文教师参加了结业仪式。

此次培训为期 18 天。学员们学习了"汉语基础知识""汉语教学理论与方法""中华文化"等课程，聆听了"走进儿童世界，实现教育人性关怀"等教学专业课程，并前往东北师大附属小学参访，观摩语文课堂，此次培训班的学员们还参加了《华文教师证书》考试。

2. 中小学类华校校长、校董培训

（1）"一带一路"与海外华人发展研修班在福建厦门举办

2018 年 5 月 26 日，由华侨大学国际关系学院/新侨学院主办的"一带一路"与海外华人发展研修班在华侨大学厦门校区结业。来自日本、泰国、马来西亚等 13 个国家和地区的 60 多名新侨代表、海外华人社团中青年骨干参加了研修。

此次研修为期 3 天。学员们听取了海外侨情与侨务工作、海上丝绸之路回顾与展望、厦门印象与厦门机会、华侨华人与中华文化对外传播、"一带一路"定位与新时代中国特色大国外交等主题讲座，围绕相关主题展开小组研讨，并前往厦门轨道交通集团、鼓浪屿等地参观考察。

（2）"马来西亚中学校长领导力提升研习班"在上海开班

2018 年 6 月 20 日，由华东师范大学承办的"马来西亚中学校长领导力提升研习班"开班。马来西亚华校董事联合会总会教师教育局主任曾庆方、教育部中学校长培训中心主任代蕊华等出席了开班典礼。

此次培训为期 8 天。教育部中学校长培训中心为学员深度解读上海基础教育改革的历史、经验，上海基础教育学校教师专业发展方向，中国文化与法治、传统文化中的管理智慧等，组织第二期"国培计划"中小学名校长领航班校长及上海名校长与马来西亚中学校长对话，并安排校长们到上海 7 所不同类型、各具特色的优质学校跟岗学习一天。此外，为了帮助马来西亚中学校长加深对中国经济、文化发展的了解，中心还协助安排了上海历史建筑、博物馆、上海大众等地的参观访问。

（3）2018 年外派教师聘方学校校长研习班在山东烟台开班

2018 年 6 月 21 日，2018 年外派教师聘方学校校长研习班暨侨务干部华文教育专题培训班开班仪式在山东烟台举行。来自"一带一路"的泰国、缅甸、印尼、菲律宾、柬埔寨、老挝、韩国、捷克、意大利 9 个国家的 90 名华文学校校长、校董以及中国 27 个省市区的 110 多名侨务干部参加了培训。国务院侨务办公室巡视员、华教中心主任汤翠英，山东省外侨办副主任孙西忠出席开班仪式并讲话。

汤翠英强调举办此次研习培训班的目的是进一步加深各方对侨务工作以及华文教

育的认识，围绕海外华文教育管理及教学模式、"一带一路"倡议与华文传播等主题展开交流培训，同时规范外派教师工作，解决外派教师工作中的新问题。

开班仪式结束之后，全体代表听取了北京大学张英教授所作的华文教育专题讲座。

（4）缅甸华校校长校董神州行保山团在云南举行

2018 年 7 月 3 日至 11 日，由云南省侨务办公室主办、保山市侨务办公室承办的 2018 年缅甸华文学校校长校董神州行活动在云南保山举行。来自缅甸克钦邦密支那、抹允，掸邦腊戍、贵概、木姐、南坎 10 所华校的 13 名校长、校董参加了此次活动。

活动期间，代表团成员参观了保山技师学院、保山学院，并就华文教育工作进行了交流座谈。代表团一行先后到保山、大理、丽江、香格里拉等地进行了文化考察。

（5）"2018 海外红烛故乡行——贵州之旅"在贵州举行

2018 年 7 月 20 日至 29 日，由中国华文教育基金会主办、贵州省侨务办公室承办、雅居乐地产控股有限公司资助的 "2018 海外红烛故乡行——贵州之旅" 在贵州举行。来自澳大利亚、比利时、丹麦、德国、加拿大等国的 14 位华文学校校董和资深华文教师参加了此次活动。

活动为期 10 天。代表团一行应邀出席了 "第十一届中国—东盟教育交流周" 开幕式和 "2018 中国—东盟华文教育学校校长论坛"。代表团参观了贵州大数据综合试验区展示中心、贵州省博物馆、遵义会议纪念馆、息烽集中营纪念馆、六盘水市规划馆等，游览了黄果树瀑布景区、青岩古镇、玉舍国家森林公园、海坪彝族风情小镇，考察了六盘水市新农村建设、精准扶贫示范点等。

（6）"2018 海外华文教育示范学校校长研习班"在河南洛阳举办

2018 年 8 月 21 日，由国务院侨务办公室、河南省外事侨务办公室主办，洛阳师范学院协办的 "2018 海外华文教育示范学校校长研习班" 在河南洛阳师范学院结业。美国克利夫兰当代中文学校校长王黎明等来自 27 个国家的 91 位海外华文学校校长和负责人参加了此次研习活动。

此次研习班历时 12 天。学员们到郑州新郑黄帝故里参加敬拜中华人文始祖轩辕黄帝仪式和研习班开班仪式；出席河南省政府外侨办和河南省教育厅共同举办的 "河南省外事侨务和教育界负责人与海外华文教育示范学校校长座谈会"；赴河南中医药大学开展中医药文化专题研习。研习班还与河南大学、郑州大学等河南省 4 所高校及郑州市四十七中、河南省实验中学等近 30 所中小学校负责人和教师座谈，就教学理念、师资培训和教学管理展开交流。

此外，研习班还参观了郑东新区，访问郑州国际陆港开发建设公司等，了解河南深度参与"一带一路"倡议打造空中、陆上和网上丝绸之路的举措；赴登封参访少林寺、嵩阳书院，观看禅宗少林音乐大典演出，体验少林功夫，并就合作办学进行洽谈交流；赴洛阳参观龙门石窟、白马寺，与洛阳师范学院开展交流。

（7）"2018 海外红烛故乡行——甘肃之旅" 在甘肃兰州举办

2018 年 9 月 4 日，"2018 海外红烛故乡行——甘肃之旅"在甘肃兰州启动。来自美国、日本、加拿大、缅甸等 7 个国家的 15 名华文学校校长、主管进行了学习交流。国务院侨办原副主任、中国华文教育基金会理事长赵阳出席开班仪式并讲话。西北师范大学国际文化交流学院院长武和平、西北师范大学文学院院长韩高年为大家讲授"中国传统文化的海外传播"等内容。

参加培训的资深教师和管理者赴甘肃省中医院，体验了针灸、艾灸、拔罐、火龙疗法等中医诊疗适宜技术，同时也了解了中医在海外的发展情况；赴景泰黄河石林、天水伏羲庙、麦积山石窟、南郭寺等地参观了解甘肃境内的传统文化。

（8）"2018 海外红烛故乡行——宁夏文化之旅" 在宁夏银川举办

2018 年 9 月 18 日，由中国华文教育基金会主办、宁夏回族自治区外事（侨务）办公室承办的"2018 海外红烛故乡行——宁夏文化之旅"在宁夏银川启动。来自日本、澳大利亚、美国、德国、泰国、马来西亚、博茨瓦纳、匈牙利、加拿大 9 个国家的 15 位海外华文学校校董、校长和优秀教师参加了此次活动。

学员们在宁夏参观访问，探讨了宁夏与海外华校在华文教育交流以及华文教师短期互派、培训等方面的合作意向，专项开展宁夏与海外华校交往、交流活动。

（9）"2018 海外红烛故乡行——江西之旅" 在江西鹰潭举办

2018 年 9 月 19 日，由中国华文教育基金会主办，江西省外事侨务办公室、鹰潭市外事侨务办公室承办，新恒基国际（集团）有限公司资助的"2018 海外红烛故乡行——江西之旅"在江西鹰潭启动。来自日本、英国、新加坡、埃及、新西兰、泰国、印尼、马来西亚 8 个国家的 15 名海外华文学校校董、优秀教师参加了此次活动。

学员们通过讲座、考察、参观、体验等形式，在江西鹰潭、景德镇开展了一次中华文化之旅，进一步深化了对祖（籍）国、对江西的了解与认识。

（10）"2018 海外红烛故乡行——浙江之旅" 在浙江杭州举行

2018 年 11 月 2 日，由中国华文教育基金会主办、浙江省人民政府外事侨务办公室承办的"2018 海外红烛故乡行——浙江之旅"在浙江杭州举行。来自德国、西班牙、法国、美国、澳大利亚、比利时等国的海外华文学校校董及从事华文教育的教师代表参与了此次活动。

在为期 10 天的活动中，学员们走访了杭州、绍兴等地，通过参观当地国际化学校、特色文化景点等加深了对浙江的了解。

（11）海上丝绸之路华文教育校长培训班在福建福州开班

2018 年 12 月 5 日，由福建省归国华侨联合会主办、福州市归国华侨联合会和闽江师范高等专科学校承办的海上丝绸之路华文教育校长培训班在福建福州开班。来自柬埔寨、马来西亚、菲律宾、越南、泰国、德国、澳大利亚等国的 23 名华文教育者参加了此次培训。

福建省侨联副主席张瑶希望各位华文教育者通过此次培训，获得教学技能、教学理念上的更新和提升，同时能感受到中国的发展，汲取丰富多彩的中华优秀文化，感受家乡人民的热情，增强在华文教学和中华文化传播的道路上不断前行的信心。

（12）"中国侨联海外侨领研修班"在福建厦门开班

2018 年 12 月 14 日，由中国归国华侨联合会、福建省侨联主办，厦门市侨联、厦门大学承办的"中国侨联海外侨领研修班"在福建厦门举行开班仪式。

此次研修班为期 7 天，对来自阿联酋、澳大利亚、美国、法国、意大利、新西兰、日本、新加坡等 32 个国家的 70 余名海外侨领进行专题授课。课程内容包括海外侨情与侨务工作、中国的新发展理念与对外经济关系新趋势、海外华人社团动态、台海局势与两岸关系、人民币国际化的现状与未来等，并结合教学开展了相关实践活动。研修班还组织学员前往集美鳌园、陈嘉庚纪念馆、闽南民俗文化园厦门老院子及世界文化遗产鼓浪屿等地进行实地参观考察。

3. 学历型师资培养

（1）暨南大学开展日本汉语国际教育专业研究生班第四次授课

2018 年 4 月中旬，暨南大学华文学院海外华语及华文教学专业硕士班第四次授课在日本东京千代田教育集团大楼进行。由中国海外交流协会文化交流部姚鹏阁进行督导，暨南大学华文学院熊玉珍副教授主讲"现代语言教育技术"、匡小荣副教授主讲"汉语修辞及教学法"。

暨南大学华文学院海外华语及华文教学专业硕士班是由中国海外交流协会主办，暨南大学华文学院与千代田集团合作，面向在日华侨华人开设的兼读制硕士研究生班。该硕士班的开办有其现实意义，既顺应海外华文教育师资专业化发展的时代需求，提升海外华文教师的综合素质和教学能力，又同时满足广大在日华文教师希望得到专业有效的学习以及职称培养的需要。

（2）暨南大学举行 2018 届华文教育专业海外函授教育本科毕业典礼

2018 年 6 月 23 日，暨南大学华文学院举行"2018 届华文教育专业海外函授教育本科毕业典礼"，向来自印度尼西亚的 128 名华教专业函授教育本科毕业生授予学位。

中国华文教育基金会副理事长兼秘书长于晓、项目二部主任李晓梅，完美（中国）有限公司董事长助理徐奕新，暨南大学副校长夏泉、华文学院院长邵宜及相关部门领导，印度尼西亚 12 个函授教学点的负责人，128 位毕业生及其家属等参加了毕业典礼。

夏泉、邵宜为毕业生颁发学位证书，行拨穗礼，于晓、李晓梅为黄东兰等 20 名获评为"2018 届优秀本科毕业生"的学员颁发荣誉证书。

（3）华侨大学继续教育学院发布 2018 年巴西华文成人教育专业本科招生简章

2018 年 7 月 23 日，为方便在巴西居住的华人和外籍汉语爱好者进一步学习和提高，培养有志于从事华文教育事业的师范型人才，巴西圣保罗华侨天主堂中文学校与中国华侨大学继续教育学院达成合作，自 2018 年 7 月 23 日起在巴西招收首批华文教育专业本科生。

该专业以培养具备扎实的汉语言语能力与跨文化交际能力，系统掌握汉语基础理论和教育学、教育心理学、第二语言教学、第二语言习得的基本知识，熟悉中国国情和历史文化，能够运用现代教育技术，有志于从事华文教育事业的师范型人才为目标。学员完成教学计划所规定的全部课程，成绩合格且符合华侨大学有关规定的，由华侨大学颁发华侨大学成人高等教育毕业证书。取得华侨大学本科毕业证书，符合《华侨大学授予继续教育本科毕业生学士学位实施细则》相关规定者，由华侨大学授予学士学位。

4. 华文教育师资远程培训

（1）"华文教师完美远程培训"在西班牙开课

2018 年 1 月 13 日，由中国华文教育基金会主办、北京四中网校承办、完美（中国）有限公司资助的"华文教师完美远程培训"在西班牙马拉加中文学校和加那利华人华侨爱心中文学校举行了开课仪式。

西班牙马德里哆来咪艺术文化学校开课仪式在中国北京与西班牙马拉加两地同步举行。北京四中网校副校长刘开朝、项目主管翟影、授课教师田冉，西班牙马拉加中文学校校长李洪川以及参加培训的华文教师参加了开课仪式。

1 月 13 日下午，西班牙马德里哆来咪艺术文化学校举行开课仪式。北京四中网校副校长刘开朝、项目主管翟影、授课教师李岩，西班牙哆来咪艺术文化学校校长翁佳艺、副校长毛云、秘书长徐梦瑶以及参加培训的华文教师参加了开课仪式。

（2）"华文教师完美远程培训"在荷兰鹿特丹开课

2018 年 1 月 20 日，"华文教师完美远程培训"荷兰华仁中文学校开课仪式在中国北京与荷兰鹿特丹两地同步举行。北京四中网校副校长刘开朝、项目主管翟影、授课教师李柠、荷兰华仁中文学校校董会主席陶国器、校董会常任理事郑励珍以及参加培训的多位华文教师参加了开课仪式。

开课仪式后，授课教师李柠为荷兰的老师们展示了"快乐高效的中文学习"互动课。

（3）"华文教师完美远程培训"在意大利普拉托开课

2018年2月7日，"华文教师完美远程培训"在意大利普拉托华人华侨联谊会中文学校举行开课仪式。北京四中网校副校长刘开朝、项目主管翟影、授课教师刘鑫艺，意大利普拉托华人华侨联谊会中文学校执行校长吴静云，以及参加培训的多位华文教师参加了开课仪式。

开课仪式后，授课教师刘鑫艺带来了一节"用心而诵——浅谈集体朗诵指导"直播课，讲解了如何有效进行集体朗诵，并提供了多种行之有效的表演技巧。

（4）"华文教师完美远程培训"在巴基斯坦开课

2018年2月25日，"华文教师完美远程培训"在巴基斯坦中巴教育文化中心华文学校举行了开课仪式。北京四中网校副校长刘开朝、项目主管翟影、授课教师章文，中巴教育文化中心华文学校董事长马鹤举、校长马斌，以及参加培训的多位华文教师参加了开课仪式。

开课仪式后，授课教师章文带来了一节"综合课的教学方法与技巧"直播课，课程围绕"综合课教什么、怎么教"展开。

（5）"华文教师完美远程培训"在阿联酋迪拜开课

2018年3月6日，"华文教师完美远程培训"阿联酋迪拜长城书院开课仪式在北京和迪拜同时举行。北京四中网校副校长刘开朝、项目主管翟影、授课教师王敏媛，以及阿联酋迪拜长城书院院长殷霄君和参加培训的华文教师分别在两地参加了开课仪式。

授课教师王敏媛讲授了培训第一节直播课"如何有效地管理课堂"。此外，阿联酋迪拜长城书院2018年共定制了"趣味汉字教学""教学内容疑难专题微课""对外汉语教学设计""学生问题处理专题微课"及"剪纸"等30节课程。

（6）"华文教师完美远程培训"在意大利米兰开课

2018年3月15日，"华文教师完美远程培训"意大利米兰5所华文学校开课仪式在北京和米兰两地同步举行。中国华文教育基金会项目二部主任李晓梅、北京四中网校副校长刘开朝、意大利中文学校联合总会会长兼米兰华侨中文学校校长陈小微以及参加培训的米兰华侨中文学校、米兰第一中文学校、意大利华夏语言学校、米兰新起点中文学校、米兰孝德中文学校的近50位华文教师参加了开课仪式。

开课仪式后，授课教师李柠远程讲授了"华文教学疑难问题"互动课。此外，米兰华文学校在2018年度共定制了"小学拼音教学""有趣的识字方法""《中文》

教材指导""教学内容疑难专题微课""汉语写作"等30节课程。

（7）荷兰鹿特丹三所海外华校加入华文教师远程培训

2018年3月17日至18日，荷兰鹿特丹区中文学校、加拿大蒙特利尔孔子学校及葡萄牙淑敏语言文化中心三所新华校加入"华文教师完美远程培训"。

开课仪式后，授课教师分别为三所华校教师讲授了精彩的远程互动课。荷兰鹿特丹区中文学校、加拿大蒙特利尔孔子学校及葡萄牙淑敏语言文化中心三所华校在2018年度共定制了约100节课程。

（8）意大利两所华校加入华文教师远程培训

2018年3月31日至4月1日，意大利米兰弘扬中文学校和贝加莫华人中文学校两所新华文学校加入"华文教师完美远程培训"。北京四中网校副校长刘开朝，弘扬中文学校校长蔡爱秋，蒙扎分校区校长杨军、校董陈冲，贝加莫华人中文学校校长张雪飞，以及两所华校的多名教师出席了开课仪式。

开课仪式后授课教师李頔以"打造高效课堂"互动课、教师蔡文彦以"小学语文教学示范与指导"互动课，分别与两所华校的华文教师进行了教学交流与探讨。弘扬中文学校和贝加莫华人中文学校2018年度在远程培训这一平台上共定制了约100节课程。

（9）"华文教师完美远程培训"在俄罗斯圣彼得堡开课

2018年4月11日，俄罗斯圣彼得堡"孔子"东方语言文化学院加入"华文教师完美远程培训"。中国华文教育基金会项目二部主任李晓梅、北京四中网校项目主管翟影，俄罗斯圣彼得堡"孔子"东方语言文化学院院长韩丹星以及该华文学校近30位华文教师出席了开课仪式。

开课仪式后，授课教师王黛薇结合国际前沿教育心理学知识与自身教学经验，带来一节"高效的课堂管理"互动课。俄罗斯圣彼得堡"孔子"东方语言文化学院2018年定制了"有趣的识字方法""词汇教学""语法点教学示范"三门共27节课程。

（10）英国、西班牙两所华校加入华文教师远程培训

2018年4月22日，英国伦敦普通话简体字学校和西班牙杜甫中华文化学校加入"华文教师完美远程培训"。北京四中网校副校长刘开朝、项目主管翟影，英国中教育促进会会长伍善雄，伦敦普通话简体字学校校长廖秀琴和西班牙杜甫中华文化学校理事长张丹蕾、秘书长佩德罗·安东尼奥、校长张天择等，以及两所华文学校的教师参加了开课仪式。

开课仪式后，授课教师王敏媛以"不同年龄段学生识字的方法"互动课、授课教师李岩以"课堂管理技巧——科学有趣的课程设计"互动课，分别与两所华校的华文教师们进行了教学交流与探讨。

英国伦敦普通话简体字学校定制了"有趣的识字方法""朗诵技巧微课""儿童戏剧教学应用""综合课教学方法与技巧""教学设计与教学示范"等 31 节课程；西班牙杜甫中华文化学校定制了"小学拼音教学""写字教学基础""新 HSK 高级读写""优秀教师谈课堂管理""朗诵和演讲示范""汉语写作"等 24 节课程。

（11）英国、比利时两所华校加入华文教师远程培训

2018 年 5 月 5 日至 6 日，英国爱丁堡汉语教育中心和比利时安特卫普中文学校加入"华文教师完美远程培训"。北京四中网校副校长刘开朝、项目主管翟影，中国海外交流协会理事郭慧杰，爱丁堡汉语教育中心校长王卫平，旅比华侨联合会主席梁福团，安城妇女会会长谢香兰，安特卫普中文学校校董会主席彭定邦和校长彭莲考，以及两所华文学校的教师出席了开课仪式。

开课仪式后，授课教师李岩以"课堂管理与教学组织"互动课、授课教师王绍磊以"迎战华文教学'五大计'"互动课，分别与两所华校的华文教师进行了教学交流探讨。

2018 年，爱丁堡汉语教育中心定制了"汉语语音教学基础""有趣的识字方法""中文教学示范课""阅读理解的课堂教学技巧""汉语写作"等 30 节课程；安特卫普中文学校定制了"有趣的识字方法""口语教学法""词汇教学示范"等 28 节课程。

（12）英国、意大利两所华校参与华文教师远程培训

2018 年 5 月 13 日、5 月 15 日，英国英格兰彼得堡中文学校和意大利罗马中华语言学校加入"华文教师完美远程培训"。北京四中网校副校长刘开朝、项目主管翟影，英格兰彼得堡中文学校校长邓善珍，意大利罗马中华语言学校校长蒋忠华、校长郑建山、高段教学组长李媛英、低段教学组长周欣，以及两所华文学校的华文教师出席了开课仪式。

开课仪式后，授课教师王敏媛以"综合课教学方法与技巧"互动课、授课教师郭珍以"听说读写的课堂组织"互动课，分别与两所华校的华文教师进行了教学交流探讨。

2018 年，英格兰彼得堡中文学校定制了"综合课教学方法与技巧""第二语言教学法""趣味汉字教学""有趣的识字方法""小学拼音教学"等 30 余节课程；意大利罗马中华语言学校定制了"小学拼音教学""有趣的识字方法""词汇教学示范""听说读写的课堂组织""朗诵指导""《中文》备课与教学示例""中国功夫与华文教学"等 30 余节课程。

（13）瑞士日内瓦中文学校参与华文教师远程培训

2018 年 5 月 24 日，瑞士日内瓦中文学校加入"华文教师完美远程培训"。北京四中网校副校长刘开朝、项目主管翟影，瑞士日内瓦中文学校校长郑群、管委会主席胡海燕，以及该校教师出席了开课仪式。

开课仪式后，授课教师李柠以"培养阅读兴趣与有效管理课堂"互动课与日内瓦中文学校的华文教师进行了教学交流探讨。

2018 年，瑞士日内瓦中文学校定制了"趣味汉字教学""教学设计与教学示范""教学活动技巧设置""教育技术与网络资源的教学应用""《中文》课堂拓展练习""中文教学示范课"等 30 余节课程。

（14）意大利贝加莫咏恩中文分校加入华文教师远程培训

2018 年 6 月 1 日，意大利贝加莫咏恩中文分校加入"华文教师完美远程培训"。北京四中网校副校长刘开朝、项目主管翟影和意大利咏恩中文学校校长吴宏恩以及该校全体教师出席了开课仪式。

开课仪式后，授课教师李岩带来了一节"趣味汉字教学"互动课。

2018 年，意大利贝加莫咏恩中文分校定制了"趣味汉字教学""教学活动技巧设置""汉语写作""第二语言教学法"等 30 余节课程。

（15）"华文教师完美远程培训"在加拿大开课

2018 年 6 月 7 日，加拿大中文专业教师协会加入"华文教师完美远程培训"。中国华文教育基金会项目二部主任李晓梅，加拿大国会议员助理黄智勇，约克区教育局教育委员陈焕玲，奥罗拉中英双语学校校长 Frank Marchini，芳华国际高中董事长罗一钊，加拿大中文专业教师协会会长魏宇、副会长兼项目主管魏丽，以及该协会 35 所会员华文学校的教师参加了开课仪式。

开课仪式后，授课教师李柠为加拿大的华文教师们远程讲授了《中文》教材示范课，内容从教学理论到实践方法，为听课教师们提供了多种中文教学难点的解决示范方案。

（16）澳大利亚、意大利三所华校加入华文教师远程培训

2018 年 6 月 9 日至 10 日，澳大利亚新金山文化学校、悉尼中国育才学校和意大利瓦雷泽中文学校加入"华文教师完美远程培训"。

2018 年，澳大利亚新金山文化学校定制了"拼音教学常用方法""循序渐进提高写作能力"等 3 节互动课；意大利瓦雷泽中文学校定制了"趣味汉字教学""课堂管理与领导力""快乐拼音""《中文》备课与教学示例""中文课堂拓展训练"共 30 多节课程；悉尼中国育才学校定制了"有趣的识字方法""教学内容疑难专题微课""课堂活动技巧设置""教育技术与网络资源的教学应用""写字教学基础"共 30 多

节课程。

（17）意大利马尔凯国际中文学校参与华文教师远程培训

2018 年 6 月 23 日，意大利马尔凯国际中文学校加入"华文教师完美远程培训"。北京四中网校副校长刘开朝、项目主管翟影，意大利马尔凯国际中文学校校长李加越和副校长贺思欧、黄萍以及该校华文教师参加了开课仪式。

开课仪式后，授课教师王敏媛主讲了一节"课堂管理"互动课。

2018 年，意大利马尔凯国际中文学校定制了"词汇教学示范""小学拼音教学""趣味汉字教学""教学内容疑难专题微课""朗诵技巧微课"等 30 多节课程。

（18）新西兰惠灵顿中文学校参与华文教师远程培训

2018 年 8 月 5 日，新西兰惠灵顿中文学校加入"华文教师完美远程培训"。中国华文教育基金会项目二部主任李晓梅、项目主管张泽军，北京四中网校项目主管翟影，新西兰惠灵顿中文学校校董、主席兼校长周大双，以及该校华文教师参加了开课仪式。

开课仪式后，授课教师李頔以一节"课堂活动技巧设置"互动课，与在场华文教师进行了交流探讨。

2018 年，新西兰惠灵顿中文学校定制了"有趣的识字方法""汉语写作""优秀教师谈课堂管理""中文教学示范课"等 27 节课程。

（19）瑞士伯尔尼华夏中文学校参与华文教师远程培训

2018 年 8 月 26 日，瑞士伯尔尼华夏中文学校加入"华文教师完美远程培训"。北京四中网校副校长刘开朝、中国驻瑞士大使馆领事部主任李玲、伯尔尼华夏中文学校校长杨萍以及该校华文教师出席了开课仪式。

开课仪式后，授课教师李岩讲授了一节"让孩子爱上汉语课"互动课。2018 年，瑞士伯尔尼华夏中文学校定制了"趣味汉字教学""语法点教学示范""新 HSK 高级读写""综合课教学方法与技巧"等 30 多节课程。

（20）巴西圣保罗华侨天主堂中文学校参与华文教师远程培训

2018 年 9 月 16 日，巴西圣保罗华侨天主堂中文学校加入"华文教师完美远程培训"。北京四中网校副校长刘开朝、项目主管翟影，中国驻巴西圣保罗总领馆侨务领事张于成，圣保罗华助中心教育组组长林凯轩，巴西华侨天主堂中文学校校长肖思佳，巴西圣保罗慈佑学校（INSA）校长罗淑君，以及 40 多位华文教师参加了开课仪式。

开课仪式后，授课教师李岩以"让学生爱上汉语"互动课，与听课教师们进行了即时交流与深度探讨。

（21）"华文教师完美远程培训"在匈牙利开课

2018年10月19日，匈牙利向阳海书院加入"华文教师完美远程培训"。北京四中网校副校长刘开朝、项目主管翟影，匈牙利向阳海书院院长高瑞美，欧中汉学会会长李波，以及多位华文教师参加了开课仪式。

开课仪式后，授课教师王敏媛讲授了一节"汉语课堂教学设计"互动课，以国学经典教材为例，与受训华文教师深入探讨与交流。

（22）"华文教师完美远程培训"在希腊雅典开课

2018年10月27日，"华文教师完美远程培训"海外华文公开课走进希腊雅典中文学校。公开课内容包括中华经典诗歌和中华饮食文化等，由北京四中网校副校长刘开朝和资深华文教师王秀环讲授，旨在通过名师现场示范教学提高当地华文教师的教学水平。

刘开朝老师以"打开诗的翅膀"为系列课程主题，围绕中国古典诗歌经典之作进行讲解，并与现场听课师生探讨。王秀环老师以"吃在中国"一课，带领学生们领略中国源远流长的饮食文化。

（23）瑞士懂懂汉语语言学校参与华文教师远程培训

2018年11月11日，瑞士懂懂汉语语言学校加入"华文教师完美远程培训"。中国华文教育基金会项目二部主任李晓梅、北京四中网校项目主管翟影、瑞士懂懂汉语语言学校校长董怡文，以及多位华文教师参加了开课仪式。

开课仪式后，授课教师郑海燕讲授了一节"初级阶段成人汉语教学"课程，围绕拼音、词汇、语法、课文和汉字五个方面的教学内容，与受训华文教师交流互动。

（24）美国启明中文学校参与华文教师远程培训

2018年11月15日，美国启明中文学校加入"华文教师完美远程培训"。该校全年定制培训课程24节。

开课仪式后，授课教师刘娟讲授了一节"教学语言的五大原则"课程，层次分明地讲述了课堂教学语言的五个原则，并详细解析了每个原则在课堂落实中所采用的方式方法。受训华文教师从不同的角度畅所欲言，参与互动。

（25）西班牙萨拉戈萨中国学校参与华文教师远程培训

2018年12月21日，西班牙萨拉戈萨中国学校近20名教师加入"华文教师完美远程培训"项目。中国华文教育基金会项目二部项目主管张泽军、北京黄城根小学教师刘娟、西班牙萨拉戈萨中国学校校长朱科及多位华文教师参加了开课仪式。

开课仪式后，授课教师刘娟现场讲授了一节"营造乐学氛围、增强课堂活力"互动课。萨拉戈萨中国学校加入"华文教师完美远程培训"项目后，共定制了"有趣的识字方法""课堂管理与领导力""阅读理解的课堂教学技巧"三门24节课。

（26）加拿大温哥华至善中文学校参与华文教师远程培训

2018 年 12 月 30 日，加拿大温哥华至善中文学校加入"华文教师完美远程培训"。北京四中网校副校长刘开朝、加拿大至善中文学校校长李艾萍参加了开课仪式。

至善中文学校的华文教师们聆听了授课教师主讲的课程，以《中文》教材的课程为实例，提供了大量实用易操作的拓展练习与课堂活动。

5. 综合性教师培训

（1）2018 年海外华文教师湖南培训班在湖南师范大学举办

2018 年 7 月 2 日，由中国华文教育基金会、中国妇女发展基金会联合主办，湖南师范大学承办，完美（中国）有限公司资助的 2018 年海外华文教师湖南培训班在湖南师范大学举办。来自印度尼西亚、泰国、新加坡、菲律宾、日本、美国、德国、瑞典、瑞士等国家的华文教师参加了此次培训。

在湖南期间，学员们学习了湖湘文化、汉字文化、汉语语音等课程，参观游览了千年学府岳麓书院、红色文化圣地韶山和张家界等地的历史文化名胜。

（2）"2018 海外华文教师陕西培训班" 在陕西师范大学举办

2018 年 7 月 9 日，由中国华文教育基金会、中国妇女发展基金会联合主办，陕西师范大学承办，完美（中国）有限公司资助的 "2018 海外华文教师陕西培训班" 在陕西师范大学国际汉学院结业。中国华文教育基金会联络宣传部副主任张彦、陕西师范大学国际汉学院副院长吴媛，以及来自澳大利亚、奥地利、西班牙、美国等 13 个国家的华文教师参加了结业仪式。

此次培训班采用了课堂学习与实践考察相结合的方式，华文教师听取了中文教学技巧与方法、汉字与汉字文化中的内涵、汉语基础知识、西安历史文化和现代化进程等专题讲座，亲身感受了国画、茶艺、民歌等中华传统才艺，赴西安恒坐标教育科技集团体验了 "互联网＋" 环境下的华文教育实景课堂。

（3）2018 年 "海外优秀华文教师研习班" 在宁夏师范大学举办

2018 年 7 月 22 日至 24 日，由国务院侨务办公室主办、宁夏回族自治区外事（侨务）办公室承办的 2018 年 "海外优秀华文教师研习班" 在宁夏师范大学举办。来自美国、加拿大、英国、德国、意大利、荷兰、西班牙、俄罗斯、日本、朝鲜、马来西亚、老挝、印度尼西亚等国家的 28 名海外华文教师参加了研习班。

研习班为华文教师开设了校长管理艺术、汉语教学研究和策略分析、国学经典赏析、毛泽东诗词赏析、中国剪纸文化艺术欣赏与体验、中国书画欣赏与体验、太极拳等课程。学员们参观了宁夏幼儿园和中小学校，并现场观摩课堂教学，与宁夏教师进行充分的学习交流。

（4）"2018 海外华文教师北京培训班"在北京国际汉语研修学院举办

2018 年 9 月 11 日，由中国华文教育基金会主办、北京市人民政府侨务办公室承办、北京国际汉语研修学院实施的"2018 海外华文教师北京培训班"在北京国际汉语研修学院举行了结业典礼。来自英国、意大利、印度尼西亚、泰国、法国、葡萄牙、加拿大、巴拿马、厄瓜多尔、越南、荷兰、匈牙利 12 个国家的 20 位华文教师参加了此次培训。北京市人民政府侨务办公室副主任史立臣、北京国际汉语研修学院副院长桂帆出席了结业典礼并致辞。

此次培训为期 10 天，学员们系统学习了汉语语音基础知识、汉语教学法、中国剪纸、中国结等课程。

（5）"2018 年海外华文教师江苏培训班"在江苏南京举办

2018 年 9 月 19 日，由中国华文教育基金会主办、江苏省侨办和南京晓庄学院共同承办的"2018 年海外华文教师江苏培训班"开班仪式在南京晓庄学院举行。来自 11 个国家的 20 名海外华文教师参加了为期 10 天的培训。

江苏省人民政府外事侨务办公室副主任杜伟出席仪式并致辞，南京晓庄学院国际交流处处长朱明慧为此次培训做开班动员。

（6）"2018 海外华文教师山东培训班"在鲁东大学开班

2018 年 10 月 19 日，由中国华文教育基金会主办、山东省人民政府外事侨务办公室承办、烟台市人民政府外事侨务办公室与鲁东大学协办、完美（中国）有限公司资助的"2018 海外华文教师山东培训班"在鲁东大学开班。来自美国、法国、荷兰、加拿大、日本、菲律宾、泰国、马来西亚、印度尼西亚、缅甸、巴基斯坦 11 个国家的 20 名教师参加了此次培训。烟台市外侨办迟若维副调研员，鲁东大学党委常委、副校长亢世勇出席开班式并致辞。

此次培训班为期 10 天。学员们学习了汉语教学模拟、语音词汇语法教学法、功夫扇、面塑、篆刻等课程，与文学院、国际教育学院的骨干教师进行交流，并考察济南、曲阜、烟台等地历史文化名胜。

（7）"2018 海外华文教师湖北培训班"在湖北黄冈举办

2018 年 10 月 24 日，由中国华文教育基金会和中国妇女发展基金会联合主办、湖北省人民政府外事侨务办公室承办、湖北黄冈职业技术学院协办、完美（中国）有限公司资助的"2018 海外华文教师湖北培训班"在湖北黄冈结业。来自美国、英国、意大利、泰国、马来西亚、南非等 8 个国家的华文教师在黄冈职业技术学院参加了此次活动。

此次培训为期 10 天。学员们学习了中国传统文化概论、东坡文化、汉字教学、对外汉语教学概论等课程，到市区中小学开展教学观摩，深入东坡赤壁、大别山地质博物馆等地进行文化考察，体验东坡美食文化。

（8）2018 年海外华文教师培训（玉溪班）在云南玉溪举办

2018 年 10 月 25 日，由云南省人民政府外事侨务办公室主办、玉溪市侨务办公室和玉溪师范学院对外交流合作处共同承办的"2018 年海外华文教师培训（玉溪班）"结业。玉溪市侨务办公室李莉副主任，玉溪师范学院副校长任宏志，对外交流合作处副处长杨春、吴晓颖，任课教师及泰国、越南两国学员参加了结业典礼。参训学员获颁结业证书，并合影留念。

（9）"2018 海外华文教师山西培训班"结业

2018 年 11 月 13 日，由中国华文教育基金会主办、山西省人民政府外事侨务办公室承办、山西大学协办、雅居乐地产控股有限公司资助的"2018 海外华文教师山西培训班"结业。中国华文教育基金会项目二部主任李晓梅、山西省外侨办侨务处处长曹海胜、山西大学外事处处长马骁骁、国际交流学院院长朱鲁军以及来自埃及、南非、巴拿马等 10 个国家的 20 位资深华文教师参加了结业仪式。参加培训的教师获颁结业证书。

（10）2018 年海外优秀华文教师研习班在山东师范大学举办

2018 年 11 月 20 日，由中央统战部侨务事务局主办、山东省人民政府侨务办公室和山东师范大学共同承办的"2018 年海外优秀华文教师研习班"在山东师范大学举办。山东省人民政府侨务办公室文宣处处长王余良、副处长吴海红，山东师范大学国际教育学院院长周连勇参加了开班仪式。来自马来西亚、柬埔寨、菲律宾、美国、加拿大、澳大利亚、毛里求斯、巴西 8 个国家的 55 位海外华文教师代表参加了开班仪式。

此次研习班为期 12 天。学员们学习了汉语教学法与案例分析、课堂管理与组织、中国诗词赏析、儿童心理学等课程，走进山东师范大学附属小学观摩中国课堂教学，听取了中国文化讲座，到济南、泰安、曲阜、枣庄等地参观齐鲁大地的历史文化名胜。

（11）"2018 海外华文教师福建培训班"在福建福州举办

2018 年 12 月 5 日，由中国华文教育基金会、中国妇女发展基金会联合主办，福建省人民政府侨务办公室承办，福建师范大学海外教育学院协办，完美（中国）有限公司资助的"2018 海外华文教师福建培训班"在福建福州开班。中国华文教育基金会联络宣传部副主任张彦、福建省海外华文教育发展中心副主任吴宗斌、福建师范大学海外教育学院院长林新年等出席开班仪式。马来西亚文冬武吉丁宜华文学校董事长陈亚斯、董事部主任罗顺民以及来自马来西亚 8 所华文学校的 20 位华文教师参加了此次活动。

此次培训为期 10 天。学员们学习了中国画、中国结、剪纸等文化课程，微格教学、多媒体辅助汉语教学、小学阅读与习作教学指导、案例分析等针对性强的专业课程，还前往福建师范大学附属小学观摩课堂，走进世界"双遗"武夷山开展文化考察。

（12）"2018 海外华文教师吉林培训班"在东北师范大学举办

2018 年 12 月 17 日，由中国华文教育基金会和中国妇女发展基金会联合主办、吉林省侨务办公室承办、东北师范大学协办、完美（中国）有限公司资助的"2018 海外华文教师吉林培训班"结业。中国华文教育基金会项目主管张泽军，东北师范大学党委副书记王延、国际汉学院院长兼华文教育基地常务副主任金晓艳、国际汉学院副院长兼华文教育基地副主任李光哲，以及来自马来西亚的 19 位华文教师参加了结业仪式。

此次培训为期 10 天。学员们体验了中国画、剪纸、绘画脸谱等中华才艺课程，进行了率性教学理念下的阅读教学实践探索，领会了从"要我写"到"我要写"——课堂中自然生成的习作教学，学习了"实现教育人性关怀"等教学专业课程，并前往东北师范大学附属小学参访，观摩《语文》课堂。

（13）"2018 海外华文教师黑龙江培训班"在黑龙江哈尔滨举办

2018 年 12 月 19 日，由中国华文教育基金会、中国妇女发展基金会主办，黑龙江省人民政府侨务办公室承办，完美（中国）有限公司资助的"2018 海外华文教师黑龙江培训班"在黑龙江哈尔滨举办了开班仪式。中国华文教育基金会理事长赵阳、中共黑龙江省委统战部副部长李凡、中国华文教育基金会项目二部主任李晓梅、中共黑龙江省委统战部侨务处处长孙燕，以及来自马来西亚、印度尼西亚、新加坡、澳大利亚、匈牙利、英国、毛里求斯 7 个国家的 20 名华文教师参加了开班仪式。

此次培训班开设了中国民俗文化、中国汉字文化、汉语语音与语法教学、书法、剪纸、中小学课堂教学设计、中学语文教学案例分析、现代教育技术应用、语文教师专业化成长研究等课程。

6. 专题培训

（1）东南亚华文师资培训班在福建福州举办

2018 年 3 月 12 日，由福建省归国华侨联合会主办，闽江师范高等专科学校、福州市归国华侨联合会承办的东南亚华文师资培训班（2018 年第一期）在福建福州开班。福建省侨联副主席张瑶，福建省侨联副主席、福州市侨联主席蓝桂兰以及闽江师范高等专科学校党委书记陈荣生、校长林贤等相关领导出席。来自柬埔寨、马来西亚、新加坡、印度尼西亚等国的华文师资培训中心、华文教育协调机构、海外侨界商会等推荐选送的 31 名华文教师参加了此次培训。

培训采取理论学习、分班跟岗实践和户外教学实践三种形式，重点培训关注华语师资培养前沿、先进教育理念、职业专业素养、课堂教学模式和实践能力。

（2）"一带一路"沿线国家汉语教师培训班在北京举办

2018 年 3 月 14 日，由国务院侨务办公室主办、北京华文学院承办的"一带一路"沿线国家汉语教师培训班开班仪式在北京华文学院举行。北京华文学院副院长张德瑞及相关负责人，20 名来自印度尼西亚、菲律宾、泰国、蒙古、缅甸、越南的华文教师等参加了开班仪式。

此次培训班为期 100 天。项目为参训教师设计了针对性课程，包含汉语强化集训、中国文化体验、教育教学专题讲座、学校参观交流及游教活动五大部分内容。该项目旨在提升参训教师的专业能力，为当地中文教学培养优质师资，并促进中外文化交流。

（3）海外华人文化社团中华才艺（"一带一路"节庆文化）培训班在深圳旅游学院开班

2018 年 4 月 13 日，第 61 期"海外华人文化社团中华才艺（'一带一路'节庆文化）培训班"开班仪式在深圳旅游学院举行。中央统战部副处长陈英文、深圳旅游学院副校长刘洁生等出席开班仪式。来自世界各地 21 个国家的 31 名学员参加了为期半个月的培训活动。

（4）红溪礼示大学孔子学院第六批本土汉语教师培训项目在福建福州开展

2018 年 4 月 25 日至 5 月 17 日，由国家汉办主办、福建师范大学承办的菲律宾红溪礼示大学孔子学院第六批本土汉语教师赴华沉浸式培训项目在福建师范大学开展。来自红溪礼示大学孔子学院与菲律宾教育部合作培养的第六批共 26 名本土汉语教师参加了此次培训。

培训以课堂学习为主，课外实践为辅。福建师范大学海外教育学院为此次培训设置了汉语本体基础知识教学、汉语要素专项教学、汉语教学法教学、汉语综合及复练课程、中国国情、中菲文化、教学实例分析、HSK 辅导、跨文化交际、多媒体辅助汉语教学等课程。

在课外实践中，本土教师们游览了福州国家森林公园、三坊七巷、福建武夷山等风景名胜区，并切身体验了中国茶文化。

（5）海外华人文化社团中华才艺培训班（书画推广、旗袍·太极）在暨南大学开课

2018 年 5 月 11 日，2018 海外华人文化社团中华才艺培训班在广州暨南大学开课，本期培训班第一次加进了太极及旗袍。中央统战部郑皓、暨南大学负责人、本期培训班各班教授及来自 31 国家的 106 名学员参加了开课仪式。

（6）2018 年缅甸华文教师汉语言文化培训班在福建厦门举办

2018 年 6 月 1 日，由中国驻缅甸曼德勒总领事馆主办、华侨大学华文学院承办的为期 7 天的 2018 年缅甸华文教师汉语言文化培训班举办结业仪式。华侨大学华文学院院长胡培安、华文学院培训部主任李金钞出席结业仪式，为接受培训的 13 位缅甸华文教师颁发结业证书。

（7）海外华人文化社团中华才艺（广场舞、合唱）培训班在华侨大学开班

2018 年 7 月中旬，由中央统战部主办，华侨大学、中华才艺（音乐·舞蹈）培训基地承办的"文化中国·第 64 期海外华人文化社团中华才艺（广场舞、合唱）培训班"在华侨大学开班。中央统战部正处级干部郑皓，中央统战部副处级干部陈英文，华侨大学原党委副书记朱琦环等出席了开班式。来自美国、加拿大、澳大利亚、马来西亚、韩国、比利时、南非等 13 个国家的 50 余名文化社团骨干参加了为期半个月的培训学习。

培训班开设了包含中华鼓舞、绸山舞、汉族秧歌、荷花龙舞、节庆舞蹈编排、歌唱发声、合唱曲目排练、合唱指挥等十余门实践课程及合唱艺术概论、作品赏析等理论课程，组织了闽南民俗文化艺术观摩、汉族秧歌鉴赏、广场舞实践和汇报表演活动。

（8）海外文化社团中华才艺舞（龙）狮培训班在广东省华文教育培训学院开班

2018 年 7 月 25 日，第 65 期海外文化社团中华才艺舞（龙）狮培训班在广东省华文教育培训学院禅武文化馆举行开班典礼，中央统战部副处级干部陈英文，广东省侨办文教处处长吴晓生，校党委副书记、纪委书记何博欣等出席典礼。狮艺班全体师生及 2018 中国文化行"经纬"广东禅武营全体师生等约 80 人参加典礼。

（9）"2018 年缅甸华校华文教师培训"在云南昆明举办

2018 年 9 月 7 日，云南昆明明通小学承办了"2018 年缅甸华校华文教师培训班"活动。缅北地区华文教师培训班在明通小学阶梯教室开班。

此次活动根据教师需求问卷调查的情况，为培训班的教师们开展了汉语拼音教学、词语教学、古诗文教学、阅读教学、板书设计和粉笔字书写、常见计算方法、绘本教学等专题讲座，以及剪纸、插花、武术、舞蹈、合唱等系列文娱活动。

（10）2018 年缅甸华文教师汉语言文化培训班（二）在华侨大学华文学院举办

2018 年 10 月 15 日，由中国驻缅甸曼德勒总领事馆主办、华侨大学华文学院承办的 2018 年缅甸华文教师汉语言文化培训班（二），在华侨大学华文学院举行了结业仪式。华侨大学华文学院院长胡培安、培训部主任李金钞，以及来自缅甸的 13 名华文教师参加了结业式。

此次培训为期 8 天，华文教师们参加了中国历史文化、现代汉语语法、教学法和课程设计、华文教育等一系列课程讲座，前往厦门市湖里区教师进修学院附属小学、华侨大学厦门校区等地进行教学观摩和实地考察。此外，华侨大学华文学院还安排了厦门集美嘉庚公园、鼓浪屿、古龙酱文化园、园博苑等多处景点名胜的参访游学活动。

（11）"2018 年广西海外华文教师与社团骨干才艺进修班"在广西华侨学校举办

2018 年 10 月 23 日，"2018 广西海外华文教师与社团骨干才艺进修班"在广西华侨学校举行结业仪式暨汇报演出。来自泰国、印度尼西亚、马来西亚的 62 名华文教师与社团骨干完成中华才艺学习任务，并顺利结业。

此次进修班为期 11 天，根据学员需求分为舞蹈和武术两个专题班，同时设置了脸谱制作、绣球制作、葫芦丝等 7 门独具中国及广西特色的才艺课程。培训期间，海外华文教师与社团骨干不仅认真学习了中华才艺知识，还利用课余时间，深入南宁大街小巷，多渠道体验了中国"新四大发明"，探寻最纯粹的"南宁味道"，体验到了广西的民俗特色和风土人情，增强了对中国传统文化的认知。

（12）2018 年缅甸华文教师汉语言文化培训班（三）在华侨大学举办

2018 年 10 月 23 日，由中国驻缅甸曼德勒总领事馆主办、华侨大学华文学院承办的 2018 年缅甸华文教师汉语言文化培训班（三），在华侨大学华文学院开营。华侨大学华文学院副院长邹琍琪、培训部主任李金钞，以及来自缅甸的 13 名华文教师出席了开营式。

此次培训班为期 7 天，开设了现代汉语、教学法、中国文化、中国形象史、音乐、手工等特色讲座及活动。学员们还游览了鼓浪屿、园博苑及古龙酱文化园等地，感受厦门面貌，体悟中国发展。

（13）海外华人文化社团中华才艺（旗袍/太极）培训班在暨南大学开班

2018 年 11 月 19 日，由暨南大学承办的"2018 年海外华人文化社团中华才艺（旗袍/太极）培训班"在石牌校区举行开班仪式。中央统战部侨务事务局副巡视员别林业、中央统战部侨务事务局孙成刚、暨南大学副校长饶敏等领导出席开班仪式，来自全球 15 个国家的 50 名华侨学员参加了此次培训班。

（14）海外文化社团中华才艺（合唱、广场舞）培训班在华侨大学开班

2018 年 11 月 21 日，第 70 期海外文化社团中华才艺（合唱、广场舞）培训班开班。中央统战部侨务事务局副巡视员别林业，华侨大学党委副书记毕明强出席了开班仪式。来自美国、加拿大、奥地利、阿联酋、新西兰、墨西哥、法国、日本、智利、英国、澳大利亚等 21 个国家的 40 余名海外华人艺术社团文艺骨干参加了为期半个月的培训学习。

（15）马来西亚华文独立中学教师多媒体教学研习班在北京外国语大学附属中学举办

2018 年 12 月 18 日，马来西亚华文独立中学教师多媒体教学研习班在北京外国语大学附属中学举办。来自马来西亚华文独立中学的 26 名教师就多媒体教学进行研习交流。

此次活动采用听课观摩和分享交流结合的模式。北京外国语大学附属中学开放了初高中语文、历史、数学、物理、德语及日语课堂，公开课授课教师将新媒体技术与教育教学有机结合，精心进行了教学设计。

观摩课后，马来西亚教师与对应学科教师进行了教育教学方面的交流，就教学中信息技术的应用、课堂活动的设计与实施、培养学生自主学习能力、提升学生核心素养等教学等专业教学问题进行了深入探讨。

7. 幼儿教师培养

（1）"2018 海外华校幼教艺术类师资培训班"在云南昆明举办

2018 年 5 月 29 日，由云南省海外交流协会主办、昆明华文学校承办的"2018 海外华校幼教艺术类师资培训班"在昆明华文学校举行开班仪式。云南省侨务办公室文化教育处陈增国副调研员，昆明华文学校张明军校长、金海副校长、陈娜副校长等参加了开班仪式。此次培训班有来自缅甸、越南、马来西亚共 50 名学员，开设有舞蹈、声乐、奥尔夫音乐、书法、武术、剪纸等课程，此外还安排了外出考察活动。

（2）2018 年"一带一路"沿线国家华文教育培训班在华中师范大学举办

2018 年 6 月 11 日，"国务院侨务办公室 2018 年'一带一路'沿线国家华文教育培训班"（又名"马来西亚幼儿华文教师培训班"）开班典礼在华中师范大学举行。国际文化交流学院佐斌院长、周波副院长，马来西亚沙巴艺术学院院长拿督杨忠勇博士、沙巴州助理教育厅长周美娜老师以及 80 位马来西亚幼儿教师参加了开班典礼。

佐斌对来自马来西亚的各位幼儿教师以及教育工作者表示了热烈欢迎；杨忠勇在致辞中肯定了中国软件与硬件设备的高水平发展，并简要介绍了马来西亚的教育文凭类别；周美娜分享了从事幼儿教育多年的经验，希望学员们能够借此机会吸收海外学习的知识与经验。

（3）第十四期海外华文幼师培训班在广东广州举办

2018 年 7 月 2 日，由中国海外交流协会和广东省海外交流协会主办、广州市幼儿师范学校协办的第十四期海外华文幼师培训班结业典礼在广州市幼儿师范学校礼堂举行。来自印度尼西亚、马来西亚、老挝、柬埔寨的 54 名学员经过为期一年的培训学习，顺利拿到结业证书。

在培训过程中，广州市幼儿师范学校加大了引入中华文化特色课程的力度，不仅把中华文化课作为必修课，还系统地将中华文化课与学校的文化探究活动进行理论和实践的有效结合，让学员们通过多种方式了解和体验博大精深的中华文化，提升文化素养，也增强对中华文化的认同感。

此外，学校还针对性地开设了汉语阅读、汉语（口语）、幼儿文学、幼儿教育理论、幼儿园教育活动指导等幼儿教育类课程，以及钢琴、唱歌、美术、舞蹈等艺术类选修课程，还组织留学生前往本地幼儿园开展教育实践活动，为掌握扎实的华文幼教技能奠定了良好基础。

（4）2018 年马来西亚华文幼儿教师培训班在福建师范大学举办

2018 年 12 月 3 日，由福建省人民政府侨务办公室主办、福建师范大学心理学院承办的 2018 年马来西亚华文幼儿教师培训班在福建师范大学开班。来自马来西亚新纪元学院的 29 名华文幼儿教师参加了培训。福建省侨务办公室文宣处处长张志英，福建师范大学心理学院书记张承东、院长连榕等参加了开班式。

此次培训班为期 14 天，以"交流·合作·学习"为主题，包含华文教育理论学习、幼儿园现场观摩和实地文化考察三部分内容。活动致力于拓展华文幼儿教师教育理论知识，提升实践技能，加强教师们对中华文化底蕴的了解。

（5）印度尼西亚华文幼儿教师培训班在福建福州举办

2018 年 12 月 17 日，由福建省政府侨务办公室主办、福建幼儿师范高等专科学校承办的 2018 年印度尼西亚华文幼儿教师培训班开班式在福建福州举行。30 名来自印度尼西亚的华文幼儿教师参加了培训。

此次培训为期 15 天，开设了幼儿学习与发展指南、中华传统文化思维方式、幼儿教育心理指导策略、幼儿游戏课程开发等专题课程，带领学员深入福建幼儿师范高等专科学校附属幼儿园、福建省实验幼儿园等园所，了解先进的幼儿园办学理念和课程特色经验，观摩研讨幼儿教育教学活动等。培训期间，学员们还前往福州三坊七巷、马尾船政文化博物馆、厦门鼓浪屿、漳州南靖土楼等地，考察体验海丝文化、闽都文化、闽南文化等福建特色文化。

（三）境外华文教育师资培训

1. 国务院侨办、中国华文教育基金会名师巡讲系列活动

（1）"华文教育名师巡讲团"赴瑞士、法国讲学

2018 年 4 月 26 日至 5 月 10 日，由国务院侨务办公室组派的华文教育名师巡讲团访问瑞士、法国两个国家，先后在瑞士日内瓦、伯尔尼、尼永和法国里昂、马赛、巴黎等 6 个城市为当地华文教师讲授汉语教学法。三位讲师团成员分别是四川大学王晓

路教授、华中师范大学万莹教授和山东大学第二附属中学小学部汪静校长。巡讲团分别就不同语境下的汉语教学、词汇教学法和小学语文课件设计等方面的内容进行了深入浅出的讲解，受到与会华文教师的欢迎。

（2）"华文教育名师巡讲团"赴西班牙马德里授课

2018 年 5 月 26 日至 27 日，由国务院侨务办公室组派的华文教育名师巡讲团来到西班牙马德里，在马德里中国文化中心授课。讲学团成员包括中国国侨办文化司谢国桥主任、北京师范大学心理学院姚梅林教授、北京师范大学文学院张德建教授、东北师范大学附属实验学校丛琳丽老师。26 日，丛琳丽老师讲授了《小学生怎样写好作文》及《小学识字教学研究》；27 日，姚梅林教授讲授《基于学习规律的有效教学策略》、张德建教授讲授了《文学欣赏概要》。

（3）"华文教育名师巡讲德国团"走进德国汉堡

2018 年 6 月 9 日，由国务院侨务办公室主办、江苏省侨务办公室组团、全德中文学校联合总会承办的"华文教育名师巡讲德国团"走进德国汉堡。来自汉堡地区的 6 所中文学校共 58 名一线本土华文教师参加了此次培训。中国驻汉堡总领事馆副总领事王玮、江苏省侨办文宣处副处长顾跃、全德中文学校联合会会长周开芬等嘉宾出席了开班仪式。

来自南京师范大学的 3 位培训专家分别作了儿童心理教育、阅读与写作、儿童华文教学法等主题讲座。

（4）"华文教育名师巡讲团"赴马来西亚讲学

2018 年 7 月 9 日至 22 日，由国务院侨务办公室主办，四川省外事侨务办、马来西亚留华同学会共同承办的 2018 "华文教育·名师巡讲"活动分别在马来西亚吉隆坡和雪兰莪州、吉打州、槟城州、霹雳州、马六甲州等地开展了 5 场讲学活动，对来自马来西亚 1020 所华文中、小学校（包括 6 所师范院校）的 2100 多名华文教师进行了培训。

在马来西亚期间，巡讲团拜访了马来西亚留华同学会、蒲种益智国民型华文学校、雪兰莪州金斯利国际学校、吉打州明德华文小学、槟城州威南日新中学、霹雳州怡保拉曼大学、马六甲州马来西亚汉学院，并分别进行了座谈会，与相关负责人就马来西亚华侨华人子女教育以及如何进一步促进当地华文教育发展等深入探讨交换意见。

巡讲团专程参观了马来西亚华文教育先驱林连玉先生纪念馆，深入了解马来西亚华文教育发展史。培训专家分别就《当代教学改革趋势和教师心理素质》《阅读教学》《小学语文备课方法》开展了专题培训。

（5）"华文教育名师巡讲团"赴美国夏威夷讲学

2018 年 7 月 17 日至 30 日，由国务院侨务办公室组派的湖南师范大学 2018 华文教育·名师巡讲团到访美国夏威夷，开展中国书法、中国画、中国传统舞蹈、中国传统手工（泥塑）等中华文化才艺培训，共培训师生近百人。

（6）"华文教育名师巡讲团"走进美国圣何塞

2018 年 7 月 22 日至 8 月 5 日，由国务院侨务办公室主办，福建省人民政府侨务办公室、美国圣何塞启明中文学校承办的"华文教育名师巡讲团"美国圣何塞团在启明中文学校举行，来自硅谷近 150 多位华裔青少年及华校教师参加培训活动。巡讲团由福建省海外华文教育发展中心林孔智担任领队，来自泉州师范学院、福建幼儿师范高等专科学校的 4 位优秀教师担任讲师。在 15 天的巡讲活动中帮助当地华文教师提升了华文教学水平。

（7）"华文教育名师巡讲团"走进加拿大多伦多

2018 年 7 月 27 日，由国务院侨务办公室主办，烟台市外事侨务办公室承办的 2018 年"华文教育名师巡讲"在加拿大多伦多侨文中文示范学校举行。中国驻多伦多总领馆领事李斯宁、杨葆华，山东省烟台市外侨办副主任迟若维，多伦多市教育局高级主管诺伯特、项目主管杨乔丽，侨文中文示范学校负责人李文杰，唐瓦利区教育委员雷斯特先生等有关人士与当地学生、家长等近 400 人参加了隆重的夏令营闭营仪式。

杨葆华领事在致辞中代表多伦多总领事馆对"华文教育名师巡讲"活动成功举办表示由衷的祝贺，期待孩子们坚持学好汉语，更多地了解中国传统文化，发挥好自身独特的优势，未来成为中加友好交流与合作的桥梁。随后，参加中华文化夏令营的孩子们进行了精彩的学习汇报演出。

（8）"华文教育名师巡讲团"赴美国亚利桑那州讲学

2018 年 8 月 4 日，由国务院侨务办公室主办，全美中文学校协会协办，协会凤凰城联络中心、亚省现代中文学校和亚省希望中文学校承办的 2018 年"华文教育名师巡讲团"在美国亚利桑那州凤凰城讲学。巡讲团团长、江苏省侨务办公室华文教育发展中心杨严主任与南京大学艺术学院康尔教授、苏州大学教育学院心理系丁芳教授、连云港市解放路小学特级教师华雪珍等组成巡讲团，近百名本地中文教师和慕名远道而来的中文教育爱好者参加了此次活动。

（9）"华文教育名师巡讲团"在美国西雅图举办系列讲座

2018 年 8 月 4 日，"华文教育名师巡讲团"赴美国西雅图西北中文学校开展巡讲活动，以提升当地中文教师水平，建立两国优秀教师的交流机制。来自天津大学的巡讲团主要讲授了中国国学、儿童青少年心理、小学生习作三境界的教学法等课程。此次活动由国务院侨务办公室主办、全美中文学校协会协办。

（10）"华文教育名师巡讲团"走进美国圣路易斯

2018 年 8 月 12 日，由中国海外交流协会下达广西壮族自治区外侨办并委托广西师范大学主办，全美中文学校协会协办，圣路易斯地区联络中心联合圣路易斯现代中文学校承办的"华文教育名师巡讲团"在美国圣路易斯地区开展讲学活动。来自广西师范大学的欧阳丹教授、杨丽萍教授、胡大雷教授围绕"儿童的学习心理、学习特点与兴趣培养""古代思想流派及其语言口号""小学低年级汉字教学方法探微和作文起步教学"等开展专题讲座。

（11）"华文教育名师巡讲团"在美国费城举办教师培训

2018 年 8 月 23 日至 25 日，由中国海外交流协会主办，全美中文学校协会协办，大费城地区联络中心承办的 2018 年"华文教育名师巡讲团美东团"赴美国费城开展讲学。巡讲团由浙江省人民政府外事侨务办公室章文平带队，杭州市天长小学校长楼朝辉、浙江大学历史系教授陈志坚、浙江师范大学教授刘宝根担任讲师。名师巡讲团在费城西郊的 Upper Merion High School 礼堂举办了"大成至圣先师——孔子的文化思想""青少年教育心理学对华文教育的启示""追求师生共长的幸福之路"三场华文教育学术讲座。

（12）"华文教育名师南美洲巡讲团"赴巴西、阿根廷、厄瓜多尔开讲

2018 年 9 月 1 日，由中国华文教育基金会主办，广东中山外事侨务局、巴西华人协会、圣保罗华助中心、中国广东中山市第一中学承办的"华文教育名师南美洲巡讲团"在中山市第一中学刘小碧副校长带领下到圣保罗授课。中国驻圣保罗总领事馆领侨室主任李鹏宇、侨务领事张于成，华助中心教育组林凯轩组长、孙禄峰副组长，以及各华文学校校长、老师近 100 多人参加了此次活动。此系中国华文教育基金会名师巡讲团第三次到圣保罗进行培训和交流活动，得到驻圣保罗总领馆和圣本笃中文学校、幼华学园、德馨双语学校、天天学园、育才学园、启智华文学校、INSA 慈佑学校等的大力支持，受到了一线华文教育工作者的喜爱。

9 月 2 日，"2018 华文教育名师南美洲巡讲团"到阿根廷为当地华文教师开展培训。40 多名当地华文学校校长和教师聆听了巡讲团三位老师的展示交流课。课堂展示结束后，巡讲团成员与旅阿华侨华人座谈。中国驻阿根廷使馆领事陈志军和阿根廷华文教育基金会会长刘芳勇出席了座谈会。

9 月 4 日，"2018 华文教育名师南美洲巡讲团"到厄瓜多尔基多思源中国语学校为当地华文教师、学生及家长奉献了别开生面的展示交流课，灵动的教学方式和先进的教学理念为受训教师及学生家长开启了新的教育思路。

（13）"华文教育名师亚洲巡讲团"赴吉尔吉斯斯坦巡讲

2018 年 10 月 11 日至 12 日，由中国华文教育基金会主办、完美（中国）有限公司资助、广东中山市外事侨务局和中山纪念中学派员组成的"华文教育亚洲巡讲团"在吉尔吉斯国立民族大学孔子学院讲学。巡讲团老师为吉尔吉斯国立民族大学孔子学院和比什凯克人文大学孔子学院的教师及吉尔吉斯国立民族大学学习汉语的华裔学生带来了三场内容丰富多彩、文化积淀深厚的讲座。

（14）"华文教育名师亚洲巡讲团"在缅甸、斯里兰卡开班

2018 年 10 月 20 日，由中国华文教育基金会主办，广东省中山市外事侨务局、中山市实验小学、斯里兰卡华助中心、斯里兰卡福建总商会承办，完美（中国）有限公司资助的"2018 年华文教育名师亚洲巡讲团"在缅甸云华师范学院讲学。云华师范学院院长李曒教授、88 名教职工及师范部 300 多名学生参加了此次培训开班仪式。此次培训为期 2 天，巡讲团专家为参与培训的师生们展开了形式丰富、内容精彩的专题培训。培训结束后，现场发放了 300 多份问卷调查表，收集大家对培训的意见建议。随后双方进行交流座谈。

10 月 23 日，"2018 华文教育名师亚洲巡讲团"赴斯里兰卡科伦坡，开展为期 2 天的华文师资培训和讲学交流活动。斯里兰卡华侨华人联合会会长张旭东和斯里兰卡华侨华人联合会副会长、斯里兰卡华助中心副主任蔡志鑫参加了此次活动。巡讲团的教师们为在座的华文教师、家长及孩子们送上了形式丰富、内容精彩、实效突出的专题讲座。

（15）"华文教育名师巡讲团"赴安哥拉巡讲

2018 年 11 月 22 日，由中国华文教育基金主办，中山市外事侨务局、中山市华侨中学、安哥拉中安桥国际学校承办，完美（中国）有限公司资助的"华文教育名师安哥拉巡讲团"在安哥拉中安桥国际学校开展教学培训活动。出席此次活动的嘉宾有安哥拉中国总商会荣誉会长李纪社、安中商会会长 Calado、安哥拉和平统一促进会会长郑锡坤、安哥拉中国总商会副会长陈永保、安哥拉和平统一促进会常务副会长庄成金、安哥拉江苏商会常务副会长单位南通控股代表仇建忠、安哥拉中国总商会秘书巫祖婕，以及中安桥国际学校的师生。

来自广东省中山市华侨中学的巡讲老师分别以"玩游戏－学拼音""汉字教学课堂实践"和"游戏翻转识字课堂"等主题进行了讲学和课堂演示。

（16）"华文教育名师巡讲团"赴捷克布拉格讲学

2018 年 11 月 22 日，由中国华文教育基金会主办，广东省中山市外事侨务局、中山市石岐中心小学、布拉格中华国际学校承办，完美（中国）有限公司资助的"2018 华文教育欧洲巡讲团"在捷克布拉格中华国际学校举行讲学活动。

此次巡讲为期 2 天，中山市石岐中心小学的三位老师为在座的华文教师作了"如何提高识字教学的效率""趣味识字教学""感受中国水墨魅力""不一样的中国神话故事"和"创新课程教学设计"系列专题讲座。

（17）"华文教育名师巡讲团"赴赞比亚巡讲

2018 年 11 月 23 日，由中国华文教育基金会主办，中山市外事侨务局、中山市华侨中学、赞比亚中文国际学校承办，完美（中国）有限公司资助的"2018 中国华文教育名师赞比亚巡讲团"在赞比亚首都卢萨卡开展教学培训活动。这是该活动首次走进赞比亚。巡讲团由广东省中山市外事侨务局副局长谭文辉、广东省中山市华侨中学副校长周红梅、中山市华侨中学的巡讲老师参加了此次活动。

11 月 24 日，赞比亚中文国际学校刘小燕校长和赞比亚华侨华人总会副会长、赞比亚中文国际学校执行董事许琼女士陪同巡讲团前往中国驻赞比亚大使馆拜访。谭文辉向大使汇报了华文名师巡讲团的工作情况。

11 月 25 日，巡讲团到达赞比亚中文国际学校，为该校华文教师和家长开展华文教学方法培训。培训结束后，巡讲团为参训老师颁发培训证书。

（18）"华文教育名师巡讲团"赴匈牙利布达佩斯巡讲

2018 年 11 月 25 日，由中国华文教育基金会主办、广东省中山市外事侨务局承办、中山市石岐中心小学和匈牙利匈中双语学校联合协办、完美（中国）有限公司资助的"2018 华文教育名师巡讲团"在匈牙利首都布达佩斯开展华文教育巡讲活动。

巡讲团在匈中双语学校采用"示范课 + 讲座 + 现场交流"的授课模式。在一环扣一环的教学活动中，学生们了解了中国瓷、中国茶文化、茶礼仪和茶的精神内涵，感受了浓浓的中国情。巡讲团老师还就识字教学、中国神话故事教学、创新课程的教学设计及中国水墨的欣赏教学等作了专题讲座，与华文教师一起就如何更有效提高汉语语言教学方式和方法进行了广泛交流。

（19）"华文教育名师巡讲团"在马来西亚讲学

2018 年 11 月 26 日，由国务院侨务办公室主办，中国驻哥打基纳巴卢总领事馆协办，宁夏回族自治区侨务办公室、沙巴中华文化教育学会、沙巴州亚庇市建国独立中学承办的 2018"华文教育·名师巡讲"在马来西亚沙巴州亚庇市建国独立中学举行。来自亚庇市和周边 7 个地区 25 所学校近 300 多位华侨华人子弟和华校师生参加了讲学团的培训活动。

为期 7 天的教学和展演活动涉及国学启蒙、书法国画、民族器乐、中华武术、民歌舞蹈等传统文化领域。

（20）"华文教育名师巡讲团"赴尼日利亚讲学

2018 年 11 月 27 日，由中国华文教育基金主办，广东省中山市外事侨务局、中山市华侨中学承办的"2018 中国华文教育名师尼日利亚巡讲团"在尼日利亚拉各斯华助中心华文学校举行了教学培训活动。交流内容主要有"玩游戏学拼音","玩游戏识汉字"等汉语教学方法，以及当前汉语教学的一些热点问题。

（21）"华文教育名师巡讲团"赴乌克兰巡讲

2018 年 11 月 28 日，由中国华文教育基金会主办、广东省中山市外事侨务局承办、中山市石岐中心小学和乌克兰华文学校联合协办、完美（中国）有限公司资助的"2018 华文教育名师巡讲团"在乌克兰基辅举办华文教育巡讲活动。巡讲团老师授课并作相关的教学专题讲座。

2. "华文教师证书"境外培训

（1）新西兰梅西大学举办"华文教师证书"培训班

2018 年 5 月 18 日，由中国国务院侨务办公室和北京华文学院主办，新西兰梅西大学、暨南大学新西兰实验学校承办的第二届"华文教育·华文教师证书"培训在梅西大学 Albany 校区开班。来自新西兰各地区近 90 名华文教师参加了开班仪式。

中国驻奥克兰总领事馆领事唐新先生表示，新西兰的华文教育相比以往承载了更为积极的内涵和使命。他充分肯定了学校在本地华文教育事业中所作出的突出贡献，希望学校能再接再厉，以华文教育为切入点，为中新两国的美好友谊发挥更为积极全面的作用。

（2）"华文教师证书印尼巨港、占碑培训班"在印度尼西亚举办

2018 年 7 月中旬，"华文教师证书印尼巨港、占碑培训班"在印度尼西亚举办。来自广西华侨学校的 3 名高级讲师参加了此次培训。此次培训主要开设汉语基础知识、汉语教学理论与方法、中华文化专题等课程，以便让受训华文教师更好地掌握教学技巧，增进对中华文化知识的理解。

（3）"华文教师证书"培训班在印度尼西亚开班

2018 年 12 月 8 日至 24 日，由中国国务院侨务办公室主办、山东省侨务办公室承办的《华文教师证书》培训班在印度尼西亚开班。

此次讲学活动由山东省侨办负责人带队，泰山大学和青岛大学各派遣一位老师参加。

3. 海外华校、华教组织华文师资培训

（1）美国中部地区中文学校举办冬季教师研习会

2018 年 1 月 13 日，美中中文学校在"侨教中心"举办 2018 年美中地区冬季教师研习会，邀请资深华语教师分享华语文教学技巧及 AP 中文考试备考方法。来自芝

加哥地区的 15 所中文学校教师、主流学校华语文教师约 50 人参加。

（2）美国纽约地区主流教师联谊会举办 2018 年会员大会暨专题演讲

2018 年 1 月 21 日，美国纽约地区主流教师联谊会在新泽西龙山市市立图书馆举办 2018 年会员大会暨专题演讲，共有 35 位主流学校的教师参加。"纽约侨教中心"王盈蓉等应邀出席。王盈蓉不仅鼓励主流学校的中文老师教授汉字，还邀请主流学校中文老师带领学生到"纽约侨教中心"体验中华文化。

（3）美国休斯敦中文学校联谊会举办华文教师冬季研讨会

2018 年 1 月 28 日，美国休斯敦地区华文教师冬季研讨会在"休斯敦文教中心"举行。共有 50 多位休斯敦地区的侨校老师及主流学校的中文教师参加。

研习会讲授了传统纸艺文化、华语文教学应用课程及课堂管理等内容。与会教师们分享了华语教学课堂中的实例，并就"如何使课堂教学更加丰富多彩"等议题进行了讨论。

（4）菲律宾华教中心表彰优秀华校校长及模范华语教师

2018 年 3 月 10 日，菲律宾华教中心举行纪念"宿务无名氏（引叔）"施维鹏 2017—2018 年度优秀华校校长、模范华语教师，暨华教中心华语教学师资队伍"造血计划"赞助人表彰活动。中国驻菲律宾使馆罗刚参赞兼总领事应邀出席了表彰活动。来自全菲律宾的 12 位华语老师与 1 位优秀华校校长获奖。

菲律宾华教中心主席黄端铭指出，纪念"宿务无名氏（引叔）"施维鹏年度优秀华校校长、模范华语教师奖，是菲律宾华语教育最高奖项，通过该奖项的评选，把教师向更专业、更优秀、更杰出的方向引领，使这个奖项成为华校老师的最高追求，促进菲律宾华校办学水平和教学质量的不断提高。

（5）缅北勐约华光中学举办第二期华文教师培训

2018 年 4 月 9 日至 17 日，由缅甸曼邦教育局主办、缅北华文教育协会协办、勐约华光中学承办的第二期华文教师培班在缅北勐约华光中学举行。曼邦地区 10 所华校共 63 名教师参加了此次培训。

南木昔南华中学董事长尹培相对承担此次培训任务的宝翠兰老师表示感谢，同时对来自各华校完成培训任务的教师们表示祝贺。尹培相对各位教师寄予厚望，希望大家学以致用，把学到的知识运用到教学实践中，不断提高教育教学水平。

（6）美国北加利福尼亚州中文学校联合会举办师资培训研习会

2018 年 4 月 22 日，美国北加利福尼亚州中文学校联合会在"旧金山湾区文教中心"举办"2017—2018 学年第二场师资培训研习会——从听说读写到说学逗唱"。研习内容包含口语教学普及化的意义与重要性、如何创造以学生为中心的口语教学环境、如何翻转传统教学课堂等。"文教中心"主任阎树荣、北加利福尼亚州中文学校联合会会长施光庭等嘉宾出席。

（7）英国伦敦华夏中文学校举办教学技能培训营

2018 年 5 月 7 日，英国伦敦华夏中文学校在伦敦北郊学校行政中心举办 2018 伦敦教学技能培训营。25 位华语文老师以小组讨论的方式探讨提升团队沟通互动的能力与优化教学的方法。

（8）泰国华文教师公会举办在职教师奖励金颁奖典礼

2018 年 5 月 27 日，泰国华文教师公会在曼谷潮州会馆举办"第五届全泰在职华文教师奖励金颁奖典礼"。中国驻泰国大使馆吕健大使、张东浩参赞、泰国华文教师公会罗宗正主席，永远名誉主席吴宏丰博士、泰国中华总商会代主席陈绍扬先生等出席。

（9）马来西亚尊孔独立中学举行汉语国际教育硕士班培训

2018 年 6 月 9 日至 21 日，由中国国务院侨务办公室主办的马来西亚汉语国际教育硕士班在马来西亚尊孔独立中学展开培训。来自华中师范大学国际交流学院的两位专家为马来西亚汉语国际教育硕士班授课。

此次培训为期 14 天。汉语国际教育硕士函授班共有 46 名学员，其中在亚庇上课的有 14 名，在吉隆坡上课的有 32 名，学员们均是马来西亚的华文教师。

（10）美国华盛顿台湾学校举办华语教师研习会

2018 年 6 月 10 日，美国华盛顿台湾学校在"华盛顿文教中心"举办华语教师研习会。副校长孟祺然主持活动，"文教中心"负责人陈世池应邀出席。

研习会的课程包括教材编辑与制作、华语文教学资源网介绍、特殊教学法在非正规学校中的应用等。

（11）卡尔加里总领事馆举办领区"优秀海外华文教师"颁奖仪式

2018 年 10 月 13 日，中国驻卡尔加里总领事馆举办领区"优秀海外华文教师"证书颁发仪式。高振廷副总领事代表中国国务院侨务办公室向领区获得"优秀海外华文教师"荣誉的 13 名教师颁发了证书，并与获奖教师就华文教育的发展进行了座谈交流。

获奖老师感谢中国国务院侨办和总领事馆对卡尔加里华文教育事业的长期支持，表示获得这份荣誉，使命感会更强，也更有信心把卡尔加里华文教育事业办好，为中华优秀文化能更好融入当地社会贡献自己的力量。大家还结合自身多年从事海外华文教育的经历，进行了经验交流和分享。

（12）中国驻汉堡总领事馆举行 2018 年优秀海外华文教师表彰仪式

2018 年 10 月 18 日，中国驻汉堡总领事馆举行了优秀海外华文教师表彰仪式，中国驻汉堡总领事孙从彬为来自领区多所中文学校、从事海外华文教育 10 年以上的优秀教师颁发证书。中文学校校长、教师代表以及侨界代表等 20 余人出席了表彰仪式。

孙从彬向获奖教师表示热烈祝贺，对各中文学校多年来的辛勤付出和侨界给予华文教育的大力支持表示衷心感谢。孙从彬希望中文学校继续发挥好桥梁与纽带作用，做好中文教学，弘扬中华文化，为增进两国人民的了解和友谊作出更大贡献。随后，大家就北德地区华文教育相关问题进行了深入交流与探讨。

（13）泰华九属会馆教师奖励基金会 2018 年度奖励典礼在泰国举行

2018 年 10 月 21 日，泰华九属会馆教师奖励基金会在泰国潮州会馆举行了 2018 年度全泰授课华文民校中泰教师奖励典礼。中国驻泰国大使馆参赞兼总领事李春林、公参杨欣，泰国潮州会馆主席黄迨光、福建会馆理事长张建禄等九属会馆侨领、社会赞助人以及来自泰国各地受奖励的教师代表近 500 人出席此次大会。

杨欣公参发表讲话，同时宣布向泰国九属会馆教师奖励基金会捐赠 20 万泰铢，并向参与捐赠教师奖励金的代表颁发证书。蔡孝兴会长向泰华九属会馆教师奖励基金会捐赠 10 万泰铢，并作为颁奖嘉宾向受奖励的教师颁发奖金。

此次活动共有近千名泰国各地长期从事华文教育的教师接受奖励。根据教龄，教师们受到不同等级的奖励。

（14）英国华文教师节成立十八周年庆典暨优秀教师表彰大会在伦敦举行

2018 年 10 月 21 日，英国中文教育促进会举办的英国华文教师节成立十八周年庆典暨优秀教师表彰大会在伦敦举行。中国驻英国使馆公使衔参赞兼总领事童学军、领事高岩、多位侨领嘉宾以及来自全英 50 多所学校的 500 多名师生代表参与了此次大会。

2018 年，英国中文教育促进会通过全英国 130 多所中文学校推荐，在 3000 多个教师中，评选出 69 位优秀老师予以表彰。大会还向 11 位在华文教育岗位上坚持耕耘多年的教师颁发了中国国务院侨务办公室签发的"海外华文教师优秀奖"证书。

（15）美国华夏中文学校 2018 年教师培训暨校务研讨年会在美国新泽西州举行

2018 年 11 月 3 日至 4 日，以"传承、创新、奉献、领军"为主题的美国华夏中文学校 2018 年教师培训暨校务研讨年会在美国新泽西州举行。华夏中文学校 22 所分校的 350 多位校务教务人员、教师参加了此次活动。

年会现场为 59 位教师颁发了华文教师证书，为 25 位华夏校务、教务和家长颁发了"义工奖"，还首次颁发了"华夏之友"奖。年会共有 26 个分会场，同时举行了总校和分校的"董事长校长论坛""校长教务长论坛"，以及庆祝晚会等活动。在各分会场进行的教师培训活动中，各分校推选的 25 位演讲者，分别围绕包括《志愿精神、领导风格及人力资源管理绩效》《国学诗韵的诵读与学生语言能力的培养》《如何营造以学习者为中心的中文课堂》等 26 个课题进行了介绍。

（16）马来西亚沙巴州举行"热心海外华教人士奖"及"海外优秀华文教师奖"颁奖礼

2018 年 11 月 4 日，由马来西亚沙巴华文独立中学董事会联合总会主办的"热心海外华教人士奖"及"海外优秀华文教师奖"颁奖礼在马来西亚沙巴州举行，中国驻哥打基纳巴卢总领事馆梁才德总领事应邀出席，并为"热心海外华教人士奖"和"海外优秀华文教师奖"获奖者颁发了证书。

（17）尼泊尔举办 2018 年尼泊尔汉语和中国文化海外研修班

2018 年 11 月 13 日至 27 日，尼泊尔汉语和中国文化海外研修班在尼泊尔 L.R.I 国际学校举办。研修班由中国商务部主办，北京国际汉语研修学院承办。尼泊尔教育与科技部部长博克瑞尔、中国驻尼泊尔大使馆经商参赞张帆、北京国际汉语研修学院副院长杨威及研修班师生等参加了开班仪式。

研修班学员共约 100 名，主要为来自当地不同学校的校长、教师及政府官员。学员们学习基础汉语，并了解中国基本国情、中国历史及剪纸、音乐等内容。

此次研修班隶属北京国际汉语研修学院承办的援外人力资源培训项目。该项目 2017 年首次走向海外，此前已在乌拉圭和柬埔寨举办了 3 期，受训学员超 300 人次。

（18）马来西亚华校董事联合会总会举办"教师长期服务奖颁奖典礼"

2018 年 11 月 18 日，马来西亚华校董事联合会总会举办了"华文独中教师长期服务奖颁奖典礼"。活动由总会主席陈大锦主持，"台湾驻马来西亚办事处"工作人员洪慧珠、杨政衡、蔡雯淇出席活动；马来西亚各地获奖老师、校长、亲友及学生等约 460 人出席。

（19）马来西亚槟城举行"热心海外华教人士奖"及"优秀海外华文教师奖"颁奖典礼

2018 年 12 月 12 日，中国驻马来西亚槟城总领事馆举行"热心海外华教人士奖"及"优秀海外华文教师奖"颁奖典礼。中国驻马来西亚槟城总领事鲁世巍出席并致辞。鲁世巍希望华教人士继续努力，不断弘扬中华文化，为推动华文教育和中马人文交流作出新贡献，并表示中国驻槟城总领事馆将与领区社会各界一道努力，共同推动领区华文教育不断发展。

七　华教资源建设

1. 意大利西西里建设中文教学网络

2018 年 1 月下旬，由意大利西西里大区首府巴勒莫地区学校办公室和恩纳科雷大学（Kore University of Enna）孔子学院联合发起建设中文教学网络，该网络将覆盖从幼儿园到高中在内的众多西西里学校。

除了中文课程以外，学校还将开设中华文化课程。具体课程的安排和协调工作将由科雷大学孔子学院的中国和意大利负责人，以及教育部巴勒莫办事处技术总监乔治·卡瓦迪（Giorgio Cavadi）共同完成。

2. 《汉哈大辞典》在哈萨克斯坦出版发行

2018 年 2 月 26 日，由欧亚大学汉语教研室主任杜肯·玛斯木汗教授和夫人阿依努尔·阿比坚克济副教授共同编撰的《汉哈大辞典》首发式在哈萨克斯坦古米廖夫国立欧亚大学举行。中国驻哈萨克斯坦特命全权大使张汉晖、哈萨克斯坦副外长卡马尔季诺夫、哈萨克斯坦国立欧亚大学校长瑟德科夫、哈萨克斯坦科学院院士卡斯卡巴索夫以及哈萨克斯坦学术界和欧亚大学师生代表 60 余人出席。

该辞典共包含汉语常用语词条 7 万余个，首版发行 2000 册。该书的发行不仅将为哈萨克斯坦的汉语教学、翻译和研究提供有力支持，还将为中国民众深入了解哈萨克斯坦的语言和文化打开一扇窗口。

3. 中缅合编新版《汉缅大词典》出版

2018 年 7 月上旬，由云南人民出版社与缅甸《金凤凰》中文报社联袂打造出版的《汉缅大词典》修订版，历经 3 年编撰，印刷完成并顺利出版。

该词典共收录汉语单字、多字条目 65000 余条，包括字、词、词组、成语等。所收条目以现代规范汉语为主，兼收古代汉语。条目均用现代缅语释义，用汉缅双语对照方式举例。

4. 中国图书推广项目"中国书架"落地泰国

2018 年 7 月 26 日，由中国国家新闻出版署主办、中国出版集团公司下属中国图书进出口（集团）总公司与泰国南美有限公司共同承办的"中国书架"项目正式在泰国规模最大的中国图书专营书店南美书店落户。"中国书架"项目首批展销近千种优秀中国图书。

在"一带一路"合作框架下，"中国书架"到泰国，给泰国民众带来了多样化书籍选择，帮助泰国读者从多元角度认知中国的风土人情、历史文化、政治经济，这有益于加深泰国民众对中国的了解。

5. 商务印书馆联合匈牙利罗兰大学开发中东欧汉语教材

2018 年 8 月 23 日，"商务印书馆—罗兰大学中东欧十六国汉语教材合作框架协议签约仪式"在北京国际图书博览会上举行。商务印书馆总经理于殿利、罗兰大学副校长郝清新出席仪式。

此次双方合作开发中东欧十六国汉语教材，内容主要包括：双方将合作开发面对中东欧十六国的汉语教材；共同开发数字产品，并进行此类产品的销售和营销；共同促进中国和海外学者之间的学术交流；定期就学术出版交流信息，交流的方式包括但不限于到互访、编者培训会议或其他类似活动等。

6. 北京外国语大学编写出版《阿汉汉阿精编词典》和《阿尔巴尼亚历史与文化遗产概览》

2018 年 11 月上旬，由北京外国语大学阿尔巴尼亚语教研室编写的《阿汉汉阿精编词典》《阿尔巴尼亚历史与文化遗产概览》在阿尔巴尼亚科学院举办的"阿尔巴尼亚学中国日"活动中首发。

《阿汉汉阿精编词典》和《阿尔巴尼亚历史与文化遗产概览》的出版充分体现了近年来中阿人文交流的深入发展，反映了中国学者在阿尔巴尼亚语言、历史、文学、翻译等领域的最新研究进展。

7. 拉脱维亚发布《汉语拉脱维亚语大词典》电子版 App

2018 年 11 月 23 日，由拉脱维亚大学孔子学院拉方校长贝德高教授编纂的《汉语拉脱维亚语大词典》，在拉脱维亚大学大礼堂举行电子版 App 发布会。

　　《汉语拉脱维亚语大词典》由拉脱维亚大学孔子学院拉方校长贝德高教授编纂，2010 年由中国商务印书馆出版。2018 年商务印书馆再度推出《汉语拉脱维亚语大词典》电子版 App，以适应移动互联网时代的需要。

第四部分

2018 年台湾地区华文
教育活动

1. "台湾驻法国办事处"负责人林宏颖访问法国亭林中文学校

2018年1月20日，"台湾驻法国办事处"负责人林宏颖访问亭林中文学校，了解相关教学情况。

林宏颖在校长杨馥吟的带领下先后进入了4个年级的教室，实地观摩了华语文教师使用台湾地区侨务主管部门《学华语 向前走》教材的授课技巧以及师生互动的情况。

林宏颖代表台湾地区侨务主管部门肯定了该校为传播优秀中华文化所做出的贡献。另外，双方就欧洲侨教市场特性、《学华语 向前走》教材内容、侨教教学实务等议题交换了意见。

2. 美国"西雅图华侨文教中心"主任陈敏永参观美国百明顿华文学校

2018年1月24日，美国"西雅图华侨文教中心"主任陈敏永参观美国百明顿华文学校，了解该校教学现状，就推广汉字教育、增进学生对台湾地区的认识等议题与校长王秀珠交换意见。王秀珠感谢侨务主管部门每年为学校提供华语教材、生肖灯笼及精美月历，并表示在这样的文化氛围中，更能加深学生对台湾地区传统习俗的认识。

3. 美国"华盛顿华侨文教中心"举办"海外华裔青年活动说明会"

2018年1月27日，美国"华盛顿华侨文教中心"举办"2018年侨务主管部门海外华裔青年活动说明会"。活动由中心主任陈世池主持，邀请参与2017年活动的学员及家长分享经验及收获，约50人参加。

在活动中，副主任王怡如就2018年度"英语服务营"及"语文研习班"两项活动的报名资格、申请程序、活动内容及注意事项等进行了详细的说明。

4. 美国"休斯敦华侨文教中心"主任庄雅淑访问中华文化学院

2018 年 2 月 10 日，美国"休斯敦华侨文教中心"主任庄雅淑访问休斯敦中华文化学院，关心学校运营并观摩教学实况。

庄雅淑首先感谢校方长期配合台湾地区侨务主管部门推广华语文教学及传播中华文化，为海外华语文教学做出了很大的贡献。庄雅淑与校长陈根雄就华校未来发展、台湾地区侨务主管部门新编的《学华语 向前走》教材内容以及推动海外中华文化活动等交换了意见。陈根雄非常感谢台湾地区侨务主管部门关心海外华教工作，庄雅淑鼓励老师们继续努力为华语文教育作出贡献。同时，华侨文教中心将全力支持并共同开展海外华教工作。

5. 美国"华盛顿华侨文教中心"举办"春节文化导览"活动

2018 年 2 月 17 日，美国"华盛顿华侨文教中心"举办"春节文化导览"活动，向来宾介绍中国农历新年习俗及台湾地区文化，当地学校及中文学校师生家长约 50 人参加。

中心特别邀请青年文化志愿者们参与此次活动，借此机会让志愿者们与当地学校师生交流互动，并宣传台湾地区文化。与会来宾对华侨文教中心提供丰富多元、精彩的春节文化导览活动表示感谢，并希望来年能继续举办相关文化导览活动，邀请更多的人参加。

6. 台湾地区侨务主管部门侨生技职专班在印尼、越南、菲律宾、柬埔寨招生

2018 年 2 月 23 日至 3 月 10 日，台湾地区侨务主管部门侨生技职专班分别在印尼、越南、菲律宾、柬埔寨等地举办了多场招生宣传说明会，向与会华校校长、老师、学生们简要介绍了侨生技职专班制度、近年办学情况、招生学校科系、报名资格及未来发展等内容，各校也分别设置摊位解说科系特色、生活照顾等。

7. 台湾地区侨务主管部门春节文化访问团在菲律宾、马来西亚、泰国、越南、印尼等地演出

2018 年 2 月 23 日至 3 月 9 日，台湾地区侨务主管部门春节文化访问团分别在菲律宾宿务体育馆、马来西亚巴生会展中心和美里民事中心、越南胡志明市滨城剧场、印尼北干巴鲁等地进行演出，获得观众们的一致好评。

8. 美国"西雅图华侨文教中心"主任参访美国西部温哥华中文学校

2018 年 2 月 25 日，美国"西雅图华侨文教中心"主任陈敏永专程参访美国西部温哥华中文学校，在校长张玮及老师的陪同下，实地了解上课情况及学校运作现状，并向学校师生送上新年祝福。

陈敏永感谢校长、老师及家长志愿者的辛苦付出，使侨胞子女们积极学习汉字，了解传统文化之美，希望学校未来发挥创意，共同为下一代华语文教育而努力。在参观教师授课的过程中，陈敏永就教学、教材及师资培训等方面的问题，与教师们交换意见。

9. 美国"洛杉矶华侨文教中心"举办"台湾元宵灯节文化讲座"

2018 年 3 月 2 日，"洛杉矶华侨文教中心"华埠图书馆举办以"提鼓仔灯看花灯"为主题的元宵灯节文化活动，由文化志愿者讲述元宵节的由来并介绍台湾地区的灯会文化。洛杉矶中华会馆主席梁永泰、副主席廖美华、监事长黄钟艳珍出席了元宵节文化讲座。

10. 多米尼加台湾商会附属中文学校举办春节活动

2018 年 3 月 3 日，多米尼加台湾商会附属中文学校举办"汉字文化节系列之瑞狗迎春、吉祥如意庆春节暨元宵节活动"。台商会干部、中文学校师生及家长近百人参加。杨清翔致辞简要说明了农历春节及元宵节的由来，并以繁体字结构之美鼓励在场学生努力学习中文以进一步体会中华文化之美。

11. 中国文化教育协会中文学校举办春节联欢晚会

2018 年 3 月 10 日，中国文化教育协会中文学校在美国伊利诺伊州斯科基校区举办春节联欢晚会。斯科基市市长乔治·范杜森、芝加哥华侨文教中心主任王伟赞应邀出席。

王伟赞代表台湾地区侨务主管部门负责人吴新兴向大家拜晚年，感谢校长林采芬长期协助推动中文汉字教育及推广具有台湾地区特色的中华文化，并颁发台湾地区侨务主管部门的奖状，同时鼓励学生利用暑假时间到台湾地区参加"海外华裔青年英语服务营"。

12. 美国新泽西中文学校协会举办"汉字文化节校际唱歌比赛"

2018 年 3 月 10 日，美国新泽西中文学校协会在新泽西爱迪生中文学校举办"汉字文化节校际唱歌比赛"。

比赛由爱迪生中文学校校长陈雅玲主持，台湾地区侨务主管部门戴松昌致辞，希望大家多鼓励和推广比赛，对学生们学习中文会有很大的帮助。

13. 澳大利亚"悉尼华侨文教中心"主任拜访《澳洲新报》

2018 年 3 月 15 日，悉尼澳大利亚"悉尼华侨文教中心"主任吴春芳前往拜访《澳洲新报》，由总编唐德荣及记者汤伟明接待。

吴春芳感谢《澳洲新报》对"华侨文教中心"的支持并说明台湾地区侨务主管部门举办的"华裔青年观摩团""海外青年语文研习营班""海外青年台湾学习体验营"等活动颇受青年朋友的青睐，感谢《澳洲新报》过去及未来的宣传及推广。

14. 巴西"圣保罗华侨文教中心"主任詹前校访问仁德国际学校

2018 年 3 月 15 日，巴西"圣保罗华侨文教中心"主任詹前校首次访问位于科蒂亚市的仁德国际学校，在校长克劳迪娅·西奎拉、华语教师崔慧君等人的陪同下，参观了校园、了解了学校的教学理念及华语文教学情况并与教师们进行交谈。

詹前校说明了此次参观学校的目的是了解学校概况、华语教学和文化教材运用的情况以及搜集相关建议等，从而可以在未来推动华教事业的发展。校长克劳迪娅·西奎拉欢迎詹前校到访，感谢台湾地区侨务主管部门每年赠送十二生肖小提灯。

15. 美国新泽西中文学校协会举办"汉字文化节活动——象棋比赛"

2018 年 3 月 18 日，美国新泽西中文学校协会举办"汉字文化节活动——象棋比赛"，共有 6 所学校 30 人参赛。比赛由协会会长钟明昌、副会长杨文篪主持。"纽约华侨文教中心"副主任王盈蓉、台湾地区侨务主管部门戴松昌应邀出席。

16. 美国西北部地区华文学校联谊会举办"第 107 届动态学艺竞赛"

2018 年 3 月 24 日，美国西北部地区华文学校联谊会在南普峡喜达中文学校举办"第 107 届海外汉字文化节系列活动之动态学艺竞赛"。"西雅图华侨文教中心"主任陈敏永等及学生、家长约 300 人参加。

陈敏永首先感谢主办单位所有工作人员及家长义工的付出，并强调学艺竞赛是台湾地区侨务主管部门"海外汉字文化节"的组成部分，希望借此机会提升学生的学习兴趣及应用华语文的能力，共同为海外汉字文化教育作出贡献。

17. 澳大利亚"悉尼华侨文教中心"主任吴春芳参观澳大利亚华校

2018 年 3 月 24 日、28 日、29 日，澳大利亚"悉尼华侨文教中心"主任吴春芳参观了澳华公会中文学校、中华文化学校和登打士中文学校，分别在校长徐永耀、校长林松和校长伍伟成的陪同下参观学校，了解学校的教学情况。

4月3日和4月28日，吴春芳前往快乐中文学校樱桃溪分校和悉尼台湾学校西北校区，分别在校长蔡怡声和校长吕进梁的陪同下参观校区，了解学校运作和教学情况。同时，吴春芳希望学生们有机会到台湾地区交流学习。

18. 美国灵粮中文学校举行中文背诵比赛颁奖典礼

2018年3月25日，美国灵粮中文学校在橙县大公园灵粮堂教会举行"汉字文化节系列活动之中文背诵比赛颁奖典礼"。"橙县华侨文教中心"主任杨海华出席并颁发优胜奖和参与奖，鼓励学校借此机会提高学生学习汉字的兴趣及华语文表达能力。

19. "台湾驻布里斯班办事处"负责人洪振荣一行访问慈济人文学校

2018年3月25日，"台湾驻布里斯班办事处"负责人洪振荣偕"布里斯班侨教中心"主任董幼文访问布里斯班慈济人文学校，受到校长翁松钦、资深志愿者朱芬芳等人的热烈欢迎。洪振荣与翁松钦互赠了纪念品并观摩了学校从幼教班到10年级各班的上课情况。

20. 缅甸华文学校举办"种子教师培训营"

2018年3月26日至31日，由台湾地区侨务主管部门委托中华救助总会办理、缅北果文文教会承办的"2018缅甸华文学校种子教师培训营"在缅甸黑猛龙中学开营，共有来自缅北腊戍及周边学校的80名老师参加培训。

此次培训营是中华救助总会第三次在缅甸举办的华校种子教师培训营，由总会工作人员陈江松简述台湾地区侨务主管部门新编的《华文（缅甸版）》教材编辑特色与教材结构。培训课程包括强化教学技能、口语表达、团体动力教学、有效教学、计算机基础知识及多媒体应用等。

21. 台湾高雄市美国学校弦乐团参观纽英仑中华公所

2018年3月28日，台湾高雄市美国学校弦乐团一行30人在"台湾驻波士顿办事处"教育组以及华侨文教中心欧宏伟的安排下参观了纽英仑中华公所，受到中文办公室负责人雷国辉、前主席阮鸿灿等人的欢迎。

欧宏伟表示，波士顿传统侨社长期支持并积极协助台湾地区侨务主管部门开展各项侨务工作。希望波士顿地区的青年侨团、台湾地区留学生及访问团，有机会参观中华公所，让大家更能了解传统侨社的重要性，也更能认同侨务政策与工作。

22. 泰国泰北地区召开侨教座谈会

2018 年 3 月 29 日，台湾地区侨务主管部门负责人吕元荣、"台湾驻泰国代表处"石柏士、中华救助总会理事长张正中等在清迈市昌良村召开"泰北地区侨教座谈会"。

侨教座谈会由台湾地区侨务组负责人高家富主持，吕元荣代表台湾地区侨务主管部门负责人吴新兴感谢在泰北从事华文教育的老师们的辛勤付出，石柏士致辞时表示希望通过侨教座谈会汲取各方意见共同推动泰北华教事业的发展。

23. 美国"波士顿华侨文教中心"举办汉字文化节

2018 年 4 月 7 日，"波士顿地区汉字文化节"活动在美国"波士顿华侨文教中心"举行。活动由台湾地区侨务主管部门赞助，美国新英格兰中文学校协会主办，吸引了波士顿地区超过 10 所中文学校的 200 多位学生参加。

"波士顿华侨文教中心"主任欧宏伟和新英格兰中文学校协会会长陈燕贞担任颁奖嘉宾。

24. 美国龙林中文学苑举办"汉字文化节系列活动之古典诗词吟唱比赛"

2018 年 4 月 14 日，美国龙林中文学苑在"华盛顿华侨文教中心"举办"汉字文化节系列活动之古典诗词吟唱比赛"。

龙林学苑校长林秀兰表示比赛旨在通过吟唱、朗读让人们感受古典诗词之美，并鼓励华裔青少年传承优秀的中华文化。华盛顿诗友社也在现场向学生们展示古典诗词吟唱的技巧与背诵诗词的方法，鼓励年轻学子们进一步了解诗词的博大精深与传统中华文化的内涵。

25. 美国美东中文学校协会举办中文演讲比赛

2018 年 4 月 14 日，美国美东中文学校协会在"纽约华侨文教中心"举办"2018 年海外汉字文化节之华语演讲比赛"。共有纽约华侨学校、人力中心中文学校等学校的 13 名学生参加。"纽约华侨文教中心"主任黄正杰等出席比赛。黄正杰致辞时表示中文演讲比赛是传统与创新的结合，同时也促进了汉字的推广。

26. 美国"休斯敦华侨文教中心"主任庄雅淑访问长青中文学校

2018 年 4 月 15 日，美国"休斯敦华侨文教中心"主任庄雅淑访问长青中文学校，受到校长王晓明及老师们的热烈欢迎。在王晓明的引导下，她实地观摩了华语文教师使用台湾地区侨务主管部门编写的《学华语 向前走》教材进行课堂教学的情况。

庄雅淑与王晓明就侨校未来发展、华语教材以及组织海外华教活动等内容交换了意见。

27. 美国"纽约华侨文教中心"举行"民俗文化种子教师在地培训"活动

2018 年 4 月 15 日，美国"纽约华侨文教中心"在中心大礼堂举行"民俗文化种子教师在地培训"纽约第一场次活动，共有来自纽约及长岛等地的当地学校及中文学校的校长、老师约 30 人参加培训。

2018 年特别邀请 2017 年到台湾地区参加专业培训的文化种子教师担任讲师，将参训所学的民俗艺术、体育、舞蹈专业知识及技能传授给当地华校及主流学校华语文教师。"华侨文教中心"副主任王盈蓉表示，2018 年"海外民俗文化种子教师培训班"正在招募中，欢迎纽约地区中文学校的教师们踊跃报名参加，到台湾地区深度学习。

28. 泰国中华救助总会举办种子教师培训班

2018 年 4 月 16 日至 20 日，泰国中华救助总会在一新中学举办"第 107 届泰北清迈地区华文种子教师培训班"。光华中学、云台小学等学校的 53 位教师参加了此次培训。此次培训的内容有学校行政思维培训课、教师能力开发课、教师写作课与班级管理课等。20 日举办结业典礼，为学员颁发研习结业证书。

29. 英国伦敦慈济人文学校首次举办开放日及海外汉字文化节

2018 年 4 月 21 日，英国伦敦慈济人文学校首次举办开放日及海外汉字文化节。"台湾驻英国办事处侨务组"秘书张希贤等嘉宾出席，约 500 人参加此次活动。

慈济英国联络处负责人李宏耀和慈济人文学校校长钟美香向来宾们介绍了未来学校的上课模式、台湾地区侨务主管部门所提供的华语文教材和慈济人文教材。张希贤表示，2018 年伦敦慈济中文学校首次举办海外文教活动，为英国地区的侨教事业注入了一股新的动力，希望社区能够多多支持。

30. 法国巴黎华风中文学校举办演讲比赛

2018 年 4 月 21 日，法国华风中文学校在巴黎第 13 区协会之家举办"2018 年汉字文化节——巴黎地区中文学校演讲比赛"。"台湾驻法国办事处"张铭忠夫妇及台湾地区侨务组负责人林宏颖出席比赛活动。

华风中文学校负责人陈惠美表示，举办该比赛的目的是推广汉字、促进学校之间的交流、展现具有台湾地区特色的中华文化和华语文教学成果等。

31. 美国美中中文学校举办"2018 年汉字文化节——中华才艺表演"

2018 年 4 月 21 日，美国美中中文学校协会在"芝加哥华侨文教中心"举办"2018 年汉字文化节——中华才艺表演"。

美中中文学校协会会长洪嫚明、"芝加哥华侨文教中心"主任王伟赞等出席活动。王伟赞代表台湾地区侨务主管部门向美中中文学校颁发奖状，感谢美中中文学校协会及中文学校教师、家长对台湾地区侨务主管部门的认可及对汉字和文化教学的支持。

32. 美国迈阿密中文学校举办"汉字文化节——认字比赛"

2018 年 4 月 21 日，美国迈阿密中文学校举办"汉字文化节——认字比赛"，28 日举办颁奖典礼。"台湾驻迈阿密办事处"侨务办公室负责人萧蓓如出席。

萧蓓如感谢迈阿密中文学校校长杨立君与董事张素蕙精心筹办此次活动，表示举办多年的汉字文化节影响了许多学生及家长，并鼓励学生努力学习华语文。

33. 印度尼西亚泗水举办汉字文化节

2018 年 4 月 27 日，印度尼西亚泗水汉字文化节在泗水台校举办。

台湾地区侨务主管部门为传播优秀中华文化，选派文化教师曾慧祯到印尼泗水台湾学校进行为期一个月的民族舞蹈教学。在文化节上，幼儿园和小学的学生们展现了民族舞蹈教学的成果。

34. 菲律宾"菲华文教中心"召开"华文小学及幼教教师回国培训班行前会议"

2018 年 4 月 28 日，菲律宾"菲华文教中心"召开台湾地区侨务主管部门"2018 年菲律宾华文小学及幼教教师回国研习班行前会议"，灵惠学院、崇德学校等学校幼教教师 20 余人参加。

此次培训课程包括了全球华文网简介、《学华语 向前走》教材介绍等，另外参考了现在菲律宾的华文教学现状，开设了儿童华语教学设计实作等实践课程。

35. 加拿大温哥华举办"2018 年华语文能力测试"

2018 年 4 月 28 日至 29 日，加拿大温哥华地区分别在列治文国语学校、联合中文学校及温哥华东宁书院举办了"2018 年华语文能力测试"，共有 176 位考生报名参加。

列治文国语学校校长邓华一表示，学校举办"儿童华语文能力测试"的目的是让考生借助测试了解自己的华语文水平，激发他们的学习热情。联合中文学校校长赖飞钟表示，通过"华语文能力测试"的学生将由台湾地区教育主管部门授予证书，成绩可获卑诗省教育厅的认可。

36. 美国新泽西中文学校协会举办书法比赛

2018 年 4 月 29 日，美国新泽西中文学校协会在博根中文学校举办"汉字文化节之书法比赛"，来自爱迪生、博根、贝郡基督等中文学校和英华国际学校的 34 位学生参赛。"纽约华侨文教中心"副主任王盈蓉、台湾地区侨务主管部门戴松昌出席。王盈蓉鼓励参赛学生努力学习汉字以发扬传统文化。

37. 印度尼西亚雅加达台湾学校举办台湾民俗教学成果展

2018 年 4 月 5 日至 5 月 2 日，台湾地区侨务主管部门文化老师吴嘉惠、黄宥文在雅加达台湾学校指导师生学习民族舞蹈及民俗体育。

雅加达台湾学校 5 月 2 日举办了教学成果展，校长陈国梁和"台湾驻印尼办事处"负责人张淑燕在开幕式上致辞希望学校老师们能参加海外教师开设的文化种子教师培训班，希望通过教师引导学生了解更多的台湾文化。

38. 美国旧金山湾区开设海外民俗文化种子教师在地培训研习班

2018 年 5 月 5 日，海外民俗文化种子教师回国培训班学员陈丽玲等人在"旧金山湾区华侨文教中心"开设海外民俗文化种子教师在地培训研习班。

"旧金山湾区华侨文教中心"主任阎树荣致辞表示，2018 年会开办 5 场海外民俗文化种子教师在地培训，在开设相关技能课的同时投入更多民俗教学课程，方便更多的海外教师学习课程。

39. 法国亭林中文学校举办汉字文化园游会

2018 年 5 月 5 日，法国亭林中文学校举办"2018 年汉字文化节——巴黎地区中文学校汉字文化园游会"，"台湾驻法国办事处"负责人林宏颖到场参加。

校长杨馥吟致辞说明举办此次汉字文化园游会的宗旨在于以寓教于乐的方式激发学生对中华文化的兴趣，从而更好地推广汉字，弘扬优秀中华文化。

40. 台湾地区侨务主管部门文化访问团在加拿大萨斯卡通市演出

2018 年 5 月 6 日，台湾地区侨务主管部门文化访问团在加拿大萨斯卡通市演出。访问团的表演主题为"点亮台湾"，以台湾地区多元文化为创作底蕴，通过创新的编排手法，结合舞蹈、歌唱、音乐、戏剧等表演形式，充分展现了台湾地区当代人文风情、族群文化、艺阵文化。

41. 菲律宾马尼拉举办"菲华暑期文教研习会"

2018 年 5 月 11 日至 6 月 21 日，台湾地区侨务主管部门与中华文化复兴运动总会菲律宾分会在马尼拉市华人区自由大厦合办"菲华暑期文教研习会"，吸引马尼拉及邻近城市的 10 余所侨校近 400 名学员报名参加。

此次暑期文教研习课程为期 6 周，包括书法班、珠心算班、国画班、语文作文班及民族舞蹈班。中华文化复兴运动总会菲律宾分会会长王家鹏表示，希望台湾地区侨务主管部门及各侨团能够继续支持文复会每年举办的"菲华暑期文教研习会"，让华侨子弟们能够学习到更多的中华文化及民俗技艺。

42. 菲律宾"菲华校联暑期师资讲习会"在中正学院举办结业典礼

2018 年 5 月 18 日，"菲华校联暑期师资讲习会（马尼拉场）"在中正学院举办结业典礼。"菲华文教中心"主任尤正才、校联常务理事李淑慧共同主持结业典礼。

尤正才感谢所有教师长期以来的奉献，既提高了华校教师的教学技巧，同时也传播了中华文化。希望教师们多鼓励学生前往台湾地区留学或参加台湾地区侨务主管部门组织的语文研习班及台湾地区观摩团。

43. 台湾民俗表演团在美国中文学校进行巡回演出

2018 年 5 月 19 日至 22 日，为响应"2018 年美国台湾传统周暨加拿大亚裔传统月"系列活动，"台湾龙狮技艺协会民俗表演团"在团长王宏隆的带领下在美国中文学校巡回演出。

表演团成员们的专业表演吸引了大量老师、学生以及当地人们前往观看，各中文学校纷纷表示民俗表演很有趣，希望可以进一步了解。

44. 印度尼西亚雅加达台湾学校举办周年校庆活动

2018 年 5 月 20 日，雅加达台湾学校在学校举办 27 周年校庆活动。"台湾驻印度尼西亚办事处"陈忠以及学生、教师等约 300 人参加。校长陈国梁主持活动。

校庆典礼上还颁发了"年度资深教师奖"和"优秀学生奖"。典礼结束后，还在大操场上举办了"文化教学成果发表会"。

45. 美国加利福尼亚州橙县小时代中文学校首办"汉字文化节"

2018 年 5 月 23 日，美国加利福尼亚州橙县小时代中文学校在奥尔顿公园大道校区首次举办"汉字文化节——小时代教学成果展"活动。

"橙县华侨文教服务中心"负责人杨海华应邀致辞，赞扬学校举办成果展有助于提升学生学习汉字的兴趣，也表扬了学校创建 8 年来，坚持采用注音符号及汉字教学，使学生在多元的学习环境中，快乐地学习华语文，体验中华文化。

46. 巴西中文教学协会在圣保罗举办"汉字文化节"体验活动

2018 年 5 月 27 日，巴西中文教学协会在圣保罗圣儒华文学校举办"汉字文化节"体验活动。500 多位华侨华人参加了现场的书道、茶道、剪纸等活动。

中文教学协会会长林志孟、"台湾驻圣保罗办事处"王启文等嘉宾出席。王启文赠予林志孟会长由台湾侨务负责人吴新兴亲笔题写的"卓育侨菁"四字作为祝贺礼物，希望活动顺利进行。

当天，圣保罗圣儒华文学校在第二校区举办了"创校十五周年园游会"，800 多位侨社负责人、代表、侨胞乡亲、家长及学生参加。

47. 台湾地区侨务主管部门代表高建智访问柬埔寨天聚佛宫学校

2018 年 5 月 27 日，台湾地区侨务主管部门代表高建智访问位于柬埔寨金边市的天聚佛宫学校，了解柬埔寨推动华文教育的现状。

台湾侨务部门当地工作人员江永兴等人进行接待。学校工作人员表示天聚佛宫宗旨为"传扬中华文化及华文教育"。高建智感谢宗教团体在海外协助政府推动公众外交，并表示侨务管理部门乐意担任沟通平台，与天聚佛宫学校共同为华文教育而努力，为学生们提供华文教育所需的软硬件资源等。

48. "台湾驻巴拉圭办事处"周麟访问巴拉圭孔教中心中正学校

2018 年 5 月 27 日，"台湾驻巴拉圭办事处"周麟和工作人员吴丰兴等人访问巴拉圭孔教中心中正学校。中正学校巴籍校长率全校师生唱中文歌热烈欢迎。周麟对中正学校 33 年来推广华文教育及促进文化交流的行为予以肯定，对董事会成员秉持自负盈亏原则、持续捐助维持学校正常营运的奉献精神特别表示感谢。

49. 缅甸腊戍举办"华文教师研习会"

2018 年 5 月 28 日，缅甸腊戍"华文教师研习会"在圣光中学圣光堂举行开幕式。圣光中学副校长李明昌主持开幕式，来自腊戍果文、圣光、黑猛龙等 26 所华校的 97 名学员参加。

台湾地区侨务管理部门工作人员郭淑贞希望借此机会提高缅甸华校的师资水平。

随后，研习会教授团团长颜妙桂等人先后致辞，鼓励学员发挥种子教师的作用，带动本地华文教育的发展。郭淑贞等人还在 5 月 28 日至 31 日期间访问了腊成市区果文中学、黑猛龙中学、明德中学等多所华文学校。

50. 缅甸曼德勒孔教学校举办"华文教师研习会"

2018 年 6 月 1 日至 3 日，缅甸曼德勒孔教学校在东校区举办"华文教师研习会"。台湾侨务管理部门工作人员郭淑贞等嘉宾出席开幕仪式。

此次研习会共有孔教学校、明德学校、育才学校等 7 所华校的 180 余位中小学教师参加。培训以"班级经营""华语文教学""纸艺文化"等内容为主。研习会旨在进一步提升该地区的华文师资水平，进而推动华文教育在缅甸的蓬勃发展。

51. 台湾彰化县立儿童弦乐团访问韩国首尔华侨小学

2018 年 6 月 8 日，台湾彰化县立儿童弦乐团团员、老师及家长 30 多人在教育处社教科科长吴芊葳的带领下，访问韩国首尔华侨小学。首尔华侨小学校长王德祥等到场迎接。

活动当天，彰化县立儿童弦乐团和首尔华侨小学分别演奏了"望春风"和"爱的真谛"等曲目，两校互相切磋交流。首尔华侨小学同学还合唱韩国民谣"阿里郎"向大家表示欢迎。双方交换礼物并合影。

52. 德国阿里山中文学校举办"汉字文化节"系列活动

2018 年 6 月 10 日，德国阿里山中文学校在埃尔朗根观光农场举办"汉字文化节"系列活动。校长洪欣宜夫妇及阿里山中文学校师生等近 90 人参加，"台湾驻德国办事处"侨务组办公室负责人张玉枝等嘉宾出席。活动组织开展了扯铃、捏面人及橡皮筋、跳绳等多项传统游戏。

53. 美国休斯敦举办"民俗在地文化培训"课程

2018 年 6 月 16 日，美国"休斯敦华侨文教中心"举办 2018 年民俗文化种子教师及青年文化志愿者"民俗在地文化培训"课程，吸引了来自休斯敦及其他华校华文老师、青年文化志愿者近百余人参加。

培训邀请了谢兰英、李淑美两位民俗文化教师教授"扇子舞"和"狮头彩绘与运用教学"课程。"华侨文教中心"负责人庄雅淑表示，中心将持续开设各种当地文化培训，希望借此机会整合文化种子老师及青年志愿者两股力量，更好地发扬优秀的中华民俗文化。

54. 加拿大"多伦多华侨文教中心"举办"赴台活动行前说明会"

2018年6月,由台湾地区侨务主管部门主办的多项海外华裔青年赴台活动陆续展开。6月17日,"多伦多华侨文教中心"举办活动说明会,现场有学生及家长近百人出席。

"华侨文教中心"负责人李叔玲代表台湾地区侨务主管部门欢迎即将赴台参加暑期活动的青年朋友,她鼓励学员多结交朋友、开拓视野。工作人员欧阳群向大家简单介绍了各项活动的主要内容及性质、各项规定及赴台前的注意事项等,并提醒学员们早做准备。

55. 澳大利亚昆士兰举办"汉字文化节"系列活动

2018年6月17日至18日,澳大利亚昆士兰举办"汉字文化节"系列活动,推出昆士兰"中文硬笔字书写""文字创意彩绘"与"朗读"三项比赛。共有185位侨校与个别报名的参赛者完成比赛。"布里斯班侨教中心"主任董幼文、昆士兰台侨团体联合会徐瑞云秘书长、澳大利亚多所主流学校校长参加此次活动。

昆士兰华语文教师联谊会希望借此汉字文化节的书写、朗读与文字创意彩绘等竞赛活动促进校际交流与合作。

56. 美国"休斯敦华侨文教中心"举办"数位华语文教学课程"

2018年5月12日,美国"休斯敦华侨文教中心"开设首场"数位华语文教学课程",邀请台湾师范大学资深华语教师陈慧沄担任讲师,分享"全中文初级华语教学操作"与"课室经营"等课程。

6月23日,第二场课程也在华侨文教中心开课,并邀请台湾清华大学华语文中心讲师欧喜强担任主讲,分享"儿童及青少年课堂教学活动设计"课程,重点教授"教学"与"活动"的结合运用。

57. 美国"洛杉矶华侨文教中心"举办"民俗文化种子教师"课程

2018年6月23日,美国"洛杉矶华侨文教中心"举办"民俗文化种子教师"课程。由到台湾地区受训的种子老师储锦琪及本地培训结业老师马真菊讲解汉字文化教学课,吸引华语文及文化教师近30人参加。

"台湾驻洛杉矶办事处""华侨文教中心"负责人翁桂堂出席致辞,他表示语言与文化相辅相成,在全球化时代下,文化是开放多元的,希望参训老师能够将中华文化的多元性应用于教学。

58. 加拿大多伦多举办"海外华文教师研习会"

2018 年 6 月 22 日至 24 日，"加拿大华侨文教中心"在多伦多举办"海外华文教师研习会"，来自多伦的多华文教师及从事华语文教育人士约 70 人参加。

研习会于 6 月 22 日举办开幕仪式，"台湾驻多伦多办事处"徐咏梅等嘉宾应邀出席。

59. 印度尼西亚举办"华文教师研习会"

2018 年 6 月 25 日至 29 日，台湾地区侨务主管部门选派江惜美、朱乃洁、杨琇惠等 6 位资深华语教师到印度尼西亚举办讲座。

60. 南非约翰内斯堡举办"华文教师研习会"

2018 年 6 月 28 日，南非华文教师研习会在约翰内斯堡举行开幕仪式。主办单位华心中学副董事长冯德满等嘉宾受邀参加，华心中学董事长主持开幕式。来自南非华校的 35 位华文教师参加研习。

61. 德国柏林中文学校举办"结业典礼暨汉字文化节活动"。

2018 年 6 月 30 日，德国柏林中文学校举办学年度"结业典礼暨汉字文化节"活动。"台湾驻德国办事处"谢志伟等嘉宾应邀出席。参加活动的学生、老师、家长、侨团侨领及贵宾等超过 300 人。

谢志伟致辞时特别感谢柏林中文学校全体工作人员对华文教育事业的辛苦付出，同时也感谢家长们的支持以及学生们努力不懈的学习。

62. 美国华盛顿举办"华文教师研习会"

2018 年 6 月 30 日至 7 月 7 日，美国华盛顿中文学校联谊会在"华盛顿华侨文教中心"举办"华文教师研习会"。会议为期 3 天，共有 70 余位华盛顿中文学校及主流学校华语文教师参加。

台湾地区侨务主管部门选派台北欧洲小学中文部负责人蔡昀晔、台湾师范大学华语教师林春霞 2 人担任主讲。

63. 澳大利亚墨尔本举办"华文教师研习会"

2018 年 7 月 4 日至 5 日，澳大利亚墨尔本"华文教师研习会"在史宾威中华公学举办。"台湾驻墨尔本办事处"陈琼玉与办公室负责人李函出席会议。当地 8 所侨校约 70 位老师参加研习。

侨务主管部门选派吴贞慧、田苹两位华文教育工作者授课，两天研习课程包括第二语言教学法、写作引导与教学技巧、注音及汉语拼音教学法等。

64. 非洲举办"华文教师研习会总结仪式"

2018 年 7 月 6 日，非洲"华文教师研习会"圆满落幕，并于当日举办"华文教师研习会总结仪式"。非洲 9 所中华语文学校的 31 名教师齐聚一堂，倾听全球巡回教学讲师黄仁杰、曾怡华以"桌游""绘本"等教学方式教授华语文的过程。

华心中文学校老师邓宏鼎表示，7 天研习会收获满满，期盼返校时将新观念融入教学，使更多学子受惠。

65. 澳大利亚悉尼举办"华文教师研习会"

2018 年 7 月 7 日，澳大利亚悉尼地区在伊斯威特举办"华文教师研习会"。研习会为期 2 天，共有 10 多所华校及当地学校的 60 余位华语教师参加培训。

慈济基金会澳大利亚分会执行长甘羽南、文教中心负责人吴春芳等嘉宾应邀出席，来自台湾地区的 6 位青年学子也一同观摩实习。吴春芳肯定侨校教师在华语文教育事业上的辛苦付出，期许教师教学相长，激发教学创意与学习者兴趣，促进华教工作，推展并传承中华文化。

66. 美国纽约举办"海外华文教师研习会结业典礼"

2018 年 7 月 8 日，由美国美东中文学校协会第六区主办的"2018 年海外华文教师研习会"在"纽约华侨文教中心"举办结业典礼。"纽约华侨文教中心"负责人黄正杰给学员颁发结业证书。

台湾地区侨务主管部门此次选派台北欧洲学校小学中文部负责人教师蔡昀晔和台湾师范大学华语教师林春霞担任讲师，还有两位当地教师共同授课。

67. 美国西雅图华文学校举办"《学华语 向前走》教学研讨会"

2018 年 7 月 7 日至 8 日，美国西雅图华文学校在"西雅图华侨文教中心"举办"《学华语 向前走》教学研讨会"。研讨会特地邀请台湾师范大学资深讲师曹静仪传授各年级华语文课程设计、教材编写、语法教学、语文正音及少儿华语教学等知识。

"西雅图华侨文教中心"负责人陈敏永感谢曹静仪讲师应邀专程前来，为西雅图华语文教学注入崭新的教学模式，期盼借此机会，《学华语向前走》教材能够在各侨校广泛推广运用。

68. 侨校华语教学志愿者赴美国纽约开展华语志愿教学服务

2018 年 7 月初，海华文教基金会选派暑期海外侨校志愿者李昐、黄家萱赴美国纽约优势学院开展华语志愿教学服务。

此次志愿服务共一个半月，"纽约文教服务中心"王盈蓉特地前往慰问并了解老师实际教学情形。学校特别感谢台湾地区侨务主管部门及海华文教基金会选派青年华语文志愿者到校协助教学，并表示青年教师活泼的教学方式极受学生们欢迎。

69. 澳大利亚昆士兰布里斯班举办"华文教师研习会"

2018 年 7 月 10 日至 11 日，澳大利亚昆士兰华语文教师联谊会在布里斯班举办"华文教师研习会"，共吸引 78 人参加培训。

7 月 11 日下午举办结业仪式，"台湾驻布里斯班办事处"洪振荣等嘉宾应邀出席。洪振荣致辞感谢主办单位昆士兰华语文教师联谊会的辛苦筹办及工作人员的辛苦付出，并恭喜学员顺利结训，也鼓励大家能将研习会所学习到的精华融入教学、继续华文教育事业努力。最后洪振荣给学员颁发结业证书。

70. 法国巴黎华侨中文学校举办"华文教师研习会"

2018 年 7 月 10 日，法国巴黎华侨中文学校在"台湾驻法国办事处"举办法国"华文教师研习会"，来自法国各地的 23 位华语文教师齐聚一堂，展开为期 4 天的研习课程。"台湾驻法国办事处"张铭忠、古文剑等嘉宾出席致意。

巴黎华侨中文学校校长吴黎明致辞欢迎各地侨校教师的到来，期盼在座学员能够通过此次研习会精进教学技能。古文剑感谢主办单位的辛苦筹备，并欢迎各位学员的到来。

71. 美国新泽西州举办"海外华文教师研习会"

2018 年 7 月 11 日，美国新泽西州"海外华文教师研习会"在东布朗士维克举办，共有来自 15 所学校的 52 名老师与会，共同探讨海外华文教学。

"华侨文教中心"负责人黄正杰等嘉宾应邀出席。研习会特别邀请来自台湾地区蔡昀晔、林春霞两位华文教师担任主讲，主讲内容包括差异化教学、主题式教学、教具设计与制作、绘本教学等课程。在随后的教务论坛中，各校教师与黄正杰等就师资培训、教学资源、夏令营、担任中校义工难处等一系列事务进行探讨。

72. 海外华语文巡回讲师拜访美国西雅图中华侨民学校

2018 年 7 月 12 日，由台湾地区侨务主管部门选派的华语文讲师高诗涵、黄心恬在美国"西雅图华侨文教中心"负责人陈敏永等人的陪同下，前往华埠拜访西雅图中华侨民学校，受到台湾侨务咨询代表林昭宏等人的热情接待。

此次参观除了解"暑期语言文化夏令营"活动筹划工作、听取美国"星谈计划"报告外，还包括实地观摩"星谈计划"研习营执行等情况。

73. 台湾地区高雄市参访团访问马来西亚华校

2018 年 7 月 13 日，台湾高雄市新南向马来西亚教育参访团起程前往马来西亚，进行为期 6 天的交流访问。此次参访团由高雄市教育部门代表陈佩汝带队，成员包括社会教育科长李靖苇等中小学校长共 23 人。

参访团此行访问 3 所不同类型的特色学校，并拜会马来西亚华校董事联合会总会、马来西亚台湾教育文化协会，共同探讨交流马来西亚华文事业的发展，以期共同推动教师研习、课程体系的进步。

74. 美国"西雅图华侨文教中心"举办"海外华文教师研习会"

2018 年 7 月 13 日至 15 日，美国"西雅图华侨文教中心"举办"海外华语文教师研习会"，由台湾地区侨务主管部门选派的讲师高诗涵及黄心恬担任主讲，除传授"创意教学"方式外，还分享了华语文教学心得。西雅图华文学校、西雅图慈济人文学校等侨校校长、教师及热心家长约 60 人参加。

75. 德国慕尼黑中文学校举办"汉字文化节"系列活动

2018 年 7 月 14 日，德国慕尼黑中文学校举办一年一度的"开放日暨汉字文化节"推广活动。参加来宾包括"台湾驻慕尼黑办事处"许聪明、蒋忆萍及德国南部的侨领等 450 余人。

许聪明祝贺慕尼黑中文学校新年度新气象，同时也感谢慕尼黑中文学校多年来对中华文化教学的传承。此次活动除说故事、歌唱、拔河、国画及书法等各项比赛外，同时安排了"捏面人教学"及"大地寻宝"游戏等。

76. 美国佛罗里达州举办"2018 年暑期中文教师研习会"

2018 年 7 月 14 日至 15 日，"2018 年暑期中文教师研习会"在美国佛罗里达州中医学院举办。来自珊瑚泉中文学校、墨尔本棕榈湾中文学校等近 50 位教师参加。

"台湾驻迈阿密办事处"钱冠州出席开幕式，感谢老师们百忙之中前来参加研习会。此次研习会邀请华文教师郑雅文等讲师讲解华校教学的新概念，分享课堂管理经验等。

77. 澳大利亚悉尼开展"数字华语文教学"课程

2018 年 7 月 14 日、21 日，澳大利亚悉尼地区在"华侨文教服务中心"开展"数字华语文教学"课程。中心特邀当地华文网络优秀种子学员陈启钰前来授课，以提升华校教师在数字教学方面的优势及竞争力。

"华侨文教服务中心"负责人吴春芳表示，为顺应数字化趋势，台湾地区侨务主管部门积极进行数字推广，办理丰富多元的课程。以"华语文教学"为主、"计算机技术"为辅的华文教学，结合运用《学华语 向前走》网络资源共享等平台，极度符合当前潮流与教师需求，不仅能够营造活泼的数字教学模式，还能够提升海外华校教师的数字教学能力。

78. 台湾地区侨务主管部门在越南举办"华语教师研习会"

2018 年 7 月 16 日至 20 日，"越南华语教师研习会"在越南胡志明台湾学校举办。活动于 7 月 16 日开幕，"驻胡志明市办事处"游凯主持，台湾地区侨务部门何思毅及越南南部各省侨校老师 80 余人参加。

7 月 20 日，研习会举办学习成果展及结业典礼。学员们将一个星期来的研习成果以生动活泼的唱歌方式展现出来。他们都认为所传授的教学法在越南华文教育中比较少见，相信对于未来的课堂教学大有帮助。

79. 新西兰奥克兰举办"华文教师研习会"

2018 年 7 月 18 日至 19 日，新西兰奥克兰在华夏会馆举办"华文教师研习会"，活动共吸引近 40 名在当地中小学执教的华文教师参与。台湾地区清华大学华文研究所副教授吴贞慧等嘉宾出席。

此次研习会的课程设计多元务实，包括吴贞慧的"教学法"、田苹的"注音与汉语拼音教学法比较"和"听说教学与任务教学"、王培基的"华语文测验准备"以及许雅岚的"对新西兰华语文教育评量的剖析"等课程。

80. 阿根廷新兴文教中文学校举办"华文教师研习会"

2018 年 7 月 20 日至 22 日，阿根廷新兴文教中文学校在布宜诺斯艾利斯举办"华文教师研习会"。阿根廷、乌拉圭及智利等国侨校教师共 208 人参加。"台湾驻阿根廷办事处"谢俊得等嘉宾出席开幕式。

在 7 月 22 日举办的结业式上，谢俊得为学员颁发结业证书。谢俊得指出，2018 年参加研习会的学员人数相较 2 年前的 163 位，增加了 45 位，这与各位华文教育工作者的辛苦付出是分不开的。

81. 美国圣地亚哥台湾中心举办"海外华语教师研习会"

2018 年 7 月 21 日至 22 日，由美国圣地亚哥台湾中心主办的"海外华语教师研习会"举办，台湾地区侨务主管部门邀请了台中教育大学语文学系副教授何信翰前来授课。

此次研习会的课程重点放在第二、三代华人的华语教学上，课程包括华语文童谣、亲子华语文教学的策略及方法、华语语文特色、华语在现代社会中的应用等。

82. 德国在杜塞尔多夫举办"欧非组海外华文教师研习会"

2018 年 7 月 26 日至 31 日，德国在杜塞尔多夫举办"欧非组海外华文教师研习会"。研习会由德国中文学校联合会福尔摩沙中文学校主办，来自德国及欧洲近 20 所华校老师共 50 余人参加。此次研习会除专业课程外，还安排参访桑腾古城、烤肉及惜别晚会等活动。

83. 美国北加利福尼亚州举办"华文教师研习会"

2018 年 7 月 27 日至 29 日，美国北加利福尼亚州中文学校联合会在"旧金山湾区华侨文教中心"举办"华文教师研习会"。

台湾地区侨务主管部门选派任教于台北美国学校高中部的华语教师高诗涵担任主讲，教授脑科学应用于华语教学、华语教学活动设计、TPRS 教学法等课程。除此之外，主讲教师还与大家分享了在台湾美国学校多年的教学经验。

84. 美国亚特兰大华侨文教中心举办"华文教师研习会"

2018 年 7 月 27 日至 29 日，美国"亚特兰大华侨文教中心"举办"华文教师研习会"。台湾地区侨务主管部门选派张黛琪和陈慧沄两位教师担任主讲，两位教师针对教学与活动设计、课堂经营管理等主题进行了为期 3 天的课程讲授。共有来自佐治亚、北卡罗来纳、田纳西、阿拉巴马等州共 12 所学校的 50 名华文教师前来参会。

85. 阿根廷新兴中文学校举办"华语文能力测试"

2018 年 7 月 28 日，阿根廷新兴中文学校举办"华语文能力测试"。2018 年度阿根廷报考考生共 109 位。大部分考生出生在阿根廷，为第二、三代华裔青年，还有阿根廷籍日本后裔前来应试。

承办单位新兴华语文翻译专科学校校长黄怡华表示，此次华语文能力测试各等级考生人数相当平均，考生应考态度非常积极，家长们普遍认同华语文能力测试的重要性。

86. 美国达拉斯中文学校联谊会举办"华文教师研习会"

2018 年 7 月 28 日至 29 日，美国达拉斯中文学校联谊会在达拉斯华人活动中心举办"2018 年达拉斯华文教师研习会"，共有 50 多位华校及在地学校的华文教师前来参加。

研习会结业式由会长孟敏宽主持，台湾地区侨务代表曹明等嘉宾应邀出席。此次研习的实用内容与教学技巧让老师们受益良多，不仅能够提升本地华文教师的专业知识与教学质量，更有助于海外华语文教育的推广。

87. 美国"华盛顿华侨文教中心"举办"数字华语文计算机研习课程"

2018 年 7 月至 8 月，美国"华盛顿华侨文教中心"举办"数字华语文计算机研习课程"。10 堂课共百余人报名参加。此次活动的目的是为提升海外侨校教师数字教学技能和华语文教学竞争力，让华文教师可利用课余时间进行学习。

课程内容主要是介绍如何运用平板计算机，如：iPad 与中文教学结合分享、如何将生活上各种题材制作成多媒体 PPT 教材等，希望通过这些课程的运用能够让学生顺利将中文学习融入日常生活，并灵活掌握。

88. 缅甸举办"2018 年缅甸华校幼儿教育研习班"

2018 年 8 月 1 日，缅甸举办"2018 年缅甸华校幼儿教育研习班"开幕式。来自台湾的资深优秀讲师颜妙桂、许月梅等教师负责此次的研习课程。参与研习的教师包括缅北果文文教会 14 所常委学校及周边 20 所华校的 56 名幼儿园教师。

缅北果文文教会会长兼果民学校副董事长柳润苍感谢台湾地区侨务主管部门的支持，选派专业、有创意的教师前来教学，促进了本地华文基础教育的发展。

89. 美国旧金山举办"海外华语教师研习会"系列活动

2018 年 8 月 3 日至 5 日，美国北加利福尼亚州台湾学校联合会在"旧金山湾区华侨文教中心"举办"海外华语教师研习会暨第十四届华福客语研习营"。台湾地区侨务主管部门聘请台湾清华大学副教授江永进前来授课，共吸引 60 余位学员参加。

3 天的密集教学无论是在语言、美食、艺术还是中华传统习俗上，学员都收获颇丰，也加深了对中华文化的了解。

90. 美国休斯敦举办"2018 年夏季教师研习会"

2018 年 8 月 3 日至 5 日，美国休斯敦中文学校联谊会在"休斯敦华侨文教中心"举办"2018 年夏季教师研习会"，来自休斯敦、奥斯汀等地近 80 位华文教师参加。

台湾地区侨务主管部门选派台湾师范大学华语教师陈慧沄、张黛琪前来授课。此次研习的实用内容与教学技巧让老师们受益良多，不仅能够提升本地华文教师的专业知识与教学质量，更有助于海外华语文教育的推广。

91. 台湾师范大学博士生导师访问印度尼西亚万隆中文会所

2018 年 8 月 6 日，台湾师范大学麦皓婷博士生导师访问印度尼西亚万隆希望之光汉语学习中心会所，当地教学负责人丘湘元老师接见并与其交流华语教学情况。

丘湘元老师表示，除了在学校教授汉语、舞蹈、武术等课程外，也安排时间让老师们带领学生到校外动物园、手艺公司、书店、餐厅、百货商场等地进行实习校外课程，让学生们可以学以致用。

92. 海华志愿者顺利通过美国加利福尼亚州尔湾中文学校实习

2018 年 8 月 7 日，海华志愿者伍宥蓁、连靖怡顺利通过尔湾中文学校为期十周的实习，更加明确了未来的职业发展方向，期许日后能加入海外儿童华语教学行业。

伍宥蓁说，在海外教授华语不仅能够推广中华文化，还能开阔国际视野，她坚定以后要成为一名华语教师。连靖怡表示，教师要学习如何和他们沟通，了解小朋友的兴趣爱好，帮助他们找到动力，以更好地提升课堂效率。

93. 台湾地区侨务主管部门海青班在菲律宾招生

2018 年 8 月 7 日至 10 日，台湾地区侨务主管部门徐广梅与同云林环球科技大学、静宜大学及中华大学等校代表，前往菲律宾达沃基督教学院、三宝颜中华中学及马尼拉晨光中学进行海青班春季招生活动，推广华文教育。

8 月 7 日，达沃基督教学院的说明会约有 300 位学校师生参加。8 月 9 日，三宝颜中华中学场次约有 400 位学生参加，现场准备了许多问题进行有奖征答。8 月 10 日，马尼拉晨光中学场次现场约有 50 位学生参加。

94. 美国"芝加哥华侨文教中心"举办"华文教师研习会"

2018 年 8 月 10 日至 12 日，美国"芝加哥华侨文教中心"举办"华文教师研习会"，来自伊利诺伊州、印第安纳州等地约 15 所中文学校及主流学校的 70 余位华语文教师参加实体及远程教学课程。

台湾地区侨务主管部门选派曾任美国布朗大学东亚学系中文教师的张黛琪、曾任美国蒙特雷研究院客座华语讲师的陈慧泫进行授课。

95. 柬埔寨金边召开首届"海外华文教师研习会"

2018年9月22日至26日，台湾地区侨务主管部门"2018年海外华文教师研习会"首次在柬埔寨举行。

活动吸引了99位来自金边的华文教师参加。台湾地区侨务主管部门特别选派资深华文教师许秀霞及郑雅文前来教学。

96. 日本侨校举办中文演讲比赛

2018年9月29日，日本东京中华学校举办"汉字文化节暨日本地区三侨校第10届中文演讲观摩交流会"。"台湾驻日本办事处"工作人员郭仲熙、东京台湾商工会会长陈庆仰、日本华商观光产业协会会长陈乃华及三所侨校领导等出席活动。

郭仲熙致辞表示，在教师节前夕准备语文观摩交流会，非常有意义，在互相交流借鉴中提升同学们的语文能力。东京中华学校校长刘剑城致辞感谢台湾地区侨务主管部门工作人员王东生在11年前所提出的构想，为了让三校同学有互相学习观摩的机会，才有了此项活动的举办。各方也表示希望通过各项交流活动，加强日本三所侨校的互动学习。

97. 澳大利亚维多利亚州华文教师分享《学华语 向前走》教学心得

2018年10月5日，澳大利亚维多利亚州华校协会在盒山艺术中心举办"第二语言教材《学华语 向前走》教学观摩及教材使用分享会"。老师们均表示教材系以学习第二语言角度编写，有利于华侨子弟学习，受益良多。

98. 澳大利亚昆士兰州华语文教师参与数字学习活动

2018年10月8日，台湾地区侨务主管部门在澳大利亚昆士兰州开展海外数字华语文学习活动。

此活动由全球华文网络种子师资培训讲师林伊莹、陈彦伶等授课，并邀请当地教师担任客座讲师。培训课程内容为教学资源搜索、教学资源获取与管理、音频应用与管理等。

99. 巴西"圣保罗州圣保罗市华侨文教中心"工作人员拜访中葡语言中心

2018年10月8日，巴西"圣保罗州圣保罗市华侨文教中心"负责人詹前校拜访玛利亚中葡语言中心。

詹前校参观了华语文教学情形与环境设备，随后在校长张志齐、教师宫兰芸陪同下参观合作院校，并赠送《弟子规》《三十六计》等教材与《传统中华文化在台湾》辅助教材。

100. 美国佐治亚州亚特兰大市中华文化学校举办汉字文化节

2018 年 10 月 13 日，美国佐治亚州亚特兰大市中华文化学校为响应"2018 年海外汉字文化节"活动举办校内汉语才艺及讲故事比赛。

活动当天，学生表演了中文歌唱、文章与唐诗朗读、背《三字经》、双人相声、书法、国画等节目。

101. 美国华盛顿州举办"计算机中文打字识字比赛"

2018 年 10 月 13 日，美国华盛顿华文网络师资协会、美东中文学校协会第五区在"华盛顿华侨文教中心"联合举办"汉字文化节——计算机中文打字识字比赛"，共有北维实验、黎明与维华 3 所中文学校的学生参赛。

"华侨文教中心"负责人陈世池表示，为把握全球华语文学习热潮，体验数字科技所带来的多元学习成效，特别举办此项活动，以带动华语文学习兴趣并提升学生计算机运用能力，同时推广汉字之美。

102. 德国斯图加特中文学校推广汉字深度学习之旅

2018 年 10 月 13 日，德国斯图加特中文学校举办汉字文化节系列活动——"汉字广度、深度之旅"。活动共计有学生、老师、家长、侨团侨领等 200 余人参加。

校长陈国芳特别感谢家长及学生长期对正体汉字的支持及爱护，使得学校学生年年增长，未来也期许及鼓励大家一起推广优秀中华文化。活动最后展示了各班学习成果，同时颁发奖状。学校还准备了丰富的自助点心供大家享用。

103. 美国南加利福尼亚州华文教师分享《学华语 向前走》教学心得

2018 年 10 月 14 日，美国南加利福尼亚州中文学校联合会在"橙县华侨文教中心"举办《学华语 向前走》教学心得及教材使用分享会。慈济尔湾人文、慈济核桃人文、小时代中文学校等学校近 90 位校长、老师参加。台湾地区侨务主管部门工作人员林翠云等也到场表达对推广中文教育的支持。

104. 缅甸幼教教师参加研习班提升专业能力

2018 年 10 月 14 日，"台湾驻缅甸代表处"选派 37 位华文教师，参加在台北举办的"缅甸华文教师研习班（幼教及小学低年级）"。

研习班学员来自仰光、曼德勒等地的华文学校。除培训课程外，还安排参观台北市立中正幼儿园等学校。

105. 泰国华文教师研习会在曼谷开幕

2018年10月15日，泰国华文教师研习会在泰国中华会馆中华语文中心举行开幕式。曼谷90位华校华文教师参加了为期5天的研习。泰国台湾中华会馆理事长丘菁瑛等出席致辞。

台湾地区侨务主管部门特别选派铭传大学华语文教学系助理教授陈雅芳前来教学。中华语文中心也安排林子芸等3位教师参与授课，分享在地教学心得。

106. 美国佐治亚州亚特兰大市举办中文朗读比赛

2018年10月20日，美国佐治亚州亚特兰大市在"华侨文教中心"礼堂举办一年一度的中文朗读比赛。来自亚特兰大中文学校、中华文化学校等4校的40名学生参赛。

此次活动是汉字文化节系列活动之一，目的在提高美国东南区中文学校学生学习中文的兴趣，提高学生中文水平。

107. 台湾地区南部六信中学及亚洲餐旅团队拜会越南华校

2018年10月21日，六信高中董事长徐国润及亚洲高级餐旅职业学校主任黄明韬等一行5人抵达越南，展开拜会越南华校行程。除了解越南学生的生活环境外，也借此机会与越南各华校负责人交换意见，同时说明学校针对越南学生的就学规划。访问团还于10月23日前往"台湾驻胡志明市办事处"参观。

108. 美国南加利福尼亚州中文学校举办《学华语 向前走》教学观摩会

2018年10月21日，美国南加利福尼亚州中文学校联合会在"华侨文教中心"举办教材《学华语 向前走》教学观摩心得分享。参与者通过分享会了解了如何使用该教材。"台湾驻洛杉矶办事处"工作人员翁桂堂表示，希望更多中文学校选用台湾地区侨务主管部门发行的《学华语 向前走》教材。

109. 美国肯塔基州莱城中文学校举办"汉字亲子园游会"

2018年10月24日，为配合台湾地区侨务主管部门扩大海外汉字推广及运用，美国肯塔基州莱城中文学校莱辛顿市中文基督教会举办第四届"汉字亲子园游会"。

参与此次活动的有 3、4 岁的小朋友，16、17 岁的高中生，学生家长和莱城台湾同乡会的长辈们等。除了做游戏外，现场还展示了 2018 年度莱城中文学校汉字书法比赛的获奖作品。

110. 台湾地区清华大学代表团到马来西亚拉曼大学中华研究院进行访问交流

2018 年 10 月 26 日，台湾地区清华大学华文文学研究所所长林佳仪率队到马来西亚拉曼大学双溪龙校区中华研究院进行交流，并举办题为"华文文学研究在台湾的发展"的讲座。此次交流会由中华研究中心现代文学组和国际交流处联办，由双溪龙校区中文系廖冰凌主任主持。

张晓威院长致欢迎辞，接着双方各别介绍两校校史、中文系的发展历程，以及课程与师资概况。

111. 巴西举办华语文能力测验

2018 年 10 月 27 日，巴西圣儒华文学校承办的"华语文能力测验"在圣保罗文教中心举行。

此次华语文能力测验共分两阶段进行，第一阶段为"儿童华语文能力测验"，第二阶段为"华语文能力测验"。除了既有的入门基础级、进阶高阶级、流利精通级外，又新增设了"准备级"给初学者进行测验。

112. 美国华盛顿华文网络师资协会及美东中文学校协会联合举办数字导览赛

2018 年 10 月 27 日，美国华盛顿华文网络师资协会及美东中文学校协会第五区在"华盛顿华侨文教中心"联合举办"2018 年汉字文化节系列活动之数字导览竞赛"。黎明、维华等中文学校师生及家长 30 余人参加了此活动。

文教中心负责人陈世池出席活动。他表示，希望通过校际观摩竞赛，让大家深入了解汉字结构之美。活动采取团队竞赛方式进行，参赛队伍以生动活泼的导览方式，带领现场来宾体验汉字结构之美与博大精深的中华文化。

113. 美国得克萨斯州休斯敦市华语文教师观摩数字教学

2018 年 10 月 27 日，美国得克萨斯州休斯敦华语文数字学习中心在"华侨文教中心"举办年度"数字教学观摩会"，30 余位华文教师参与了此次观摩。

文教中心负责人庄雅淑希望数字教学观摩会能提供给教师更多的教学信息及教学

技巧，提升本地华文教师教学质量，助力海外华语文教育推广。参训的教师感谢"华侨文教中心"时时为教师们充电，让大家有充分的准备面对数字时代。

114. "台湾驻韩国办事处"工作人员唐殿文首访首尔华侨小学

2018 年 10 月 30 日，"台湾驻韩国办事处"工作人员唐殿文在工作人员廖静芝陪同下了走访首尔华侨小学。

唐殿文首次到学校进行访问，理事长吴学彬详细为他解说学校的环境、发展的历史及未来规划。唐殿文也应校方请求题下"侨校基石"四字。访问当天学校正进行汉字文化节活动，唐殿文十分钦慕同学们的高水平作品。

115. 美国得克萨斯州"休斯敦华侨文教中心"举办"多媒体简报比赛"

2018 年 11 月 3 日，美国得克萨斯州休斯敦中文学校联谊会在"休斯敦华侨文教中心"举办"多媒体简报比赛"，这是美国南部地区汉字文化节系列活动之一。休斯敦中文学校联谊会会长庄芳龄偕各校校长，并邀评审老师黄璨琴、翟伊人共同参与。

"华侨文教中心"负责人庄雅淑感谢家长、校长、老师们对中华文化的重视与热心，此次活动不只是一个竞赛，而是让每个参赛者有认识中华文化的机会，使这颗文化种子发芽长大。庄雅淑还为优胜者颁发奖状及奖金。

116. 加拿大安大略省多伦多市举办华文教师华文研习

2018 年 11 月 3 日至 4 日，加拿大安大略省多伦多市侨教中心举办"水墨书画暨团扇舞蹈民俗文化种子在地培训班"。"华侨文教中心"负责人李叔玲、工作人员董至中到场答谢授课教师的分享并颁发感谢状。

11 月 3 日下午，授课老师向学员讲授"水墨书画"课程，说明水墨书画特色、介绍文房四宝、示范书写基本技巧等。11 月 4 日下午，授课教师讲授"团扇舞蹈"。

117. 加拿大安大略省多伦多市加东中文学校举办《学华语 向前走》观摩分享会

2018 年 11 月 10 日，加拿大安大略省多伦多市加东中文学校联合会举行《学华语 向前走》教学观摩及教材使用分享会。多伦多市华文教师及华语文教育人士 60 余人参加。

陈璇、许黛莉、张芹三位中文老师从教案的运用、观摩教学以及经验传授三个方面进行了分享。三位讲师还分享了汇整的各校中文教师创作教案，供与会者参考，让学员了解《学华语 向前走》的功能。

118. 台湾地区侨务主管部门举办"《学华语 向前走》教材分享会"

2018 年 11 月 10 日，台湾地区侨务主管部门新编教材《学华语 向前走》教学观摩及教材使用分享会在美国新泽西州东布朗士维克市举办。纽约文教中心工作人员王盈蓉等出席。梅山、新海等 9 所中文学校和 2 所公校的 60 名中文教师参加。

观摩会由英华国际学校华语文教师苏文霖主讲，与会老师以及梅山教务张秀琦等在会后纷纷提问，反应热烈。

119. 美国华盛顿州华文网络师资协会分享《学华语 向前走》使用经验

2018 年 11 月 10 日，美国华盛顿州华文网络师资协会在"华盛顿华侨文教中心"举办《学华语 向前走》教学观摩及教材使用分享会。20 余位老师参加。

维华、德立华、哥伦比亚等 7 所华校分别以实体、在线方式进行分享。会上，使用教材的老师们分享他们的教案、教学经验及心得，并与在线及实体上课的老师互相交流。

120. 海外青年华语文研习班在新加坡开班

2018 年 11 月 13 日至 12 月 2 日，"2018 年台湾地区侨务主管部门海外青年华语文研习班新加坡班"在新加坡举行启动仪式。

现场共有 60 位来自新加坡的参与者以及 6 位随团老师，一同到健行科技大学参加为期 21 天的华语学习活动。

121. 美国"伊利诺伊州芝加哥华侨文教服务中心"举办应用电子科技讲座

2018 年 11 月 16 日，美国"伊利诺伊州芝加哥华侨文教服务中心"特邀请克里夫兰中文学校董事长姚昭旭、瑞柏中文学校前校长吴家裕担任讲师，教授如何应用多元化电子工具活化教学内容。来自美国中部地区的约 30 位中文学校及主流学校教师参加。

文教中心负责人王伟赞表示，希望老师们多多参与台湾地区侨务主管部门提供的各类师资培训课程，以顺应数字科技浪潮，强化华文教师在全球华语文教学市场的竞争力。

122. 美国"华盛顿华侨文教中心"举办"民俗文化种子在地研习"活动

2018 年 11 月 17 日，美国"华盛顿华侨文教中心"举办"民俗文化种子在地研习"活动，邀请海外民俗文化种子教师培训班学员和当地华校华语文教师共 30 余人分享所学及心得。

在此次研习中，种子教师蒋宜娟、葛延台分别介绍皮影戏的制作、操演和传统美食芋圆的做法，并同与会者分享在台湾地区的研习过程及部分结训学员在各地发表的成果。

123. 美国马萨诸塞州波士顿市举办汉字文化节

2018 年 11 月 17 日，美国马萨诸塞州波士顿市新英格兰中文学校协会主办的 2018 年"波士顿汉字文化节"系列活动在"波士顿华侨文教中心"举行。活动内容包括汉字抄写比赛和朗诵比赛。波士顿 10 余所中文学校的 200 余位学生参加。

"波士顿华侨文教中心"负责人欧宏伟对新英格兰中文学校协会会长陈燕贞长期致力于推广汉字及我国传统文化表达敬意及谢意。同时，肯定参赛学生的努力，他特别强调，所有的参赛者都已经是优胜者。

124. 台湾地区侨务主管部门负责人访问泰国北部侨校

2018 年 11 月 17 日，台湾地区侨务主管部门办公室负责人高建智赴泰北地区访问，并出席台湾救助总会举办的"泰北同胞子女奖助学金颁奖典礼"暨"话我泰北"图文比赛。

高建智在活动现场向清莱华校教师公会名誉会长颜协清及会长王绍章颁发海华荣誉奖章，以表彰他们长期在泰国北部推广华文教育作出的贡献。

125. 美国纽约华侨文教中心举办《学华语 向前走》教学观摩及教材使用分享会

2018 年 11 月 24 日，美国"纽约华侨文教中心"联合美东中文学校协会第六区举办《学华语 向前走》教学观摩及教材使用分享会。纽约 13 所中文学校 45 位教师参加此次交流活动。分享会还邀请中美国际学校主任方吉正介绍全球华文网在线教学资源等内容。

126. 美国新泽西中文学校协会举办诗歌朗诵比赛

2018 年 12 月 1 日，由美国新泽西中文学校协会与明慧中文学校主办的汉字文化节系列活动诗歌朗诵比赛在桥水市举办。共有来自 6 所学校的 58 名学生参赛，最终北部慈济人文学校夺得中级组与初级组双冠军。

评委根据服装、语调、意境创意和仪态进行打分。各组家长们都绞尽脑汁制作配合意境的道具，增加了比赛的看点。评委吴丽卿等在赛后进行了精彩的点评并给予宝贵建议。

127. 美国北加利福尼亚州中文学校联合会举办"海外汉字文化节"活动

2018 年 12 月 2 日，由美国北加利福尼亚州中文学校联合会主办的"海外汉字文化节——说成语故事学艺竞赛"在"金山湾区华侨文教中心"热烈举办。共有 37 位学生参加比赛，从"滥竽充数""机智过人"到"刮目相看""郑人买履"等成语的讲述中，充分表现出他们对成语的理解。

"台湾驻旧金山办事处"负责人马钟麟表示，成语带有历史色彩及哲学意义，是文学创作不可缺少的元素，若能灵活运用在生活中，不但可贴切表达说话者意思，运用得当，更能达到画龙点睛的作用，用在写作上，更能触动读者。比赛有输赢，参赛即是对自己在学习华语文及文化过程中的自我肯定。

128. 美国西北部华文学校联谊会举办学艺竞赛

2018 年 12 月 8 日，美国西北部华文学校联谊会举办以"学艺竞赛"为主题的汉字文化节系列活动。本次竞赛有西雅图华文学校、西雅图慈济人文学校等 5 所学校参赛。参赛学校师生及家长共计 150 人次。文教中心负责人陈敏永等嘉宾出席颁奖典礼。

陈敏永感谢各华校教职员致力推广汉字教学，并强调华教为侨务工作之根本，深盼未来继续共同致力于海外华侨华人子弟的华文教育事业。

129. 印度尼西亚台湾教育中心在万隆举办"华语文能力测验"

2018 年 12 月 8 日，由印度尼西亚台湾教育中心主办的"华语文能力测验"在基督教荣星学校举行有。来自万隆荣星学校、立人学校、播种基督教学校和雅加达的 38 名学生参加测验。测验分初级班、中级班和高级班。

印度尼西亚台湾教育中心工作人员黄莲妮、刘一江表示，这是台湾教育中心第一次在万隆举办华语能力测验，希望能对学生们的华语学习情况有进一步了解。

130. 台湾地区侨务主管部门纽约"海外青年华语文研习班"正式启动

2018 年 12 月 10 日，台湾地区侨务主管部门举办为期 6 周的"海外青年华语文研习班"正式启动。

"纽约华侨文教中心"负责人黄正杰表示，此次研习班旨在让更多海外青年学习中文、接触中华传统文化。活动行程除了语文、文化课之外，校方也带领学生游览台湾地区名胜景点，希望大家齐聚一堂，互相学习，开拓视野。

131. 台湾地区侨务主管部门出台五大措施增强泰国北部华文教育影响力

2018 年 12 月 24 日，台湾地区行政管理机构台湾地区侨务主管部门根据泰国北部地区当地需求，针对泰北地区最缺乏的华语师资部分，积极规划多项协辅及因应措施，共出台五项政策，具体如下：

1. 比照侨生奖学金模式，规划设立"侨师辅助基金"增加华校自聘教师数量；
2. 孤立泰国留台侨生返泰任教；3. 鼓励华校开办简易师范班在地培训师资；4. 协调教师资源，选派华文教师赴台北任教；5. 积极发展泰北华语文网络教学。

第五部分

2018 年海外示范华校
教育活动撮要

中国国务院侨务办公室自 2009 年起启动了"华文教育示范学校"建设工作，通过在海外遴选一批办学规模较大、办学水平较高、较具影响力的华文学校予以重点支持。工作启动至今已有近 10 年的时间，海外示范华校受到党和国家的高度重视，在"互联网＋"的大格局下，海外华校之间加强交流合作，向着标准化、正规化、专业化方向健康持续发展。本部分着重介绍中国国务院侨务办公室所授予的"华文教育示范学校"在 2018 年开展的华文教育活动。学校名称按洲别和中文名称的拼音音序排列。

一　亚洲

1. 阿联酋迪拜你好语言学校

2 月 24 日，举行"曹灿杯"阿联酋诗歌朗诵大赛。

8 月 26 日，你好教育邀请中国硬笔书法协会规范汉字书写委员会秘书长李敬伟到校为学生们讲解写字公开课，与老师、家长分享了书写教育的秘诀。

2. 菲律宾华文教育研究中心

1 月 3 日，3F 顶峰投资管理公司执行长陈宏峰到中心参观访问，并表示将赞助本中心华语师资"造血计划"三名留华学生的费用。

1 月 15 日，菲律宾总统特使王维廉到中心参观访问，中心主席黄端铭带领王特使参观中心各职能部门，并向特使介绍各部门工作情况。

1 月 20 日，中心承办的第 28 届汉语水平考试在菲律宾举行。

1 月 22 日，北京语言大学出版社海外拓展部经理赵帅到中心参观访问，先后参观了中心办公室、华文教育展览厅和中国语言文化图书馆。

1 月 26 日，由中心牵头、棉兰老华教协会主办、密三密斯光华中学承办的第九届"华语情"系列竞赛举行开幕式，活动旨在传承与弘扬中华文化，增强菲律宾华裔青少年对祖籍国文化的认同感。

2 月 1 日至 2 日，中心主席黄端铭参加在中国福建福州举办的第二届世界闽籍华侨华人社团联谊大会、福建省海外交流协会第六次会员代表大会、世界福建青年联会第四次会员代表大会，并被推举为福建省海外交流协会第六届理、监事会常务理事。

2 月 12 日，中心与中国驻菲律宾大使馆文化处、菲律宾首都地区教育局、菲华各界联合会联合举办的第十一届"中国走进课堂"菲律宾中学生中国知识竞赛半决赛、总决赛暨颁奖仪式在首都教育局新会议中心举行。

3月5日，中国海外交流协会副会长江岩率领考察团一行6人到访中心。

3月10日，举行纪念"宿务无名氏（引叔）"施维鹏2017—2018年度优秀华校校长、模范华语教师颁奖仪式暨华语教学师资队伍"造血计划"赞助人表彰会。

3月16日，由湖南省衡阳市人民政府副市长龚学余率领的代表团一行8人到中心参观访问。

3月26日，举办2017—2018年度中国国务院侨务办公室外派教师总结会，中心领导与全体中国国务院侨务办公室外派教师300人与会。

3月28日，由陈延奎基金会主办、中心协办的2018年暑期菲华学生厦门/泉州学中文夏令营召开营务会议。中心主要领导、全体营员以及家长共2000多人与会。

4月13日，召开第二十七届汉语夏令营营务会议。

4月12日至17日，组织侨中学院总校幼儿园教师考察团到上海思南路幼儿园、徐汇区机关建国幼儿园和著名的旅游文化景点参观访问。

5月12日，中心主要领导和"一带一路"征文比赛部分获奖学生参加菲律宾中国和平统一促进会主办的"第六届中国和平统一亚洲论坛"。

5月21日，举办第27届汉语夏令营山东营、上海营的汇报会，中心副主席杨美美、洪湄玲和领队老师、营员及家长近200人参加。

5月20日至24日，中心与中国驻菲律宾大使馆文化处、菲律宾首都地区教育局、菲华各界联合会联合举办的第十一届"中国走进课堂"菲律宾中学生中国知识竞赛冠军队伍北京访问团一行到北京游览考察。

5月25日，协办2018年菲华学生学中文夏令营汇报会。陈延奎基金会董事长陈永栽博士携夫人邱秀敏亲临演出现场，中心主要领导、各华校领导、营员及家长1000多人出席。

5月29日，举办2018—2019年度中国国务院侨务办公室外派教师工作会议。陈延奎基金会董事长陈永栽，中心主要领导、中国国务院侨务办公室外派教师等300人出席开幕式。

6月11日，中国国家汉语办公室汉语考试国际教育科技（北京）有限公司市场部经理于艳、项目负责人苏文鹏到访中心，并表示将继续加强和中心的合作，加大对HSK考试硬件的投入，助力HSK实现新的发展。

6月14日，重庆市外事侨务办公室调研员钟永红率领的考察团一行到访中心，对中心保留民族语言、传承民族文化所做的工作表示赞赏，期望能与中心建立长期持久的合作。

6月15日，宁夏回族自治区外事侨务办公室副主任张怀义率领考察团一行到访中心，期望能与中心建立长期持久的合作关系。

6月25日，与菲律宾石狮市同乡总会共同举办第四届"中华情·少年梦"青少年儿童诗文书画作品征集评选大赛颁奖典礼暨海内外中华青少年儿童书画代表作品展、中华文化讲座。

7月15日，出版《华语教师之友》2018年第三期（总第97期），收录《关于语文训练的讨论》《运用教学策略培养学生语感》《从"写真实"开始》等8篇文章。

7月28日，泉州市政协副主席王瑞强率领的泉州市政府考察团一行到访中心，并表示愿意与中心建立长期持久的合作关系。

7月31日，重庆市人民政府副市长屈谦率领的重庆市政府考察团一行到访中心。屈谦表示，将加强和"一带一路"沿线国家的联系，特别是加强教育方面的交流与互助，希望与中心建立长期持久的合作关系，希望有更多的菲律宾学生赴重庆留学。

8月10日至22日，组织华校代表参加中国国务院侨务办公室教师研习活动。

8月20日，由中国驻宿务总领事馆主办、中心承办的第二届宿务"华语情"系列竞赛中的华语能力竞赛举行开赛仪式，大赛为期一周。

8月29日，中国福建省海外交流协会李佳羚率中国国务院侨务办公室（福建）名师巡讲团一行到访中心。

9月4日，尚一中学1983届级友会理事长王金汉一行访问中心，并表示愿加强对"造血计划"学生的帮助，为菲律宾的华文教育贡献他们的力量。

9月4日，中心主席黄端铭一行造访旅菲各校友会联合会，就华语师资"造血计划"项目与校友联领导进行交流和沟通。

9月14日，中国福建省省长唐登杰接见中心领导和外派教师。

9月17日，中心和中信慈善基金会共同主办了"庆祝中国教师节暨戊戌年中秋节联欢会"。

9月27日，由中国国家汉语办公室汉语考试国际考务部经理刘小龙率领的清华大学等国内13所高校海外招生办负责人一行访问中心。

9月29日，由中国国家汉语办公室汉语考试国际主办、中心承办的首届汉考留学/就业展在光启学校举行，清华大学等国内13所高校、中国建筑工程总公司等7家中资企业在展场设置展位，受到学生、家长和社会人士的热烈欢迎。

10月18日，中国甘肃省侨务办公室处长尹清敏率领考察团一行到访中心，并表示将继续加强与海外华文教育方面的交流与互动，积极选派优秀的外派教师赴菲律宾支教。

10月19日，中国外交部外管司副司长杜德文率领的考察团一行到访中心，肯定了中心开展的工作，并希望中心继续通过开展各种活动激发学生学习华文的兴趣，为中菲文化交流做出更大的贡献。

10月21日，由中心协办、中国国务院侨务办公室主办、丹辘新民中学承办的第四期"华文教师证书"培训班在丹辘新民中学开班。来自21所华校的主要领导、专家以及53名教师出席了仪式。

10月25日，印度尼西亚三语学校协会主席陈友明率领的印尼三语学校代表团一行到访中心。双方举行了《合作意向书》的签署仪式。双方承诺今后将在各领域（教学、科研、管理、教师、学生等）开展进一步合作，推动下属学校开展各种形式的校际交流、合作活动（姊妹学校、领导互访、师生交流等）。

11月12日至16日，中心下属的新华书城在基中书院举办了"送书上门"巡回中文图书展，为学校师生提供文化服务。

11月21日，中国广西壮族自治区外事侨务办公室华文教育处处长史荣平率领考察团一行到访中心，并表示将继续加强与中心的交流与互动，积极选派优秀的外派教师赴菲律宾支教，争取在广西设立菲律宾华校学生夏（冬）令营营地，把最好的旅游文化资源展示给华校学生。

11月23日，中共中央统战部侨务事务局巡视员汤翠英一行访问中心，并表示将协调中国国内有关各职能部门继续加强与中心的交流与互动，积极协助中心各部门继续开展品牌项目，全面支持中心工作。

12月1日，中国人民教育出版社有限公司社长黄强一行访问中心，并表示将利用人民教育出版社在文化传播方面的优势，加强对外汉语教材的发行工作，有计划地在中心下属的新华书城开设人民教育出版社书籍专柜，为菲律宾提供中国语言文化的服务。

12月6日，福建泉州师范学院书记朱世泽率领的考察团一行到访，并表示进一步加强与中心的交流与互动，全力支持中心科研委员会的工作，在传统项目——"厦门/泉州学中文夏令营"的合作上进一步拓展合作空间。

12月10日，湖南衡阳旅游外侨民宗局副局长高文英访问中心，并代表湖南常宁市教育局和衡阳市旅游外侨民宗局与中心签署了《关于素质教育交流与发展合作备忘录》，还与中心互赠纪念品。

12月10日，南京城市职业学院校长陈社育率领的考察团一行到访，并表示希望在中心设置招生点的同时建立夏令营营地。

12月11日，安徽省池州市归国华侨联合会主席王贵杰到访，并表示将继续加强与中心的联系，积极拓展合作项目。

12月23日，举办中国国务院侨务办公室外派教师"龙吟凤舞 菲岛传情"文艺晚会。

12月24日至26日，组织中国国务院侨务办公室外派教师近300人前往奎松省达拉姆巴西干海滩度假村开展三天两夜的户外拓展活动，增强了外派教师团队的凝聚力。

3. 菲律宾中正学院

8 月 10 日，旅菲石狮市第八中学校友会陪同母校教师到校访问。

8 月 16 日，举行"晋江记忆"中国非物质文化遗产图片展开幕剪彩仪式。

11 月 13 日，举行《大美晋江摄影诗展览》开幕剪彩仪式。校长潘露莉感谢指导与联办单位，为中正学院师生提供一条走进大美晋江的捷径，也让更多人能通过图片展了解晋江族群在商业成就之外的文化底蕴。

4. 柬埔寨金边端华学校

7 月 15 日，举行"高小第 50 届，初中第 44 届，专修第 34 届"毕业典礼。包括正、分两校总共有 494 名学生顺利毕业。潮州会馆会长刘明勤阁下及副会长、理事，以及学生家长出席典礼。

10 月 4 日，太子地产集团执行董事长、太子地产慈善基金会主席邱国兴先生代表慈善基金会向柬埔寨潮州会馆捐资 8 万美元，用于其所属端华学校筹建新校园。

12 月 2 日，柬埔寨中国商会、中国银行金边分行向学校捐款，助力发展华文教育。

5. 老挝万象寮都公学

8 月 23 日，中华人民共和国教育部国际合作与交流司司长许涛率访问团一行在中国驻老挝大使馆政治处洪江主任和莫小玲秘书的陪同下到校访问。

10 月 11 日，中国广西壮族自治区防城港市政府代表团一行 5 人在防城港市委常委黄强余的带领下，到校看望慰问在学校支教的防城港籍外派教师，并召开了座谈会。

10 月 15 日，与中国云南师范大学附属中学签署了《建立友好校际关系协议》，将通过定期互访等方式，推动两国学生学习交流，传承两国友谊。

12 月 12 日，中华全国归国华侨联合会副主席隋军率代表团一行到校访问。

6. 缅甸东方语言与商业中心

9 月 3 日，校长黄爱玲出席 2018 年缅甸本土汉语教师培训开班仪式。

10 月 3 日，组织学校师生参加"庆祝中华人民共和国建国 69 周年联欢文艺晚会"。

10 月 8 日，组织学校教师参加 2018 年缅甸本土汉语教师培训。

7. 缅甸大其力大华佛经示范学校

5 月 12 日，举办首届缅中翻译竞赛颁奖典礼，大华会馆理事长廖忠铭出席并演讲。

6 月 30 日，组织开展 2018 届学生艺文竞赛活动。

9 月 19 日，为加强教师教学管理，做好学前教学学习工作，组织老师在校内部开展公开课和示范课课程。

10 月 21 日至 30 日，组织老师参加由中国驻缅甸曼德勒总领事馆主办、厦门华侨大学华文学院承办的缅甸华文教师汉语言文化培训班。

11 月 7 日，学生朱建业到中国参加第十一届"汉语桥"世界中学生中文比赛，获亚洲区第八名。

12 月 28 日，中国云南省西双版纳州景洪市原市长刀新华和西双版纳州佛学院分院教师都罕养一行到学校参观交流，并对学校的教学设施、教学条件以及教育管理方式都给予了充分的肯定。

8. 缅甸东枝果文中学

8 月，为中国云南省德宏州侨务办公室外派教师陈述回中国之际举行了送别会。

9 月，庆祝中国第 23 个教师节，校长带领全体师生向孔子行礼。

9 月，举行 2017—2018 缅文高考成绩优秀颁奖仪式，由校长、训导主任和各位教师颁发 2017—2018 年度上学期成绩优秀奖、2017—2018 缅文高考成绩优秀奖。

11 月，举行缅甸东枝特有的直桑岱"孔明灯大赛"，学校代表东枝果敢民族出席直桑岱开幕典礼。

9. 缅甸福庆学校

1 月 6 日，举行汉语演讲比赛。福庆孔子课堂中方主任李涛，福庆孔子课堂缅方主任李祖清等为初级、中级优秀选手颁发奖杯及奖金。

1 月 7 日，举办缅甸本土汉语教师师资培训。培训师共有 8 位，分别是 2017 年赴中国上海华东师范大学参加本土汉语教师培训的 5 位本土汉语教师、2 位中国志愿者教师以及寺庙教学点的主管教师。福庆孔子课堂各个教学点的 40 位教师参加了培训。

8 月 27 日，缅甸福庆孔子课堂中缅双方主任、副校长一行在中国云南大学呈贡校区与云南大学张力副校长等校领导会谈，就共同建立缅中友好职业技术学院、促进云南大学与曼德勒大学共同建立"联合实验室"、共同筹备庆祝福庆学校 25 周年暨孔子课堂 10 周年校庆、加强汉语硕士班影响力以及开展 MBA 班等事宜达成了共识。

9 月 29 日，举行庆祝 2018 "孔子学院日"大型联欢活动。活动由中国国家汉语办公室/孔子课堂总部主办，由福庆学校孔子课堂承办。

11 月 25 日，举办建校 25 周年校庆暨福庆学校孔子课堂十周年校庆，同期召开"一带一路：中缅友好关系论坛"国际学术研讨会。中国驻曼德勒总领事王宗颖、缅中友好协会主席吴盛温昂（U Sein Win Aung）、福庆学校董事会董事长黄鹏飞、云南大学副校长张力、缅中友好职业技术学院校长兼曼德勒省缅中友协主席吴伯敏等嘉宾与近 40 名中缅专家学者参与。

10. 缅甸腊戌黑猛龙中学

2 月 9 日至 10 日，副校长叶星受邀出席由中国驻缅甸曼德勒总领事馆和驻缅甸大使馆举办的"开门过大年"迎春招待会及相关的欢庆活动。

2 月 28 日，组织教师召开学前教务工作会议，就新学期课程安排与工作规划做出具体的说明和部署。

3 月 10 日，中国云南省华文教育中心缅甸中心主任唐建军到学校初中部参观访问。

3 月 10 日，全校 1700 多名师生参加了学校举办的开学典礼暨第二学期周会。

3 月 19 日，中国台湾醒悟大学副校长陈义文教授一行到校参观访问。

3 月 26 日，中华救助总会"2018 年缅甸华校种子教师培力研习营"在学校举办开班典礼。

3 月 28 日，缅北果文文教会柳润苍会长、接待组长李添富陪同香港苗圃行动部长张蓉贞和教师王艳琼到学校初中部参观访问，并指导了学校幼稚园营养餐项目落实情况。

3 月 30 日，举办了 2018 学年度班际书法和演讲比赛。

4 月 4 日，台湾文具图书馆协会副理事长刘富森和项目专员惠珊到学校参观访问。

4 月 20 日，学校副董事长杨善麟、副校长张剑蘋参加中国国务院侨务办公室主办的"2018 年'一带一路'沿线国家华校校长研习班"。

4 月 20 日，学校副董事长杨善麟、副校长张剑蘋拜访明通小学，与明通小学校长商议校际合作，并讨论了对中国人民教育出版社版本的九年制义务教育教材（改编）使用情况的肯定与反馈意见。

4 月 24 日，学校副董事长杨善麟、副校长张剑蘋拜访云南民族大学国际学院，双方展开座谈交流。

5月11日，学校召开了2018学年度上学期期中教务工作总结会议，校董事长番绍光、副校长叶星、副校长张剑蘋及全校48位中小学教师出席了会议。

5月12日，校董事长番绍光、监事长杨世连、副董事长杨善麟等董事会领导接待学校瓦城校友会会长尚朝将一行到学校参观访问。

5月12日，学校初中第13届校友勤学基金为在缅北果文文教会举办的校际书法、演讲比赛中获奖同学及指导教师颁发奖金，同时为参加第18届世界华人少年作文大赛中获奖的同学及指导教师颁发奖金。

5月19日，学校首次成为腊戌考区2018年汉语水平考试的新考点，并主持了相关的考点事务工作。

5月24日，香港苗圃行动王艳琼老师一行到学校高中部参观访问。

6月9日，学校高中部举办班际唱歌比赛。

6月21日，台湾庄敬高级工业家事职业学校副校长周振聪一行到学校高中部参观访问。

6月21日，学校副董事长杨善麟、副校长张剑蘋参加由中国国务院侨务办公室主办、山东省侨务办公室承办的外派教师聘方学校校长培训研习活动。

6月24日，学校初中部老师和同学为纳麻科奇恩学校捐送近3000册汉语课本。

6月23日、25日，组织76名师生赴曼德勒参加第三届台湾教育展。

7月1日，分别赠送南兰新民学校24箱、果猛佛经学校48箱1至12册《汉语》课本和练习册。

7月6日，台湾地区侨务主管部门暨台湾相关大学招生专员一行到学校高中部对学生宣传"海外青年技术训练班"2019春季班开班事宜。

7月14日，学校高中部召开主题周会欢送中国外派教师任满回国述职。此次周会主要是由高中部所有班级向来到学校支教的外派教师李克武老师、李杨广老师和云南民族大学的实习教师吴佩娇、张学丽表示感谢和敬赠纪念礼品。

7月14日，大勐宜地区勐稳帛玛民族文化总会主席王国达一行到学校指导工作。

7月26日，2018年中国海外交流协会"华文教育·名师巡回讲学缅甸团"云南省侨务办公室文化处科长何静彪、云南海外文化教育中心缅甸中心主任唐建军和昆明明通小学教学专家缪丽红、阮丽娜一行到校参观访问，并与学校董事长番绍光、副董事长杨善麟、校务工作领导小组成员以及外派教师等座谈。

7月31日，学校13名青年教师及育才学校、勐板佛经学校、木姐户纳明德学校、东宜明德学校、密支那育成学校、密支那羊城学校等缅甸华校的50名华文教师前往大理，参加由中国云南省大理市侨务办公室主办、大理大学承办的"2018缅甸华文教师大理培训班"学习。

8月2日，组织学生参加"2018中国寻根之旅"夏令营郑州中华武术营。

8月6日，学校5位青年教师参加由云南省侨务办公室主办、丽江市外事侨务办公室承办的"2018缅北地区华校华文教师培训"。

8月6日，组织学生参加由云南省侨务办公室主办、丽江市外事侨务办公室承办的"2018中国寻根之旅"夏令营。

8月11日，由中国国务院侨务办公室、中国海外交流协会主办，国务院侨务办公室文化司、中国海外交流协会文化交流部、河南省外事侨务办公室、河南省海外交流协会承办的"2018年华文教育示范学校校长研习班"在河南省新郑市黄帝故里举行开班仪式暨祭祖大典。学校常务副校长叶星出席了开班仪式，并作为特约代表在祭祖大典上敬香行拜礼。

8月14日，副校长叶星代表学校与来自27个国家的90名校长参观了中国河南中医药大学并与中国河南省中医院进行交流。

8月15日，副校长叶星参加了由中国国务院侨务办公室主办、中国河南省人民政府外事侨务办公室和中国河南省教育厅共同承办的"河南省侨务教育界负责人与海外华文教育示范学校校长座谈会"。

8月26日，由中国驻缅甸大使馆文化处主办、缅北果文文教会承办、学校协办的"2018缅甸本土教师培训班（缅北教学点）"在学校高中部校区举行开班仪式。

8月13日，赠送参加教师研习的曼沽猛稳学校、南渡邦海猛稳学校、当阳孔圣学校、孟举学校、怒江果族学校等九年制义务教育教材原版练习册各一套（每套24本）。

8月30日，在高中部校区会议室召开"云南民大实习教师黑猛龙、明德、果强三校联席座谈会"，欢迎新实习教师到来，并就相关事务进行交流座谈。

9月4日，香港苗圃行动董事局何毅良主席和张容贞部长在缅北果文文教会柳润苍会长的陪同下莅临学校参观交流，并对学校"营养早餐"项目进行了考察指导。

9月22日，由香港龙门励学基金会委托缅北果文文教会全责组织推动，邀请清华大学相关负责人及缅甸华校校长赴云南省瑞丽市座谈，共同就推荐缅甸优秀华裔学子到中国著名高等学府清华大学就学并给予奖学金资助事宜进行探讨。

9月22日至23日，在高中部校区举办班级乒乓球、象棋比赛。

9月23日，校友会举办2018年农历八月聚会暨中秋联欢会，400余名校友欢聚一堂，共庆传统佳节。

9月26日，学校副董事长杨善麟、副校长张剑蘋前往内比都，参加中国驻缅甸大使馆举办的庆祝中华人民共和国成立69周年国庆招待酒会。

9月28日，学校四年级以上1000多名师生在高中部校区举办纪念孔子诞辰2569

周年暨欢庆 2018 年教师节大会。

10 月 24 日，学校代表出席腊戌果民学校举办建校 50 周年金禧校庆系列庆祝活动。

11 月 4 日，仰光区校友会举办成立 4 周年庆典暨商务展。

11 月 11 日，举行由中华人民共和国驻缅甸联邦共和国大使馆捐赠、中国扶贫基金会（缅甸办公室）执行的中缅友好奖学金项目现金发放仪式。

11 月 29 日，中华世纪文教发展协会筑梦计划缅甸参访团到学校考察访问，并与学校签署合作备忘录。

12 月 8 日，举办第四届班际汉字听写大赛。

12 月 23 日，腊戌云南会馆赠送学校"春华秋实"贺匾一幅。

12 月底，副校长叶星到福建泉州参访，并与泉州双喜科技学校、黎明大学双喜学院签署了合作协议。

11. 缅甸腊戌果民中学

2 月 19 日，举行果民校友春联欢晚会。

2 月 28 日，召开 2018 学年度第一次教务会议。

3 月 12 日，举行了 2018 学年度上学期开学典礼。

4 月 5 日，召开了果民 50 周年金禧校庆第四次工作筹备会议。

5 月 5 日至 6 日，组织学生参加由缅北果文文教会举办的校际书法和演讲比赛，荣获小学组书法比赛二等奖与三等奖。

5 月 26 日，举行 2018 学年度庆祝六一活动。

5 月 28 日，缅北果文文教会会长柳润苍、圣光中学李明昌副校长、圣恩学校李添富校长陪同台湾侨务主管部门郭淑贞、杨慧萍及"驻缅甸台北经济文化办事处"杨碧华等莅临果民学校访问、座谈。

6 月 21 日，学校领导参加由中国国务院侨务办公室主办、中国山东省侨务办公室承办的外派教师聘方学校校长研习班。

6 月 24 日，在学校礼堂举办由缅北果文文教会承办、腊戌果文中学协办、果民示范学校赞助的第十一届"汉语桥"世界中学生中文比赛腊戌区预赛。

7 月 8 日，台湾中原大学缅甸志工服务学习中心团队在学校礼堂举办了"面对缅·心甸心"种子培训营开班仪式。

7 月 14 日，缅北果文文教会举办的校际大合唱、独唱比赛在腊戌果敢民族文化总会大礼堂落幕。组织师生参与，获得大合唱一等奖、小学组独唱二等奖和潜力奖、初中组二等奖。

7月22日，由台湾中原大学种子培训营的老师与学员在学校举行"英、数育乐一日营"活动。

7月23日，召开教务工作总结会议暨外派教师杨忠元欢送会。

7月29日，中国云南省侨务办公室文化处何静彪、云南海外文化教育中心缅甸中心主任唐建军、云南昆明市明通小学教学专家缪丽红一行到学校参观访问。

8月1日，台湾师范大学退休教授颜妙桂女士为团长赴缅北开办"2018缅甸华校幼儿园教师研习班"。

8月，学校代表出席"2018年华文教育示范学校校长研习班"开班仪式暨祭祖大典。

8月31日，召开2018学年度下学期首次教务会议。

9月21日，校长夫人李任秀到校慰问教师。

10月23日至25日，举行"果民中学建校50周年校庆"。

11月18日，学校50周年校庆工作总结大会在学校会议室召开。

12. 缅甸腊戌果文中学

2月12日，董事长钟建强赴大其力参访大华佛经示范学校，并表示今后两校要加强交流与合作，共同分享教学资源、教学信息、教学成果，加强两校教师间的交流，促进两校共同发展。

4月20日，举行2018学年上学期班际演讲比赛。

5月26日，组织学生参加第十七届"汉语桥世界大学生中文比赛"缅甸曼德勒赛区预赛，并获得二等奖、三等奖。

7月3日，受中国云南省保山市侨务办公室邀请，学校董事长钟建强参加"2018缅甸华校校董、校长神州行——保山团"的文化观摩和考察活动。

7月16日，学校董事长钟建强一行参访景栋中文会话培训中心学校。

7月26日，协办2018年中国海外交流协会"华文教育·名师巡讲缅甸团"腊戌师资培训班。

9月15日至17日，举办班际乒乓球（男子组、女子组）和中国象棋（男子组、女子组）比赛。

13. 缅甸腊戌双龙学校

1月1日，举办2018贺新年舞蹈晚会。

1月9日，召开校友会第五届第三次会议。

1月14日，召开年终总结会议。

1月28日至30日，"中国文化大学2018国际志工团"13人教师团一行到校开展为期3天的活动。

1月31日，举行小学第四十四届、初中第二十九届毕业典礼。

2月28日，召开2018学年度上学期第一次教务会议。

3月15日，文科教学小组在副校长杨茂方的号召下于办公室召开小组教学研讨会。

3月19日，召开2018年度上学期第四周周会暨开学典礼。

3月30日，数学小组、英文小组召开小组教学研讨会。

4月7日，举行班级演讲比赛。

3月24日，举办班级书法比赛。

4月23日，举行四十六周年校庆。

5月28日，圣光中学副校长李明昌、圣恩学校校长李添富陪同台湾地区侨务主管部门郭淑贞、侨务科科长慧萍和"驻缅甸台北经济文化办事处"杨碧华到学校参访。

6月9日，举行小歌星选拔赛。

7月7日，爱缅基金会驻腊戌办公室负责人兼圣恩学校校长李添富、文教会秘书长兼果民学校校长杨振茂、果盟学校董事长兼果民学校副校长曹国华等陪同香港苗圃行动考察团成员包括执委会主席蔡兆明、缅甸事务部干事李铭濠、英国捐资者雷邦德（Mr. Laband）、义工区绍辉先生等一行对学校资助的专案进行考察。

9月28日，举行祭孔仪式和教师节庆典活动。

11月11日，初中第九届的校友回到母校参观访问。

12月2日，召开董事、家长、教师交流会。

12月31日，举行迎新晚会。

14. 缅甸曼德勒云华师范学院

1月15日，举行第三届"精彩云华"师生书法竞赛。

2月28日，开展新教师岗前业务培训。

3月1日，中国海外交流协会副会长江岩率中国海外交流协会代表团一行6人，在中国驻曼德勒总领事馆刁明副总领事的陪同下，莅临学院看望慰问外派教师。

3月24日，举行全日制班教学经验交流会。

3月29日，学校附小语文教研组围绕"考试范围分析交流、作业设置情况、交流与批改要求"开展教研活动。

3月31日，中国红河学院代表团到校访问，以期加大双方在教育领域的往来力度，加强两校之间的沟通与交流，增进彼此之间的了解和友谊。

4月4日，学校附小举行新教师课堂教学竞赛。

4月5日，学校迎接中共云南省委常委、组织部部长李小三到校考察指导。

4月18日，学院院长为师范生做实习指导讲座。

4月23日至26日，全日制部举行教师教学竞赛。

4月29日，开展师范部教育实习活动，旨在提高师范生的素质和技能，为将来走上教师工作岗位打下良好的基础。

5月8日，举行"教坛新星"教学竞赛。

6月2日，举办第一届"辩响校园"辩论赛。

6月18日，学校附中举行第二届词语竞赛。

7月12日，中国德宏职业学院王根顺书记一行7人到校访问，双方达成合作意向，举行了两校合作签字仪式。

7月31日，2018年缅甸"华文教育·名师巡讲"培训在学校开班。

9月2日，开办2018—2019学年秋季学期教师专题培训班。

9月3日，中国云南省侨务办公室袁光兴副主任一行到校参观访问。

9月9日，组织新教师开展"缘情云华，融情云华，认识佛国，服务华教"的主题活动。

9月17日，学校小学部召开新教师教学专题会。

9月19日，中国玉溪师范学院代表团到校参观访问。

9月24日，学校董事长尚兴玺、院长李暾到内比都与缅甸教育部部长洽谈教育合作的中国云南师范大学丁文丽副校长、云南华文学院和雪莲书记商谈华文教育进一步发展有关事宜。

9月24日，举办以"云华师生情，千里共婵娟"为主题的中秋节联欢晚会。

9月25日，原中国云南省侨务办公室主任杨光民先生到校参观并与学校领导、老师座谈。

10月1日，组织教师参加曼德勒华侨华人举办的庆祝中华人民共和国成立69周年国庆招待会。

10月2日，举办以"为有源头活水新"为主题的弘扬中华优秀传统文化的演讲比赛。

10月10日，举办师范部"小学语文微课"选拔赛。

10月10日，组织学生赴祖籍国福建省参加"2018年海外华裔青少年'中国寻根之旅'华侨大学海丝文化专题营"。

10月13日，学院小学部举行第五届"精彩云华"朗诵竞赛。

10 月 15 日，学院中学部举办演讲比赛选拔赛。

10 月 19 日，学院师范部举行"教坛新秀"教学竞赛。

10 月 20 日，2018 年中国华文教育名师亚洲巡讲团到云华师范学院开班培训。

10 月 22 日，举行首届"激情云华"演讲比赛。

10 月 26 日，学院师范部举办《如何有效地组织课堂教学》讲座。

11 月 3 日，举办第二期在职幼儿教师学前教育培训班。

11 月 23 日至 25 日，举办第十六届亚细安华文文艺营暨成立三十周年庆典。

11 月 25 日，举办"华校情"曼德勒校际演讲邀请赛。

12 月 1 日，开展专题讲座，介绍普洱茶文化。

12 月 1 日，为进一步提高教学质量，达到"以展促学，以评促优"的目的，学院小学部举行了作业展览活动。

12 月 7 日，举办第四届"精彩云华"小学语文课文朗诵比赛。

12 月 10 日，举行"多彩云华"吟诵国学活动。

12 月 14 日，与中国云南省大理大学签订友好合作协议。

12 月 25 日，举办第三届曼德勒校际象棋锦标赛。

15. 缅甸抹谷千佛中学

9 月 20 日，举行由中国驻曼德勒总领事馆、中国广西人民广播电台主办，广西北部湾之声、缅甸曼德勒抹谷千佛中学承办的"同一个月亮，共一片爱心"2018 中秋跨国友谊活动（缅甸站）。学校 1000 余名师生参加了活动。

16. 蒙古旅蒙华侨友谊学校

6 月 3 日，内蒙古侨联副主席、内蒙古特弘煤电集团公司董事长丁文祥，内蒙古侨联文化经济联络部部长孙忠华等一行到校访问。

9 月 1 日，举办新学期开学典礼，600 余名师生和家长参加典礼活动。开学典礼仪式上展示了中国广东省人民政府侨务办公室向学校捐赠的舞蹈服装、乐器，以及世界各国华侨华人捐赠的文具及体育器材等教学用品。

17. 日本横滨山手中华学校

6 月 26 日，中国国际文化交流中心艺术家代表团与日本松山芭蕾舞团的数十名中日艺术家到校开展庆祝《中日和平友好条约》缔结 40 周年的慰问演出。学校师生、家长及其他各界人士 1000 余人观看了演出。

9 月 21 日，举行学校创立 120 周年庆祝大会。中国驻日本使馆、神奈川县政界代表、华文教育界代表、学校校友及在校师生出席庆典。

9 月 22 日，召开 120 周年纪念"新时代世界华文教育发展论坛"。来自世界各地的华文教育专家齐聚一堂，探讨海外华文教育发展以及海外华侨华人子女教育等议题。

10 月 1 日，组织全校师生以舞狮等各种形式庆祝中华人民共和国成立 66 周年。

10 月 15 日，组织学生赴中国北京市广渠门中学考察访问。北京市广渠门中学发展规划部副校长邢颖表达了学校对日本友好学校师生的热烈欢迎，并希望通过交流进一步理解两国文化，提高两校学生的国际理解力和跨文化交流能力，两国学生结下深厚友谊。

18. 日本神户中华同文学校

2 月 26 日，与中国驻大阪总领事馆、神户华侨总会共同举办"2018 新春联谊会"。中国驻大阪总领事李天然，神户华侨总会会长陈明德等关西地区主要侨领，同文学校理事长蔡旦伯、校长张述洲等学校主要领导和关西地区新老侨胞、华人企业家、中资机构、华文媒体代表等 120 多人出席。

11 月 29 日，中国驻大阪总领事李天然陪同中国国务院港澳办张晓明主任所率代表团到校访问，看望学校教职员工。校长张述洲及理事会成员、神户华侨总会会长陈明德等陪同。

19. 日本同源中文学校

1 月 5 日，学校腰鼓队首次登台表演，演出东瀛华人新年联欢晚会开场戏《新春锣鼓》。

1 月 24 日，学校舞蹈班登上中日友好交流公演的舞台，孩子们的开场苗族舞展现异族风情。

2 月 4 日，到日本游学的中国中小学生们到校参观交流，学校学生为每一位中国同学准备了他们亲手绘制的礼物，画日本，写中国汉字，受到了中国同学的称赞。

3 月 11 日，学校 33 名毕业生及其家长和毕业班的老师齐聚池袋校，举行了 2018 年度小学毕业典礼。

4 月 1 日，举办升学考试家长经验交流会，旨在支援在日华人儿童教育，沟通信息，搭建交流平台。

4 月 28 日，组织学生参加第四届大使杯中文朗诵大会。

6 月 6 日，学校理事长杨林参加"新时代与日本华文教育"研讨会。数十名来自日本华文教育第一线、学界及企业界等各领域的华侨华人代表齐聚一堂，总结中国改革开放 40 年来日本华文教育的成绩与问题，并积极为其未来发展献计献策。

6 月 9 日，举办夏季教学研讨会。

7 月 7 日，举办 2018 北京"中国寻根之旅"夏令营出营式。

7 月 18 日，举办与北京快乐小舞星艺术团的中日友好文化交流活动。日本东京都丰岛区日本中国友好协会会长尾崎先生、北京快乐小舞星艺术团校长左洪英女士、全日本黑龙江联谊会会长王宝利先生、《现代中国报》社长、同源中文学校顾问郭均成先生、NPO 法人东京国际交流协会、东京中华街促进会会长胡逸飞先生出席了交流活动。

7 月 28 日，举办"2018 中华文化大乐园"日本东京营开营仪式。

9 月 23 日，中国国务院侨务办公室文化司访问团一行到校视察指导工作。

11 月 28 日，举办新教师内部讲座，主讲人是中国国务院侨务办公室外派教师张红明，从"吃透教材"入手，对教案设计、教学步骤、教学时间分配等做了详细的讲解，并对板书的书写规范、教学语言的规范、教具准备的规范等问题做了生动的展示。

12 月 1 日，举办冬季教师研修活动。首先由中国北京市黄城根儿小学教师郭珍为老师们进行远程讲座——口语会话交际课讲座，其次是中国国务院侨务办公室外派教师张红明为老师们讲了"作文指导的基本方法"。

12 月 28 日，举办朗诵比赛。84 个教学班，1300 名学生，班班举办，人人参与。学生自己做主持人，由家长评分、颁奖。

20. 泰国春府大众学校

1 月 22 日，邀请亚洲少儿音乐协会主席陈爽到校交流指导，和中学部学生沟通交流，共同唱响中文歌曲。

11 月 25 日至 12 月 2 日，承办首届由东方大学孔子学院主办的沉浸式中小学生汉语营，来自泰东地区 8 所中小学的 97 名学生参加了此次汉语营。

21. 泰国崇华新生华立学校

3 月 13 日，举办 2018 年毕业典礼，中国驻清迈总领事任义生出席并为 235 位高中和初中学生颁发毕业证书。

7 月 25 日，举办 2017 届高中毕业生赴中国留学欢送会。基金会主席陈潮真、法人代表关复兴、经理陈厚兴、中文校长张静，参加了此次欢送会。

11 月 25 日，由中国国务院侨务办公室政法司副司长刘香玲率领的"东南亚侨情信息调研团"到校访问并开展座谈。中国驻清迈总领事馆总领事张伟才、领事黄伟伟，崇华新生华立基金会主席关复兴等出席了座谈会。

22. 泰国国光中学孔子课堂

1月6日，举行2018赴华留学宣讲会，助力学生圆梦中国、留学西南大学等，泰国南部13所学校的近百名师生、家长与会。

2月2日，举办由中国四川省新华发行集团主办、西南大学支持的"魅力汉语——泰国"大型春节游园盛会、泰国南部"数字化国际汉语教育"研讨座谈会暨第二届"新华杯"泰国南部汉语推广（突出）贡献奖颁奖仪式。

2月6日，学校中华艺术团献演中国驻宋卡总领事馆2018年春节招待会。

9月8日，主办"汉语桥·手牵手"校际汉语营，宋卡华侨公学、Wangdee School 和 Julasamai School 的170余名学生营员参加。

8月5日，第八届"汉语桥·心连心"泰国南部优秀生中华才艺营在合艾市水晶酒店落幕。此次活动由国光中学孔子课堂联合主办、泰国南部华文民校联谊会协办，吸引了泰国南部7府16所学校（或教育机构）的400余名师生参加。

7月2日，举行第十一届"汉语桥"世界中学生中文比赛泰南民校选拔赛，来自泰南地区8所学校的28位选手经过全天激烈角逐，最终有4名选手脱颖而出，将赴曼谷参加泰国赛区的决赛。

9月16日，组织师生以及泰南中华艺术团全体成员参加合艾侨团联合会各姓氏宗亲会暨各社团联合庆祝中华人民共和国成立69周年华诞晚宴并献演，共庆祖国生日快乐。

9月19日，学校泰南中华艺术团为泰国和平联合会第三届执行委员会就职典礼暨庆祝成立4周年文艺晚会献上文艺演出。

9月29日，举办第一届"一带一路·孩子先行"趣味汉语班结业典礼。

10月23日，为期12天的泰国国光中学孔子课堂2018年西南大学游学文化体验营在中国西南大学国际学院闭营。

10月29日，中国山东省山东师范大学副校长邢光携艺术团访问学校。

11月10日，举行第八届"汉语桥·国光杯"泰国南部汉语文化技能大赛。

12月13日，举办学校成立十周年系列庆祝活动。

23. 文莱中华中学

1月12日，举办小学一年级家长说明会，帮助家长了解一年级的课程设置情况，从而让孩子更快、更好地适应校园的学习和生活。

1月26日，举办2018年"得意旺年"书法挥春比赛，共有56人获颁冠、亚、季军及优胜奖项。

1月31日，微软（文莱）公司教育事业发展经理 Nadia Abdul Kadir 及微软（文莱）公司中小企业及教育主管 Danial Azizan Henry 到校参观访问。

2月5日，举办2017年第七届全文莱华校"校园文学创作"比赛颁奖仪式。文学创作比赛的宗旨是提高学生的创作思维和写作技巧；增强原创文学的欣赏与品析能力；活跃校园文化，弘扬本土文化。

2月8日，举办"得意旺年喜迎春"庆祝会、2017汉语水平考试（HSK）优秀成绩表扬暨第七届全文莱华校校园文学征文比赛颁奖礼。文莱华和文化基金会代表、本地文学泰斗、书法大师、各华校董事长、董事嘉宾、校长及获奖学生出席该活动。

2月27日，学校幼儿园结合该园传统文化特色，举办新年庆祝活动。学校龙狮团在校园内舞狮贺岁庆新春，为师生们献上精彩的舞狮表演。

3月16日至17日，开展为期2天的课程设计及数字化能力提升之校本培训。活动旨在帮助教师掌握新型教学技能，提升课程设计及数字化教学能力，提高整体素质和专业水平。

3月16日至21日，举办5天4夜的"重温基本"童军团生活营，旨在让童军们学习大自然的生活技能，打造独立个体，培养领袖特质。

3月18日，举办2018年首届全文莱中学生"你说我听"生活营。文莱中华中学、马来奕中华中学、诗里亚中正中学3所华校30名中学生参加。

4月11日，广西医科大学访问团一行5人到校参观访问并开展交流活动。

4月19日，举办第3届"小小说"现场主题华文写作，全文莱华校80名中、小学生参加创作比赛。

4月21日，举办中、小学生家长日活动，以增进亲师交流，强化家长与学校之间教育理念的沟通。

4月22日，举办以"小小世界"为主题的亲子活动，旨在营造一个有亲切感和鼓励多元文化参与的环境氛围，以帮助多元文化背景的幼儿融入幼儿园的大家庭中去。

4月24日，文莱教育部官员哈妮珊女士（Cikgu Hanisah）及卡森（Cikgu Kassim）等人带领印尼林森语言质量改进中心的课程组成员一行5人到校视察华文教学，并到小学二年级蓝班课室聆听苏巧涵老师展示的"图式五步识字法"教学课程。

4月29日，举行第二届"文中好声音"歌唱大赛决赛。

5月3日，组织学生参加文莱扶轮社的青少年领袖培训营。

5月14日，全校师生通过团康活动、节目演出、亲子娱乐及趣味游戏等形式庆祝母亲节和儿童节。

6月6日，特邀马来西亚学思达教学法核心教师、马来西亚柔佛州德信中小学副校长蓝志东和马来西亚柔佛州德信中小学校长萧裴瑻到校示范"学思达教学法"。

6月8日，校长许月兰在老师们的见证下，颁发援助金予该校8名孤儿。

6月28日，举办小六应考激励讲座，该校小学六年级全体师生参加。

6月28日，举办2018年度第二次中小学生家长日。家长或监护人与班主任及科任老师进行交流，以便进一步了解子女在校的学习情况。

7月4日，举办2018年度高校教育展及升学讲座，为学校应届毕业生提供专业、高效、便捷的深造机会，吸引了十一年级3个班的高中生前来聆听、咨询。

7月5日，举办第三届"面试赢家"创意教学活动，旨在跟上时代步伐，引领个性化教育新理念，让所有参与学生对职场活动之情景再现及切身体会。

7月7日，举办"舞所不能 热爱全开"班级舞蹈比赛。

7月9日，中国山西省外事侨务办公室"2018华文教育·名师巡讲"文莱团一行5人在团长郭栋的率领下，到校传授中华文化知识。

7月20日，举办"2018年奖助学金暨2017英国剑桥普通教育文凭考试杰出奖"颁奖典礼。

8月6日，举行第三届"中华文化园游会"游戏策划组织活动，学生们踊跃参与。

8月12日，受邀参加2018年文莱龙舟赛画廊展（REGATA）活动。

8月27日，举办2018年文莱中华中学第二届小学1—3年级华语讲故事比赛。

9月2日，参加由英国工程及技术协会（IET）文莱分会青年专业组（YPS）和文莱石油与天然气发现中心（OGDC）联合主办的2018年全国法拉第挑战总决赛，学校夺冠。

9月8日，幼儿园举办2018年度的童话故事角色扮演日活动，旨在丰富幼儿知识，推广幼儿特色教学，启迪幼儿的智慧、陶冶幼儿的性情，进而潜移默化地影响着他们的人格，使之健康成长。

9月11日，组织学校教师参加2018年"海外优秀华文教师研习班"（辽宁师范大学班）。

9月22日，举办中秋节庆祝活动，教师们为小朋友讲解中秋节的由来、名称、神话传说、风俗习惯等知识，让孩子们在欣赏故事的同时，接受了传统节日的熏陶。

9月24日，举办2018年文莱腾云殿灯笼制作比赛，参赛者陈韵天获小学组冠军。

9月27日，举办2018年教师节庆祝活动暨颁奖典礼。

10月14日，举办2018年汉语水平考试（HSK），共有689人报名参加考试。

10 月 18 日，举办全文莱华校小学查字典比赛，40 名小学生获奖。

10 月 25 日，中国《人民日报》社、中国国际广播电台、新华社的 5 名记者到校进行采访，以了解海外华侨华人长期致力于推动华文教育发展和推广中华文化的情况。

11 月 6 日，校长许月兰等受邀参加第 19 届联合国教科文组织亚太区教育革新为发展服务计划国际协商会。

11 月 7 日，中国中央电视台亚太中心记者站东京支局特派员何欣蕾及央视吉隆坡站摄影师刘汇民到校参访拍摄。

11 月 16 日，举行家长开放日活动，旨在让家长了解幼儿入园学习的情况，以及升入小学阶段的各种准备措施。

11 月 18 日，组织学生参加由文莱教育部课外活动局主办的庆祝苏丹 72 岁华诞短篇小说写作比赛，九年级理科一班许芪瑛获得中学组亚军。

11 月 24 日，举办第五十八届小学暨第五十九届高中"放飞自我 超越快乐"毕业典礼。

11 月 29 日，文莱弟子规和谐有限公司在学校举办弟子规激励讲座，旨在传承中华传统文化。

12 月 8 日，华文部门举办首届以"炫"为主题的华文作业展，旨在引导学生欣赏汉字之美，提高学生书写汉字的知识与能力以及鉴赏华文作业的水平，学生们踊跃参与。

12 月 25 日，组织学校老师参加新加坡举办的第五届"华文作为第二语言之教与学"国际研讨会。

二　北美洲

1. 加拿大卡尔加里育丰中文学校

6 月 9 日，邀请中国驻卡尔加里总领事陆旭出席学校 2018 年毕业典礼联欢会，并为 2018 年毕业学生和中文比赛获奖学生颁发毕业证书与奖状。陆旭总领事代表中国驻卡尔加里总领事馆向毕业学生、家长和教师表示祝贺，并赞赏学校教师为教授汉语、传承中华文化做出的努力。

7 月中旬，组织学生参加在厦门工学院附属学校举办的"中华寻根之旅"。

2. 加拿大蒙特利尔佳华学校

6 月 24 日，组织学生参加由中国国务院侨务办公室和湖南师范大学主办、以"芙蓉国 潇湘行"为主题的"中国寻根之旅"。

7 月 12 日，组织学生参加由中国国务院侨务办公室主办、四川省外事与侨务办公室协办、以"熊猫故乡天府行"为主题的"中国寻根之旅"。

7 月 14 日，组织学生参加由中国国务院侨务办公室主办、上海市侨务办公室协办、以"相约上海·筑梦中华"为主题的"中国寻根之旅"。

3. 加拿大蒙特利尔孔子学校

1 月 27 日，举办蒙特利尔"欢乐西岛"多元文化春节晚会。中国驻蒙特利尔总领事馆邢文健副总领事、梁苾文领事，魁北克省内务部部长 Geoffrey Kelley 先生，国会议员代表 Máire（Moya）Whitleyns 女士和 Philippe Ricard 先生出席晚会。

7 月中旬，组织学生参加"2018 中国寻根之旅夏令营"。

4. 加拿大萨城中文学校

2 月 10 日，举办 2018 狗年新春联欢会。学校 200 多名学生、老师，以及家长和亲朋好友等 500 多位观众，身着节日盛装，齐聚一堂，共同庆祝 2018 年新春佳节的到来。

4 月 7 日，举办第二届乒乓球比赛。学生、家长、老师共 46 人报名参加比赛。

5 月 26 日，举办以"做最好的自己"为主题的讲故事演讲比赛。中国驻卡尔加里总领事馆副总领事高振廷和领事董彦与全校近 500 名师生家长观摩了演讲比赛。

7 月 3 日至 6 日，举办 2018 夏令营，夏令营开设了数学、听说中国故事、电影欣赏、国际象棋、羽毛球等课程、活动。

5. 加拿大亚省中文学校

1 月 16 日，举办建校 21 周年庆祝活动，中国驻卡尔加里总领事馆陆旭总领事应邀出席。阿尔伯塔省议员克兰斯图博（Jamie Kleinsteuber）、卡尔加里市议员朱文祥、卡尔加里教育局多位委员、亚省中文学校教师和员工及侨社代表 200 余人出席庆典。

6. 美国安华中文学校

6 月 16 日，组织学生参加莱比锡第十一届"汉语桥"世界中学生汉语中文比赛，学生秦致远在德国赛区决赛中获得"第一名"。

12 月 8 日，邀请来自汉诺威的专业"讲故事的人"Steinl 先生用德语给学生们讲述中国的童话和传说。

7. 美国丹城中文学校

7 月 9 日，学校教师李正清主讲的中文夏令营"中国传统民间故事"开班。夏令营共分 4 个单元：生肖的故事、节日的故事、历史的故事、文化的故事，将诗歌、讲述、读写、绘画、表演贯穿始终，寓教于乐，让孩子们从小了解和继承中国的传统文化，做有"根"的人。

8 月 11 日，承办"2018 华文教育名师巡讲——丹佛站"专题讲座。

8. 美国华盛顿西北中文学校

2 月 11 日，在 IKEA Performance Arts Center 举办春节联欢会。

3 月 3 日，学校师生组织"乐叙之家"新春慰问演出，表达对老人们的节日问候和美好祝福。

8 月 4 日，组织教师与树人中文学校的老师共同参加中国海外交流协会主办、全美中文学校协会协办、西北中文学校承办的"华文教育·名师巡讲"培训。

9 月 8 日，举行新生报名"开放日"。

12 月 8 日，学校和风书社成立，并举行笔会，学校组织家长和老师们共同研习书法，琢磨笔艺。

9. 美国华夏中文学校

2 月 11 日，举办以"龙翔华夏迎新岁，犬跃山河报丰年！"为主题的全校春节联欢会。

4 月下旬，举办"2018 华夏辩论比赛"。

5 月 20 日，举办 2018 华夏总校智力运动会。

6 月 16 日，南部分校举办 2018 年毕业典礼。

6 月 2 日，举行 2018—2019 年度的校长和董事选举。

8 月 1 日至 8 日，组织学生参加 2018"中国寻根之旅"魅力北京书画夏令营。

11 月 3 日至 4 日，举办以"传承、创新、奉献、领军"为主题的 2018 年教师培训暨校务研讨年会。

11 月 17 日，举办"华夏演讲比赛"。

10. 美国旧金山南侨学校

1 月 27 日，学校教师罗淑萍举办诗歌欣赏与创作专题讲座。

2 月 10 日至 11 日，学校举办系列迎春活动。

1 月 29 日，广州市百灵鸟艺术团团长朱伟东一行 16 人到学校进行慰问演出。

3 月 12 日，举办 98 周年校庆活动。

4 月，《西游记》女演员、舞蹈艺术家王苓华到访学校，并与学校师生进行互动。

5 月 20 日，学校小学第九十二届、初中第二十五届、高中第二十二届联合举行毕业典礼。

7 月 16 日，举行 2018 年"华文教育·名师巡讲团"旧金山行开幕典礼。

7 月 25 日，"华文教育·名师巡讲"团旧金山行的教师、义工和学生在旧金山加利福尼亚街 555 号广场进行了一次"快闪"文化活动。

8 月 5 日，由中国海外交流协会主办、中国天津大学以及旧金山南侨学校承办、全美中文学校协会协办的"2018 华文教育·名师巡讲团"到学校举办专题讲座。

11. 美国剑桥中文学校

3 月 17 日，校长李正玲带领学校老师参加"课堂教学技巧"远程教师培训。

6 月 3 日，协同艾克顿中文学校等 9 所中文学校共同举办"新英格兰地区中文学校校际朗诵比赛"。

6月17日，举办剑桥中国文化中心2017—2018学年结业联欢会。

8月18日，由中国海外交流协会主办、全美中文学校协会协办的北美海外华文教师专家培训团在剑桥中文学校举行教师培训。

8月20日，中文暑期班圆满结束。

9月29日，学校教师宋小青和陈蔚分别获得了由中国国务院侨务办公室颁发的"海外华文教师优秀奖"。

11月，组织学生参加由美国《侨报》举办的第七届美国少年儿童中文大赛，并获得多个奖项。

12月14日至16日，校长李正玲参加全美中文学校协会第十二届全国代表大会。会议期间，各位代表针对中文学校的管理和发展、课堂与教学实践、华文教育的前景与思考等多个话题进行讨论。

12. 美国科罗拉多州长城中文学校

2月17日，举办中文学校春节联欢会，庆祝春节，传播中华文化。

3月31日，组织师生访问老人院，发扬中华优秀传统文化。

4月7日，举办2018年度春季中文教师培训。此次培训由科罗拉多州中文教师协会与丹佛社区大学孔子学院联合举办，主题为"可理解性输入在中文课堂的应用"。

5月13日，举办2017—2018学年结业典礼，庆贺应届高中毕业生顺序毕业，庆贺学生全面发展取得的优异成绩，报告中文学校的发展。

8月4日，学校龙舟队参加科州2018龙舟节，并在12支拔旗赛队中取得第二名。

9月21日，组织学生参加2018第二届CCTV星光青少年才艺大赛并取得佳绩。

9月26日，学校师生和家长参加美中交流协会组织的"中秋国庆嘉年华"活动、丹佛孔子学院组织的"中秋孔子日"活动，以及科罗拉多州美化协会组织的"普天同庆金色中秋"晚会。

10月27日，组织学生参加首届科罗拉多州学生中文口语大赛。

12月9日，国会议员麦克·考夫曼Congresmman Mike Coffman到学校访问，向长城中文学校的师生宣读了国会记录，肯定和表彰了长城中文学校在社区所起的重要作用和所作的贡献。学校董事长魏冬青和校长程少梅代表学校接受了麦克·考夫曼颁发的国会记录牌匾。

13. 美国匹兹堡中文学校

6月3日，举办2017—2018学年毕业典礼和汇演庆祝活动。

8月18日，组织学校教师参加"2018华文教育·名师巡讲团"中北线克里夫兰站培训活动。

11 月 18 日，举办以"四季对中国的影响"为主题的演讲比赛。

14. 美国希望中文学校

6 月 25 日，"希望 2018 夏令营"欢乐开营。

8 月上旬，与菁英学院联手开办"中学生领导力"课程。

8 月 26 日，参与协办中国海外交流协会主办的华教名师培训活动。此次培训旨在加大北美华文教师的培训力度，提高华文教学水平，逐步建立起"培训、考核、认证"三位一体的华文教师培训机制。

10 月 23 日，举行第 51 届全体理事大会。来自希望中文学校 9 个校区的理事和理事会管理义工出席了本届大会。

11 月 24 日，波城校区举办亲子教育课，邀请马里兰大学教授王慈欣和精神科医生邵晓平进行为期 6 周的亲子关系系列讲座。

12 月 8 日，盖城校区举行 2018 秋季学期毕业典礼和文艺汇演，校长总结了本学期学校活动，表彰了优秀学生。

15. 中国哥斯达黎加文化教育中心

2 月 21 日，由中国国务院侨务办公室组织的"2018 文化中国·四海同春"北美艺术团慰侨访演活动中的艺术家及演职人员到校与师生们交流。

三　欧洲

1. 爱尔兰华协会中文学校

7月29日至8月9日，组织学生参加"2018中国寻根之旅海外华裔青少年夏令营云南香格里拉营"。

2. 奥地利维也纳中文教育中心

1月2日，学校代表队荣获第六届海外华裔青少年中华文化大赛（知识竞赛）季军。

2月17日，举办春节联欢活动，全校师生和家长们共贺新春佳节。

3月3日，举行新年庆祝活动。

3月24日，举行HSK汉语水平考试、HSKK汉语水平口语考试。

5月27日，在Leichtathletik-Zentrum Wien举办第十届运动会。

6月9日，组织部分家长和老师参加一年一度的维也纳龙舟赛。

6月23日，在瓦萨中学礼堂举办2018届毕业典礼。

11月11日，举行2018年度最后一次汉语水平考试。

11月10日，参加2018年夏令营的学生家长自发举行答谢宴会。

11月11日，召开教学研讨会。

12月22日，各班举行不同形式和内容的"庆圣诞，迎新年"活动。

3. 德国法兰克福华茵中文学校

9月23日，举办2018"华茵学子·中华情思"朗读大赛。

10月23日，受德国六大慈善组织之一AWO的邀请参加慈善义务演出，华茵的师生用实际行动践行中华民族优秀传统文化。

4. 德国斯图加特汉语学校

1 月 26 日，由斯图加特学生学者联合会主办的斯图加特大型春节晚会在市中心音乐厅莫扎特大厅举行。学校教师献上琵琶弹奏和打鼓表演。

2 月 24 日，Sindelfingen 分校在 Tagungszentrum Sindelfingen 正式成立并开课。

2 月 24 日，辞旧迎新之际，组织全校师生家长分两批集体包饺子，体验中华传统文化。

3 月 3 日，Ostflidern 分校举办元宵庙会。

3 月 25 日至 4 月 7 日，在上海市人民政府侨务办公室、中国驻法兰克福总领事馆的大力支持下，"2018 海外华裔青少年中国寻根之旅春令营"顺利开营。学校教师带领 19 名学生于 3 月 25 日抵达中国上海市华东师范大学第二附属中学闵行校区营地。

4 月 21 日，在上海市人民政府侨务办公室的组织下，上海泽瑶信息科技有限公司的网络技术支持下，2018 年春季华文教师远程培训在校开始。此次培训由华东师范大学课程与教学研究所教授、博士生导师刘良华授课"有效教学的三个方向"。

6 月 10 日，由中国国务院侨务办公室主办、全德中文学校联合总会承办、斯图加特汉语学校协办的"华文教育·名师巡讲德国团"在斯图加特市 VHS 内举办。

6 月 30 日，举行教学研讨会。

7 月 14 日，举行 BB 分校幼儿班的亲子运动会。

7 月 21 日，中国重庆市外事侨务办公室副处长陈代惠与闫飞一行到学校参观访问。

7 月 22 日，斯图加特夏季国际文化节在斯图加特市政厅前的集市广场拉开帷幕。学校选送舞蹈大班的《鸿雁》和武术班的《中国功夫》两个节目登台表演为文化节添彩。

9 月 23 日，学校校长、老师带领朗诵优秀的学生到德国达姆施塔特参加全德中文学校联合总会第二届"华校杯"朗诵大赛。

10 月 13 日，中国上海侨务办公室为学校教师和家长举办两场远程培训。针对学生家长举办的远程讲座，由上海师范大学贺雯教授从儿童青少年生理发育及其对心理的影响、儿童性教育、青少年性教育三个方面进行详尽阐述讲解。针对学校教职员工举办的远程讲座是由上海开放大学博士洪彦龙讲授"中庸——中国人的处世之道"。

10 月 21 日，组织师生参加斯图加特秋季国际文化日。

11 月 18 日，组织学校合唱班参加第二届南德华人合唱音乐会暨华韵合唱团 10 周年团庆，献上《四季的问候》《和快乐在一起》两首歌曲。

12 月 15 日，举行"象棋走进海外校园"活动暨第二届象棋争霸赛。

5. 法国巴黎精英中文学校

5 月 27 日，举行讲故事朗诵比赛。100 多名学习中文的孩子参加了比赛和汇演。

7 月 31 日，在巴黎举办的中华文化体验和汉语提升营结营，参加学习的各级学生进行了教学成果汇报表演。中国驻法国大使馆教育处公参杨进等观看了学生的汇报演出，并热情与小朋友互动。

10 月 9 日，与中国上海市黄浦区蓬莱路第二小学合作启动"小语伴"项目。活动通过微信，在每周末双方家庭合适的时间进行视频对话，每次大致时间 20～30 分钟。"小语伴"结对子活动旨在从小培养培养孩子们的跨国友谊，提高汉语会话、思维和表达能力，增进小朋友们对对方国家和文化的了解，也使孩子们互相学习提高、使家长们互相交流共进。

6. 法国里昂小熊猫学校

1 月 27 日，学校所属的"中法家庭联合会 AFFC"和里昂七区 Gerland 图书馆合作开展 2018 新年"Ecoute le monde 聆听世界"文化活动。"小熊猫舞蹈队"的孩子们跳起了欢快的民族舞，"小熊猫－圣马可"童声合唱团表演了精彩的节目。

2 月 5 日，里昂"中国文化周"开幕。中国驻里昂总领事馆郭玮总领事出席活动并致新春贺词，里昂华侨华人及市民 260 余人参加了活动。"小熊猫·圣马可"童声合唱团在开幕式上进行了精彩的首秀。

3 月 8 日，参与由中国驻里昂总领事馆和巴黎中国文化中心主办，AFFC 法国中法家庭联合会、春天百货商场里昂分店、上海瀚艺服饰承办的"美丽女人节相约春天里——海派旗袍秀"活动。

5 月 5 日，中国国务院侨务办公室"华文教育·名师巡讲团"在华文教育示范学校——"法国里昂小熊猫学校"校区内举办了开课仪式。中国驻里昂总领事馆郭玮总领事，法国奥弗涅－罗讷－阿尔卑斯大区华文教育联盟主要负责人罗坚、施东伟、何叶碧娟及里昂市六区主管教育的副区长让·米歇尔·迪韦努瓦等嘉宾出席活动。

6 月 8 日，第八届法国中国电影节——里昂站开幕。中国驻里昂总领事郭玮、里昂市市长代表布拉西耶尔、中国青年演员代表以及里昂各界友人、华侨华人和留学生代表约 400 人出席。学校部分师生参加了活动，并观看了电影《无问西东》。

6 月 17 日，举行小熊猫学校 2017—2018 学年度结业式活动暨法国"中法家庭联合会"夏季大聚餐活动。

7 月 11 日，由中国国务院侨务办公室主办、河南侨务办公室协办的"中国寻根之旅"夏令营开营。AFFC 法国中法家庭联合会和小熊猫学校组织的 20 位法国里昂地区的华裔青少年和其他国家共 200 多名华裔青少年到河南省寻根问祖。

8 月 11 日，校长罗坚与来自 27 个国家的 91 名海外华文教育示范学校校长参加在河南省新郑轩辕黄帝故里举办的"海外华文教育示范学校校长研习班"开班仪式暨祭祖大典。

9 月 21 日，AFFC 法国中法家庭联合会获邀参加中国驻里昂总领事馆举行的中华人民共和国 69 周年国庆暨郭玮总领事离任招待会。

10 月 16 日，组织师生参与法国 AFFC 中法家庭联合会金秋重阳读书会活动。

7. 荷兰丹华文化教育中心

1 月 8 日，校长李佩燕、教师郑淑萍代表学校参加第四届世界华文教育大会。

2 月 10 日，组织师生举行迎农历新年汇报演出。

2 月 26 日，举办高年级教师校内听课学习交流活动，共享华文教学智慧。

4 月 21 日，瑞士日内瓦华文教育基金会创办人兼校长褚峻女士、副校长孙志敏女士、行政总监刘启津女士等一行 14 位华文教师到学校参观访问。

6 月 11 日，组织学生参加第十九届世界华人学生作文大赛并获得一等奖 3 名、二等奖 7 名、三等奖 2 名。

8 月 22 日，组织学生参加 2018 年海外华裔青少年"中国寻根之旅"夏令营山西运城营。

11 月 17 日，举办"秋之盛宴"，全校师生及家长共品中国美食。

8. 捷克布拉格中华国际学校

6 月 1 日，组织学生参加中国驻捷克大使馆举办的"六一"国际儿童节中外儿童中国大使馆联欢活动。

7 月 13 日，组织学生参加 2018 捷克华裔青少年"中国寻根之旅"夏令营。

9 月 27 日，举办以"一带一路上的大家小书"为主题的中国书法艺术体验课。

11 月 20 日，举办"中华文化体验周"系列活动。

9. 葡萄牙里斯本淑敏语言文化中心

1 月 14 号，学校选送了 7 个节目参加由葡萄牙华星艺术团主办、在 Casino Estoril 剧场举行的首届"文化中国·华星闪耀"葡萄牙中华才艺大赛（初赛）。1 月 18 日，学校学生在里斯本 TIVOLI 剧院表演舞蹈"向上吧·少年"，拉开"亲情中华 欢聚里斯本暨葡萄牙商会成立 10 周年庆典"演出里斯本站的序幕。

1 月 21 日，组织学生参加在 Casino Estoril 剧场举行的首届"文化中国·华星闪耀"葡萄牙中华才艺大赛的复赛与决赛，多位学生获奖。

5月13日，选送民族舞蹈《傣族儿女的五彩梦》参加全球华语朗诵大赛复赛和决赛。

7月23日，第四届"曹灿杯"青少年朗诵展示活动颁奖典礼在北京喜剧院举行。学校6位获奖学生代表首届全球华语朗诵大赛葡萄牙赛区与来自英国、意大利、德国、西班牙、美国、加拿大、阿根廷、澳大利亚、新西兰、希腊、阿联酋、南非、巴基斯坦、厄瓜多尔、马达加斯加等16个国家和地区的20个分赛场的选手代表共同表演集体朗诵《祖国到底是什么》。

8月16日，2018"中华文化大乐园"葡萄牙里斯本营在葡萄牙里斯本举行开营仪式。中国驻葡萄牙大使蔡润、葡萄牙驻华大使José Augusto Duarte、中国辽宁省外事侨务办公室侨联处处长罗凤军、校长韩淑敏、葡萄牙中华总商会会长蔡文显、学校校董、顾问以及旅葡华侨华人和学生家长等300余人出席。

8月23日，中国辽宁省外事侨务办处长罗凤军、侨联处教师刘勇、沈阳师范大学和辽宁省实验中学的老师们走访参观了中心校舍，并与师生进行友好交流。

8月26日，"中华文化大乐园"2018葡萄牙里斯本营举行闭营仪式暨学习成果展示活动。辽宁省外事侨务办公室侨联处处长罗凤军，环球伊比利亚总裁、学校荣誉校长詹亮、名誉顾问王小伟、家长委员会会长吴国华、里斯本中文学校校长陈晓红以及在葡各界侨领和家长朋友们观看闭营汇报演出。

11月23日，学校派10名教师代表参加由里斯本孔子学院主办的"2018第六届全葡汉语教师培训暨教学研讨会"。

11月25日至12月2日，组织学生观看"葡萄牙2018中国电影周"中的有教育意义的中文影片——《狼图腾》。

10. 葡萄牙里斯本中文学校

5月，组织教师参加中国国务院侨务办公室"2018华文教育·名师巡讲团"在里斯本的讲学活动。

6月17日，举办"不变的情怀"年度演出，校长陈晓红致辞。

7月13日，组织学生赴中国吉林长春威海小学参加2018年海外华裔青少年"中国寻根之旅"夏令营吉林营。

8月10日，校长陈晓红带领暑期班学生进行特茹河自然之旅。

8月30日，开展为期两个月的暑期班。

9月，由中国华文教育基金会主办、北京四中网校远程在线授课的《小学古诗书法指导》在学校暑期班顺利开课。

9 月 14 日，里斯本校区新学期教学工作会议在校本部召开。

10 月 13 日，由学校和 Fernando Lopes-Graça 中学、卡斯卡伊斯市政厅共同举办的"中文课程走进卡斯卡伊斯"开课典礼在帕雷迪 Fernando Lopes-Graça 学校举行。

10 月 20 日，由中国四川省成都市政府外事侨务办公室主办，Fernando Lopes-Graça 中学和里斯本中文学校共同承办的为期 2 天的"Panda 成都"活动，在葡萄牙成功举办。

11 月 17 日，学校新一届小记者团启动仪式在 Nuno 学校图书馆举行，校长陈晓红、葡中摄影协会刘小兰、里斯本中文学校老师以及报名参加小记者团的 48 位学生参加了仪式。

11 月 26 日，由中国国务院新闻办、中国外文局和中国驻葡萄牙大使馆共同举办的《习近平主席谈治国理政》中葡读者会在阿茹达宫举行。学校 3 位小记者采访《习近平主席谈治国理政》中葡读者会。

12 月，学校科英布拉校区的师生应邀出席科英布拉大学孔子学院在文学院剧场举办的"科英布拉大学孔子学院汉语秀暨冬至节联欢会"活动。

11. 瑞典瑞京中文学校

9 月 15 日，学校 50 名师生受邀参加中国驻瑞典大使馆的"庆中秋"开放日活动。

12. 瑞典瑞青中文学校

3 月底至 4 月初，校长王梅霜、高年级组和低年级组教师到美国加利福尼亚州硅谷双双中文学校进行为期 2 天的实地交流访问。

9 月 15 日，应中国驻瑞典大使馆大使桂从友和夫人宋景丽邀请，学校 40 名师生前往中国驻瑞典大使馆府邸参加主题为"庆中秋"的大使馆开放日，并与在瑞各界人士和中文学校师生一同体验中国传统节日中秋佳节。

11 月 17 日，中国驻瑞典大使桂从友应邀出席学校"大使奖"中文朗诵比赛。

12 月 25 日，学校学生在导师冯裕莹带领下，参加中国浙江青田同乡会第十八届年会，并朗诵名作《少年中国说》。

13. 瑞士日内瓦华文基金会

4 月 16 日至 26 日，瑞士日内瓦联合国万国宫举行为期一周的大型中文日活动。日内瓦华文教育基金会（CIG）受邀带领 60 名瑞士当地高中学生及成人学生出席了开幕式。

4 月 21 日，基金会创办人兼校长褚峻女士、副校长孙志敏女士带领 12 位华文教师代表到荷兰丹华文化教育中心参观访问。

4月底5月初，中国国务院侨务办公室"华文教育名师巡讲团"首次到访瑞士培训海外华文教师。基金会承担瑞士站日内瓦、伯尔尼与尼永三地的全部组织、接待工作。

4月26日，校长褚峻陪同中国国务院侨务办公室"华文教育名师巡讲团"一行人拜访中国驻日内瓦联合国使团张养吾公参和陈亚欧参赞。

5月2日，副校长孙志敏邀请山东大学附属中学小学部校长汪静为学校师生演示示范课。

8月24日，校长褚峻拜访中国国务院侨务办公室文化司。

8月12日至22日，校长褚峻等到中国河南省郑州市参加由中国国务院侨务办公室组织的海外"华文教育示范学校"校长研习班。

12月17日至2019年1月3日，组织教师赴中国厦门华侨大学参加华文教师培训活动。

14. 西班牙巴塞罗那孔子文化学校

2月24日，举办"2018年迎新春教师大会"。

5月6日，举行全球华语朗诵大赛西班牙赛区巴塞罗那线下总决赛。

5月20日，学校举办小博士毕业典礼。

5月26日，学校Diputación校区2018届幼儿大班毕业典礼在学校礼堂举行。

7月25日，组织师生参加第九届海外华裔及港澳台地区青少年"中国寻根之旅"夏令营北京集结营。

15. 西班牙中加友好中文学校

4月14日，受中国浙江省温州市青田县委宣传部、青田县侨务办公室、青田县关工委和西班牙侨商会委托，承办首届海外青少年爱国爱乡主题教育活动。

6月17日，组织学生参加"2018巴塞罗那端午龙舟文化节"，并参与闭幕式演出。

7月23日，组织学生参加"2018中国寻根之旅山东北京营"。

10月6日，与巴塞罗那华星艺术团共同举办第四届"中加友好学校 庆国庆 青少年诗歌朗诵大赛"。

11月14日，组织学生参加加泰大区政府"Aprenem Famílies en Xarxa"公益志愿活动。

11月21日，举办暨南大学华侨华人调研团交流座谈会。组织学校骨干教师与调研团共同商讨华文教育前景，并且就《中文》教材提出建议。

16. 希腊雅典中文学校

4月3日，举行"华文教育示范学校"揭牌仪式，中国驻希腊大使馆邹肖力大使、赵宗阳主任以及各侨团侨领和各界媒体受邀参加。

4月29日，全球华语朗诵大赛希腊赛区比赛在学校拉开帷幕。

5月13日，举行首届全球华语朗诵大赛希腊赛区复赛。

5月27日，举行首届全球华语朗诵大赛希腊赛区决赛。

7月23日，组织学生参加"中国寻根之旅"魅力北京戏曲营。

10月28日，组织师生和家长一同参加了为期1天的户外拓展训练——野外丛林探险。

10月27日，由中国华文教育基金会和中国妇女发展基金会联合主办、北京四中网校承办、完美（中国）有限公司资助的"华文教师完美远程培训"海外华文公开课，走进学校。

10月31日，校长李芳与北京四中网校校长刘开朝在希腊雅典正式签署"北京四中网校海外合作学校"协议。

11月10日，来自北京民族乐团、北京舞蹈学院和武匠武术会馆的优秀表演艺术家以及中国著名的非物质文化遗产大师在学校上演"中国之夜"文化表演。

11月24日，联合希腊 Eurognosi 语言培训学校、萨拉米斯外国语国际学校进行推广汉语及中华文化的联谊活动。

12月23日，举行2018年中小学部年度汇报演出。

12月24日，举行2018年幼儿部年度汇报演出。

17. 意大利佛罗伦萨中文学校

1月8日，召开新学期全体教职工大会，认真贯彻第四届世界华文教育大会精神。

1月13日，举行2018学年度教学研讨会第四次公开课。

1月30日，与联盟学校——意大利圣托里诺学校初中部进行关于学生培养的交流活动。

2月15日，举办首届"庆春杯"书法大赛。

2月18日，举行2018学年度教学研讨会第五次公开课。

2月21日，校长潘世立应邀参加"国际母语日"纪念大会，并以"母语和母语学习"为主题作报告。

3月3日，组织全体教师参加由上海市人民政府侨务办公室主办的远程培训。此次培训旨在利用先进的网络媒体与设备，实时连线海外的华文教师进行讲座培训，从而提高华文师资的教学能力。

3月6日，与佛罗伦萨保罗茨落学校初中部进行关于华裔学生培养的交流活动。

3月17日，举行2018学年度教学研讨会第六次公开课。

4月21日，举行2018学年度教学研讨会第七次公开课。

4月30日，上海师范大学对外汉语学院院长曹秀玲一行3人到校访问。

5月6日，举办"春天诗会"系列性主题活动。

5月19日，举行2018学年度教学研讨会第八次公开课。

5月20日，举办中华文化沉浸式主题学习活动。

5月28日，组织学生参加"第十九届世界华人学生作文大赛"。

5月31日，举办"意中儿童喜迎佳节，展献歌舞飞扬梦想"——佛罗伦萨中文学校意中儿童文艺汇演。

9月11日，组织学校老师参加国际多元化教学的学术交流会，意中教师共同体验不同语言的教学方法。

9月19日，接待浙江省外事侨务办公室领导和外派教师，并进行座谈。

10月1日，召开段长联席会议，学校各年级段长齐聚一堂，针对教学计划和重难点进行了研讨。

10月10日，组织学校教师参加《国际汉语课堂教学教学技巧》的远程培训，并结合培训内容进行研讨。

10月26日，校长潘世立出席"意大利意中文化教育交流研究中心"成立庆典。

10月27日，中国国务院侨务办公室2018慰问外派教师慰问团到校访问。

11月19日，组织学校教师进行阶段性教学小结讨论会。

12月1日，为促进中文教学，对2018年度外派教师进行意大利语培训。

12月3日，举办以"趣品绎经典，'悦'读近距离"为主题的阅读系列活动。

12月6日至7日，校长助理潘向东受意大利教育部邀请参加在那不勒斯地区召开的"城市郊区学校的多元化交流的国家研讨会"。

12月8日，组织全体教师认真观摩并讨论高中年段教学公开课《雷雨》与《我与地坛》。

12月11日，举办以"冰冻三尺非一日之寒"为主题的口才训练系列活动。

18. 意大利罗马中华语言学校

1月2日，学校学生在由中国国务院侨务办公室、中国海外交流协会主办，华侨大学承办的第六届海外华裔青少年中华文化大赛（知识竞赛）总决赛中获奖。

1月4日，举行暨南大学汉语国际教育硕士研究生班（意大利罗马办学点）的开题活动。

1月8日，举行2018学年第五次校会议，全面安排和研究部署新学期教学计划及教学内容。

1月13日，学校2018春晚选拔赛小主持人总决赛落幕。

1月13日至14日，组织师生参加第一届国际文化节暨第一届东方博览会，并表演歌曲《茉莉花》。

1月27日，举行了2017—2018学年的期中统考。

2月10日，学校举行2018春节晚会。

2月16日，校长蒋忠华与罗马欧洲大学Amador Pedro Barrajon校长签署关于两校合作办学备忘录。

2月18日，参加在罗马华人社区维多利奥举办的春节庙会活动并表演。

3月10日，举行意大利南部教学观摩研讨会。来自意大利南中部的中意学校（那不勒斯）、马尔凯国际中文学校（安科纳）、米卡中文学校（布洛尼亚）、罗马孟子中文学校、国际教育文化交流学校（普拉托）、咏恩中文学校（那不勒斯）、快乐岛国际三语幼儿园学校（佛罗伦萨）和罗马中华语言学校的40多名教师代表一同参加交流和研讨。

4月14日，为参加由意大利中文学校联合总会组织的母亲节诗朗诵大赛，组织初级选拔赛。

4月26日，校长蒋忠华陪同温州大学意大利分校校长严晓鹏参观校舍和中文课堂，并与中华学校学生代表、家长代表以及教师代表分享了关于意大利华文教育的交流会。

6月9日，举行第五届诗朗诵大赛暨六年级毕业典礼。

8月9日，举行2018年暑期班期末考试。

11月10日，召开第二届家长代表交流会。

11月17日，学校多名学生代表受邀参加在罗马圣乔瓦尼Lo spazio剧院举办的一场名为"Art bridge（艺术桥）"国际文化项目的义演。

11月24日，举行2019年春节晚会小主持人选拔赛。

11月28日，与中国温州大学意大利分校举行温州大学意大利分校罗马实验小学授牌仪式，校长蒋忠华、温州大学意大利分校校长严晓鹏博士、意大利中文学校联合总会会长陈小微及多位意大利华文学校校长出席。

12月20日，校长蒋忠华带领学生在意大利罗马国立高中伽利略举行100周年校庆之际献上中意英三语的演唱表演。

19. 意大利米兰第一中文学校

1月13日，校长胡光绍组织米兰第一中文学校全体老师学习第四届世界华文教育大会会议内容。

6月29日，中国河南省侨务办公室处长王继到学校视察。

8月1日至15日，组织学生参加由中国侨务办公室主办、郑州大学承办的2018年海外华裔青少年"中国寻根之旅"中华武术营活动。

20. 英国伦敦普通话简体字学校

5月6日，由中国华文教育基金会主办的实景课《大熊猫》开课。学校四年级两个班的同学和YCT1班的同学近60人体验了实景课教学。

5月13日，由中国华文教育基金会主办的实景课《中华刺绣》开课。

6月3日，实景课堂再次走进学校，三年级A班、B班和书法班60多名同学享受近距离文化体验课。

7月1日，举行2018年第十一届才艺表演、第一届"经典咏流传——古诗词吟唱会"。

9月29日，组织学生参与首届华人田径运动会。

10月21日，组织教师参与第十八届英国华文教师节暨优秀教师表彰大会，共同庆祝全英华文教师节，并献上表演《采薇舞》。

11月4日，举行颁奖仪式，校长为优秀学生颁发奖状或奖金，同时为6月份参加汉语考试的同学颁发证书。

四 大洋洲

1. 澳大利亚布里斯班中文学校

1月10日，组织学生参加"中国寻根之旅"冰雪营黑龙江营。

3月27日，学校将中华传统文化带进布里斯班名校 Indooroopilly State High School，参加该校举办的"联合国日"活动。校长钱勤、胡津玲率队前往，美术教师指导学生进行"中国脸谱绘画"与"中国团扇绘画"艺术创作。

6月28日，组织师生参加 Calamvale Community College 举办的"2018多元文化节"活动，增进当地主流学校对多元文化的了解。

11月24日至25日，首届"阎肃杯"海外华裔青少年朗诵大赛在学校举行，两天四场比赛，共有100名选手参加最终的角逐。

2. 澳大利亚丰华中文学校

3月8日，举办庆祝中国新年系列活动。

7月7日，举办2018年"教学研讨会"，包括：组织教师学习新南威尔士州K-10最新的中文教学大纲；了解到丰华作为新南威尔士州10所社区语言学校试点之一，将最先使用州政府斥资专门为语言学校设计的管理软件；模范教师分享自己在教学上的心得和经验；校长许易重申学校的办学理念和对教师们的要求等。

8月25日，举办"中国寻根之旅"夏令营东莞营汇报会。

3. 澳大利亚昆士兰苗苗中文学校

1月26日，学校南区召开新年第一次全体教职工大会，教师们探讨汉语教学策略与方法。

1月27日至28日，学校携手昆士兰中华文化协会举办中华传承文化大课堂，通过介绍腊八节传统和习俗，以展示汉民族服饰为媒介，展示中华传统文化的魅力。

6 月 26 日，举办端午节文化课堂，通过端午知识问答、包粽子、端午节义卖等活动带领学生们感受端午风情，学习中华文化。

11 月 17 日，举办第三届孔子文化节。

4. 澳大利亚暨南大学新西兰实验学校

1 月 15 日至 26 日，举办 2018 第三届"才学兼优"精品夏令营。

5 月 18 日至 21 日，承办中国国务院侨务办公室主办的"华文教师证书"培训班。

7 月 7 日至 20 日，承办 2018"中国寻根之旅"云南丽江夏令营。

9 月 16 日，举办"华文语言技能公开展演"活动。

9 月 23 日，承办新西兰中文周期活动——中文教育 workshops。奥克兰大学教授张军和悉尼大学副教授 Linda 为在奥克兰从事中文教育的老师和进行中文教育学习的学生讲授他们在这一领域的最新研究成果，并研讨了中文教育中存在的问题。

12 月 11 日，学校 82 名学员通过中国国务院侨务办公室举办的"2018 华文教师证书"培训考试。

5. 澳大利亚墨尔本新世纪学校

8 月，举办 2018 新世纪学生器乐演奏大赛。

6. 澳大利亚悉尼中文学校

5 月 19 日至 26 日，组织学生参加 2018 全澳中文朗诵比赛并取得优异成绩，4 ~ 6 岁组荣获团体赛亚军、7 ~ 9 岁组荣获团体赛冠军、13 ~ 15 岁组荣获团体赛冠军。

7 月 7 日，举行学校教师会议。

9 月 24 日，举办中秋节活动，师生一起制作月饼盒纸灯笼，共同感受中秋文化。

7. 澳大利亚新金山学校

3 月 25 日，学校中文 VCE 优秀毕业生颁奖典礼在 Glen Waverley 中学的 Treseder Hall 礼堂举行。

5 月 15 日，学校学生获得维多利亚州 VCE 州长奖。其中，白修睿同学荣获 VCE 中文第二语言高级组别的州长奖，毛维烨同学荣获第二语言组别州长奖桂冠。校长刘爱云及他们的授课教师出席颁奖典礼。

7 月，组织学生前往中国威海参加为期近两周的"2018 海外华裔青少年中国寻根之旅"夏令营。

9月12日，维多利亚州总督府举行"2018年多元文化杰出贡献奖"颁奖典礼，校长刘爱云荣获"维州多元文化杰出贡献奖"。

11月3日，维多利亚州多元文化事务部部长 Robin Scott 访问学校 Melbourne High School 校区。

11月25日，在 Wesley College 校区举办美术比赛颁奖会。

五 南美洲

1. 阿根廷富兰克林中文学校

5月18日，校长毛亦丰访问华人头条福州总部，与华人头条董事长黄琪旺签订合约，双方将共建线上华文教育平台，立足当地，为世界华文教育作出贡献。

5月30日，参与承办由阿根廷华文教育基金会主办的首届全球华语朗诵大赛阿根廷分赛区比赛。

8月28日，校长毛亦丰参加中国驻阿根廷大使馆举办的华文教材捐赠仪式，并参与讨论在阿根廷华文教育未来的发展与现有的问题。

9月3日，中国华文教育基金会"2018华文教育名师南美洲巡讲团"到校开展华文教师培训活动。

12月8日，举办二十周年校庆暨2018学年毕业典礼。

2. 阿根廷侨联中文学校

8月28日，校长林月卿参加中国驻阿根廷大使馆举办的华文教材捐赠仪式，并参与讨论在阿根廷华文教育未来的发展与现有的问题。

3. 巴西圣保罗华侨天主堂中文学校

9月16日，举行由中国华文教育基金会、中国妇女发展基金会主办，圣保罗助中心教育组承办，完美（中国）有限公司资助的海外华文教师远程培训开课仪式。

10月28日，中国驻圣保罗总领事陈佩洁等一行4人到校参观并与教师们展开座谈交流。

11月15日，举行2018年度学习成果展。学校学生准备了古筝曲《康定情歌》《阿里山的姑娘》《牧童之歌》《卖花姑娘》等节目。

4. 苏里南广义堂中文学校

4月25日，副校长何志伟参与接待中国（广西）一带一路集团执行董事长韦振宇带领的考察组到广义堂考察访问。

第六部分

2018 年世界华文教育学术动态

一　华教学术会议

1. 2018 年汉语国际教育专业学位硕士研究生培养研讨会在暨南大学举办

2018 年 1 月 10 日，"汉语国际教育专业学位硕士研究生培养研讨会"在暨南大学华文学院举办。出席此次研讨会的专家有：中央民族大学刘玉屏教授、华东师范大学吴勇毅教授、福建师范大学林新年教授、中山大学张世涛教授和周小兵教授、华南理工大学刘程教授、华南师范大学王葆华教授、广东外语外贸大学陈彦辉教授、广州大学马喆副教授以及暨南大学曾毅平教授、邵宜教授、彭小川教授等。各校汉语国际教育专业建设负责人依次介绍了本校汉语国际教育专业学位硕士研究生的培养情况，交流汉硕专业建设经验，并就汉语国际教育专业的课程设置、招生条件、国内外生差异化培养、双导师制的落实、学位论文选题、实践教学及就业、校际合作等问题展开深入交流与讨论。

2. 第三届人文社会科学研究生学术论坛在北京语言大学举办

2018 年 3 月 24 日，北京语言大学举办第十三届人文学术月系列活动暨第三届人文社会科学研究生学术论坛。论坛以"学思问道"为主题，共分为"汉语言文字学、中国古典文献学""比较文学与世界文学、文艺学、专门史""思想政治教育""国际政治""语言学及应用语言学""课程与教学论""中国现当代文学""中国古代文学""新闻传播学"9 个主题论坛。其中语言学及应用语言学主题分论坛含理论语言学、社会语言学与语言生活、第二语言习得、语言测试、语言地理学、语言信息处理、计算机辅助语言学习等；汉语言文字学主题分论坛含汉语语音学、汉字学、汉语语法学、汉语词汇学、汉语方言学等；课程与教学论投稿方向为对外汉语教学论、对外汉语课程论、对外汉语学习论、对外汉语教材研究、对外汉语教学评估研究、对外汉语教学资源研究、对外汉语教学现代化等。

活动启动以来共收到来自全国 65 所高校的 196 篇论文，其中有 45 篇优秀论文入选，获得现场答辩资格。来自各高校的答辩选手与评审老师共谈学术问题、交流研究方法。评审老师既对入围选手的学术水平给予了肯定，又从自己的学术眼光出发提出了极有价值的建议，令选手与观众受益匪浅。

3. 《台大华语文教学研究》第六届论文发表会在台湾大学举行

2018 年 3 月 24 日，由台湾大学华语教学硕士学位学程主办的《台大华语文教学研究》第六届论文发表会在台湾大学举行。此次会议面向各语言学及华语教学研究生征稿，讨论议题涵盖华语教学法、汉语语言学、咨询语言学、资讯科技与华语文教学、华人社会与文化、第二语言习得、国内外华语教学现况等华语教学实务与理论相关主题。

4. 2018 年应用语言学暨语言教学国际研讨会在台湾科技大学举办

2018 年 4 月 20 日至 21 日，台湾科技大学举办应用语言学暨语言教学国际研讨会（ALLT）。研讨会聚集全球专家学者分享在应用语言学及语言教学领域的研究成果与应用心得，会议主题为"第二语言教育新诉求：专业、科技与素养之创新研究"。具体包括：第二/外语学习策略新探；科技强化语言学习（电脑辅助语言学习、行动科技辅助语言学习、游戏化语言学习）；心理计量于语言习得与评量之应用；问题导向学习融入读写教学；多模态语言教学研究；语言、文化与社会化；教师认同与认知；口笔译；全英文授课、内容与语言整合学习及专业英语相关议题；语料库语言学；教材与活动设计等。此外，会议还邀请了澳大利亚新南威尔士大学的高雪松博士、美国加州大学伯克利分校的 Richard G. Kern 博士以及南加利福尼亚大学的名誉教授 Stephen D. Krashen 进行专题讲演。

5. 第三届中华文化人文发展国际学术研讨会在香港举办

2018 年 4 月 21 日，香港珠海学院中国文学及历史研究所主办的第三届中华文化人文发展国际学术研讨会举办。会议旨在弘扬中华文化，检视人文发展。会议主要征集了中国古代文学、中国现当代文学、中国思想哲学、中国古代史、中国近现当代史、香港及华南地区文化等研究方向的稿件。本届研讨会共有 160 余名来自两岸三地的学者及研究生参加，共发表了 120 篇会议论文，题目横跨文、史、哲、宗教等人文研究。

本届"中华文化人文发展国际学术探讨会"分主题论坛和分组研讨两个环节。在开幕式上，文字学泰斗、能仁学院副校长单周尧教授以甲骨文为主讲题目。北京大学董正华教授、南京大学孙立尧教授、台湾树人大学张高评教授、香港理工大学朱鸿林教授等著名学者围绕"中华文化人文发展"的理论与实践进行了主题报告，与在座学者分享了中国近现代社会经济文化发展以及文史哲各方面研究的心得和成果。

6. 2018 年对外汉语博士生论坛暨第十一届对外汉语教学研究生学术论坛在北京大学举办

2018 年 5 月 5 日，2018 年对外汉语博士生论坛暨第十一届对外汉语教学研究生学术论坛在北京大学对外汉语教育学院成功举办。此次论坛以"多元深化的汉语作为第二语言的教学与研究"为主题，围绕"汉语语法、语义、语用研究""汉语词汇、汉字、语音研究""课程设计和课堂教学研究""教材研究""第二语言习得与测试研究""汉语文化与跨文化交际研究""汉语教师师资培养和专业发展研究""现代教育技术手段在汉语教学中的应用研究" 8 个议题展开研讨。论坛共收到摘要投稿128 篇，参会人数超过 150 人，其中来自 17 所高校的 73 位参会代表进行了报告。法国教育部汉语总督学、欧洲汉语教学协会主席白乐桑教授应邀前来参加论坛开幕式，并做了题为《汉语教学二元论与经济原则》的专题报告。

7. 2018 年第八届开创华语文教育与侨民教育之新视野国际学术研讨会在台湾举办

2018 年 5 月 25 日至 26 日，中原大学应用华语文学系举办第八届开创华语文教育与侨民教育之新视野国际学术研讨会。会议征集了"华语文产业研究""华语文教学与习得研究""华语文教育研究""华语文数位应用语教材研究""华语文本体研究""侨民教育"，以及其他相关华语文教育与侨民教育议题的稿件。其中，"华语文教学与习得研究"主题分论坛含华语文创新教法、习得研究、教学品质管理机制、华语文测验与评量、专业华语等相关议题；"华语文教育研究"含华语文政策、行政研究、华语文师资培训与评鉴、师资认证与推广等相关议题；"华语文数位应用语教材研究"含华语文数位化教学、教材发展、行动学习、数位游戏研发、教材发展等相关议题；"华语文本体研究"含华语语音、词汇、语法、语义、语用、篇章、言谈分析、古代汉语研究、汉字研究等相关议题；"华语文产业研究"含华语文海外驻点、教材、师资、课程等输送计划；"侨民教育"含侨民教育政策、措施、师资培育、教材编撰、侨校经营、各国华文学校现状、侨民教育回顾与展望等相关议题。会议以专题演讲、论文发表、教学工作坊、墙报发表、学术沙龙等形式展开研讨。

8. 第八届东亚华语文教学研究生论坛——内容导向的华语文第二语言教学在台湾地区举办

2018 年 5 月 26 日至 27 日，由台湾师范大学华语文教学系暨研究所主办，台湾师范大学东亚学系、台湾政治大学华语文教学学位学程协办的第八届东亚华语文教学研究生论坛在台湾师范大学举办。此次会议议题包括：东亚各地华语教学之研究；华语教学或学习之跨文化沟通；华语师资培育和专业发展研究；K–12 国际华语教学；华语作为外语/第二语言的课程设计和课堂教学研究；华语作为外语/第二语言的教材研究；外语/第二语言教学法及教学成效之探讨；华语文测验与评量；汉字、语音、词汇、语法、语用、语意研究在华语教学之应用；华语文作为外语/第二语言之习得研究（中介语、偏误分析、对比分析）；电脑科技辅助华语教学之应用研究（线上教学/远程教育）；华语文教学组织机构、教学标准及政策之相关研究；专业华语研究（商务华语、观光旅游华语、学术华语等）；国际汉学；东亚思想与文化；区域文化研究；海外华人。研讨会为各地区研究生与学者专家相互交流讨论及研究成果发表提供机会，促进东亚各地华语文教学、研究合作及整体发展。

9. 第五届汉语作为第二语言研究国际研讨会在香港大学举办

2018 年 6 月 14 日至 16 日，第五届汉语作为第二语言研究国际研讨会在香港大学召开。本届研讨会的主题包括：汉语作为第二语言的习得与发展；文化在汉语作为第二语言习得的角色；汉语作为第二语言或外语的教学法；使用汉语作为第二语言的语用；汉语作为第二语言习得的话语分析；汉语作为第二语言教育技术研究；汉字的认识与习得；学习汉语的动机；汉语作为第二语言的能力评估等内容。会议旨在齐聚全球研究汉语作为第二语言的习得、发展与运用的专家学者于一堂，进行汉语教学领域中知识概念以及实务经验的探究与交流，支持汉语教学领域学者间的切磋互动，以期能促进该领域的持续发展。

10. 第二届《语言教学与研究》国际学术研讨会在安徽师范大学举办

2018 年 6 月 15 日至 17 日，由《语言教学与研究》编辑部和安徽师范大学文学院联合主办的"第二届《语言教学与研究》国际学术研讨会"在安徽师范大学成功举行。来自美国、法国、葡萄牙、日本、新加坡和中国大陆、中国香港、中国台湾等地的百余名学者代表参加了会议并宣读论文。

此次研讨会采取大会报告和分组报告相结合的形式。会议议题包括：面向第二语言教学的汉语本体研究；汉语作为第二语言的教学研究；汉语作为第二语言的习得研究。北京语言大学校长刘利教授、安徽师范大学校长张庆亮教授、北京语言大学校长助理张旺熹教授、安徽师范大学文学院院长储泰松教授、安徽师范大学文学院教授委员会主任熊仲儒教授、《语言教学与研究》主编施春宏教授及全体与会代表出席了开幕式。刘利教授在致辞中指出，如何在当前大数据时代和人工智能背景下开创语言研究（包括本体研究和习得研究）和语言教学研究的新时代，是摆在语言学界和汉语国际教育学界的重大挑战和机会。此外，会议期间还举行了"第二届语言学期刊编辑与青年学者座谈会"，邀请《世界汉语教学》《汉语学习》《华文教学与研究》《汉语国际教育学报》和《语言教学与研究》等期刊的编辑，与青年学者互动交流。

11. 第四届语言学与汉语教学国际论坛在香港举办

2018 年 7 月 6 日至 7 日，香港中文大学和美国斯坦福大学联合主办的第四届语言学与汉语教学国际论坛在香港中文大学举行。论坛以"语体语法与语体教学"为主题，议题有：语体语法的"本体研究"和"教学研究"；"语体本体语法"转换为"语体教学语法"的研究；语体教学的理论和方法（包括中小学 L1 和 L2 的语体教学）；语体研究与教学的历史与现状（包括中小学 L1 和 L2 的语体教学）；其他学科（语言学、文学、认知、心理、社会：语料库、人工智能等）中有关语体、文体（或文类）研究的新发展、新成果及其与汉语（一语和二语）教学的关系。论坛形式有：语体语法与语体教学高端研讨会；语体语法与语体教学国际论坛；语体语法与语体教学工作坊。

12. 国际大脑与语言研究研讨会在华侨大学举办

2018 年 7 月 12 日，由华侨大学与台湾联合大学系统语言与人类复杂系统联合研究中心共同主办的国际大脑与语言研究研讨会在华侨大学厦门校区举行。华侨大学原校长贾益民教授、台湾联合大学系统校长曾志朗院士、台湾师范大学副校长宋曜廷教授、中国科学院陈霖院士等出席了会议。来自美国耶鲁大学、宾夕法尼亚州立大学、印第安纳大学、以色列希伯来大学、西班牙巴斯克认知脑及语言中心、台湾师范大学、台湾中央大学、台湾政治大学、华侨大学等海内外知名高校的近 40 名认知神经科学领域的专家学者汇聚于此，研讨大脑与语言关系。

会议围绕"二语习得与阅读发展""语言处理的大脑神经机制""语言与阅读""统计学习""中文词汇声调处理"5 个议题展开，美国耶鲁大学 Kenneth Pugh 教授、宾夕法尼亚州立大学李平教授、西班牙巴斯克认知脑及语言中心 Manuel Carreiras 教授、以色列希伯来大学 Ram Frost 教授、芬兰 Jyväskylä 大学 Heikki Lyytinen 教授、台湾中正大学戴浩一教授、台湾中央大学认知所吴娴教授、台湾阳明大学郭文瑞教授作了发言，他们的发言题目分别为《识字的脑：学会阅读如何依赖及改变说话的脑的组织运作》《从认知神经科学观点探究二语学习》《双语的脑：从出生到死亡的大脑神经可塑性及加工机制》《规则性学习的生物神经特征》《早期发现及预防阅读障碍的全球观点》《脑神经可塑性与华语二语学习之我见》《统计学习能力预测阅读中文之大脑活动》《词汇声调处理的神经基础》。

13. 第十一届中文教学现代化国际研讨会在澳门科技大学举办

2018 年 7 月 18 日至 20 日，由中文教学现代化学会主办、澳门科技大学承办的第十一届中文教学现代化国际研讨会在澳门科技大学举办。近 80 名来自中国内地、中国澳门、中国香港、新加坡、韩国、日本、越南、美国、澳大利亚等国家和地区的专家学者出席会议。会议分会议题包括：中文教学现代化的理论、实践应用与反思；中文教学资源（包括平台、素材、本土化教材、课件、知识库、微课程及工具等）的建设、应用及支援服务体系的构建；新媒体、新技术、新产品、新思维在中文教学的探索与应用（如大数据、人工智能、移动终端、社交媒体、MOOC、SPOC、翻转课堂、虚拟现实、多元智能、计算思维、计算辞典学等）；多元化师资培训与考评研究；汉语水平测试现代化研究；其他中文教学现代化的相关研究与应用。北京大学李晓琪教授、澳门大学程祥徽教授、山东大学盛玉麒教授、香港城市大学蒲苏教授等专家学者应邀做主讲报告，讲题分别为《互联网＋时代汉语教学之新变革》《澳门汉语特色》《人工智慧给中文教学现代化带来的挑战与对策》《从电子词典编纂学的角度浅论汉语学习词典》。

14. 第二届新加坡华文教研中心—华侨大学"华文教学交流会"在新加坡举办

2018 年 7 月 26 日至 27 日，南洋理工大学新加坡华文教研中心联合华侨大学华文学院、华文教育研究院在新加坡华文教研中心举办第二届"华文教学交流会"。新加坡华文教研中心院长符传丰、副院长张龙晋、前任院长陈之权，华侨大学前任校长贾益民教授、华文教育研究院副院长胡建刚、华文学院副院长沈玲等嘉宾出席了开幕式。

本届会议以"华文教学的新方向与新方法"为主题，围绕"新时代华文教育发展""华文教学方法与实践""华文本体研究与华文教学理论""华文教师与学习者研究""华文教材、课程及教学资源开发与实施""资讯科技与华文教学"等分议题展开研讨。华侨大学贾益民教授在交流会上做了《全球化语境下的华文教育》主旨报告，华侨大学胡建刚副教授做了题为《欧洲华文教育社团促进"民心相通"研究》

的发言。新加坡华文教研中心学者做了《新加坡小学高年级课堂华文阅读能力培养探索》《小二句子教学策略初探》《新加坡初中低年级华文写作引导系统的开发和使用测试研究》《新加坡日常华文语料库及本地化字词大纲研制初探》《新加坡双语学习者华语词汇学习需求分析》《新加坡高中 H1 华文学生学习动机调查研究》《打字写字教学的构想》等报告。与会专家学者就教学理论、教学方法、教师培养与培训、教学大纲研制等议题进行了深入探讨。

15. 第五届"华文作为第二语言之教与学"国际研讨会在新加坡举办

2018 年 9 月 12 日至 13 日，由新加坡华文教研中心主办的第五届"华文作为第二语言之教与学"国际研讨会在新加坡新达城会议中心举行。来自美国、英国、中国及新加坡的千余名学者和华文教师参加了此次会议，新加坡国立大学周清海教授应邀做演讲嘉宾。

本届研讨会分为论坛、主题演讲、特邀演讲、分场会议等环节，大会的主题是"传承·引领"。论坛部分分为两场，其中一场主题为"融入文化元素的第二语言学习——国际视角"，另一场题为"新加坡环境下的语文学习与文化传承"。主题演讲环节中，美国密歇根大学谭霞灵教授对华语儿童和英汉双语儿童的口语及阅读发展区别进行了讲解。华东师范大学吴勇毅教授对 2005 年至 2016 年间关于汉语作为第二语言/外语教学法的研究做了回顾性的梳理，并以此为例分析了教学法的发展和演变。美国麻省理工学院的廖灏翔教授以《慕"知"磨"行"：国际汉语慕课"中文客"》为题，分析了慕课在推广汉语过程中的优势和发展形势。分场会议分为"评估与测试""教学策略与方法""学前教育""资讯科技与华文教育""跨文化交流与语言教学""教材编写与课程设计""语言习得与学习心理""师资培训与专业发展"等专题，其中有 178 位在分场会议中分享了研究成果。

16. 第六届《世界汉语教学》青年学者论坛在北京语言大学举办

2018 年 9 月 15 日，"《世界汉语教学》青年学者论坛（第 6 届）"在北京语言大学召开。本届论坛的主题为"汉语作为第二语言教学（TCSL）的跨学科研究"，9 篇论文入选本届论坛，它们分别是：华东师范大学柏晓鹏的《多义词的义项关系能够反映义项的相似程度吗？——基于语料库的词义距离计算的研究》、武汉大学陈禹的《作为反意外范畴标记的"还不是"》、北京语言大学黄伟的《对外汉语教学学位论文的文献计量分析》、清华大学李加的《当代汉语 [N＋N] 式词法词的词义识解程序及机制研究》、北京语言大学李先银的《不同类型汉语自然会话中的话语交叠》、暨南大学马天欢的《汉语学习者写作任务之复述文本特征与质量评估模式探究》、山东师范大学徐晶晶的《汉语二语学习者注音文本阅读的眼动模式研究》、对外经济贸易大学周琳的《汉语二语学习者词汇语义系统动态发展研究》、北京外国语大学朱勇的《"产出导向法"在对外汉语教学中的应用：产出目标达成性考察》。出席此次论坛的专家有：北京大学郭锐教授、詹卫东副教授，北京语言大学施春宏教授、江新教授、崔永华教授，中国人民大学李泉教授等。论坛形式为9位青年学者分别做30分钟大会报告，评论专家现场点评，与会代表与报告学者及专家交流互动。

17. "不同区域汉语国际传播研究"研讨会暨第15届对外汉语国际学术研讨会在浙江举办

2018年10月19日至22日，北京语言大学对外汉语研究中心与浙江师范大学国际文化与教育学院、新西兰梅西大学人文学院在浙江省金华市联合举办"不同区域汉语国际传播研究"研讨会暨第15届对外汉语国际学术研讨会（ICCSL – 15）、第3届汉语远程教育与传播国际研讨会（ICTC – 3）。北京语言大学校长刘利教授、浙江师范大学副校长张根福教授、国家汉办政策研究处处长张彤辉、新西兰梅西大学人文学院院长Kerry Taylor教授、北京语言大学对外汉语研究中心主任王建勤教授等出席开幕式。会议分为两个主题，分别是"不同区域汉语国际传播研究"和"新时代汉语远程教育与传播"。分会议题包括：汉语国际传播的方略研究；汉语国际传播的区域研究；"一带一路"汉语国际传播研究；面向汉语教学的本体研究；汉语作为第二语言的习得与认知研究；汉语作为第二语言的教学大纲研究；汉语作为第二语言的教材研究；汉语作为第二语言的测试研究；汉语作为第二语言的教师培养研究；汉语作为第二语言的教学研究；汉语国际传播大数据研究；汉语国际教育教学资源研究；汉语远程教学研究；汉语远程传播研究。

18. 新时代世界华文教育发展研讨会在华侨大学举办

2018年10月21日，由华侨大学、台湾世界华语文教育学会联合主办，华侨大学华文学院、华文教育研究院以及海外华文教育与中华文化传播协同创新中心承办的"新时代世界华文教育发展研讨会"在华侨大学厦门校区举行。华侨大学校长徐西鹏、台湾世界华语文教育学会理事长董鹏程、台湾联合大学系统校长曾志朗院士、台湾华梵大学校长李天任、北京大学中文系教授陆俭明、新加坡国立大学中文系教授周清海、泰国华文教师公会主席罗宗正、北京语言大学原校长崔希亮、华侨大学原校长贾益民等出席开幕式。来自美国、韩国、荷兰、泰国、缅甸、印尼、新加坡、菲律宾、中国大陆及港澳台地区的50多位海内外专家学者围绕华文教育在新时代的转型升级发展问题，展开了深入研讨与交流。

此次研讨会以"新时代世界华文教育发展"为主题,与会代表们通过主题报告和嘉宾座谈发言的形式就新时代背景下华文教育的发展转型与升级问题进行了深入交流。其中,8场主题报告分别是陆俭明教授的《需要树立并确认"大华语"概念》、曾志朗院士的《脑科学驱动的世界华文教育》、李天任校长的《中华文化为基础的华语教材刍议》、崔希亮教授的《汉语国际教育与华文教育》、台湾中央大学柯华葳教授的《一个供大家交流、分享的平台》、台湾中原大学赖明德教授的《汉字真善美》、美国中文教师学会会长何宝璋的《新时代的美国华语教学:大学先修课程》和唐风汉语公司李劲松的《汉语国际教育的信息化探索与实践——以唐风汉语为例》等。会议期间,与会代表还就筹备"全球华语文教育联合会"相关事宜进行了深入探讨。

19. 首届汉语进修教育研讨会在北京语言大学举办

2018年11月1日至2日,由北京语言大学汉语进修学院主办的首届汉语进修教育研讨会于北京语言大学逸夫楼召开。会议旨在进一步推动汉语进修教育研究的发展,凝练教学研究成果,发展和壮大学术团队,主要议题包括:汉语国际教学研究;汉语言本体研究;对外汉语教材研究;汉语教学相关的文学及文化研究;汉语教学管理研究;普通话教学研究;来华留学生现状及趋势研究等。

本届研讨会主要有专家报告与分组讨论两部分内容。杭州师范大学齐沪扬教授、中山大学周小兵教授、北京大学李晓琪教授应邀做主题报告,他们的报告题目分别是《关于语气成分研究的一些思考——基于本体研究和汉语作为第二语言的研究》《国际汉语教材评估与研究》《有关汉语第二语言教学教材编写的几个问题》。分组讨论主要围绕汉语教学、本体研究、教材编写及留学生管理等汉语进修教育领域的诸多热点问题展开。

20. 第十三届国际汉语教学研讨会暨北京大学首届世界汉语研讨会在北京大学举行

2018年11月8日至9日,第十三届国际汉语教学研讨会暨北京大学首届世界汉语研讨会在北京大学举行。本届大会主题为"新时代国际汉语教学研究与发展",由世界汉语教学学会、孔子学院总部/国家汉办和北京大学联合主办,北京大学对外汉语教育学院和北京大学国际合作部承办。

本届研讨会分为8个专题,在跨学科新理论视角、汉语评估标准、汉语教师本土化建设、课程设计和教学模式、汉字教学中的文化要素、中国文化与中国国情、新技术新媒体新思维的探索与应用等研究领域展开专题研讨。研讨形式为论文作者发言和小组讨论相结合。大会报告环节中,法国东方语言文化学院博士生导师、世界汉语教学学会副会长白乐桑做题为"汉语学习动机与汉语作为远距型语言"的报告，分享了远距型语言学习与旅行心理（包括旅行思维、旅行文化、旅行方式等）之间的交汇。北京大学对外汉语教育学院院长赵杨教授做题为"汉语教学的传统、未来与新时代"的报告，回顾了新中国对外汉语教学68年的发展历程，总结归纳了学科形成的一些理念和思想。与此同时，北京大学首届世界汉语研讨会分为4个分论坛展开。政府与国际组织代表讨论了语言传播在促进国家间关系、促进民间交往方面发挥的作用；语言传播机构代表探讨了语言传播规律和特点以及语言教学在促进文化交流方面发挥的作用；汉语教学与研究学者交流了世界各地汉语教学与研究的进展；汉语学习者代表交流了汉语学习心得以及对个人发展的影响。

21. 第三届华文教育国际学术研讨会在暨南大学举办

2018年11月17日，第三届华文教育国际学术研讨会在暨南大学华文学院举行。参会学者共143人，其中，来自美国、加拿大、新加坡等多个国家和地区的专家学者近30人。暨南大学党委副书记夏泉、广东省中国语言学会会长邵敬敏、台湾世界华语文教育学会理事长董鹏程、华侨大学原校长贾益民等教授出席开幕式。此次大会由暨南大学华文学院和华侨大学华文学院联合举办，主题为"世界华文教育的同一性与差异性"，即探讨世界华文教育的同一性、华裔与非华裔汉语教育的差异性、华文教育的国别或地域差异，以及特定条件下华文教育各要素，如对象、目的、师资、教材、教法、手段、方式、测试、管理等的差异性等，旨在推进新时代世界华文教育工作的发展，为中华优秀传统文化的传播奠定学术研究基础。

大会特邀北京大学陆俭明教授、厦门大学李如龙教授、新加坡南洋理工大学吴英成教授、美国加州大学戴维斯分校储诚志教授、中国人民大学李泉教授、北京语言大学王建勤教授、中山大学周小兵教授等15位海内外专家开展3场学术报告。会议分16个小组，围绕汉语本体研究、教学与习得、师资与教材、文学与文化、宏观理论研究、综合研究6个研究领域展开专题讨论。此外，大会特设华文教育工作坊，主要议题为"华文教育与'一带一路'倡议"和"当前国际热点对汉语国际教育的影响"。华侨大学原校长、华侨大学华文教育研究院名誉院长贾益民教授，新加坡南洋理工大学吴英成教授，华侨大学特聘教授、台湾世界华语文教育学会理事任弘教授，温州大学意大利分校校长严晓鹏教授，日本神户学院大学胡士云教授，美国加州大学戴维斯分校储诚志教授受邀担任本场工作坊的特邀专家，在会上分别就两个议题发表见解。

22. "国际汉语教学与资源建设"国际学术研讨会在北京语言大学举办

2018年12月15日，北京语言大学国际汉语教学研究基地召开"国际汉语教学与资源建设"国际学术研讨会，其目的在于促进国际汉语教学资源的建设与创新，满足汉语国际教育发展的需求。此次会议以主题论坛的形式进行，每个主题邀请四五位专家做核心发言，与会者围绕研讨主题进行现场互动。

会议的主题为"国际汉语教学资源建设研究""汉语教学模式""国际汉语教学标准及大纲研究""新媒体、新技术、新思维的应用研究"等。在研讨环节，北京语言大学刘珣教授、暨南大学郭熙教授、中山大学周小兵教授等人围绕"国际汉语教学资源建设研究"这一主题发表见解。北京语言大学张健教授、美国特洛伊大学徐弘教授、北京语言大学张劲松教授做主旨发言，他们的发言题目分别是《北语汉语教学模式概说》《海外汉语教学大纲与汉语教材编写内容的思考》《基于移动互联网平台的智能汉语语音教学技术研究》。

23. 第七届全国汉语国际教育人才培养论坛暨专业硕士培养工作研讨会在福州举办

2018年12月15日至16日，北京师范大学汉语国际推广新师资培养基地、北京师范大学汉语文化学院、华东师范大学国际汉语文化学院、国际汉语教师研修基地、福建师范大学海外教育学院在福建福州联合举办第七届全国汉语国际教育人才培养论坛暨专业硕士培养工作研讨会。福建师范大学王长平校长出席开幕式并致辞，国家汉办党委书记、孔子学院总部副总干事马箭飞教授率领政策研究处处长张彤辉、师资处处长赵燕清、世界汉语学会秘书长袁礼等一行8人参会，并代表国家汉办对汉语国际教育人才的培养发表讲话。

此次会议主要是为了进一步推进汉语国际教育专业硕士培养工作，加强国际汉语师资队伍建设，促进国际汉语教育事业的发展，核心议题是"汉语国际教育专业课程建设"，具体包括：汉语国际教育专业课程设置；汉语国际教育专业博士人才培养模式、培养方案；互联网＋课程开发建设；教学模式、教学方法、教学评估；教材研发；国际汉语教师跨文化交际与跨文化适应；案例库建设与资源共享等相关议题。来自北京大学、北京师范大学、中国人民大学、中央民族大学、华东师范大学、天津师范大学等42所高校的180多名专家学者围绕汉语国际教育人才培养、人才选拔与使用、汉语教学发展与创新等问题，展开热烈讨论。

二 论文选介

（一）华文教育理论与华文教育史研究

1. 新时代世界华文教育发展理念探讨

作者：贾益民

期刊名称：《世界汉语教学》

刊期：2018 年第 2 期

摘要：中国特色社会主义进入了新时代，这一重要判断具有重大历史意义，必将对世界产生巨大而深远的影响，对华文教育和汉语国际教育也具有重大意义和深远影响。新时代为华文教育及汉语国际教育创造了新的无限机遇和广阔天地，也为华文教育和汉语国际教育在新时代的新发展提出了新要求、新任务、新目标。因此，探讨新时代下世界华文教育和汉语国际教育"发展理念"就成了摆在我们面前的重大现实课题。文章以党的十九大精神为指引，结合世界华文教育发展实际，提出了新时代世界华文教育发展"十大理念"，即新时代、全球化、大华文教育、融入主流、多元驱动、民间力量、转型升级、华文教育＋、产教融合、华教安全，以推动新时代世界华文教育大发展。

2. 论华语研究与华文教育的衔接

作者：郭熙、王文豪

期刊名称：《语言文字应用》

刊期：2018 年第 2 期

摘要：华语研究不断取得新进展，人们对它在华文教育中的作用的认识也在不断深入。作为一种祖语教育，华文教育必须更好地与华语研究衔接起来。从华语学习者的实态出发，深化华语本体研究，是做好衔接工作的重要基础。学者和一线教育工作者应加强合作和交流互动，积极开发新的学习产品。有关方面要做好顶层设计。

3. "一带一路"新形势下的菲律宾汉语教学发展策略探析

作者：徐丽丽、余可华

期刊名称：《国际汉语教育》

刊期：2018 年第 2 期

摘要：菲律宾是"一带一路"上的重要国家。2016 年底，中菲关系重新升温，各领域合作进入全新发展阶段，客观上为汉语在菲律宾的教学发展创造了契机。文章旨在通过研究当地汉语推广现状，分析其目前面临的机遇与挑战，进而为新形势下汉语和中华文化在菲律宾的发展提供对策建议，以期更好地推动中菲两国的文化互动与交流，为"一带一路"的建设培养合格人才。

4. "一带一路"背景下东盟国家汉语教育发展研究

作者：洪柳

期刊名称：《河北师范大学学报（教育科学版）》

刊期：2018 年第 2 期

摘要：随着中国核心竞争力和国际地位的日益提升，在世界范围内掀起了汉语热的浪潮。中国与东盟国家毗邻，各项合作往来频繁，"一带一路"倡议下，东盟国家对汉语的需求更显热切。东盟国家汉语教育对于推动"一带一路"建设，提高国家软实力，实现中华民族的伟大复兴将起到重要的作用。东盟国家汉语教育主要存在着汉语国际教育推广工作不够全面、高等教育国际化发展不够深入、汉语教育国际影响力仍需扩大、国际汉语教师匮乏、汉语教材体系不完善、学科专业特色不明显、职业吸引力不强等问题。为此，应建立和完善华文教育政策，深化高等教育国际化发展，扩大汉语教育的国际影响力，加强国际汉语教师队伍建设，开发和优化国际汉语教材体系，突出优势学科和专业特色，增强职业吸引力，加强汉语国际推广，培养高素质国际汉语人才，满足国家的需要。

5. "一带一路"背景下对外汉语教学与文化传播——以对非洲国家为例

作者：龙吟

期刊名称：《当代教育实践与教学研究》

刊期：2018 年第 4 期

摘要：近年来，随着中国政治和经济的不断发展，中国的国际地位不断提高。特别是"一带一路"倡议的实施开创了中国对外发展的一个新时期。对外文化交流与传播是对外发展的重要组成部分，"一带一路"沿线国家掀起的"汉语热"就是中国文化对外发展的最好表现。文章结合目前中国对外汉语的发展状态，以非洲国家为例，中国对外汉语教学工作主要面临以下问题：1. 不安全因素的存在，教育环境缺少足够的安全保障；2. 教育资源发展不均衡，对外汉语教学资源稀缺；3. 教材体系设计不完善，教学内容有待改善。对其存在的问题进行科学分析，根据具体的情况提出如下合理化的发展策略：1. 改善国际环境，提供发展机会；2. 完善培养机制，提供教育资源；3. 加强课程建设，发展中国特色。

6. 澳大利亚昆士兰州苗苗中文学校历程探析

作者：粟明鲜

期刊名称：《八桂侨刊》

刊期：2018 年第 4 期

摘要：苗苗中文学校是由在布里斯班的孙小依、刘小英、王玉萍和沈敏敏四位母亲为自己的子女以及社区同一代人的后代能够掌握母语、承续自己民族的文化传统于1997 年创办的非营利性周末中文学校，由学生家长自愿管理。历经二十年，学校从最初的 19 名学生发展到今天已拥有 6 个校区，学生近千人。学校注重以中国传统和西方教育相结合的现代教学法，以学生为中心，从听、说、读、写、译五方面培养和训练学生，利用多媒体教育，注重中文学习的多样化、肢体化和戏剧化，于 2010 年成为国侨办全球首批"华文教育示范学校"。但是在移居地传承母语教育和在多元文化环境里提高中华文化影响力的大背景下，如何确保生源、加强学校管理团队的制度化、正规化以及最终建立自己的校园，是学校在接下来要面对和解决的问题。

7. 欧洲华文教育的现状分析与策略研究

作者：耿红卫、张巍

期刊名称：《海外华文教育》

刊期：2018 年第 6 期

摘要：海外华文教育是传承中华文化，保持民族性的基础工程，是海外华侨华人的一项"留根工程"，是加强中外交流、实现伟大复兴中国梦的先导工程。但是，海外华文教育在欧洲的发展远没有设想的一帆风顺，其在发展过程中还存在诸多问题。欧洲华文教育兴起时间较短，基础差、底子薄，在向前发展的同时，阻碍华文教育的因素也日益暴露。因此，在中国发展的关键时期，进一步开拓海外市场，有效推进中华文化在海外的深度发展，提高中国文化软实力，是一个亟待解决和研究的工作。

8. 全球化视野下的意大利华文教育变革与发展

作者：薛南、金震

期刊名称：《华北电力大学学报（社会科学版）》

刊期：2018 年第 6 期

摘要：在全球化背景下，意大利华文教育近些年来获得了长足发展，但是随着时代变迁，意大利华文教育的对象、语言文化与社会环境等都发生了显著的变化，从而对传统的华文教育提出了挑战。面对新形势、新问题，意大利华文教育需要按照全球化思维、在地化模式、多元化发展的思路，实现全球在地化转型，需要华文学校办学理念、教材、教育方式方法的在地化转变。同时，华文教育主体在海外，而它的根在中国，因此国内资源对意大利华文教育的支持也至关重要。

9. 阿塞拜疆汉语教学现状调查研究

作者：塔拉娜

来源：南京师范大学硕士学位论文

发表时间：2018 年 3 月

摘要：目前阿塞拜疆汉语教学面临的主要问题包括：汉语教学资源短缺，缺乏针对阿塞拜疆学习者编写的本土汉语教材；缺少高学历及高职称的汉语教师，师资的流动性大，缺乏本土教师资源，缺乏对教师的教学评估体系；汉语学习者人数少，汉语学习行动力不够强，学习较被动懒惰等。为了促进汉语教学事业在当地长久、稳定和健康地发展，需要针对出现的问题采取相应的措施，具体包括：为各汉语教学点建立属于自己的汉语图书资料室，针对阿塞拜疆学习者编写合适的本土汉语教材，在已出版的各类优秀汉语教材的基础上进行翻译整理工作；建设高质量的本土汉语教师队伍，建立一个公开选拔招聘优秀汉语教师的统一系统及设立一套有效的统一教学评估体系；为本土学习者建设更多语言环境，建设"汉语社团"自治的组织及自学中文、通信交流的公共网站；努力加强孔子学院的建设，在不同城市提供汉语教学服务及尝试提供各类汉语服务工作。虽然汉语要成为当地的一门强势外语还需要一定的时间，但随着"一带一路"倡议的实施以及阿中两国在经贸、文化、教育等方面的合作日益频繁，阿塞拜疆的汉语教学事业有望得到进一步的发展。

（二）华文教学研究

1. 国际汉语教学中近义虚词辨析的方法与理据

作者：邵敬敏

期刊名称：《语言文字应用》

刊期：2018 年第 1 期

摘要：在国际汉语教学中，近义虚词的辨析历来是难点，也是重点。进行近义虚词的辨析，最基本的方法是比较。文章提出辨析近义虚词的七种方法：一、词语组合分化法；二、词语同现验证法；三、语素异同对比法；四、主观客观情态法；五、数据差异对照法；六、词源原型追溯法；七、多元综合比较法。不管运用哪种方法，最后都需要找到验证的标记，并且在理据上做出合理解释。

2. 汉语作为第二语言教学语法：格局＋碎片化

作者：赵金铭

期刊名称：《语言教学与研究》

刊期：2018 年第 2 期

摘要：文章依据学习者在学习汉语语法过程中"理性知识和感性知识之间总是有一段时间距离的"的原理，提出了语法格局，即：用最简单的方法，基于汉语语法本身的特点和汉语与印欧系语言语法的对比而建立的、给学习汉语的外国人揭示出的简明汉语语法基本组织与结构。遵循对"语法体系在很大程度上是指的语法事实和语法规律的表述系统"的理解，支撑语法格局的是大量的语法事实。碎片化语法，就是自然语言中可能出现的无尽的语法事实。语法碎片化，即将系统完整的语法体系拆分为多个碎片化的语法知识点，亦即将系统知识分割为较小的单位，以便于学习领会。

3. 汉语教学中汉语语法的呈现与教法

作者：陆俭明

期刊名称：《国际汉语教育》

刊期：2018 年第 2 期

摘要：文章首先扼要介绍并肯定了赵金铭教授新近提出的汉语教学中"格局＋

碎片化"的语法教学观，在此基础上着重以实例说明如何教"语法格局"、如何教"语法碎片"。文章最后强调，重要的是汉语教师要树立研究意识，要具备较强的研究能力。汉语教学中的语法问题，特别是词语和句法格式等的用法问题，只能靠汉语教师自己来解决。

4. 提高汉语第二语言词汇教学效率的两个前提

作者：张博

期刊名称：《世界汉语教学》

刊期：2018 年第 2 期

摘要：汉语第二语言词汇教学应以"时间－效益原则"为基本原则，以提高词汇教学效率为目标。实现这一目标的两个前提是：基于汉语词汇的主要特征，遵循二语词汇习得规律。文章选择复合词凸显性语义结构、基于转喻的语义关联模式、口语中大量存在的语块等词汇知识，论证基于汉语词汇主要特征进行词汇教学的意义；着眼二语词汇发展过程、二语词汇习得途径和习得特点等研究成果，分析目前汉语二语词汇教学中哪些主张或方法不符合时间－效益原则。最后以动宾式复合词语义结构知识的教学为例，阐述汉语第二语言词汇教学应当如何兼顾汉语词汇的主要特征和二语词汇习得规律，使其合理匹配。

5. 美国儿童汉语教学的心理学研究

作者：李文玲

期刊名称：《国际汉语教学研究》

刊期：2018 年第 2 期

摘要：美国的汉语教学自 1970 年以后得到迅速发展，近年来发展尤为迅猛，开设汉语课程的学校与学习汉语的人数都在大幅度增长。根据美国教育部 2015 年的报告，汉语在美国已成为仅次于西班牙语、排名第二的外语教学项目。汉语教学不仅存在于非主流的中文学校，在主流的美国中小学也迅速开花。从 2009 年到 2015 年，美国学汉语的中小学学生人数翻了一番，达到了 22 万多人，因此，汉语作为第二语言教学也成为越来越热的研究课题。由于汉语的语言特点与英语区别较大，如何教授美国儿童学习汉语就成为教育工作者最为关心的问题。汉语在美国是第二语言，与汉语习得相关的理论包括元语言意识、双语学习、偏误分析、中介语理论、监控理论、输入假说等。文章主要结合汉语阅读研究的成果，介绍元语言意识理论及双语学习理论。文章的讨论旨在为汉语教育研究及一线教师的教学提供分享阅读法，希望能够提升汉语教学效果。

6. 美国高中汉语课堂教学理论与方式

作者：袁月

期刊名称：《汉字文化》

刊期：2018 年第 5 期

摘要：每个国家的汉语课堂都具有不同的特色。文章将针对美国高中汉语课堂的主要教学理论、教学设计和教学方法等进行简单的介绍和探讨，希望通过介绍美国汉语课堂的"5C"教学理论、逆向设计、主题式教学、任务型教学、差异化教学等多种教学方式和教学理念，既为对外汉语教学提供一点启发，也为国内的二语教学带来一点思考。

7. 多元智能视野下菲律宾华语教学策略研究——以马尼拉嘉南中学华语综合课为例

作者：蔡武

期刊名称：《海外华文教育》

刊期：2018 年第 4 期

摘要：多元智能理论将人类的智能分成八种不同的类型，即：语言智能、逻辑－数学智能、身体运动智能、视觉空间智能、音乐智能、人际交往智能、内省智能和自然观察者智能。该研究通过对菲律宾马尼拉嘉南中学中四真诚班的华语教学实验发现，多元智能指导下的华语教学策略取得了良好的效果：激发了学生学习华语的兴趣，提高了学生学习华语的动机；这种教学策略以学生为中心，充分考虑学生个性，提高了学生学习华语的信心；因材施教深受学生认可和喜欢，有助于提高学生的华语成绩。因此，在本研究的基础上，其他课程可以借鉴相关经验，以提高菲律宾华校学生的华语学习效果。

8. 对外汉语教学过程中汉字的教与学

作者：李从

来源：天津师范大学硕士学位论文

发表时间：2018 年 5 月

摘要：天津师范大学的预科留学生在短时间内集中学习大量汉字，往往伴随着较多的书写偏误，主要包括笔画偏误、部件偏误和结构方面的偏误。并且，他们很难分清形近字，常常把甲字写成乙字。目前，教师在汉字教学过程中多采用笔画教学法。随着人们对计算机汉字处理的研究，部件教学法成为汉字教学的另一个有效途径。在对外汉语汉字教学过程中，教师还应注重汉字之间的形、音、义关系教学。教师和学生都是教学过程的主体，所以学生的主体作用也不能忽视，天津大学的预科留学生有着较强的学习动机和学习能力，但他们在学习方法上往往采用单一的多遍书写的方式，建议他们通过阅读、利用网络与软件、通过联想等学习汉字。

（三）华文测试与习得研究

1. 泰国人汉语多项定语语序习得研究

作者：周小兵、雷雨

期刊名称：《华文教学与研究》

刊期：2018 年第 1 期

摘要：基于中介语书面语料，对泰国人多项定语错序情况进行分类考察，概括出中介语的一些特点，如：定语后置偏误率最高，后置比例从高到低依次是介词短语、动词短语、主谓短语。通过细致的泰汉对比，找出母语迁移的具体轨迹。用多种模式探讨偏误成因，发现"可别度领先原则"和"语义靠近原则"对偏误成因解释力比较强。结合中介语特点，从认知角度对普遍语法可及性、参数重设等理论进行了验证。

2. 东南亚华裔学习者汉语词汇知识发展过程实证研究

作者：郝瑜鑫

期刊名称：《华侨大学学报》（哲学社会科学版）

刊期：2018 年第 2 期

摘要：以词汇等级、词汇类型和汉语水平三个因素作为自变量，文章考察了华裔学习者词汇知识发展的历程，该群体词汇的发展呈现出如下特点：华裔学习者对词汇频率的敏感性要弱一些，即对初级、中级词汇的习得差别不大；中、高级华裔学习者与初级学习者在接受性词汇上没有差异；初级阶段接受性词汇多于产出性词汇，中级和高级阶段产出性词汇多于接受性词汇，且由于高级阶段接受性词汇的不足，产出性词汇发展受阻。华裔学习者词汇的发展经历了以下四个阶段：接受性词汇优先发展期；接受性词汇和产出性词汇并进发展期；接受性词汇发展缓慢、产出性词汇持续发展期；全面停滞期。这一实证研究将给华裔学习者的词汇习得和课堂教学带来一定启示。

3. 基于三语习得理论的母语负迁移理论之反思——以泰国学生汉语语音习得偏误为例

作者：王胜

期刊名称：《云南师范大学学报（对外汉语教学与研究版）》

刊期：2018 年第 2 期

摘要：多数语言习得研究强调习得偏误中的母语负迁移影响，文章通过汉语习得个案对此进行反思。个案研究以三语习得为视角，研究采用现象学研究方法，初步探讨泰国汉语学习者语音习得偏误的跨语言成因。两名汉语教师受试和 31 名泰国汉语初学者受试分别以便利抽样和有目的抽样从泰国某大学选取，采用开放式问卷、半结构型访谈和非参与型观察等工具收集数据，并对质性数据进行了内容分析。结论表明，语言心理类型相似性最易触发三语汉语语音习得中的跨语言影响，语言心理类型相似性表现为形式相似与内容相似两种类别。此研究的发现丰富了三语语音习得跨语言影响理论，并对对外汉语语音教学具有一定的实践指导意义。

4. 论汉语教学中学习者认知能力的培养

作者：吕玉兰

期刊名称：《国际汉语教学研究》

刊期：2018 年第 2 期

摘要：对学习者的认知能力培养问题，目前国际汉语教学界还未给予足够的重视，在教学实践中也缺少有针对性的培养策略。文章认为，汉语作为第二语言教学的总体目标应更加重视对学习者认知能力的培养，使学习者在语言习得的同时丰富知识素养，提高认知能力。为达到此目标，教学资源应注重知识性与认知启发性，避免空洞、乏味与琐碎；教学实践中也应在提问方式、课堂活动的认知负荷等方面注意提高学习者的观察、分析、判断等认知能力。

5. 汉语作为第二语言学习者笔语产出性词汇研究

作者：张江丽

期刊名称：《世界汉语教学》

刊期：2018 年第 3 期

摘要：文章在自建笔语语料库的基础上，对汉语作为第二语言学习者的产出性词汇进行了考察，对比了学习者的产出性词汇与《汉语水平词汇等级大纲》词汇的异同，分析了产出性词汇量与语料覆盖率之间的关系。研究发现，初、中、高级水平学习者最大产出性词汇量分别为 3630 个、4882 个、6938 个。产出性词汇中超纲词较多。词汇在大纲中的等级越靠前，产出效果越好。学习者的产出性词汇与语料覆盖率之间呈现"效用递减律"。最高频的 2000 个产出性词汇可以覆盖大约 90% 的汉语二语语料，而这些词汇在同规模汉语母语语料中的覆盖率仅为 71%。要读懂 90%、95% 的一般性汉语文本，分别需要大约 6000 个、10000 个词汇。

6. 泰国大学生汉语名词习得机制探析——以名词句法功能习得为中心

作者：刘旭

期刊名称：《语言文字应用》

刊期：2018 年第 3 期

摘要：文章通过泰国大学生汉语作文语料库，对泰国大学生汉语名词及其习得情况进行了统计分析。从认知语言学的视角对泰国大学生汉语名词习得的内在运作机制进行推断及论证，进一步推论出泰国大学生汉语名词习得机制的内在因素和外在因素：内在因素为母语负迁移、目的语规则泛化、词性转换运用障碍，外在因素为词汇在教材中重现率不够、句法规则采取的教学法针对性不强、习得者学习汉语时间不充足。

7. 欧美留学生汉语有标复句习得顺序研究

作者：张利蕊

期刊名称：《华文教学与研究》

刊期：2018 年第 3 期

摘要：文章以 6 部对外汉语教学大纲为依据，遴选出 52 个常用汉语有标复句句式，并基于 60 万字的中介语语料，采取正确使用相对频率法与蕴含量表法相结合的研究方法，系统考察了欧美留学生汉语有标复句的习得顺序。文章首先从整体上揭示了欧美留学生对 52 个有标复句的习得顺序，进而以此为基础推断出 12 大类有标复句的习得顺序。欧美留学生对 12 类汉语有标复句的习得顺序依次为：因果复句、转折复句、假设复句、条件复句、递进复句、并列复句、目的复句、推断复句、让步复句、选择复句、假转复句和连贯复句。本研究的相关数据与结论可以为对外汉语教学大纲和教材的编写、修订以及复句教学提供直接的依据。

8. 华文水平测试的设计与初步验证

作者：王汉卫

期刊名称：《世界汉语教学》

刊期：2018 年第 4 期

摘要：华文水平测试（简称"华测"）是专门针对海外华侨华人的祖语水平进行的测试。华测具有以下 5 个基本理念：标准加常模的参照体系、认知加语言的等级结构、听说与读写严格区分的命题方式、强化汉字能力、强化中华文化背景。经过对覆盖亚欧美澳 9 个主要华人聚居国的选点试测，初步数据显示，华文水平测试具有较好的鉴别功能和导向功能，宜作为全球海外华人祖语水平的统一标准。

9. 论元结构构式在汉语母语者与二语学习者句子理解中的作用

作者：郝暾

期刊名称：《语言教学与研究》

刊期：2018 年第 4 期

摘要：投射论与构式论既是两种不同的论元实现模型，也是两种不同的句子理解模型。投射论以动词为句子分析与理解的中心，构式论则认为构式同样是具备独立意义的分析理解单位。文章旨在探索论元结构构式和动词在汉语母语者与第二语言学习者句子理解中的作用，以分类实验的范式验证了论元结构构式和动词皆为母语者和学习者理解汉语句子的有效线索，其中母语者在句子理解中更加显著地依赖构式的作用。与此前研究比较后进一步发现：汉语与英语相比，构式在汉语句子理解中更加重要；母语者与二语学习者相比，构式在母语者句子理解中更加重要。研究结果支持了构式论的句子理解模型，为构式语法的跨语言适用性和心理现实性提供了依据。

10. 母语者和二语者加工汉语否定极项允准语的实验研究——以"从来"为例

作者：姚倩

期刊名称：《华文教学与研究》

刊期：2018 年第 4 期

摘要：该研究通过可接受度判断和自控步速阅读两种方式研究母语者和二语者加工"从来"允准语情况，从而确定不同允准语的允准能力强弱，显性否定词和隐性否定词加工时间差异以及母语者和二语者加工的异同。研究发现，隐性否定词"只"的允准能力最强，可接受度判断和自控步速阅读结果都同"不"不存在显著差异，然而二语者加工"只"存在困难。研究还验证，母语者加工句子表现出了"句末整合效应"，二语者表现为逐词加工。

11. 微变化视角下汉语二语口语发展的个案研究

作者：刘富华、张巍

期刊名称：《中国海洋大学学报（社会科学版）》

刊期：2018 年第 4 期

摘要：口语发展与评价问题是第二语言教学的核心问题，也是近年来对外汉语教学界开始关注的问题，但研究甚少。文章以一名在华留学生为研究对象，在技能习得框架内运用微变化研究法，量化分析考察了复述对其汉语口语在语速、正确性、复杂性和连贯性四个维度上的影响，探索了各项指标的发展特点及其口语发展的基本路径及复述频率作用的长期效应问题；结合言语计划考察和回忆性访谈的质化研究，讨论并验证了其汉语口语技能发展的自动化程序，深入讨论了复述对汉语口语发展的本质作用及其认知加工特点等问题。

12. 韩国学生汉语口语韵律词的表征研究

作者：周凤玲

期刊名称：《海外华文教育》

刊期：2018 年第 5 期

摘要：该研究运用词图干扰范式，以汉语母语者为参照，考察韩国学生汉语口语韵律词是否作为独立的抽象韵律结构存在于韩国学生大脑中，以及韵律词表征的构建过程与构建情况。研究发现，不同汉语水平韩国学生汉语口语韵律词表征建立的程度不同，高水平韩国学生汉语口语韵律词表征的建立程度好于低水平韩国学生，体现出韩国学生汉语口语韵律词建立的动态变化过程，实际上也是他们汉语口语韵律加工能力不断增强的过程。此外，韩国学生汉语口语韵律词虽然是独立表征和抽象的，但构建程度远远不如汉语母语者。根据研究结论，建议在汉语口语教学中，将韵律词作为口语表达的基本单位，逐步训练和培养韩国学生的汉语口语韵律加工能力。

13. "显性编码"与"快速映射"对汉语二语词汇学习的影响

作者：洪炜、冯聪、程梦婷

期刊名称：《外语教学与研究》

刊期：2018 年第 6 期

摘要：该研究考察显性编码和快速映射两种学习方式对汉语二语词汇学习的影响。三组中级水平的汉语二语者学习汉语词汇时分别接受显性编码、快速映射、快速映射 + 显性编码三种教学方式。研究发现：自由回忆任务中，显性编码组受试的即时回忆成绩显著优于快速映射组受试，但在延时测中，三组受试的成绩无显著差异；词汇判断任务中，无论即时还是延时测，显性编码组、快速映射 + 显性编码组的反应时和正确率指标均显著优于快速映射组；语义启动任务中，快速映射组和快速映射 + 显性编码组在即时和延后测中的启动效应均显著大于显性编码组。以上结果表明，显性编码更有利于词汇的陈述性记忆，而快速映射则在词汇语义整合方面具有优势，这与两种学习方式采用的认知神经机制不同有关，将二者结合可能是更为高效的二语词汇学习方式。

14. 面向汉语第二语言教学的华裔与非华裔学习需求对比分析

作者：张江丽

期刊名称：《云南师范大学学报（对外汉语教学与研究版）》

刊期：2018 年第 6 期

摘要：文章在问卷调查的基础上，对比了汉语作为第二语言教学的华裔学习者和非华裔学习者各方面的学习需求，研究结果表明：华裔学习者和非华裔学习者在学习动机、语言课堂补充活动、语言课堂练习方式、语言课堂分组方式、教辅工具、课外学习活动、教材、教师角色等方面的需求均存在一定差异，文章同时也对面向这两类学习者的汉语第二语言教学提出了相关建议。在学习动机上，教师应该关注两类学习者的区别，注意吸引华裔学习者的兴趣，调动他们的积极主动性。对于非华裔学习者，教师应该保护他们的学习兴趣和热情，想方设法让他们长期保持兴趣动机。在组织语言课堂补充活动时，如果面向华裔学习者，可以多组织播放一些适合他们水平的汉语电视、电影和录像，同时也可以组织辩论等活动，激发他们的兴趣。在课堂练习时，当面向非华裔学习者时，可以多组织一些活动，进行小组的配对练习。在编选面向华裔学习者的汉语教材时，应该尤其注重实用性，而面向非华裔的汉语教材，无论课文还是练习，都应该注重互动性。

15. 基于多元化信息参照的汉语教学分级测试体系构建

作者：郭修敏

期刊名称：《语言教学与研究》

刊期：2018 年第 6 期

摘要：文章结合语言测试和教育学的跨学科研究视角，论证了分级测试体系化的必要性，从分级测验试题研发、分班决策影响因素考察等方面，提出构建基于多元化信息参照的分级测试体系的整体框架，以及验证该体系效能的方法。期望通过综合运用测验法、问卷法和访谈法等方法，收集分级测验分数、学习者特征（包括学习者一般特征、学习态度与动机、学习风格等）数据信息并进行统计分析，探讨和确定对最终分班决策起作用的各类影响因素及其相互关系，并以此为基础着力提升所架构的多元化、立体式分级测试体系的科学性和有效性。

16. 研究用汉语水平分级测试方法对研究结果的影响

作者：张海威

期刊名称：《语言教学与研究》

刊期：2018 年第 6 期

摘要：学界对教学用分级测试关注较多，对研究用分级测试研究很少。文章从两个角度探索了研究用分级测试。首先，以《语言教学与研究》和《世界汉语教学》为样本，分析了研究用汉语水平分级测试方法的使用现状。结果发现，研究者普遍参考自然班或学习时长划分语言水平，较少使用 HSK、阅读测试、识字量测试等方法，且很多研究未报告语言水平分级方法。其次，基于调查结果，以语音意识和声旁意识为例，探讨了不同分级测试方法对研究结果的影响。结果发现，以 HSK 测试为标准的划分方法更能揭示不同水平组别之间的差异。本研究有助学界深入了解研究用汉语水平分级测试方法对研究结果的影响，对研究用汉语水平分级测试方法的使用和开发有积极的启示意义。

17. 初级阶段泰国学生汉语语音习得研究及教学策略

作者：栾琴娟

来源：吉林大学硕士学位论文

发表时间：2018 年 4 月

摘要：由于语音教学是汉语教学中的基础和重点，再加上越来越多的泰国学生开始学习汉语，所以语音教学对于汉语初级阶段的泰国学生来说更是重中之重。文章进行了初级阶段泰国学生汉语语音习得研究，并采用语言对比分析理论、偏误分析理论、中介语理论及语音实验的方法，发现留学生发音时出现的偏误主要为以下几类：（1）平舌与翘舌音的混读；（2）清浊对立的混读；（3）易将送气声母读成不送气声母；（4）发音时舌位靠后；（5）浊擦音发成浊颤音；（6）卷舌不到位或者不会卷舌；（7）发音不稳定，发音器官有差异；（8）将舌尖音发成舌面音；（9）韵头或韵尾的脱落；（10）韵腹的遗漏；（11）两韵母间的混读；（12）鼻尾音韵母发音更加浓重；（13）阴平调不够高，阳平调起点低；（14）上声上不去，下降不彻底；（15）母语负迁移。通过对偏误类型及原因的分析，对声母、韵母及声调的教学提出一些针对性的策略，以便让初级阶段的泰国留学生更有效地掌握汉语语音系统：（1）纸片吹气法与手势法结合；（2）顺序法；（3）动画展示法；（4）带音法；（5）依旧带新法；（6）还原省略法；（7）夸张与手势结合法；（8）解释与手势结合法；（9）解释与动画相结合；（10）重点讲解双音节语流音变规律。

18. 泰国学习者汉语介词习得过程研究

作者：吴明昊

来源：兰州大学硕士学位论文

发表时间：2018 年 4 月

摘要：介词是汉语中一个常用封闭词类，是对外汉语教学的一个重难点，加强介词教学至关重要。目前对泰国学习者汉语介词习得的相关研究还很少，已有研究多集中于双语的介词对比及对学习者的介词偏误分析。文章侧重于对泰国学习者的介词习得过程作动态研究。文章对泰国学习者作文语料中 31 个常用介词进行统计分析，发现随着汉语水平的提高，泰国学习者对介词选择的正确率不断提高，同时对介词的使用更加灵活，介词词频逐渐接近汉语母语者。而作为对比组的欧美学习者（英语母语者）对汉语介词的习得过程也呈现出了同样的特点和规律，由此可见外国学习者的汉语及介词使用处于发展状态，通过合理的教学安排可以加速留学生语言水平的提高。文章建议教师在教学中应当有针对性地制订教学计划，让教学内容与学生的语言发展阶段相适应。在具体教学手段上应通过适当的变换练习提高学生灵活使用介词的能力，另外不仅要对介词的一般结构规律加强教学，也要适度增加具体介词的对比和搭配训练，注重介词的词义教学，可以将词汇教学与写作教学有机地结合起来，同时引导学生采取适合自己的学习和写作策略。

19. 不同母语背景汉语学习者书面语语块使用情况研究

作者：姬祥

来源：北京外国语大学硕士学位论文

发表时间：2018 年 5 月

摘要：文章依托 HSK 动态作文语料库，选取了 50 名日本学习者和 50 名欧美学习者的同题作文为研究材料，同时邀请了 50 位汉语母语者进行同题写作来进行语块层面的对比分析。文章试图弄清欧美组、日本组、汉语组在同题作文语块使用数量上的异同点，以及语块使用与学习者写作能力之间的关系。研究结果表明，三组被试句法层面语块使用数量均大于语篇层面语块使用数量。在句法层面的语块使用中，短语语块的使用数量均大于句子语块的使用数量。在短语语块的使用上，三个小组均是常用搭配语块使用得最多，专有名词和缩略语使用得最少。统计结果显示，在差异方面，从语块使用总数上看，汉语组和欧美组在语块使用数量上存在显著性差异。在两大类型语块（句法层面语块、语篇层面语块）数量的使用上，三组在句法层面语块使用上具有显著性差异，在语篇层面语块使用数量上不存在显著性差异。在句法层面语块的使用上，三组在短语框架语块的使用上并没有发现显著性差异，而在固定词串、常用搭配、专名和缩略语、熟语、句子语块的使用上均存在显著性差异。在语篇层面语块的使用上，三个语言小组仅在插入语的使用上具有显著性差异。在语块使用数量与学习者写作能力之间的关系探讨上：日本组语块使用数量和作文分数呈中度相关，欧美组语块使用数量和作文分数呈低度相关。日本组句法层面语块使用数量和作文分数呈中度相关，语篇层面语块使用数量和作文分数呈低度相关。欧美组句法层面语块、语篇层面语块使用数量和作文分数均呈低度相关关系。基于上述结果，针对不同母语背景的汉语学习者的写作教学和综合课教学提出以下建议：第一，强调语块的整体性特征，尤其是偏误率排名前三的短语框架、常用搭配和固定词串；第二，鼓励学生学习高频语块；第三，充分考虑学习者的母语背景，引导学生发现汉语文化和学生母语文化之间的异同，从而更好地使用相关语块；第四，充分利用中国传统的记诵法教授语块，教师可以借鉴记忆和背诵的传统方法，布置课下背诵作业，鼓励学习者多加练习，反复记诵；第五，给语块按难易程度分级，根据学生水平有针对地教授不同层级的语块；第六，充分利用语料库资源辅助汉语写作教学。

20. 泰国学习者汉语易混淆词研究

作者：赖玲珑

来源：中央民族大学博士学位论文

发表时间：2018 年 5 月

摘要：易混淆词是泰国学习者汉语词汇学习过程中的重点和难点。近年来，国际汉语教学领域的易混淆词研究日益增多，但是针对泰国学习者汉语易混淆词的深入研究还比较少。文章采用问卷调查法、偏误分析法、访谈法和语料库方法，从泰国学习者的 96 组易混淆词中选出 76 组词语，对初级、中级、高级不同水平的泰国汉语学习者进行了混淆情况测试调查，并根据测试结果研究泰国学习者汉语易混淆词的混淆情况，包括混淆率、混淆程度等级、易混淆词类型和混淆关系等，并以此为基础分析泰国汉语学习者产生词语混淆的原因和相应的教学与学习建议。研究发现，泰国学习者的汉语易混淆词主要分为以下 7 个类型，即词义相同或相近的词、语素相同的近义词、形音义相同或相近的词、泰语对译词相同或相近的词、词形相近的词、语音相同的词、形音相同或相近的词。泰国学习者汉语易混淆词的混淆关系主要有三种：一对一混淆、一对多混淆、多对一混淆。部分易混淆词组之间表现为较为复杂的混淆关系。根据易混淆词测试结果以及被试的报告，将造成泰国学习者汉语词语混淆的原因分为两个方面：一是因汉语本体的特点而混淆，二是受母语影响而混淆。因此，教师在课前准备时，要掌握好汉语词的结构及规律；在课堂教学中要遵循相应的教学原则，以提高学生的汉语词语学习。

（四）华文教材研究

1. 马来西亚《华文》教材成语收录情况量化研究——基于与中国大陆《语文》及台湾《国语》的比较

作者：何洪霞

期刊名称：《兰州教育学院学报》

刊期：2018 年第 2 期

摘要：文章通过中国大陆、中国台湾以及马来西亚的三套母语教材的成语选用情况，并就三者成语收录情况进行比较分析发现，马来西亚《华文》教材的成语收录总量与台湾版《国语》教材的成语收录总量基本持平，其成语复现率略低于《国语》；与中国大陆的《语文》相比，《华文》教材成语复现量更显不足，复现比率也更低。另外，三套教材的共有成语较少，《华文》教材的成语多集中于高年级教材中，分布欠均衡。因此，建议在教材编写之时应注意选用适当的成语，增加成语复现率，提高教学效率。

2. 美国汉语教材中的中国形象研究

作者：陈楠

期刊名称：《中华文化论坛》

刊期：2018 年第 4 期

摘要：中国在新形势下为提升国家形象，争取国际话语权，采取了一系列政策措施。汉语国际传播是其中重要一环。汉语教材作为学习者学习汉语过程中接触时间最长的媒介，成为构建中国形象的重要载体，具有重要的文本研究价值和意义。文章以美国使用广泛的两套汉语教材为研究对象，从教材涉及的话题内容、频率以及话语态度等角度，对中国形象塑造进行宏观与微观的分析，发现教材塑造了积极、正面的中国形象：在话题选择上多元、有序；话语态度较为客观、公允。最后，在教材分析的基础上提出构建中国形象的策略。

3. 汉语二语教材词汇选取考察

作者：周小兵、张鹏

期刊名称：《华文教学与研究》

刊期：2018 年第 4 期

摘要：词汇选取是二语教材的重要内容。以往研究教材词汇选取有两点不足：不够全面系统；缺少定量研究。文章结合定性研究和定量研究，从以下 6 个维度对汉语教材的词汇选取进行系统考察：词语的地位与位置；词语数量；词语难度；母语者使用频率；词语本土性；文化词语。考察发现，不同编写者的汉语教材，国内国外同级同类教材，不同合作者的海外用教材，在上述各个维度都有明显差异；并对差异进行了合理解释。文章通过考察事实统计数据，发现教材词汇选取中有不少有意思的现象：（1）有的教材从学习者实际水平出发，考虑大纲要求和母语者使用频率，词汇选取上比较科学；有的教材对上述因素考虑不够，词汇数量偏多，难度偏高，低频词选用偏多。（2）国外一些教材，较重视选取本土性词汇，选取的文化词汇多反映当代中国国情，实用性较高；国内一些教材文化词汇则多选取含传统文化在内的中国成就文化词项，实用性相对较弱。（3）海外用教材，若由海外专家编写，或者中外合编，词汇选取上有一定优势。

4. 初级综合教材编写：新理念与新模式——基于汉语汉字特点和教学实践的思考

作者：宫雪

期刊名称：《语言文字应用》

刊期：2018 年第 4 期

摘要：文章基于汉语汉字的特点，提出"入门阶段"的理念，该阶段集中精力完成三大任务：打好语音声调基础，确立汉语学习的根基；打牢汉字作为文字符号的基础，为与汉字作为语素教学"合流"做好准备；只教授影响全局的结构型语法，为进一步的语法点型语法的教学奠定基础。文章据此设计了入门阶段汉语教材的编写模式。"入门阶段"的确立和模式设计意在体现汉语汉字的特点，希望有助于化解汉语教学"语"和"文"关系的矛盾，改变初级汉语教学重点不突出的现状。

5. 《发展汉语·中级综合 I》 教材的"发展"性问题探讨

作者：李欣欣

期刊名称：《辽宁工业大学学报（社会科学版）》

刊期：2018 年第 4 期

摘要：《发展汉语·中级综合 I》一直备受留学生和对外汉语教师的青睐。教材策划定位精准，编写理念革新，教材内容在编写框架、内容选取、语言知识和练习设计等方面都有所创新，形式更是别出心裁。然而，无论是作为一项民族事业还是一门学科的对外汉语教学仍处于其历史进程的初级阶段，因此作为该学科教学的载体——教材同样也处于发展完善的过程中。基于对外汉语教学对象国籍的多样性，教材编写应该更加注意"国别化"，而不是一味地"中国化"。所谓"国别化"即教材编写要注重不同国别的语言文化圈，而"国别化教材"就是指根据不同国家的语言文化背景、汉语学习需求以及学习情况所编写的对外汉语教材。文章以渤海大学国际交流学院留学生使用该教材的具体情况从四个方面探讨了教材编写的"国别化"的重要性以及一些编写建议：（1）教学设计与课时安排要更贴合于实际教学进度和留学生的已有汉语水平；（2）内容编排要更多考虑留学生的文化背景；（3）在基础知识方面要更加注重语言各要素的"全权参与"和其重要知识点的全面覆盖；（4）"国别化"的汉语教材编写需要中外合作。

6. 面向美国高中生的国别化汉语教材编写模式研究

作者：李琼

期刊名称：《三峡大学学报（人文社会科学版）》

刊期：2018 年第 6 期

摘要：以往的研究多集中于从宏观上讨论国别化对外汉语教材的编写理论、观念和原则。该研究旨在探索一套编写国别化对外汉语教材的基本模式。该模式从宏观（编写理念和理论、编写原则、编写体例）和微观（话题的选择、语言点的安排、文化内容和语料的选用）两个层面，为今后从事面向美国高中生的国别化汉语教材编写工作的同仁们，提供具有典型意义的标准化教材编写范式。

7. 汉语学习词典文化词语的收词与释义分析

作者：金沛沛

期刊名称：《汉字文化》

刊期：2018 年第 20 期

摘要：文章主要讨论了汉语学习词典中文化词语的收词和释义问题。文章将文化词语分为两大类、四小类，并根据这个分类标准对两部汉语学习词典（《商务馆学汉语词典》和《汉语教与学词典》）文化词语的收词和释义进行了考察。最后文章指出了两部词典文化词语上收词、释义的一些问题，并提出了相关建议。

8. 《发展汉语》初中级综合（Ⅰ、Ⅱ）中的形状量词研究及教学对策

作者：王香梅

来源：吉林大学硕士学位论文

发表时间：2018 年 5 月

摘要：在对外汉语教学中，量词问题向来是广大留学生汉语学习的"重灾区"，而形状量词作为量词内部的重要成员，对于留学生来说更是难上加难。文章通过对部分形状量词的编排情况进行考察之后，还设计了针对吉林大学留学生形状量词习得和使用情况的调查问卷，从而分析总结留学生出现的偏误并对对外汉语教学提出以下对策：1. 加强本体研究与教学实践相结合；2. 分阶段教学；3. 注意进义形状量词的辨析；4. 精讲多练，讲练结合；5. 加强母语与目的语之间的联系；6. 恰当地运用学习策略，消除回避心理；7. 积极总结偏误成因，对症下药。

9. 《发展汉语·高级口语 I 》 的语块分析及教学策略研究

作者：孙宇凡

来源：吉林大学硕士学位论文

发表时间：2018 年 5 月

摘要："语块"（chunks）一经提出，从最早的心理学领域到语言学领域，历经半个多世纪，已取得很大的发展。近些年来，语块教学法成为二语教学的新热点，英语语块教学已经率先取得许多有价值的研究成果，为汉语作为第二语言的教学提供很大的参考。高级阶段的口语教学一直以来也是对外汉语教学的重中之重，但是效果总是差强人意。文章分别从教学方法、教学策略方面给对外汉语高级口语教学如下思考和借鉴：教学方法上应多采用情景法、引导法、背诵法、归纳法；教学策略上用创设语境，强化教师和学生语块意识，培养学生自学能力归纳常用语块，提高学习效率，有针对性地进行语块教学。

10. 对外汉语初级综合教材中的交际文化分析及教学方法研究

作者：何婉秋

来源：兰州大学硕士学位论文

发表时间：2018 年 4 月

摘要：初级阶段汉语教学过程中交际文化因素的输入十分重要，分析教材中的交际文化因素，有利于总结对外汉语教学初级阶段交际文化的规律和特点，帮助对外汉语教师有针对性地进行教学。文章以《大众汉语》初级 I 、《博雅汉语·初级起步篇》 I 和《体验汉语·基础教程》上册为研究对象，首先在总结前人对文化、交际文化研究的基础上，确定了交际文化的定义以及初级阶段该导入何种交际文化因素，并总结得出了适用于文章研究对象的交际文化分类。根据教材分析得出的结论给出在对外汉语初级阶段教材中交际文化因素编排的启示，提出几点关于初级阶段交际文化教学的方法：在初级阶段汉语语用文化方面教学时应采用情景重现法、视频、图片等多媒体设备导入法、调查发现法；在语义文化方面教学时应采用直接阐释法、直观演示法、词义比较法。

11. 课文语境对生词词义、句法、搭配、语用体现效果的评估与反思——以《博雅汉语》准中级加速篇 I 为例

作者：何珊珊

来源：暨南大学硕士学位论文

发表时间：2018 年 5 月

摘要：词汇教学是第二语言教学的重要组成部分。课文以提供了虚拟语境的方式对词汇教学起作用，利用课文特定的上下文语境，可以帮助学习者准确理解生词词义、掌握词语的使用规则，提高学习者在真实的交际活动中语言使用的正确性和得体性。因此，生词的意义及用法在课文语境中体现的效果值得重视。文章选取《博雅汉语》（准中级加速篇 I）作为研究对象，从生词的词义、句法功能、搭配对象、语用意义四个层次着手，通过赋分统计的方式，从语境的角度考察课文在帮助学习者学习生词方面所达到的效果，并根据评价结果提出如下建议：1. 选用学生熟悉的词语，提高语境的解释度；2. 针对不同词性的词语，语境的功能应该有所侧重；3. 重视词语的语用意义，发挥语境的作用；4. 兼顾语境位置，提供丰富的语境线索。

12. 《发展汉语》同音词偏误研究

作者：姚越

来源：华中师范大学硕士学位论文

发表时间：2018 年 5 月

摘要：同音词是汉语词汇中比较特殊的一类词，通常指的是声、韵、调皆相同的词，可分为同音同形词和同音异形词两大类。由于同音词自身的独特性及复杂性使得同音词成为留学生习得的一个难点。此外，同音词在对外汉语领域的研究略显薄弱，对外汉语的课堂上也缺乏系统性的教学，对外汉语教师通常也会忽视这一块的教学反思，这使得同音词的研究长期处于一个停滞的状态，相关研究论文也屈指可数。因此，文章参考同音词在本体领域的研究成果同时借鉴相关资料从留学生常用的教材《发展汉语》6 该书中收集同音词并结合留学生使用同音词的偏误情况来分析留学生习得同音词产生偏误以下几点原因：1. 词频效应和笔画效应；2. 词性的影响；3. 构词语素复杂；4. 词义和适用范围广泛；5. 声调干扰；6. 媒体的影响。并提出如下建

议：1. 课堂教学中设计同音词复习强化环节；2. 加强国别化及对比研究；3. 注重文化因素的引入；4. 注重语境教学；5. 加强形近字区别教学。

13.《发展汉语》和《体验汉语》介词比较研究

作者：董园

来源：苏州大学硕士学位论文

发表时间：2018 年 4 月

摘要：教材是教学的重要依托，其质量既能影响到教师的教学，又能在很大程度上影响学生的学习。不同教材的对比分析有助于教材的完善和发展，为教材的修订提供建议和意见。文章以《发展汉语》和《体验汉语》为研究对象，通过对比分析的方法，对两套教材的介词编排进行对比研究，发现两套教材在介词的编排上各有其特点。文章主要从介词的收词范围、释义项目、释义内容、复现情况、介词用例、练习设计、等级分布这几个方面对两者进行分析。通过对两套教材介词的比较，为介词编排提出了两点具体的改进建议：一是将《国际汉语教学通用课程大纲》（修订版）规定的，而教材却没有收录的介词，适量加入教材的生词表中；二是介词的释义要实现从英文到中文的转变。

14. 乌克兰本土汉语教材《汉语》分析及与《快乐汉语》比较研究

作者：尤莉

来源：安徽大学硕士学位论文

发表时间：2018 年 2 月

摘要：当前乌克兰汉语教材多种多样，大多为汉英版，也有其他语种版本。哈尔科夫国立师范大学的大学教师尝试编写了《汉语》教材，主要用于母语为俄语或乌克兰语的 10～15 岁的中学生学习使用。文章通过对《汉语》与《快乐汉语》（第一册）语音编写、词汇编写、课文编写、语法编写、文化编写、练习编写等方面进行对比分析，探究教材的编写是否符合第二语言习得的规律，是否能够达到学习汉语交际功能的目的。

15. 对外汉语教学汉字教材分析——以《体验汉字入门篇》为例

作者：宣祝荣

来源：安徽师范大学硕士学位论文

发表时间：2018 年 3 月

摘要：汉字教学一直是对外汉语教学中的一个难点，在对外汉语教学发展的过程中，汉字教学在很长一段时间内处于不太受重视的状态。近几年来，汉字教学逐渐受到对外汉语教学界的注意，汉字教材的编写也受到了学者们的重视。文章选取了独立型对外汉语汉字教材《体验汉字入门篇》作为研究对象，通过对教材各部分编写的具体分析，同时结合其他同类型的教材进行对比，为今后对外汉语汉字教材的编写提出如下参考建议：第一，汉字教材中练习的编排要注意练习题量适中；第二，汉字教材中的练习应当具有较强的针对性；第三，汉字教材中的练习部分要注重题型的多样性以及各类题型的平衡。

16. 对外汉语教材中的兼类词研究——以《成功之路》为例

作者：高雄

来源：四川师范大学硕士学位论文

发表时间：2018 年 3 月

摘要：文章以北京语言大学出版的《成功之路》综合教材 15 册为对象，主要从教材词汇中兼类词的数量、类型、等级、标注四个方面入手，通过定量、定性分析，考察评价其是否合理，并较为深入地分析原因，提出相应的建议。文章首先对《成功之路》兼类词的数量及在各篇中的数量分别进行了统计分析，并与《汉语水平考试词汇等级大纲》中的等级进行对比，然后根据所分析总结出的材料，对教材在收录、编排、标注兼类词方面提出相应的建议，最后分析兼类词在对外汉语中的教学现状，并给出了相应的教学建议：一是教材中没有明确标注为多个词性的兼类词，在生词表中只标明了一个词性的词语，但在词典中或《汉语水平考试词汇等级大纲》中属于兼类词，且日常使用频率比较高，教师在讲解一个词性时，对另一个词性也要进行补充讲解；二是教材中明确标注为兼类词，但课文中只出现了该词的一种词性，教师在教授一个词性时要及时对文中未出现的词性进行举例说明。

17. 新加坡新版华文教材面向华裔儿童的编写理念与实践

作者：徐雪玲

来源：上海外国语大学硕士学位论文

发表时间：2018 年 5 月

摘要：在汉语二语教学领域，"华裔汉语二语学习者"和"儿童汉语二语学习者"是不可忽视的两个特殊群体，但目前华文教材编写领域专门针对该群体的教材理论研究较少。文章选取了新加坡教育部组织编写的最新版小学华文系列教材，以"华裔汉语二语学习者"和"儿童汉语二语学习者"为切入点，从教材内容的设计、板块的衔接、语码的使用、汉字的教学以及语言点的处理等方面，深入分析了教材的编写理念及编写方法所体现出的契合"华裔汉语二语学习者"的特点，以期对其他国家和地区华裔儿童华文教材的编写提供范例和借鉴。新加坡版华文教材的编写理念主要有以下几点：重视语言技能，实现有效沟通；注重实用价值，实现乐学善用；遵循学习规律，符合认知发展；照顾个别差异，发掘学生潜能；培养情意品德，传承华族文化；促进思维发展，培养自学能力；结合资讯科技，增进学习效益；关注学习过程，落实有效评价。在实践方面，面向儿童二语学习者的教材要做到符合儿童认知发展，搭建句型骨架；重视家长监督，加强互动交流；话题贴近生活，体现本土文化；培养人文素养，传承华族文化；引入多元的评价体系。新加坡是多民族、多语言、多元文化的国家，实行"双语制"的语言政策，即各种族家庭的小孩在入学后把英语作为主导语言学习，同时必须学习自己的"母语"（族裔语），因此，新加坡的华文教材主要是针对华裔学习者编写的，同时该系列教材使用对象又是学龄儿童，正好契合了文章的研究对象。

18. 主题式教学模式在对外汉语中级口语教学中的应用——以《发展汉语·中级口语Ⅱ》为例

作者：刘曼曼

来源：大连外国语大学硕士学位论文

发表时间：2018 年 5 月

摘要：主题式教学模式是一种围绕主题展开教学活动的教学模式。该模式起源于20 世纪初的美国，并得到广泛运用，在国内的语文教学和英语教学领域也得到了推广和应用。本研究在对主题式模式相关概念及其理论阐述之后，将主题式教学模式运用到大连医科大学中级口语教学实践中，以《发展汉语·中级口语Ⅱ》口语教材为例，进行教学设计与实施，设计紧扣主题，主题活动的加入是本教学设计的亮点。此外，还对实验班和平行班的教学对象，进行问卷调查，对比分析后得出结论：主题式汉语教学模式对拓宽学生词汇量、丰富文化知识、巩固学生的课本知识及成段表达能力的提高有一定的帮助。最后，对主题教学完成的教学目标进行总结，并分析了此次教学实践的不足和改进之处，进而对中级口语的主题教学进行反思。实践证明，主题式教学模式是一种有效的汉语口语教学模式，有进行推广使用的价值。

19. 国别化与通用型汉语教材练习考察——以《美洲华语》《快乐汉语》为例

作者：于彤

来源：广州大学硕士学位论文

发表时间：2018 年 6 月

摘要：海外使用的汉语教材丰富多样，但教材建设问题也逐渐凸显，海外汉语教材编写的好坏直接影响到海外汉语教学。国别化教材和通用型教材在海外汉语教材中占有主体地位，两类教材各有优势。关于这两类教材的选择、编写等诸多问题业界一直存有争论，许多问题还没达成统一的认识。《美洲华语》和《快乐汉语》作为海外影响较大的汉语教材，练习编写成熟。文章拟对国别化海外汉语教材《美洲华语》和通用型海外汉语教材《快乐汉语》中的练习编写分别进行考察并对国别化汉语教材和通用型汉语教材练习的编写提出了相关建议，即练习设计要有科学性、有趣味性、要贴合教学对象的日常生活，同时，教材练习编写要重视"学"和"教"。

（五）华文教师发展研究

1. 国际汉语教师如何讲好中国故事

作者：王帅

期刊名称：《对外传播》

刊期：2018 年第 2 期

摘要：讲好中国故事，既是一个关系到中国自身发展、构建中国与世界新型合作关系的重大战略问题，也是全球化背景下如何做好跨文化交际以及构建国家形象的复杂技术问题。国际汉语教师要讲好中国故事，必须要解决两个基本问题："讲什么"和"怎么讲"。"讲什么"，是要厘清"中国故事"的范畴以及划分标准。国际汉语教师应当遵循三个标准：一是应有助于构建正面的国家形象和人民形象；二是应侧重反映当代中国的国情与民情；三是应有助于消除外国人对中国的偏见及刻板印象。国际汉语教师是在汉语国际教育的实施过程中讲述中国故事，有其特殊性，因此我们从讲述形式、讲述方法和讲述立场等三方面来讨论"怎么讲"的问题。"怎么讲"，指的是中国故事的讲述形式和讲述方法问题。在讲述形式上，汉语课堂应以汉语教学为主；在讲述方法上应针对的不同的故事采用不同的方法；在讲述态度上，国际汉语教师应保持正向的、积极的态度。

2. 新形势下高校汉语国际教育师资队伍建设探讨

作者：陈玮嘉

期刊名称：《教书育人》（高教论坛）

刊期：2018 年第 6 期

摘要：中国"汉语热"持续升温，但汉语国际教育师资队伍却不能满足目前汉语教学发展的需要。第一，高校汉语国际教育师资紧缺、水平参差不齐；第二，高校汉语国际教育师资流动性强，影响教学质量；第三，高校汉语国际教育师资缺乏进修、培训的机会。因此，应严格落实国际汉语教师的资格准入制度，建立中青年国际汉语师资的多渠道培养模式，建立与完善国际汉语教师的考核评价机制，以提高汉语教学的质量和促进汉语国际教育事业的推广。

（六）跨文化传播及华文传媒研究

1. 从小学华文教育看马来西亚华人文化传承

作者：徐云彪

期刊名称：《教师教育学报》

刊期：2018 年第 1 期

摘要：马来西亚华人常常自诩拥有从小学到大专的完整的华文教育体系，但是，究竟马来西亚华人在日常生活中还保留有多少中华文化，这是一个笼统又难以回答的问题。研究发现，在早期，马来西亚华人与中华文化，主要是靠一些历史人物和民间文学，包括历史故事维系；马来西亚华人对中国历史的认识是片面而零星的，只有非常少的人对中国历史有系统性的认识；在文学上，课本也显示出一些要跟中国"断奶"的现象。因此，在马来西亚，传承中华文化必须依靠更多正式教育以外的手段，同时鼓励更多华人在中学选修华文。

2. "汉语桥"世界大学生中文比赛的文化传播研究

作者：刘锐

期刊名称：《中华文化海外传播研究》

刊期：2018 年第 1 期

摘要："汉语桥"世界大学生中文比赛的主要目的是希望通过比赛激发外国年轻人学习汉语的兴趣，在学习汉语的过程中加深对中国及中国文化的了解，使中国的语言及文化能够更好地在世界范围内传播，增强中国的文化软实力。其比赛的内容包括汉语语言能力（汉语听说读写能力）、中国国情知识、文化技能（歌曲、舞蹈、曲艺、杂技、器乐、书法、绘画、剪纸、武术、传统体育等）以及综合能力（重点考核选手对汉语、中华文化的理解和实际运用能力）。

3. 华侨华人与中华文化国际传播

作者：刘芳彬

期刊名称：《八桂侨刊》

刊期：2018 年第 3 期

摘要：文章初步梳理了华侨华人在海外传承传播中华文化的资源优势和基本路径，重点探讨了新时代华侨华人践行中华文化国际传播战略的着力点。第一，就中华文化国际传播的内容而言，应深入挖掘中华优秀传统文化的思想观念、人文精神、道德规范，并赋予其现代内涵，展现中华文化的传统魅力和时代风采，讲清楚中国现代文化与传统文化的关系，避免文化传播的"古董化""博物馆化"。第二，就中华文化国际传播的影响力而言，要挖掘中华文明绵延数千年所蕴含的强大生命力和世界文化的普遍价值，着力展现中华文化对世界发展和人类文明进步的贡献和影响，推广中国智慧和中国方案，避免文化传播的肤浅化、片面化。第三，就中华文化国际传播的形式和手段而言，要善于利用国际思维、现代科技，以科学、先进、开放的理念拓宽思路，采取多层次、多方位、立体化的传播方式和传播手段，全面推进中华文化的国际传播，避免文化传播的故步自封和僵化。

4. 泰国新生代华人族群认同问题初探

作者：杨保筠、曾安安

期刊名称：《八桂侨刊》

刊期：2018 年第 3 期

摘要：文章考察了泰国新生代华人在中国实行改革开放、经济获得高速发展以及中泰关系不断加强的大背景下，对祖籍国中国的认识及其族群认同观念方面的问题，阐述了作者对这些问题的初步思考。通过对泰国新生代华人的观察可以看出，随着中泰两国在各个领域中关系的不断发展，特别是中国提出的"一带一路"倡议在泰国的实施，中国的改革开放所取得成就将给泰国的发展和人民的福祉提供更多机会。与此同时，由于泰国华人在该国经济社会中的地位，泰国华人与中国之间的交往也将进一步增强，但其动因主要是经济方面的。作为后起之秀，新生代华人的地位和作用逐渐凸显，并不断得到加强。作为华人社会的一部分，血缘和文化所产生的心理亲近感成功与发展提供了便利。因此，新生代华人对自己华裔身份的族群认同感会逐步呈现为泰国新生代华人与祖籍国联系的重要驱动力。与此同时，在国家认同方面，无论泰国新生代华人中的部分人士的汉语程度多高，与中国的生意做得多大，他们对泰国的国家认同和效忠是不会改变的。因此，不能够因为他们与祖籍国之间在各方面的交往增多，就得出泰国新生代华人将"再中国化"的结论。

5. 海外华裔文化认同变化的影响因素初探

作者：郭蓓蓓

期刊名称：《华侨华人历史研究》

刊期：2018 年第 3 期

摘要：21 世纪以来，随着世情、国情、侨情的深刻巨变，华侨华人的认同越来越多元化。中国的发展激发了华侨华人的民族自豪感，他们对祖籍国的认同发生了变化。特别是越来越多的海外华裔重新"发现"了自己的民族认同和文化认同。文章认为，除了中国的发展这一宏观背景外，全球"汉语热"及华文教育的复兴与发展、侨务部门开展的中华文化教育活动以及华侨华人社会地位的提高和居住国对华人贡献的肯定等因素，都推动了海外华裔对祖籍国的文化认同和民族认同。文章提出，海外华裔的文化认同存在多样性和复杂性，还需要进行更多的实证研究；如何增强海外华裔对祖籍国的民族认同和文化认同，还有很长的路要走。

6. 东南亚华裔青年中文姓名使用状况研究——以新马泰、印尼四国华裔留学生为例

作者：张锦玉

期刊名称：《华侨大学学报》（哲学社会科学版）

刊期：2018 年第 5 期

摘要：文章采用调查的方法对新加坡、马来西亚、印尼、泰国四国 2257 位青年华裔留学生的中文姓名进行了研究，结果发现，中文姓名是华人对其身份和中华文化认同的表现。东南亚青年华裔留学生的中文姓名与同时代中国人的姓名特点同中有异，且四国内部也有一定的差别，这与他们所处的社会语言环境有一定关系；同时，性别因素和国籍因素也是影响东南亚青年华裔留学生中文姓名使用的重要因素。最后，文章还对东南亚青年华裔留学生中文姓名的使用和规范提出了若干建议。总的来看，东南亚青年华裔留学生中文姓名使用中存在一些问题，如姓名用字和重名问题。姓名用字的问题主要表现在高频字过于集中以及用字偏于保守上；另外，姓名用字中还有一定量的非常用字和生僻字，这对于那些华文水平偏低的华人来说可能造成使用上的困难。重名问题在东南亚华人群体中表现也较为突出，其原因就在于当地华人相近的价值观和取名理念，同时高频字的大量使用也加剧了重名的出现。因此文章认为，东南亚华人在取中文姓名时，应尽量避免过多地使用高频字，要追求创新，但也

不要过分使用生僻字；同时也可以根据实际情况多样化姓名结构，如适当增加单字名的使用量等等。

7. 文化互动视野下的"大华语"概念新探——兼谈华语社区词的文化间性

作者：田静、苏新春

期刊名称：《新疆社会科学》

刊期：2018 年第 5 期

摘要：文章分析了"大华语"各个变体形成过程中涉及的文化过程，既包括时间维度上"普通话/华语/国语"使用者的代际传承，也包括空间维度上与外来文化或迁入地文化等异质文化的接触、交流与融合。根据"大华语"变体在使用国家、地区的地位，将所有理论上存在的"大华语"变体首先归为官方语言和非官方语言两类，官方语言又分为单一官方语言和非单一官方语言两类，从单一官方语言到非官方语言，体现不同变体在其使用区域政治竞争力的递减。此外，本研究剖析了"大华语"概念层次：第一层次为"作为母语和国家/地区官方语言、标准语言的华语"，是"大华语"概念的核心与基础，对应的使用国家包括中国和新加坡，涵盖普通话、台湾地区"国语"、香港、澳门地区华语四种变体，对应使用人群为这些地区的华人；第二层次为"作为民族语言的华语"，对应的语言使用地域扩展到海外各华语区，使用人群扩展至全球华人；第三层次为"作为世界语言的华语"，对应的语言使用地域不限于华语区，使用人群也不限于华人群体，使用人群中加入了华人以外的华语使用者。

8. 泰国华裔青少年对中华文化认同及影响因素的调查研究——以勿洞中华学校为例

作者：祁琳

来源：山东师范大学硕士学位论文

发表时间：2018 年 6 月

摘要：泰国是东南亚华侨华人重要聚集地，中华文化在泰国传播如火如荼，但是缺乏泰国华裔特别是当代华裔青少年对中华文化认同真实情况的了解在一定程度上会影响中华文化在泰国进一步的传播。文章以泰国南部也拉府勿洞市中华学校为例，对在校的 107 位泰国华裔青少年的中华文化认同情况以及影响其文化认同的相关因素做调查分析。通过调查问卷的形式，从民族、语言、传统节日与习俗、传统思想与价值观、宗教习俗、文化艺术、观念态度以及其他包括文化遗产在内的 8 个方面对泰国勿洞中华学校的华裔青少年中华文化认同情况进行全面深入地调查。基于对文化认同调查结果的分析和访谈资料发现，影响泰国华裔青少年文化认同的因素主要有社会、家庭、学校三个方面。最后，文章从孔子学院、华文学校、华文教师三个方面提出了文化传播的相关建议。

（七）海外华语特点与使用现状研究

1. 马来西亚华语"者"缀词语的变异性考察

作者：赵敏

期刊名称：《汉语学报》

刊期：2018 年第 3 期

摘要：文章以"者"缀为例比较马来西亚华语与普通话词缀派生构词的差异，主要在于马来西亚华语有"业者、有者"等特色鲜明的"者"缀词语。同时，在方法论上作者指出利用语料库和统计的方法对华语语法进行比较研究乃是大势所趋，它可以避免个人视野的局限性和主观臆测，能够客观地检索数据，为客观分析语言现象打下基础，从而有利于研究者总结倾向性规律。此外，比较是科学研究的根本方法，在语言学上对于认识一种语言或一种语言变体的特点具有重要意义。华语的比较研究至少可以从以下几个方面进行：与普通话的比较，区域性华语之间的比较，共时与历时的比较等。

2. 全球华语词汇研究的参数分析——以"点算"为例

作者：邓思颖

期刊名称：《汉语学报》

刊期：2018 年第 4 期

摘要：文章提出全球华语词汇研究的参数分析，从时代、地域、方言、语体四方面，为全球华语变体的描述，提供更准确的分类。文章以"点算"一词为例，结合这四项参数，以动态的方式，窥探全球华语变体的互动关系，并为建构全球华语研究的理论、描述和分析大华语的语言特点，提供一点参考。

3. 多区域华语比较研究的现状、特点与路径

作者：赵敏

期刊名称：《深圳大学学报》（人文社会科学版）

刊期：2018 年第 6 期

摘要：区域华语研究可分为单点华语研究和多区域华语比较研究。当前的多区域华语研究呈现出不均衡、马太效应的面貌，即有的区域华语研究学者多、研究成果多，有的区域研究学者少、成果少。文章通过多区域华语比较研究发现，互通度是判断多区域华语共性的标尺；以地缘、国别区域为参照的多区域华语研究视角应不局限于单点区域的华语研究，可以扩展到有相同语言特征的多个区域；各区域华语之间不仅存在类型上的共性特征，其内部之间也存在差异性特征；华语区域性表达呈现多样性与丰富性。这些特征发掘与视角开拓既丰富了大华语的微观研究，也促进了大华语的宏观、中观研究。多区域华语研究除了以比较法为基本方法以外，还可以利用参照源方言背景、自然口语语料库、语料库技术等方法。

4. 多语互动和南洋华语的本土化

作者：陈恒汉

期刊名称：《汉字文化》

刊期：2018 年第 22 期

摘要：南洋华语以标准汉语为基准，但在长期的域外流播过程中受到不同的历史、文化与社会环境等的影响，与大陆通行的普通话有一定的差异。南洋华语的本土化特征，体现在口音腔调、词汇使用、语法句式和文字规范等方面。有些南洋华语的语句回传到中国大陆并被接受，丰富了现代汉语的发展。南洋华语的语音本土化特征包括：1. 缺少轻声，没有儿化；2. 受闽粤客方言影响，［h］和［f］经常混用，［r］往往发成［l］或［y］；3. 受台湾式的"国语"影响，［-eng］往往读作［-ong］，比如，"梦想"说成［mong-xiang］等；4. 有的读音约定俗成并一直延续下来，例如词尾助词"了"，［le］被读成［liao］。南洋华语词汇的本土化特点，主要包括四个方面：1. 南洋一带某些约定俗成的特有表达法；2. 有些词语和普通话一样，但意思所指不同；3. 有些词语是受方言或其他语言的影响而成，和普通话不同；4. 许多南洋特有的事物或现象无法在普通话中找到对应词语，因而衍生出许多特有词汇。南洋华语的语法差异首先表现在词序上。在文字规范方面，南洋各国中只有新加坡执行得比较彻底，语言运动驱使其中文书报大都能与标准汉语保持一致。

三　著作选介

1. 《二语习得核心术语（第二版）》

作者：〔美〕比尔·范巴腾（Bill VanPatten）、〔意〕亚历山德罗·G. 贝纳蒂（Alessandro G. Benati）

译注：陈亚平

出版社：外语教学与研究出版社

出版时间：2018 年 1 月

内容摘要：该书旨在介绍二语习得领域的关键术语、学者和著作，是一本入门书，也是一本实用手册。该书主要由三大部分组成：关键议题（Key Questions）、主要理论和研究框架（Key Theories and Frameworks）、核心术语（Key Terms）。三大部分既相互独立，也相互补充，共同为二语习得领域的学习者和研究者提供一些基本的指引。该书共包括五章：引言、二语习得关键议题、主要理论和研究框架、核心术语、代表性论著。

2. 《华文教育与中华文化传承》

作者：胡培安、陈旋波

出版社：社会科学文献出版社

出版时间：2018 年 1 月

内容摘要：该书立足于海外华文教育自身理论建设和海外华文教育实践的需要，运用教育学、历史学、语言学和文化学等学科理论，并结合实证分析的方法，对海外华文教育诸环节过程与中华文化传承之间的内在联系与运行机制进行了深入的探讨，并揭示不同时空下中华文化传承的形态和发展趋向；同时结合汉语国际传播与华文教育的历史经验和现实问题，提出了一些可资决策层参考的建议。该书共有八章：第一章为导言，讲述海外华文教育与中华文化传承的关系，第二章为"文以贯道"讲述基于教材与课程设置的中华文化传承，第三章为"士志于道"，讲述华文教师与中华文化传承，第四章为"筚路蓝缕"，讲述华文教育组织与中华文化传承，第五章为"薪火相传"，讲述华校学生与中华文化传承，第六章为"言近旨远"，讲述海外华文教育视野下汉语与中华文化传承，第七章为"旧邦新命"，讲述海外华文教育与中华文化现代化，第八章为"百川归海"，讲述海外华文教育与"中国梦"。

3. 《初级篇－IB中学项目（MYP）中文语言习得教学实例》

《中级篇－IB中学项目（MYP）中文语言习得教学实例》

《高级篇－IB中学项目（MYP）中文语言习得教学实例》

作者：冯薇薇

出版社：华语教学出版社

出版时间：2018年1月

内容摘要：该书系共有三部，分别系统讲解IB中学项目（MYP）初级、中级和高级中文语言习得的教学结构和构思，帮助教师更高效地进行教学规划和课堂教学，帮助学生更好地完成MYP中文课程的学习。每部书均有三章，体系一致：第一章为MYP课程简介，介绍了MYP的定义、MYP的8个学科与5个重要因素、课程培养目标、评核方式的内容；第二章是教学设计实例，包括交流、文化、联系、创造四个方面的教学设计实例讲解、单元总结性评估与学生作业范例及评分；第三章为模拟试题，用以检测学生对各方面知识的掌握程度。

4. 《韩国留学生汉语口语教学中交互式教学的应用研究》

作者：金范宇

出版社：东北师范大学出版社

出版时间：2018年1月

内容摘要：该书从概述中国的汉语口语教学开始，区分口语与书面语的差异，明确对外汉语口语教学的性质、任务和原则。该书分为九章：第一章为汉语口语教学概述；第二章为对外汉语口语教学的教材建设与实践，分析了当下对外汉语口语教材的创新编写工作，从古代对韩汉语教材的编写中汲取养分，以服务于对韩国留学生以及广大外国留学生的汉语口语教学实践；第三章为交互式语言教学概述，对交互式语言教学方式的论述也是由浅入深、循序渐进地从概念和理论基础开始，然后在明确国内外对其的研究现状基础上，分析交互式语言教学法在对外汉语教学中的影响因素；第四章为交互式汉语口语课堂教学方式的开展，详细研究了如何在汉语口语课堂上进行交互式教学的具体方式；第五章针对韩国留学生群体在华学习情况的具体分析，探寻与交互式口语教学的契合点；第六章是关于交互式口语教学中对韩国留学生的能力培养与辅助性干预；第七章为交互式语言教学方式中教师角色和作用的变化；第八章系统讲解了韩交互式汉语口语教学设计；第九章为交互式口语教学实例。后两章内容属于实证研究，以具体课例说明交互式口语教学的设计流程和实际效果，系统并有针对性的教学方法。

5. 《传播学视阈内的汉语国际教育研究》

作者：吴莉

出版社：东北师范大学出版社

出版时间：2018 年 1 月

内容摘要：该书从传播学与汉语国际教育的联系入手，先对汉语国际教育的传播者、传播讯息、传播媒介、传播受众做介绍与分析，再运用传播学相关理论，对受众的群体背景、受众的媒介选择及其对语言学习的影响等进行全面分析。该书分为七章：第一章为传播学综述，第二章讨论汉语国际教育的主要教学主体，第三章为传播学与汉语国际教育研究，第四章讨论国际化视角下的中国文化传播问题，第五章为传播学与汉语国际教育受众分析，第六章为汉语国际教育传播媒介与受众的互动关系分析，第七章为汉语国际教育传播媒介的传播方式分析。

6. 《海外汉语教师指南：教学与管理篇》

作者：叶颖颖

出版社：华语教学出版社

出版时间：2018 年 1 月

内容摘要：该书从课前管理、拼音教学、汉字课堂、传统节日、古代文化、教学评估等各个方面，对作者多年的海外汉语课堂教学和管理经验进行了系统总结，既有真实案例，也有经验分享与解决方案，对年轻的汉语教师尤其具有指导作用。该书分为七章：第一章为"课前管理"（老师应该备什么），第二章为"教学开门红"（第一堂课上什么），第三章为"拼音教学"（如何介绍拼音大家庭），第四章为"汉字课堂"（美丽汉字，有趣教学），第五章为"传统节日活动课做什么"，第六章为"中国古代文化教学应用"，第七章为"课堂管理与教学评估"。

7. 《跨文化汉语教育学》

作者：白乐桑

出版社：中国大百科全书出版社

出版时间：2018 年 1 月

内容摘要：全书结合法中两国汉语教学历史，讨论了欧洲汉语文化传播的基本理论问题与方法论，涉及汉语作为外语第二语言教学的学科理论、文化导入、教材编写等方面。该书主要讨论三个问题：一是国家间语言学习政策与文化环境，二是新兴汉语第二语言教学法在法国和中国的本体论前景，三是汉学文化学习的动机与个案研究。该书分为六章：第一章为法中汉语教育史论——法国汉语教育与中国教育传统、特征的比较，第二章为文化场与语言政策——以法国汉语教育为例，第三章为巴黎东方语言文化学院汉语教材编写个案研究，第四章为跨文化交际的若干问题，第五章为中国文化符号两则——汉字与中餐，第六章为跨文化学习的动机研究。

8.《对外汉语教学与研究》

主编：赵文书

出版社：南京大学出版社

出版时间：2018 年 1 月

内容摘要：该书为论文集，收录了对外汉语研究专题文章，内容涵盖了教学理论研究、教学法研究、教材研究、国别汉语教学研究、文化教学研究、教师发展研究、学生论坛、从教材看商务汉语交际功能项目的等级分布等内容。该书分为四个部分：第一部分为教学理论研究，包括"题元理论对汉语使动句解释力的探究"与"虚义动词'加以'在中高级汉语书面语教学中的偏误分析与教学策略"两篇论文；第二部分为教材教法研究，包括"浅议留学生古汉语法教学""商务汉语教材建设的几点思考"等论文；第三部分为国别汉语教学，包括"美国中学生别字现象分析及教学建议"等论文；第四部分为文化研究，包括"中国现当代文学在北美高校""针对第二语言学习者的文学课新设计"等论文。

9.《汉语第二语言词汇教学模型的构建及实证研究》

作者：何清强

出版社：浙江大学出版社

出版时间：2018 年 2 月

内容摘要：该书旨在探讨汉语第二语言词汇教学的科学模式，以动宾式离合词为例，整合第二语言词汇学习的五种积极心理因素，构建了一个既符合汉语个性特点，又能通过任务设计调控各种心理因素的汉语第二语言词汇教学的"认知—动机"模型。该书共分为九章：第一章为绪论，第二章分析汉语的个性特点，第三章讨论动宾式离合词在汉语第二语言词汇教学中的地位,第四章分析汉语母语者动宾式离合词的使用情况,第五章为外国留学生动宾式离合词的使用情况,第六章为动宾式离合词的偏误分析,第七章为分离度和动宾语义关系对习得的影响,第八章研究第二语言词汇学习的心理机制,第九章研究汉语第二语言词汇教学的"认知-动机"模型。

10.《对外汉语研究》(第十七期)

主编:上海师范大学《对外汉语研究》编委会

出版社:商务印书馆

出版时间:2018年2月

内容摘要:该书是上海师范大学对外汉语学院主持编辑的系列学术论文集刊,主要开设作为第二语言的汉语本体研究、语言测试研究、语言学习理论、汉语作为第二语言的习得与认知、中外汉语教学的历史与现状、语言文化教学、对外汉语学科教学论、教材建设、对外汉语教育技术、学术评论和学术动态等栏目。第十七期共收录论文16篇。其中,汉语本体研究方面的论文8篇,包括"名词谓语句的句法分析""例举语气词与例举语块""判断性频度副词与类同副词'也'搭配顺序的不平行现象""从驱动-路径图式看'V+过'的语义类别及其泛化、虚化"等论文;汉语应用研究方面的论文共8篇,包括"优秀汉语教师:知识、能力和素养及其维度与权重""国际汉语教师教学自主性、工作满意度与职业倦怠之间的关系研究""英语母语者习得汉语增减量词语混淆特征的不平衡性分析""汉语因果篇章连接标记二语习得发展阶段研究"等论文。

11.《汉语作为第二语言学习者的阅读认知过程研究》

作者:孙晓慧

出版社:外语教学与研究出版社

出版时间:2018年3月

内容摘要:该书试图从认知的角度,解释汉语作为第二语言学习者的阅读认知过程,进而构建汉语作为第二语言学习者的阅读认知过程模型。全书共分为六章:第一章为导论,首先介绍研究背景,随后阐述研究目的、研究内容和研究意义,并对"汉语作为第二语言学习者"和"阅读认知过程"两个核心概念进行界定;第二章为文献综述,分别从阅读的概念、阅读的认知心理学理论基础、第二语言习得阅读过程研究、第二语言习得认知过程研究、第二语言习得阅读认知过程研究、汉语作为第二语言习得研究以及汉语作为第二语言阅读研究等七个方面概述支撑文章的相关理论与文献;第三章分别从研究问题和研究方法两大方面来详细介绍研究设计;第四章详细阐述研究结果，并使用大量原始数据作为例证；第五章深入讨论了不同水平汉语作为第二语言学习者的阅读认知过程，汉语作为第二语言学习者的阅读认知过程模型、图式和联想在汉语作为第二语言学习者阅读理解中的运用以及汉语和英语作为第二语言学习者阅读行为的对比等问题；第六章总结了该书的主要发现，陈述了创新点与贡献，并指出该书对汉语教师等相关群体的启示、该书的局限性与建议。

12. 《汉语国际教育师资培养理论和实践问题研究》

作者：王丕承

出版社：中国书籍出版社

出版时间：2018 年 3 月

内容摘要：该书的主旨是对汉语国际教育师资培养的理论和实践问题进行一些理论建构，主要探讨了在汉语国际教育师资培养中任务型教学方式的作用以及文化问题的重要性，着重论述了汉语国际教育师资课堂管理能力的培养，还探讨了"后方法时代"教学理念与汉语师资培养的关系和重要作用，以及作为后备师资的汉语国际教育专业硕士的培养问题。该书分为十章：第一章为汉语国际教育师资新型教学观念和意识的培养，第二章为汉语国际教育师资培养过程中自身发展问题的解决，第三章为汉语国际教育师资发挥学习者作用能力的培养，第四章为汉语国际教育师资发挥隐性课程作用能力的培养，第五章为汉语国际教育师资新型教学评估能力的培养，第六章为任务型教学方式与汉语国际教育师资培养，第七章为汉语国际教育师资培养过程中文化问题的重要性，第八章为汉语国际教育师资课堂管理能力的培养，第九章为汉语国际教育师资培养与"后方法时代"教学理念，第十章为汉语国际教育专业硕士培养的一些相关问题研究。

13. 《新加坡中学华文新课程研究：基于中国基础教育语文课程改革》

作者：黄淑琴

出版社：暨南大学出版社

出版时间：2018 年 3 月

内容摘要：该书通过梳理新加坡华文教育发展历程，研究新加坡华文教育标准和新加坡华文新教材，及其与中国人教版初中语文教材、"部编本"语文教材的对比，提出了新加坡华文新教材的特点及可供中国语文教材编写借鉴之处。为我们完善教材体系、建构阶梯型知识体系、开展有效单元教学、指导学生语文实践提供了很好的参考和学习样本。该书分为五章：第一章为新加坡华文教育发展历程简述，第二章为《中学华文课程标准 2011》解读，第三章为新加坡中学华文新教材概览，第四章为新加坡中学华文新教材与人教版语文教材的比较，第五章为从比较的视角审视"部编本"语文教材，附录为《中学华文》写作教材特色研究。

14. 《海外汉语教师指南：语言与文化篇》

作者：叶颖颖

出版社：华语教学出版社

出版时间：2018 年 3 月

内容摘要：该书将中国语言和文化融合提炼成人、国、数、家、买五个语言教学主题，以及饮食、音乐、功夫、剪纸、书画、脸谱、陶艺七个文化教学专题，全方位进行海外课堂实操演练，注重根据海外学生的特点提供实际教学问题的解决方案，对汉语教师具有指导作用。该书将语言与文化相互融合，参考了学生学习过程中遇到的实际问题，结合具体教学内容和实践进行了系统分析，共分为两部分：第一部分为语言篇，包括五个主题，分别为"你好，你叫什么名字？""你是哪国人？""时间和年月""你家有几口人？""购物那些事儿"；第二部分为文化篇，包括七大专题，分别为"中国饮食""中国音乐与歌曲""中国功夫""中国剪纸""中国书画""中国京剧脸谱""中国陶艺"。

15. 《菲律宾华文报刊与中国文化传播》

作者：赵振祥

出版社：人民出版社

出版时间：2018 年 3 月

内容摘要：该书从菲律宾华文报刊的历史发展这一视角切入，把其置于与华人社团、华文学校的关系中进行考察分析，从三者的依存关系中管窥中华文化在菲华社会的传播以及菲华社会文化的建构。通过对菲华报刊发展历史的梳理，可以看出菲华报刊在引导华社路向方面是一个富有远见的"瞭望者"，在保护华社利益方面是一个忠于职守的护卫者，在文化传播方面是一个虔诚的布道者。该书分为九章：第一章为华社"三宝"：中华文化在菲华社会传播的三股力量；第二章为"菲华报刊的笔战"：近现代中国的论战文化向菲华社会的延伸；第三章为"华报携手华校"：搭建"海上音乐之路"；第四章为菲华报刊对菲华社区的利益守护与社区文化建构；第五章为菲华报刊与菲华社会"路向之争"的策动及文化反思；第六章为菲华报刊与菲华文学：在共存共生中传播中华文化；第七章为菲华报刊的非商业广告与中华文化传播——以《世界日报》为例；第八章为从菲律宾英文媒体对华报道看中华文化传播；第九章为"海上丝绸之路"建设背景下菲华报刊的文化传播角色与未来发展。

16. 《国际汉语（第 4 辑）：汉语教材史国际学术研讨会论文集》

主编：周小兵

出版社：中山大学出版社

出版时间：2018 年 3 月

内容摘要：该书对国内外学者对国家文化安全、教育安全的研究进行了综述，就国家文化安全的学说和理论进行了梳理，对高等教育维护国家文化安全的意义进行了分析，并对国家文化安全特别是高等教育安全的历史进行了论述，从高等教育安全的一个侧面和视域对国家文化安全问题进行探讨。从理论和实践的高度，对高等教育的文化责任和文化使命进行系统分析和研究，特别是对知识分子和青年学生的文化责任进行了深入研究。该书包括四部分：第一部分为教材与语法研究，第二部分为汉学与汉语教育研究，第三部分为东亚教材史研究，第四部分为西方教材史研究，第五部分为当代汉语教材研究。

17. 《汉语国际教育学报》（第三辑）

主编：张旺熹

出版社：科学出版社

出版时间：2018 年 3 月

内容摘要：该书为论文集，主要包括五部分内容：第一部分为汉外对比研究，包括"汉韩条件句类型特点刍议"与"现代汉语'有'字句的句法结构分析"两篇论文；第二部分为汉语教学研究，包括"明德中文学校对汉语教学的启示""海外汉语课堂教师提问研究——以墨尔本一所初中为例""基于案例的商务汉语教学与商务案例教学之辨析"等论文；第三部分为汉语本体研究，包括"汉语意合语法三十年""论句子由小句构成""第三人称回指形式与篇章主题的联系"等论文；第四部分为汉语习得研究，包括"中高级韩国学习者口语产出中'A＋N'类形名搭配的偏误类型及自然度考察"等论文；第五部分为"一带一路"专题研究，包括"'一带一路'语言研究热点与趋势分析"等论文。

18. 《国际汉语教师生存指南：工作篇（上）》

作者：黄丽娟

出版社：高等教育出版社

出版时间：2018 年 5 月

内容摘要：《国际汉语教师生存指南》收集了国家汉办美国大学理事会中文项目

的老师们亲身经历的典型案例，分为工作篇和生活篇。该书为"工作篇"，内容涉及中国老师在美国学校工作可能遇到的各种情景，包括如何与校方及同事沟通、与学生及学生家长沟通、如何进行有效的课堂管理、如何开展中华文化推广活动等等。该书共有三章：第一章为"开学"，主要介绍初次见面时的一些事项；第二章为"教学"，包括"上好开学第一课"（小学、初中）、课堂教学设计与实例、语言教学策略与特殊教育学生四个小节；第三章为"课堂管理"，主要介绍了小学与初中的课堂规则制定与管理案例。

19.《华人社团与中华文化传播》

作者：张禹东

出版社：社会科学文献出版社

出版时间：2018 年 5 月

内容摘要：该书在"华侨华人与中国梦"的问题意识与现实关怀之下，研究华人社团与中华文化传播，乃至于中国梦的实现问题。主体部分从四个方面展开：首先，简要梳理华人社团的历史发展脉络与现实体系；其次，从对象、内容、方式、渠道、功能等维度，对当代各类华人社团的中华文化传播活动进行分析，探讨各类华人社团的中华文化传播活动的和而不同的具体机制；再次，在重点讨论国籍认同各异背景下的中华文化认同、跨国"华族"的族群建构问题的基础上，揭示华人社团传播中华文化的共同旨趣；最后，层层深入地从"'差序格局''我群－他群'认同视野下的中国梦、中华文化价值观的共建与共享、东方价值观的进一步凝聚与国际关系中利益共同体的建构、中华文化软实力的提升与中华民族伟大复兴的实现"四个层次的逐步推进分析，力求揭示华人社团传播中华文化与中国梦的实现的重大问题。该书分为五章：第一章为绪论，主要包括研究旨趣与问题意识、学术史回顾、研究对象、研究方法与关键概念；第二章为华人社团的历史脉络与现实分类；第三章为和而不同的中华文化传播机制；第四章为建构跨国华族的共同旨趣；第五章为助力中国梦的价值意义。

20.《国别化汉语教学案例实录》

作者：王巍、李洪波

出版社：中国文联出版社

出版时间：2018 年 5 月

内容摘要：该书主要分析了不同国别的汉语教学案例，包括"美国大学汉语教学模式探究""英国汉语教学调研报告""从小学课堂看法国汉语教育发展""丹麦本土汉语教学现状研究""泰国中小学汉语教学案例分析——以本扎玛拉查莱中学为例""西班牙巴塞罗那地区汉语教学情况报告""日本爱知大学汉语教学状况及相关问题""新加坡汉语教学概况""菲律宾汉语教学调研报告""摩洛哥穆罕默德五世大学孔院汉语教学案例报告"等。

21. 《中华文化海外传播研究》（2018 年第一辑）

主编：刘宏

出版社：社会科学文献出版社

出版时间：2018 年 5 月

内容摘要：该书是由大连外国语大学中华文化海外传播研究中心组织编撰的辑刊。该刊紧密贴近中华文化海外传播工作实际，着力解决中国中华文化海外传播中的理论和实践问题。刊物下设栏目包括名家对话、研究发布、传播战略与策略、海外汉学、汉语传播、孔子学院传播、媒体传播、跨文化传播等高端对话与专题研究等。2018 年第一辑共分为两部分，第一部分为"名家访谈"，包括"润物细无声，推动中华文化海外传播——著名语言学家、北京大学陆俭明教授访谈"和"中国文化'走出去'的喜与忧——著名传播学者、美国纽约州立大学洪浚浩教授访谈"；第二部分为"中华文化战略研究"，包括"价值、内容和方法：中华文化海外传播共识的构建之路""当代中国文化'走出去'路径探究——基于唐宋文化对外传播方式的考察"和"'冲突'抑或'共存'——试论全球化语境下中国当代精神文明的国际认同"。

22. 《国际汉语教学心理学纠错反馈的认知心理》

作者：洪芸

出版社：中央民族大学出版社

出版时间：2018 年 6 月

内容摘要：该书为汉语教学提供的各种建议均源于课堂研究，可以帮助读者将教育心理学中学到的知识迁移到教学当中。全书分为八章：第一章为绪论，界定了一些基本概念并解析国际汉语教学心理学；第二章为记忆的相关理论与国际汉语教学；第三章为注意的相关理论与国际汉语课堂纠错反馈；第四章为二语学习动机的相关理论；第五章为学习者的个别差异；第六章为学习策略的相关理论与国际汉语教学；第七章为建构主义学习理论与教师反馈；第八章为汉语作为二语学习的非线性研究。

23. 《汉语框式结构个案研究及教学探索》

作者：董淑慧

出版社：南开大学出版社

出版时间：2018 年 6 月

内容摘要：该书研究对象是汉语框式结构及其教学体系。全书分上下编，上篇既包含对"现代汉语框式结构教学体系"的宏观探讨，也包含教材如何处理框式结构、框式结构词条注解的问题、留学生使用框式结构的偏误等微观分析。上编着力探讨汉语框式结构教学，共分为四章：第一章为框式结构及其教学研究现状；第二章为框式结构在汉语教材中的地位及存在的问题；第三章为汉语教学中的框式意识和框式结构教学原则；第四章为从留学生偏误看汉语框式结构习得情况。下编是汉语框式结构的个案研究，着力探讨"VAdj 数量（N）是数量（N）""VAdj 数量（N）算数量（N）""A 是 A，B 是 B"等框式结构的语义功能、主观性以及历时演变。

24.《国际汉语学理论与实践》（第二辑）

主编：刘文政

出版社：首都经贸大学出版社

出版时间：2018 年 6 月

内容摘要：该书为国际学院对外汉语教研室大部分对外汉语教师的研究成果，涵盖语言学研究、语言测试研究、汉语本体（语音、词汇、语法）研究以及对外汉语教学与习得研究。全书分为十六节：第一节为"菜涨涨"——汉语中一种特别的重叠式新名词；第二节按四呼分类考察各类韵母对留学生汉语单音节声母听辨的影响；第三节为对外汉语初级阶段汉语文化因素的习得；第四节为对外汉语教学语法的分级排序综述；第五节为构式"V 着 V 着"的句法、语义、语用研究；第六节为广告及广告语言研究概述；第七节为韩国高级水平汉语学习者"是……的"句式的学习情况研究；第八节为韩国留学生动态助词"着"习得发展研究；第九节为"经济管理汉语"课程初步建设初步构想；第十节为留学生汉语词汇习得研究；第十一节为试论对外汉语"比"字句教学；第十二节为戏剧表演教学法在留学生汉语教学中的实践探索；第十三节为语言测试内容效度实证研究；第十四节为语言学研究的新视野；第十五节为商务汉语口语课教学方法探索；第十六节为代词"其"能否充当主语之争。

25.《教师发展与国际汉语教学》

作者：〔英〕西蒙·博格（Simon Borg）

译者：和静、赵媛

出版社：外语教学与研究出版社

出版时间：2018 年 7 月

内容摘要：该书内容选自教师教育与教师职业发展研究专家西蒙·博格（Simon Borg）教授在 2017 年夏季世界汉语教学学会举办的"国际汉语教师培养与发展高级讲习班"上的两场讲座。针对目前教师发展面临的困境，该书简要概括了教师职业发展研究的现状、方法和步骤，介绍了教师研究的关键特征和研究技巧，对怎样进行高质量的语言教学研究进行了深入的探讨。该书采用中英文对照的形式，方便国际汉语教师与第二语言教学研究者阅读使用。该书主要包括三个部分：第一部分为教师职业发展研究，第二部分为进行高质量的语言教学研究，第三部分为延伸阅读。

26. 《国际汉语传播背景下泰国汉字教学研究》

作者：田艳

出版社：中央音乐学院出版社有限责任公司

出版时间：2018 年 7 月

内容摘要：本研究基于一定规模的调查、课堂观察及访谈，对泰国汉字教学的模式、教法、教材、师资培养等进行深入的分析与思考，以期对泰国汉字教学的发展进行多方面的阐述，并提出有益的建议。该书分为十一章：第一章为绪论，主要讨论选题背景及研究意义、进行相关文献梳理、研究内容与研究方法、研究思路及研究创新点；第二章为泰国汉语教学情况概述；第三章为泰国汉字教学发展的相关问题；第四章为泰国汉字教学模式的分析与思考；第五章为泰国汉字教学标准的思考；第六章为泰国学生汉字习得情况的分析与思考；第七章为泰国汉字教学原则与教学方法；第八章为泰国汉字课堂教学设计与教学活动；第九章为泰国汉字教学资源的分析与思考；第十章为泰国汉语教师汉字能力的培养；第十一章为国际汉语传播背景下泰国汉字教学的总体思考。

27. 《对外汉语研究》（第十八期）

主编：上海师范大学《对外汉语研究》编委会

出版社：商务印书馆

出版时间：2018 年 7 月

内容摘要：该书是上海师范大学对外汉语学院主持编辑的系列学术论文集，包括作为第二语言的汉语本体研究；语言测试研究；语言学习理论；汉语作为第二语言的习得与认知；中外汉语教学的历史与现状；语言文化教学；对外汉语学科教学论；教材建设；对外汉语教育技术；学术评论和学术动态栏目。第十八期共收录论文 16 篇。其中，汉语本体研究方面的论文 8 篇，汉语应用研究方面的论文 8 篇。

28. 《世界华文教学》（第四辑）

主编：贾益民

出版社：社会科学文献出版社

出版时间：2018 年 7 月

内容摘要：该辑刊以提升海外华文教学与研究水平为目标，着重反映华文教学与研究领域的成果，是华文教育学术研究的重要平台。第四辑分为五部分，分别为：专稿、华文教育理论研究、汉语国际教育与华文教学研究、汉语研究、专家访谈。其中专稿包括"新时代华文教育的新使命"等；"华文教育理论研究"包括"华校何为、华校何为——以菲律宾华校为例""对'互联网'背景下华文教育的几点思考"等；"汉语国际教育与华文教学研究"包括"留学生汉语语体意识的习得研究""中文形象教学法探析"等；"汉语研究"是对汉语本体的研究；"专家访谈"包括"汉语里字词的关系""近代汉语致使词发展研究""现代汉语高频字取象溯源"等。

29. 《对外汉语教学语感培养研究》

作者：赵春利

出版社：中国社会科学出版社

出版时间：2018 年 8 月

内容摘要：语感的理论性质和实践培养一直以来都是对外汉语教学的难题。该书主要论述以下两个方面：第一，从语感的本体论、认识论、理解论、判断论和因果论五个理论角度澄清语感的内化和转化本质；第二，根据语感的内化和转化理论，从语言的教学原则、教学内容、教学方法、教学验证和教学理念五个实践层面提出了语感培养的信息转换教学法。该书分为上编与下编，共十二章。上编共分为五章：第一章为语感本质的逻辑界定，第二章为语感认知的语言文观，第三章为语感理解的特性机制，第四章为语感判断的偏误分析，第五章为语感形成的内化转化。下编共分为七章：第六章为语感培养的基本原则，第七章为语感训练的语气教学，第八章为语感训练的非言语教学，第九章为语感培养的转换教学法，第十章为语感训练的团队教学，第十一章为语感训练的言语转化率，第十二章为语感教学的核心理念。

30. 《中华文化海外传播研究》（2018 年第 2 辑）

主编：刘宏、张恒军、唐润华

出版社：社会科学文献出版社

出版时间：2018 年 8 月

内容摘要：该书是由大连外国语大学中华文化海外传播研究中心组织编撰的辑刊。2018 年第 2 辑包括名家访谈、中华文化战略研究、当代中华文化海外传播的影响力分析、中国文化海外教学中的国家形象塑造基于在沪留学生访谈的研究、中国价值的国际表达、海外社交媒体对国家形象塑造的文化传播策略研究。

31. 《华文教育文化传播及建设——以东南亚为中心的考察》

作者：耿虎

出版社：厦门大学出版社

出版时间：2018 年 9 月

内容摘要：该书以"华文教育文化传播与国家软实力构建"为题展开研究，既将华文教育文化传播置于海外华侨华人社会文化传播的大背景下加以考察，又着眼传播力的提升对华文教育的自身建设提出有针对性的看法与建议；同时联系 21 世纪以来中国在海外设立与华文学校办学相近的孔子学院，对两者的异同和合作加以探讨。该书分为六章：第一章为华侨华人社会的文化传播，第二章为华文教育及其发展，第三章为华文教育办学及其文化传播，第四章为华文学校与孔子学院，第五章为国家软实力视野下的华文教育建设，第六章为国家软实力视野下的华侨华人文化传播。

32. 《汉语国际传播：教学法研究与教学案例分析》

作者：肖莉

出版社：中国戏剧出版社

出版时间：2018 年 9 月

内容摘要：该书主要介绍和阐述汉语作为第二语言教学的具体教学措施，依据语言学、教育学、认知心理学等理论，对教学实践中经常使用的教学过程、教学活动和教学方法进行理论总结，将理论阐释与教学示例相结合，在具体的阐释与归纳中，都辅以教学实例进行说明。该书分为五章：第一章为从汉语教学到国际汉语教学，第二章为语音教学法研究，第三章为词汇教学法研究，第四章为语法及语法教学，第五章为国际汉语教学案例研究。

33. 《汉语教学名家文选·吴应辉卷》

作者：吴应辉

出版社：北京语言大学出版社

出版时间：2018 年 9 月

内容摘要：该书收录了吴应辉教授近十年来在汉语国际教育领域的学术成果，主要集中在汉语国际传播理论与实践、学科建设、"三教"问题等方面，共收录 27 篇论文，大致可分为综合研究、专题研究和东南亚研究三部分。综合研究主要探讨关于汉语国际传播全局性和基础性的理论和实践问题；专题研究主要针对汉语国际教育教师、教材、教学法以及汉语国际传播决策咨询等的研究；东南亚研究则把东南亚作为一个区域进行整体研究，并对该区域的泰国、缅甸、越南、马来西亚汉语教学进行了国别研究。这些文章从不同视角揭示了汉语国际教育这项事业的发展历程和学科发展脉络。

34.《面向汉语作为第二语言教学的语法点知识库构建研究》

作者：谭晓平

出版社：上海三联书店

出版时间：2018 年 10 月

内容摘要：该书以三个平面理论、对外汉语教学语法理论为基础，对语法点知识库的描述对象、语法点描述框架、语法点标注体系进行了专门研究，构建了面向汉语作为第二语言教学的语法点知识库及应用平台，探讨了语法点知识库在语法点句法语义接口研究、汉语作为第二语言教学与教材研究等领域的应用。该书分为六章：起始为绪论，包括选题的缘起、研究价值、文献综述、理论基础、研究目标与重点、术语界定、研究材料与方法；第一章为语法教学资源概况及用户需求；第二章为语法点的选取；第三章为语法点描写知识库的构建；第四章为语法点标注语料库的构建；第五章为语法点知识库的数据分析及应用；第六章为展望与总结。

35.《汉语作为第二语言学习者词汇习得研究》

作者：王瑞

出版社：汕头大学出版社

出版时间：2018 年 10 月

内容摘要：该书首先验证了汉语作为第二语言词汇心理表征发展模型假说对汉语词汇习得的适用程度，然后根据对学习者造词偏误的分析，考察与偏误相关的主要词汇知识类别的发展状况，探讨了母语为英语的汉语第二语言学习者造词偏误的心理机制，并进一步将词汇心理表征研究与造词偏误类词汇知识发展研究相结合，建立汉语生造词这一特殊类别的汉语词汇心理表征模型，探讨了表征的发展模式。该书共分为七章：第一章为绪论，包括研究缘起、理论背景、该书研究的问题、该书的结构；第二章为文献综述；第三章为汉语词汇心理表征发展过程研究；第四章为造词偏误的心理机制考察；第五章为理论讨论；第六章为该研究对汉语词汇教学的启示；第七章为总结。

36. 《海外华人华侨对中华文化的传承与传播》

作者：刘琛、王丹丹、宋泽宁 等

出版社：北京大学出版社

出版时间：2018 年 10 月

内容摘要：该书全面总结、梳理了中国推动海外华侨华人传承与传播中华文化的主要策略。重点依据习近平总书记在党的十八大以来关于中华文化的重要论述，从理论与实践两个层面，对相关策略进行分析，凝练经验、突出问题，围绕问题开展研究。该书融合艺术学、社会学、国际政治、国际政治经济、国际传播等学科理论，并且在总结美国、英国、德国等有名智库或公关公司具有一定国际影响力的相关排名模型和工具的经验与局限性的基础上，提出中华文化传承与传播的主要测评维度。该书提出了中华文化传承与传播的评价指标体系，尽可能准确、客观地评估海外华侨华人对中华文化的传承与传播现状。首先为绪论，包括主要研究内容、研究意义、研究方法、创新之处；第一章为新环境下中国海外华侨华人中华文化传承与传播的策略演进；第二章为新环境下中国海外华侨华人中华文化传承与传播研究评述；第三章为新环境下美国华人华侨中华文化传承与传播研究；第四章为新环境下英国华侨华人中华文化传承与传播研究；第五章为新环境下德国华侨华人中华文化传承与传播研究；第六章为新环境下法国华侨华人中华文化传承与传播研究；第七章为新环境下日本华侨华人中华文化传承与传播研究；第八章为新环境下印度尼西亚华侨华人中华文化传承与传播研究；第九章为新环境下马来西亚与文莱华侨华人中华文化传承与传播研究；第十章为新环境下提升海外华侨华人中华文化传承与传播策略研究。

37. 《中国语言文化在海外华侨华人社会中的传播研究——基于对意大利华侨华人社会的考察》

作者：严晓鹏、郑婷等

出版社：中国工商大学出版社

出版时间：2018 年 10 月

内容摘要：伴随"一带一路"倡议及习近平新时代中国特色社会主义思想的提出，华文教育、华文媒体及华人社团都有了新使命和新责任。该书聚焦意大利的华文教育、华文媒体及华人社团，共分为八章：第一章为引言，包括研究目的与意义、研究内容等；第二章为海外华侨华人社会概况——以意大利为例；第三章为意大利华文学校在中国语言文化传播中的作用；第四章为意大利华文媒体在中国语言文化传播中的作用；第五章为意大利华人社团在中国语言文化传播中的作用；第六章为中国宗教文化在意大利的传播；第七章为中国语言文化传播对海外华侨华人的传播效果与评估；第八章为中国语言文化在意大利华侨华人社会中传播的对策建议。

38.《对外汉语实用教程》

主编：李岚、李逸

出版社：华中科技大学出版社

出版时间：2018 年 10 月

内容摘要：该书是专为中国铁路类高校留学生编写的教材，目的是满足他们在中国留学期间的语言需要。教材整体采用汉字与汉语拼音两种呈现形式，共包括"汉语拼音""语言应用"与"故事集萃"三部分。第一部分和第二部分是自学部分，教师可以根据实际情况选讲；第三部分是该书的教学主体，一共 34 篇文章，每一篇由课文、词语、语法、听读练习、情境延展五部分组成，涵盖语言实践中 60 多个会话情景、700 多个常用语句、800 多个高频单词。"汉语拼音"以帮助学生自我梳理，促使他们提高汉语拼读的实际水平，达到"语言应用"部分见字知音的教学目的。"语言应用"是教材的主体与重点，以实践中常见的会话情境为载体，兼顾汉语词汇的积累与语法特例，着重培养学生汉语的听说读写能力。"故事荟萃"以学生的兴趣爱好为驱动，以喜闻乐见的故事为载体，满足学生深化学习的个性需求。

39.《面向东南亚的汉语教学现状调查及探索——汉语国际教育硕士论文选（一）》

主编：李静峰

出版社：社会科学文献出版社

出版时间：2018 年 10 月

内容摘要：该书是一本论文集，收录了广西大学汉语国际教育专业中以"面向东南亚的汉语教学现状调查及探索"为主题的 8 篇优秀硕士学位论文。这些论文均要求以问题为导向，针对实践中遇到的疑、难、缺、混等问题进行应用研究，以期实现理论的指导性与实践的可操作性密切结合。这些文章的内容和形式多样，包括专题研究、调研报告、教学实验报告、个案分析、教学设计等，积极借鉴心理学、教育学、社会学等相关学科的研究方法，采用了问卷调查法、访谈法、实验法等方法。全书包括《越南岘港市大学生汉语学习动机、学习策略及其相关性研究》《泰国素攀地区外语教学现状及其对汉语国际传播的启示》《来桂留学生汉语学习策略研究——以广西医科大学为例》《胡志明市华人语言使用情况及其影响因素》等论文。

40.《汉语课堂教学案例与分析》

作者：齐春红

出版社：科学出版社

出版时间：2018 年 11 月

内容摘要：该书在编排汉语语言要素教学和汉语课型教学的体系基础上，结合汉语作为第二语言的教学原则、教学策略、教学方法等，选取不同汉语水平不同课型的语音、词汇、语法、汉字的语言项目讲解、教学并录像，进行案例分析；根据交际法教学理念主要是任务型教学理念描述、分析教学案例，把汉语教学相关理论知识和课堂教学实践有机统一起来。该书共分为两篇，第一篇为汉语语言要素教学设计和案例分析，分为三章：第一章为语音教学，第二章为语法教学，第三章为词汇教学；第二篇为汉语语言技能教学设计和案例分析，分为五章：第一章为口语课教学，第二章为听力课教学，第三章为阅读课教学，第四章为写作课教学，第五章为汉字课教学。

41. 汉语与英语第二语言教材个案对比研究：以《剑桥国际英语教程》和《新实用汉语课本》为例

作者：郑梦娟

出版社：对外经济贸易大学出版社

出版时间：2018 年 12 月

内容摘要：该书以教材对比分析为切入点，依据一定的语言教学理论和教材编写理论，对一部英语国际教材《剑桥国际英语教材》与一部汉语国际教材《新实用汉语课本》进行了详尽的考察和分析，在数据统计的基础上，多层面多角度对比了二者的异同，归纳总结了二者的可取之处和不足，并依据考察结果，对如何提高汉语国际教材的编写质量提出了有参考价值的建议。该书将教材所具有的语法、词汇、文化三大板块内容均分为"知识的呈现""知识的复现""技能的操练"3 个项目，既有对给定教材的详尽考察分析，又有基于一定理论的优劣评判。该书共分为五篇，第一篇为导论，包括研究缘起与两套教材概况；第二篇为语法教学内容，包括语法内容概况、语法知识的展示、语法技能的操练三章；第三篇为词汇教学内容，包括词汇内容概况、生词内容的展示、词汇技能的操练；第四篇为文化教学内容，包括文化内容概况、文化语篇的展示、文化技能的操练；第五篇为研究总结，包括两套教材的总体比较与全书总结。

42. 《现代汉语中介语语篇的结构特征研究》

作者：娄开阳

出版社：中央民族大学出版社

出版时间：2018 年 12 月

内容摘要：文章以外国学生 HSK 作文中的记叙文为研究对象，利用"HSK 动态作文语料库"，运用语料库语言学的方法，揭示了外国学生现代汉语叙述类基础语篇的篇章结构特征。文章的主要内容包括三部分，第一部分分析了外国学生叙述类作文篇章结构的三大支撑点和四大分析维度；第二部分描写了外国学生叙述类作文篇章结构的理论呈现状况；第三部分揭示了外国学生叙述类作文的篇章结构特征，即不同母语背景（母语为英语的外国学生、母语为日语的外国学生、母语为汉语的华裔学生）视角下的篇章结构特征，以及不同汉语水平学生（低分数区域、中分数区域和高分数区域）的篇章结构特征。

43. 《汉语语音习得与教学研究》

作者：李智强

出版社：北京语言大学出版社

出版时间：2018 年 12 月

内容摘要：该书是"汉语韵律语法丛书"中的一册，讨论汉语语音习得和教学主要针对母语是其他语言的成年学习者，从两个密切关联的角度考察语音习得和语音教学。首先，语音教学不能脱离语音本体研究和对习得过程的认识。对汉语音系习得过程的分析是基于语音到音系、再到语音这一过程的描写和解释。其次，汉语语音教学模型要符合汉语的特点。汉语的特点是一个字就是一个音节，每个字都有声调。所以该书提出，在理解音节结构和声调特征的基础上，语音教学要把音节和声调教学跟语句韵律相结合，以达到培养学生流利自然的语音表达能力的目标。该书分为八章：第一章为语音教学与研究，第二章为语音的产生、感知和音系对立，第三章为汉语语音习得模型，第四章为音节结构和语音实现，第五章为声调特征的语音实现和习得，第六章为重音分布和声调实现，第七章为从声调到语调，第八章为自然对话中的韵律实现和语音教学。

44. 《国际汉语教师课堂教学法》

作者：杨惠元

出版社：北京语言大学出版社

出版时间：2018 年 12 月

内容摘要：课堂教学质量与教师在课堂上的教学行为直接相关，而教学行为又受教学意识的支配。该书从国际汉语教师在课堂上的教学意识和教学行为入手，探讨如何激发和强化学生的学习兴趣，如何提高学生的学习积极性，从而提高课堂教学质量。该书主要分为四部分，共十三章：第一部分宏观讲述课堂教学的不同模式，详细对比了一般的课堂教学、语言课堂教学、第二语言课堂教学和对外汉语课堂教学的异同，阐述了影响课堂教学质量的因素和矛盾；第二部分解构了教师的课堂教学意识，可细分为对课程性质、教学目的、教学内容、教学方法、教学对象所应具有的意识以及教师的责任意识、控制意识、"输入大于输出"意识、"强化词语教学，淡化句法教学"意识和"上好每一节课"的意识；第三部分重点阐释了教师的课堂教学行为，包括备课、设计教案、组织教学、课堂讲解、指导操练、课堂提问与答疑、课堂纠错、教师话语与体态、板书设计等具体行为。第四部分为课堂教学评估。

45.《第 4 届汉语中介语语料库建设与应用国际学术讨论会论文选集》

主编：张亚军、肖奚强、张宝林、林新年

出版社：北京图书出版公司

出版时间：2018 年 12 月

内容摘要：该书为论文集，收录了"第四届汉语中介语语料库建设与应用靠前学术讨论会"的 33 篇论文全文及大会总结。分组汇报的论文共分 4 个议题：第一个议题为"汉语中介语语料库建设研究"，包括"中日中介语语料库语料采集对比研究""多模态语料库建设研究""关于汉语中介语语料库语料标注代码的思考"等内容；第二个议题为"基于中介语语料库的汉语语法习得研究"，包括"韩国学生汉语中介语各句长句子补语复杂度发展研究""韩国留学生汉语中介语补语系统实证研究"等内容；第三个议题为"基于中介语语料库的汉语字词习得研究"，包括"音形义学习顺序对留学生汉字习得的影响""基于中介语语料库的留学生汉字偏误研究"等内容；第四个议题为"基于中介语语料库的语音语义及其他相关研究"，包括"基于口语语料库的外国留学生语义偏误类型考察""理解性练习、产出性练习与致使重动句习得"等内容。

46.《世界华文教学》（第五辑）

主编：贾益民

出版社：社会科学文献出版社

出版时间：2018 年 12 月

内容摘要：该辑刊以提升海外华文教学与研究水平为目标，着重反映华文教学与研究领域的最新成果。该书包括以下主题：华文教育史研究、汉语国际教育与华文教学研究、华文教育技术研究和汉语研究。其中华文教育史研究收录了"新马早期华文教育回顾与浅析"；汉语国际教育与华文教学研究包括"对外汉语教材语法点选择存在的问题及对策""新时期商务教材的分析研究""中美初级汉语教材生词对比研究"等；华文教育技术研究包括"学习分析技术在对外汉语教与学中的应用前景""思维导图在对外汉语汉字教学中的应用探析"；汉语研究包括"现代汉语里的特殊现象""附缀结构'主要是'的形成及其表达功用""汉语起始体标记'起来'在越南语中的对应形式"等。

第七部分

华教天地

一 华文教育基地

　　为了适应海外华文教育快速发展的形势，中国国务院侨办自 2000 年开始陆续在国内遴选实力雄厚、独具特色的高校和部分中学作为"华文教育基地"，为海外华文学校编写教材、培训师资，并承接海外华裔青少年的"寻根之旅"及冬夏令营等活动。有的基地还定期选派一些教师赴海外任教，这些活动的积极推广取得了良好效果，在一定程度上缓解了海外华文教育的教材与师资问题，推动了华文教育事业健康有序的发展。截至 2017 年 12 月，国务院侨务办公室华文教育基地已增至 49 个，为做好新时期海外华文教育工作发挥了重要作用。这些基地在前几期的《世界华文教育年鉴》中已经陆续介绍完毕，本期将对 10 个侨务大省（市）的省级"华文教育基地"进行介绍。它们既有传统高校，也有优质中小学。这些地方华文教育基地与国侨办华文教育基地一起，从高处着眼、细处入手，为留住华夏儿女"共同的根"、延续"共同的魂"、实现"共同的梦"而贡献力量。

（一）华文教育基地名录

表 7 - 1　地方侨办华文教育基地一览

序号	基地名称	学校名称	地点
1	北京华文教育基地	中国传媒大学	北京市
2	上海华文教育基地	上海大学	上海市
3	福建省海外华文教育基地	武夷学院	福建省武夷山市
4	江苏省海外华文教育基地	金陵小学	江苏省南京市
5	浙江省华文教育基地	杭州第二中学	浙江省杭州市
6	山东省华文教育基地	鲁东大学	山东省烟台市

序号	基地名称	学校名称	地点
7	江西省华文教育基地	江西师范大学	江西省南昌市
8	广西壮族自治区华文教育基地	百色学院	广西省百色市
9	云南省华文教育基地	云南艺术学院附属艺术学校	云南省昆明市
10	贵州省侨办华文教育基地	铜仁幼儿师范高等专科学校	贵州省铜仁市

（二）地方侨办华文教育基地院校风采

1. 中国传媒大学（北京）

中国传媒大学简称"中传"，位于首都北京，是中华人民共和国教育部直属的语言艺术类行业特色大学。是国家"世界一流学科建设高校""211 工程"重点建设大学，"985 工程优势学科创新平台"重点建设高校，"111 计划""国家建设高水平大学公派研究生项目"入选高校。

中国传媒大学的对外汉语教育学院前身是对外汉语教学中心，成立于 1994 年。2007 年 6 月独立建院，成为中国传媒大学 20 个二级学院之一。学院设有留学生汉语教育、汉语国际教育、语言学及应用语言学等专业，设有汉语国际教育系、汉语国际推广研究所、中国文化国际推广研究所等教学科研单位，以及学院办公室、教学运行科、孔子学院办公室、汉语水平考试（HSK）办公室等行政管理单位。2017 年 12 月 26 日，北京市政府侨务办公室联合北京市教育委员会正式给中国传媒大学授牌"北京华文教育基地"。

2. 上海大学（上海）

2017 年 11 月 13 日，上海市政府侨务办公室正式给上海大学授牌，被授予"上海华文教育基地"称号。上海大学位于上海市静安区，是上海市属、国家"211 工程"重点建设的综合性大学，是教育部与上海市人民政府共建高校、国防科技工业局与上海市人民政府共建高校，上海市首批高水平地方高校建设试点，教育部一流学科建设高校。

上海大学国际交流学院与校统战部密切协作，依托学校汉语教学质量高、综合学科资源丰富的优势，积极配合市侨办助力华文教育、推广中华文化，承办市"寻根团"冬（夏）令营，教学效果优良。还与大宁国际小学等单位签约共建了一批有特色的留学生语言实习基地，学生不仅能通过形式多样的文化交流活动了解中国文化博大精深的内涵，又能得到用汉语进行交流的机会，提高语言水平。

自 1966 年开始招收留学生，至今已有来自 120 多个国家的 20000 多名留学生先后在本校学习。学院是全国对外汉语教学学会 56 个理事单位之一，也是国家汉办外派对外汉语教师的定点单位之一。

3. 武夷学院 （福建武夷山）

2012 年 10 月 9 日，福建省侨办正式命名武夷学院为福建省第二批海外华文教育基地，武夷学院也成为南平市第三所被命名为"福建省海外华文教育基地"的学校。武夷学院位于福建武夷山，是教育部批准设立的公办全日制普通本科院校，全国第二批深化创新创业教育改革示范高校。

已有来自美国、俄罗斯、法国等国留学生近 400 人来校学习。积极开展对台交流，先后与 23 所台湾高校签订了合作交流协议；积极提升闽台合作"3 + 1"办学水平，并在全国率先创新闽台合作培养应用型人才的"4 + 0"办学新模式，吸纳台湾优质教育资源共育应用型人才。学校先后与美国、英国、加拿大、澳大利亚、泰国、韩国等 20 多个国家的 30 多所高校或科研机构建立长期友好关系。近年来聘请外籍文教专家 30 余人，分别来自美国、英国、乌克兰、日本、韩国等具有不同文化背景的国家。学院培养出双语教学团队，除了引进高水平的外籍教师，学校同时派出中青年教师到国外大学交流学习，先后选派了 20 余名教师赴泰国、美国、英国等进行访问与汉语教学，回国后成为教学骨干。

2011 年学校成为福建省内唯一的"中华传统文化体验与推广中心"。

4. 金陵小学 （江苏南京）

2018 年 1 月 16 日，江苏省侨办和省教育厅对金陵小学进行了授牌，金陵小学成为江苏省海外华文教育基地之一。金陵小学是一所由南京大学、南京市教育局、仙林大学城管委会与栖霞区人民政府四方合作创办的区属公办小班化实验学校。以"走进儿童世界 培养世界儿童"为办学目标，全面推进素质教育，努力培养一代具有国际视野、中国胸怀、家乡情结的当代小公民，形成了独特的学校办学特色。

学校注重国际理解教育，先后与英、澳、美以及港台的 29 所小学结为友好学校，在多元开放融合的同时，加深师生对国际先进教育概念的理解，坚持开展国际间校际交流互访活动，2013 年秋季被批准开办国际部。

学校多次承办澳大利亚"中华文化体验之旅"培训班，为澳大利亚师生开设汉语口语、古诗词诵读、数学思维、书法、民族舞、国画等丰富的课程学习，使澳大利亚师生经历了一个丰富美妙的中国研修之旅。曾被评为中美"千校携手"实验示范校。

5. 杭州第二中学（浙江杭州）

2011 年 6 月 27 日，浙江省侨办、浙江省教育厅联合批准杭州第二中学为浙江省华文教育基地。浙江省杭州第二中学是一所由杭州市教育局主管的公立全日制普通高级中学，1978 年被定为浙江省重点中学，1980 年被列为浙江省首批办好的 18 所重点中学之一，1995 年 9 月被认定为浙江省一级重点中学，2014 年被评为首批浙江省一级普通高中特色示范学校。

学校旨在推进国际化进程，开拓国际视野，引进优质资源，拓展合作领域，提升合作层次，增强交流能力，扩大国际影响。因此，杭州第二中学不断加强与世界知名的高水平中学的合作交流、开拓高水平学生的海外游学和交流活动形式、并积极开展与海外知名学校游学助学等交流学习活动。

杭州第二中学除了保持与英国利兹市、德国石荷州一些名校的友好往来外，学校还和澳大利亚的莫奈中学缔结为姊妹学校，和美国、加拿大、日本、澳大利亚、新加坡以及中国香港、台湾等国家和地区近 20 所中学教育机构建立了友好关系。最近几年，学校还派出了 20 余批师生代表团外出访问，在教育文化等多个项目中进行交流学习。

6. 鲁东大学（山东烟台）

2016 年 12 月 26 日，"山东省华文教育基地"落户鲁东大学。鲁东大学坐落在山东省烟台市，是一所以文理工为主体、多学科协调发展的省属综合性大学。2012 年，成为首批"山东省应用型人才培养特色名校"、服务国家特殊需求博士人才培养项目单位。鲁东大学是原国家教委首批公布的具有接收外国留学生资格的 200 所高校之一，是"中国政府奖学金""孔子学院（国家汉办）奖学金"和"山东省政府奖学金"来华留学生接受院校，同时也是国家汉办（孔子学院总部）批准的汉语水平考试（HSK）考点和商务汉语水平考试（BCT）考点院校。学校还是山东省首个"来华留学预科教育基地"和首个"汉语国际推广研究中心"。

近年来，鲁东大学先后与韩、日、美、俄、澳、加、法等国家的 90 多所大学或机构建立了友好交流合作关系，在联合办学、师生互派、文化学术交流、共同举办国际会议等方面开展了广泛而深入的合作，与国外多所大学合开展"2 + 2"、"3 + 1"、"7 + 1"和"3 + 2"等模式的学生联合培养项目。该校已经成为该地区对外开放的窗口学校。2015 年培养来华留学生 966 人次，近年来共培养外国留学生 1 万余名。

7. 江西师范大学（江西南昌）

2018 年 10 月 22 日，江西师范大学成为江西省第二批华文教育基地。江西师范大学是教育部、江西省人民政府共建高校和中西部高校基础能力建设工程高校。江西师范大学建于 1940 年，位于江西南昌，是江西省本科办学历史最为悠久的普通高等院校，省属重点师范大学、江西省"2011 计划"入选高校、江西省一流学科建设高校。

学校大力开展国际交流与合作，现与全球 20 多个国家和地区的 60 余所高校和机构建立了友好合作关系，与 28 所高校实施学分互认、师生交流等项目，招收 30 多个国家和地区的学生来校学习，与 10 余个海内外科研团队和科研机构合作建设了一批重点实验室，学校现建有孔子学院 2 所。2008 年，与马达加斯加塔那那利佛大学共建了该国的第一所孔子学院并被评为全球示范孔子学院；2012 年，与世界一流大学——美国伊利诺伊大学香槟分校共建第二所孔子学院。江西师范大学是中国政府奖学金、江西省政府奖学金和孔子学院奖学金来华留学生接收院校。

8. 百色学院（广西百色）

2012 年 5 月 11 日上午，百色学院举行"广西华文教育基地"揭牌仪式，被确定为首批广西华文教育基地单位之一。百色学院坐落于中国著名的红色革命圣地百色，前身是建于 1938 年的广西壮族自治区立田西师范学校，2006 年 2 月，经教育部批准，右江民族师范高等专科学校获准升格为全日制普通本科院校——百色学院。其至今已经有 70 多年不间断的办学历史。

截至 2013 年 12 月 31 日，百色学院先后与区内外 30 多所大学建立有合作办学联络关系，与英国桑德兰大学、越南高平省教育培训厅、越南高平省师范专科学校、加拿大阿尔伯塔理工学院、越南河内国家大学所属人文社科大学等国外知名高校建立了合作意向，保持密切的沟通与交流。先后有来自美国、瑞典、韩国等国家的留学生到学院留学。同时，学院每年都派出数十名教师到国内外知名高校交流、学习，作访问学者或开展科研合作。

9. 云南艺术学院附属艺术学校（云南昆明）

2017 年 7 月 7 日，"云南省华文教育基地"正式在云南艺术学院附属艺术学校授牌。云南艺术学院附属艺术学校（原云南艺术学院附中）始建于 1959 年 8 月，位于美丽的春城昆明市云南艺术学院内，是隶属云南省教育厅的唯一一所综合性的中等艺术专业学校，主管部门为云南艺术学院。2007 年学校获得由云南省教育厅授予的

"专项工作先进单位"荣誉称号。

学校自 2006 年应国务院侨办、云南省侨办、云南省海外交流协会邀请，参与近 20 多次国际交流，派出 30 多人次参与美术、舞蹈、音乐等艺术类的实践教学与文化交流，接待 4 批海外学校近 200 人到该校访问学习交流，并与老挝、新加坡等国家交流合作。这些交流活动一方面开阔了学校教师的国际视野，提高了教师教学水平，另一方面也为云南华文教育的开展、增进中外友好、传播中华文化作出了积极的贡献。云南艺术学院附属艺术学校发挥自身优势建设华文教育基地以及坚守国际文化交流阵地，同时不断在提高学校国际影响力，为建设特色鲜明的区域性高水平艺术大学作出贡献。

10. 铜仁幼儿师范高等专科学校（贵州铜仁）

2017 年 12 月 21 日，铜仁幼儿师范高等专科学校通过审批成为省侨办华文教育基地。铜仁幼儿师范高等专科学校位于贵州铜仁，创办于 1919 年，省教育厅直属，先后 9 次荣获中央部委表彰，连续四届被贵州省委、省人民政府评为"红旗文明单位""双合格学校"，被誉为"云贵高原上一颗璀璨的明珠"。

现已招收巴基斯坦、柬埔寨籍留学生 50 余人，已与泰国斯巴顿大学、台湾朝阳科技大学等国内外高校建立了学生交流合作关系；学校积极服务国家"一带一路"倡议，拓展对外合作办学新模式，开展对外教育文化交流合作，已成功举办了 2017 年"中国寻根之旅"贵州铜仁夏令营、冬令营活动，对外文化交流逐步成为学校办学新特色。开展对外教育文化合作，悉心打造对外开放交流平台，已先后选派多批教师、学生赴泰国、马来西亚等国家交流学习，多次接待了秘鲁、泰国等国家的政党、学生的访问交流，承办了省市侨办安排的以美国、法国、澳大利亚、印度尼西亚等国华裔青少年为主体的"中国寻根之旅"夏令营、冬令营活动，对外文化交流逐步成为学校的新特色。

二 华文教育示范学校

建设海外华文教育示范学校是中国国务院侨务办公室为推动新时期海外华文教育发展而采取的一项新举措，首批示范学校建设于 2008 年启动，并取得了一定成绩，积累了经验。在此基础上，本着"成熟一批，评选一批，建设一批，成功一批"的基本原则，中国国务院侨务办公室于 2011 年初再次启动第二批评选活动，在众多候选学校中确定了 15 个国家的 46 所作为第二批"华文教育示范学校（单位）"。"华文教育示范学校"的评选得到广大海外华校的热烈响应，2013 年有 27 个国家的 88 所海外华文学校入选第三批"华文教育示范学校（单位）"，2014 年有 7 个国家的 18 所华校入选第四批"华文教育示范学校（单位）"。2015 年有 19 个国家的 41 所华校入选第五批"华文教育示范学校（单位）"，2016 年有 11 个国家的 30 所华校入选第六批"华文教育示范学校（单位）"，2017 年有 25 个国家的 31 所华校入选第七批"华文教育示范学校（单位）"。目前，海外"华文教育示范学校"总数已增至 312 所，分布在亚洲、欧洲、南美洲、北美洲、大洋洲、非洲的 47 个国家。《世界华文教育年鉴（2019）》继续选择 20 所"华文教育示范学校（单位）"进行介绍。

（一）国务院侨务办公室华文教育示范学校

表 7-2　2009 年首批"华文教育示范学校（单位）"入选名单（58 所）

国家	入选学校（单位）名称
菲律宾	1. 菲律宾中正学院*
	2. 菲律宾侨中学院#
	3. 宿务耶稣会圣心学校*
	4. 描戈律大同中学☆

国家	入选学校（单位）名称
老挝	5. 万象寮都公学#
	6. 沙湾拿吉崇德学校*
	7. 百细华侨公学*
蒙古国	8. 旅蒙华侨友谊学校#
日本	9. 横滨山手中华学校*
	10. 神户中华同文学校#
泰国	11. 北榄公立培华学校*
	12. 国光慈善中学*
	13. 育华学校*
	14. 智民学校#
缅甸	15. 东方语言与商业中心△
	16. 福星语言与电脑学苑#
	17. 福庆学校*
文莱	18. 文莱中华中学#
韩国	19. 汉城华侨小学#
	20. 韩国大邱华侨小学☆
奥地利	21. 维也纳中文学校#
	22. 维也纳中文教育中心*
丹麦	23. 丹麦华人总会中文学校#
	24. 美人鱼中华文化学校*
荷兰	25. 旅荷华侨总会乌特勒支中文学校#
	26. 安多芬中文学校*
西班牙	27. 马德里华侨华人中文学校#
英国	28. 伯明翰华联社中文学校*
	29. 伦敦普通话简体字学校#
	30. 华夏中文学校☆
意大利	31. 意大利普拉托华人华侨联谊会中文学校*
	32. 米兰华侨中文学校#
加拿大	33. 蒙特利尔佳华学校#
	34. 亚省中文学校☆
	35. 侨文中文学校☆
	36. 湾景周六中文学校△
	37. 温哥华北京中文学校*

续表

国家	入选学校（单位）名称
美国	38. 希望中文学校#
	39. 南侨学校*
	40. 圣地亚哥华夏中文学校☆
	41. 尔湾中文学校☆
	42. 休斯敦华夏中文学校☆
	43. 亚特兰大现代中文学校*
	44. 华夏中文学校△
	45. 希林亚裔社区中心△
澳大利亚	46. 澳大利亚汉语国际推广中心#
	47. 南澳中华会中文学校☆
	48. 苗苗中文学校*
	49. 神州中文学校☆
新西兰	50. 基督城路易·艾黎中文学校#
	51. 奥克兰现代中文学校☆
毛里求斯	52. 新华学校#
巴西	53. 圣保罗华侨天主堂中文学校*
	54. 袁爱平中巴文化中心☆
苏里南	55. 广义堂中文学校#
法国	56. 法国华侨华人会中文学校#
	57. 法国潮州会馆中文学校*
	58. 法国欧洲时报文化中心中文学校☆

注：带△号者为《世界华文教育年鉴（2016）》重点介绍学校；
带☆号者为《世界华文教育年鉴（2015）》重点介绍学校；
带＊号者为《世界华文教育年鉴（2014）》重点介绍学校；
带#号者为《世界华文教育年鉴（2013）》重点介绍学校。

表7-3　第二批"华文教育示范学校（单位）"入选名单（46所）

国家	入选学校（单位）名称
菲律宾	1. 菲律宾中西学院☆
	2. 菲律宾华教中心△
	3. 怡朗新华学院**
	4. 三宝颜中华中学**

续表

国家	入选学校（单位）名称
柬埔寨	5. 金边端华学校☆
	6. 崇正学校△
	7. 福建会馆民生中学**
缅甸	8. 缅甸东枝东华语言与电脑学校☆
	9. 缅北腊戌果文中学△
泰国	10. 泰京培英学校☆
	11. 罗勇府公立光华学校△
	12. 龙仔厝府三才公学△
	13. 呵叻府磨艾县公立育侨学校**
	14. 帕府中兴学校**
	15. 泰南勿洞中华学校**
澳大利亚	16. 悉尼大同中文学校△
	17. 丰华中文学校**
	18. 悉尼中文学校**
	19. 中华会馆黎明中文学校■
阿根廷	20. 富兰克林中文学校☆
德国	21. 柏林华德中文学校☆
	22. 巴伐利亚中文中心学校△
	23. 不来梅华威中文学校**
	24. 汉堡汉华中文学校☆
	25. 斯图加特汉语学校**
荷兰	26. 丹华文化教育中心△
加拿大	27. 渥太华欣华中文学校■
	28. 大温哥华中华文化中心李树坤书院－中文学校**
	29. 卡尔加里育丰中文学校**
美国	30. 哈维中文学校△
	31. 美中实验学校**
	32. 剑桥中国文化中心**
	33. 瑞华中文学校**
葡萄牙	34. 里斯本中文学校△
瑞典	35. 瑞青中文学校△
	36. 瑞京中文学校**
比利时	37. 布鲁塞尔中文学校△

续表

国家	入选学校（单位）名称
西班牙	38. 马德里爱华中文学校△
	39. ESERP 孔子文化学校**
	40. 中国文化学校**
	41. 中加西友好学校■
意大利	42. 基督教罗马中文学校△
	43. 意大利佛罗伦萨中文学校△
	44. 米兰第一中文学校**
	45. 意大利金龙学校■
	46. 罗马中华语言学校**

注：带■号者为《世界华文教育年鉴（2018）》重点介绍学校；
带**号者为《世界华文教育年鉴（2017）》重点介绍学校；
带△号者为《世界华文教育年鉴（2016）》重点介绍学校；
带☆号者为《世界华文教育年鉴（2015）》重点介绍学校。

表 7 - 4　第三批"华文教育示范学校（单位）"入选名单（88 所）

国家	华文学校（单位）名称
菲律宾	1. 罗申那同和中学暨附小[2019]
	2. 红奚礼示立人中学
	3. 菲律宾怡省毓侨中学
	4. 怡朗华商中学
	5. 宿务中华中学
	6. 碧瑶爱国中学
	7. 仙朝峨中华中学
韩国	8. 光州全南中国侨民学院中国华侨学校■
柬埔寨	9. 公立广肇中学[2019]
	10. 暹粒中山中学
	11. 西哈努克省公立港华学校
	12. 立群学校
老挝	13. 老挝琅勃拉邦新华学校[2019]
缅甸	14. 缅甸仰光九龙堂天后华文补校[2019]
	15. 八莫佛经学校
	16. 曼沾勐稳学校
	17. 抹谷千佛寺学校
	18. 景栋中文培训中心

续表

国家	华文学校（单位）名称
日本	19. 同源中国语学校[2019]
	20. 九州中国人学者技术人员联谊会附设习悦中文学校
泰国	21. 曼谷培知公学[2019]
	22. 芭堤雅明满学校
	23. 大城强华学校
	24. 网銮公立建华学校
	25. 清迈崇华新生华立学校
	26. 彭世洛醒民学校
	27. 清莱网攀公立中华学校
	28. 泰国坤敬公立华侨学校
	29. 乌汶华侨学校二
	30. 德教树强学校
	31. 泰国合艾陶华教育慈善中学
	32. 东盟普及泰华学校
爱尔兰	33. 爱尔兰华协会中文学校[2019]
波兰	34. 华沙汉语中心
	35. 华沙中文学校[2019]
比利时	36. 安特卫普中文学校[2019]
德国	37. 德国柏林益智中华文化学校[2019]
	38. 德国华达中文学校
	39. 汉园杜塞尔多夫中文学校
	40. 纽伦堡中文学校
法国	41. 法国语言文化国际交流协会附属精英中文学校[2019]
	42. 法国中华学校
捷克	43. 布拉格中华国际学校■
挪威	44. 挪威中文学校■
葡萄牙	45. 维拉贡德中文学校
瑞典	46. 斯德哥尔摩新星中文学校[2019]
	47. 哥德堡第一中文学校
瑞士	48. 日内瓦中文学校[2019]
西班牙	49. 塞维亚中文学校[2019]
	50. 巴萨罗那中国学校

续表

国家	华文学校（单位）名称
英国	51. 英国共和协会中文学校
	52. 英国依岭中文学校[2019]
	53. 英国格林威治中文学校
	54. 苏格兰华夏中文学校
	55. 曼城侨联社华人子弟学校
意大利	56. 米兰龙甲中文学校
哥斯达黎加	57. 中哥文化教育中心■
加拿大	58. 蒙特利尔孔子学校[2019]
	59. 孟尝会中文学校
	60. 怀尔逊中文学校
	61. 侨道中文学校
美国	62. 特拉华州春晖中文学校[2019]
	63. 美洲中华中学校[2019]
	64. 美国夏威夷明伦学校
	65. 得克萨斯达拉斯现代语文学校
	66. 底特律中文学校
	67. 西北中文学校
	68. 克利夫兰当代中文学校
	69. 亚省现代中文学校
	70. 圣路易现代中文学校
	71. 长城中文学校
	72. 密歇根州新世纪中文学校
	73. 俄亥俄州现代中文学校
	74. 亚省希望中文学校
	75. 安华中文学校
	76. 大辛辛那提中文学校
牙买加	77. 牙买加中华会馆中文班■
阿根廷	78. 阿根廷侨联中文学校
澳大利亚	79. 悉尼实验中文学校（原大同中文学校）[2019]
	80. 樱桃小溪华人协会中文学校
	81. 布里斯班中文学校
	82. 同心中文学校
	83. 亚洲语文学校

国家	华文学校（单位）名称
澳大利亚	84. 新金山中文学校
	85. 新金山文化学校
新西兰	86. 惠灵顿中文学校[2019]
	87. 新西兰华人社区服务中心文化学院
	88. 奥克兰华新中文学校

注：标记[2019]者为《世界华文教育年鉴（2019）》重点介绍学校；
带■号者为《世界华文教育年鉴（2018）》重点介绍学校。

表 7-5　第四批"华文教育示范学校（单位）"入选名单（18 所）

国家	华文学校（单位）名称
柬埔寨	1. 贡布省禄山市公立华侨学校
	2. 逢咋叻县觉群学校
缅甸	3. 曼德勒云华师范学院
	4. 大其力大华佛经学校
泰国	5. 泰国春府大众学校
	6. 光明华侨公立学校
	7. 横色令县公立敬德学校
	8. 武里南公立华侨学校
	9. 陶公复兴学校
英国	10. 伦敦哈劳中文学校
	11. 曼彻斯特中国教育文化社区协助中心中文学校
加拿大	12. 萨城中文学校
	13. 环球中文学校
澳大利亚	14. 澳华公会中文学校
美国	15. 光华中文学校
	16. 明尼苏达明华中文学校
	17. 凯瑞中文学校
	18. 匹兹堡中文学校

表 7-6 第五批"华文教育示范学校（单位）"入选名单（41 所）

国家	入选学校（单位）名称
菲律宾	1. 菲律宾巴西市中华书院
	2. 丹辘新民中学
	3. 百阁公民学校
	4. 菲律宾鄢市恩惠学校
韩国	5. 汉城华侨中学
柬埔寨	6. 柬埔寨洪森兴中公校
	7. 乌廊市公立启华学校
缅甸	8. 缅北腊戍黑猛龙中学
	9. 东枝果文中学
	10. 丙弄勐稳佛经学校
	11. 南帕戛龙兴中小学校
	12. 缅北华文佛学中学
文莱	13. 文莱马来奕中华中学
泰国	14. 泰国北碧府呈万育侨学校
	15. 泰国尖竹汶府公立东英学校
	16. 泰国泰京普智学校
	17. 泰国素可泰府公立光中学校
	18. 泰国难府新中学校
	19. 泰国清迈大谷地教联高级中学
爱尔兰	20. 爱尔兰卢肯中文学校
比利时	21. 比利时浙江工商会列日中文学校
丹麦	22. 丹麦快乐美人鱼中华文化学校
	23. 丹麦哥本哈根美人鱼中华文化学校
德国	24. 法兰克福华茵中文学校
西班牙	25. 西班牙华裔中文学校
英国	26. 雷汀中文学校
	27. 华声社中文学校
意大利	28. 意大利中意学校
加拿大	29. 加拿大中国学院
	30. 加拿大温伯尼中文学校
美国	31. 美国黄河长江中文学校
	32. 波士顿纽伦堡中华侨立中文学校
	33. 美国周洁晓慧舞蹈学校

国家	入选学校（单位）名称
美国	34. 奥斯汀长城中文学校
	35. 坦帕湾中文学校
巴西	36. 巴西德馨双语学校
赞比亚	37. 赞比亚中文国际学校■
澳大利亚	38. 澳大利亚新世纪中文学校
	39. 澳洲华人服务社－启思中文学校
	40. 澳洲华裔相济会中文学校
新西兰	41. 新中国文化教育中心

注：带■号者为《世界华文教育年鉴（2018）》重点介绍学校。

表 7－7　第六批"华文教育示范学校（单位）"入选名单（30 所）

国家	入选学校（单位）名称
菲律宾	1. 计顺市菲华中学
柬埔寨	2. 树英学校
	3. 公立华明学校
缅甸	4. 缪勒亚佛经学校
	5. 大勐宜勐稳语文学校
	6. 缅甸掸北腊戌果民学校
	7. 当阳孔圣佛经学校
	8. 缅甸掸邦腊戌双龙学校
泰国	9. 春武里府公立文益学校
	10. 曼谷时代中学
	11. 景乃昌良村育英中学
	12. 披集府竹板杏华侨学校
	13. 乌隆华侨公学
	14. 宋卡华侨公学
西班牙	15. 杜甫中华文化学校
英国	16. 英华中文学校
	17. 米顿坚斯中文学校及社区中心
	18. 北爱尔兰中文学校
美国	19. 北卡罗来纳州洛丽汉语学校
	20. 启明中文学校
	21. 长城中文学校

国家	入选学校（单位）名称
美国	22. 丹城中文学校
	23. 华盛中文学校
	24. 万驰中文学校
	25. 北京中文学校
秘鲁	26. 若望二十三世秘中学校
澳大利亚	27. 华夏文化学校
	28. 北大中文学校
新西兰	29. 暨南大学新西兰实验学校
阿联酋	30. 你好语言学校■

注：带■号者为《世界华文教育年鉴（2018）》重点介绍学校。

表 7-8　第七批"华文教育示范学校（单位）"入选名单（31 所）

国家	学校
菲律宾	1. 拉允隆文化书院
	2. 蜂省大同中学
缅甸	3. 仰光卓越语言教育中心
泰国	4. 佛丕府光中公学
	5. 董里符中华学校
	6. 洛坤府曾里华侨公立振华学校
南非	7. 中国文化和国际教育交流中心学校■
智利	8. 智京中华会馆中文学校■
奥地利	9. 奥华中文学校
德国	10. 易北中文学校
	11. 汉堡中文学校
	12. 波恩华侨中文学校
俄罗斯	13. "孔子"东方语言文化学院■
荷兰	14. 旅荷华人联谊会中文学校
瑞典	15. 隆德中文学校
瑞士	16. 日内瓦华文教育基金会
西班牙	17. 马塔罗华人纺织子弟小学
英国	18. 格拉斯哥华文学校
巴西	19. 幼华学园
厄瓜多尔	20. 思源中国语学校■

国家	学校
马达加斯加	21. 马达加斯加孔子小学■
埃及	22. 德仁中文学校■
希腊	23. 希腊雅典中文学校■
法国	24. 法国南方华人总商会中文学校
	25. 小熊猫学校
葡萄牙	26. 葡萄牙淑敏语言文化中心
加拿大	27. 域多利华侨公立学校
美国	28. 明尼苏州州育才中文学校
斐济	29. 斐济逸仙学校■
匈牙利	30. 中匈双语学校■
秘鲁	31. 中华三民联校

注：带■号者为《世界华文教育年鉴（2018）》重点介绍学校。

（二）海外华文教育示范学校风采

1. 罗申那同和中学暨附小（菲律宾）

罗申那同和中学暨附小位于菲律宾计顺省罗申那市，原名"同和学校"，由罗申那华侨工商同和会（现已更名为"菲华商会"）于1921年2月创办，旨在保留中华文化。初办之时没有自己的校舍，学生仅有30多人，英文教员1人，汉文教员由校长兼任。校方于1955年发动筹资，购地兴建新校舍，随着学校的发展，商会也与时俱进，另行组织董事会处理校务，进行教学改革，并于2005年组织兴建了新的教学大楼。

如今该校已成为南吕宋颇具规模的侨校，学校设有幼儿园、小学部、中学部，设备也日趋完善，现有打字室、电脑室、语言中心室、视听室等教学设施。现有中英文教职员39位，学生500多名，设有华语、综合、数学等汉语课程，学校坚持先侨办校的精神，不招收只读英文的学生。

学校规定，在教学过程中不能说英语，只能借助手势等肢体语言或图像展示，来帮助学生说中文。幼儿园使用菲律宾华教中心出版的幼儿课本；中、小学使用台湾出版的华语课本；会话课程则使用北京华文学院编著的《说话》。

近百年风风雨雨，学校历任教师们仍不忘自己的责任，一直在努力把学校建设成为菲律宾一流的华校，力争为华文教育事业作出更大的贡献。

2. 公立广肇中学（柬埔寨）

公立广肇中学位于金边市 229 路与 188 路拐角 31 号，是由广东籍华侨创办的公立学校，为金边 3 所规模较大的华侨学校之一。1930 年秋校舍落成并正式开课，初仅办小学，学生 70 多人，1939 年扩建教室。抗日战争胜利后，学生人数激增。1955 年增办初中班，课程设置分为初中和小学，不久学生增至 1000 多人。后学校停课，直到 1995 年 8 月 25 日才复课。

该校以"广传中华美德，肇育社会精英"为校训，并始终坚持建校时的誓言："为了我们的希望工程而努力奋斗。"十多年来，该校教师以弘扬中华文化为己任，关心华文教育，支持学校发展，为同学们的成长进步高兴，鼓励同学们继续努力学习，将来为社会作贡献。他们用赤子之心呵护学生，年复一年，默默奉献，无怨无悔。从 2000 年到现在，学校共培养了十几届高中毕业生和初中毕业生，为社会输送了一大批有用人才，得到社会各界的一致好评。

3. 老挝琅勃拉邦新华学校（老挝）

新华学校位于老挝琅勃拉邦，原名"兴华学校"，曾改名为"中正学校"，现名"新华学校"。该校由琅勃拉邦中华理事会于 1946 年创办，是一所拥有 70 多年历史的五年制小学，每周开设汉语口语、中国书法、中国烹饪、中国手工等课程，多年来为推广中华文化作出了积极贡献。该校把"兴学旨在存国粹，设教首重育英才"作为办学宗旨，秉承"活泼、乐学、自主、向上"的学风和"团结、务实、勤奋、创新"的教风。

该校占地面积 4562 平方米，新建校舍 448 平方米，分为幼儿园及小学部，小学为五年制。在课程设置方面，以老挝文为主课，中文虽为副课，但在教学中占有相当比例。学校有学生 1437 人，其中本土学生 1364 人，华裔学生 73 人；有教师 36 名，平均年龄为 38 岁；其中教授汉语的教师 16 名，包括 8 名中国籍教师和 8 名老挝籍教师。学习汉语使用的教材为《汉语教程》和《汉语》。

2006 年起，在理事会的指导下，开设了面向社会的汉语速成进修班，鼓励对中华文化感兴趣的华人子弟、政府公务人员、学生和僧人前来学习。目前设有 15 个班级，学生 649 人，其中华侨子女 30 人。2014 年以来，曾与广西人民广播电台多次联合举办经典诵读活动，推动了中老人文交流。

该校一直注重与中国的交流，并在历届校董的坚强领导下，克服重重困难，矢志不移，培养了大批精通中老两国语言的双语人才，为推广汉语、传播中华文化，以及促进中老传统友谊方面发挥了积极的作用。

4. 缅甸仰光九龙堂天后华文补校（缅甸）

缅甸阳光九龙堂天后华文补校于 1998 年 12 月 1 日由董事会筹集创办，利用缅校课余时间，于每天晚上 6∶00~8∶30 上课，专门教授华文。创办之初，有学生 50 多人，后来学生人数逐年增加。目前学生有 300 多人，每逢学校暑假期间，学生人数即增至 500 人。

该校招收学生不分种族、不分省籍地域，报名即可免费就读。目前开办的班级有 13 个：汉语水平考试辅导班、汉语会话班、汉语基础班、汉语初中班和小学班。该校除教授华文、华语之外，还积极提倡各种华文活动，每年均会选派学生参加由缅华文化艺术协会举办的华文演讲和华文歌唱比赛。

2001 年，缅甸开始举办第一届汉语水平考试，该校成为缅南第一所参加汉语水平考试的华文学校。该校每年除了会选派有志深造的学生到中国大学学习，如华侨大学、暨南大学等，还会派学生参加中国的寻根之旅夏令营活动。

该校为提高汉语教学质量，所有教师均参加过汉语师资培训，学生多次参加华人少年作文比赛。为弘扬中华文化，举办了各种文艺活动，以便提高学生对华文的学习兴趣。该校一直都在努力弘扬中华民族优良的传统文化，推广华文教育，造福后裔。

5. 日本同源中国语学校（日本）

同源中国语学校建于 1995 年 11 月 5 日，是一所旨在帮助华侨华人子女补习中文的公益性周末制学校，初建时使用自编教材，只有两个初级班，有教师 1 人，学生 34 人。

随着学生不断增加，学校逐步扩大，各地相继开办分校。该校现有 43 个班级，分布于池袋、樱木町、小岩、蕨、南越谷、松户、高岛平、町田、名古屋等地。班级分为初级班、中级班、上级班、英语班、图画班、合唱团，学制为两年。学生 400 多人，教师 20 多人。主要教授中文和中华传统文化，并定期组织学生参加春游、夏令营等联谊活动。

该校每周六、日上课，每次两课时，每课时 45 分钟。每月授课四次，费用为每月 5000 日元。每年 8 月放暑假，为期一个月。使用的教材以中国国内小学现用教材为基础，结合在日华人儿童的特点，适当补充一定的阅读和会话内容。

通过两年的学习，许多学生已经可以借助汉语拼音阅读、朗读和背诵少儿读物，用中文写日记、作文，还有部分学生的作文被选入《海外儿童学中文习作选》一书。该校还组织了一系列丰富多彩的课外活动，如：中秋联欢会、暑期郊游等。还组织学生去中国的北京、四川参加夏令营。20 多年来该校为在日华人子女传授华文知识、弘扬中华文化的同时，也为在异国他乡的华人子女的教育问题排忧解难。

该校经历了稚嫩时期创业的艰辛、发展过程中的迷茫，以及在大地震时的震荡，始终不忘初衷，牢记着华教事业的光荣和责任。

6. 泰国曼谷培知公学（泰国）

泰国曼谷培知公学始建于 1946 年，是一所由华教老前辈们共同创建并向当地政府注册的全日制普通学校，位于曼谷蒲塔蒙通一路 50 号。该校始终根据"以学生为中心"的教学大纲进行教学活动，并以"努力学习、遵守纪律、孝顺父母、崇高品质"为校训，使用的汉语教材为暨南大学出版社的《汉语》。

建校初期，只有 100 多名学生。1993 年与挽坑友谊公会联合办校，迁至现址。该校现有一座四层教学大楼，现代化教学设备功能齐全，并聘请资深教师以中、英、泰三语教学，中文教师有 14 位，其中中国籍教师 4 位，汉语志愿者教师 4 位。

该校有幼儿园三个年级、小学六个年级、初中三个年级，现有学生 800 多人。除每周 10 节中文课外，还开设了书法、象棋、舞蹈、中国民俗班。除此之外，还开展了一些旨在促进学生发展的活动，如童子军活动、趣味班、补习班等，每周六还对外开设中文补习班。

该校和曼松德孔子学院从 2015 年开始联合举办泰国曼谷及周边地区本土汉语教师培训，并开展一定的汉语教学和中国文化活动，深受泰国汉语教师欢迎。

7. 爱尔兰华协会中文学校（爱尔兰）

爱尔兰华协会中文学校位于都柏林圣吉街 8 号，由爱尔兰华协会成立于 1986 年，是都柏林最早创建的正规中文学校。在成立之初，以广东话授课，自 2001 年起以普通话授课。

该校招收 5 岁以上学生，中文程度不限，共有七个年级。上课时间为每周日下午 12：30～14：30，起初以教授英文为主，目前则为学生提供不同程度的语文教育，教师是来自都柏林有关企业或大学的热心于传播中国文化的爱心人士和学生。使用的教材为由中国大使馆捐赠，暨南大学华文学院为欧美地区周末制中文学校编写的教材。

该校以"学习中文，了解中国传统文化，拥抱更广阔未来"为网站的宣传语。成立 30 多年间，已培养了上千名学生，为努力培养汉语人才并推广中文教育付出了艰辛的努力。未来还将继续为广大华人子弟创造良好的学习汉语的环境，让他们在融入西方社会的同时，也能积极地弘扬中华文化。

8. 华沙中文学校（波兰）

"华沙中文学校"成立于 2009 年 3 月 16 日，是波兰教育机构监督下的一所非公立学校。办学的宗旨是为在华沙地区对中国文化及语言感兴趣的人提供学习汉语的机会。

该校设有成人班、9－12岁儿童班、5－8岁幼儿班、一对一授课以及校外家庭授课和公司授课，其中成人班又分为初级班A11、A12、A21、A22，中级班B11、B12、B21、B22；高级班C1、C2等。所用教材为《新实用汉语课本》《汉语乐园》《快乐汉语》及部分自编汉语教材。

该校在2010年编辑并出版了《波中分类词典》精装本，共计760页。该校曾在2018年为在波兰工作的中国人开设波兰语起点班，授课老师为汉语流利的波兰人。该校还和华沙市政府合作，为华沙Targówek地区的居民提供一定的免费汉语教育课程。短短十年，该校已经为中波两国的文化交流作出了突出的贡献。

9. 安特卫普中文学校（比利时）

比利时安特卫普中文学校于1994年由安城妇女会创会人彭莲考创办，是一所非营利性的学校，其办学宗旨是教导在比利时出生的中国孩子学习自己的语言，了解中国的文化。1995年，该校开始与比利时旅比华侨联合会合作，校址设于安特卫普唐人街旅比华侨联合会楼上。

开学第一年，招收了60多名学生，广东话班级授课时间是每周三下午，共有六个班级；普通话班级是每周六上午和下午授课，共有八个班级。最初选用的教材是在荷兰订购的，2005年开始使用由中国驻比利时大使馆免费提供的教材。

授课老师全部都是安城妇女会会员。时至今日，学生人数超过200人，学生年龄从6岁至18岁，教师队伍增至12人，教师大多是在比利时留学深造的专业人士和定居此地的华人。由于办学经费不多，教师都是半义务教学。比利时是一个多语言的国家，教师不但要有一定的中文基础和标准发音，而且要懂荷兰语或法语，以便同学生沟通和讲解课文。

该校以"愚公移山"的精神走过了20多年的汉语教学征程，教师们兢兢业业，无私奉献；学生们刻苦学习，成绩优异。近年来，随着中国在世界舞台上的地位的重要性逐渐增强，比利时掀起了学中文的热潮，该校将继续弘扬中华文化，为发展华文教育作出更大的贡献。

10. 德国柏林益智中华文化学校（德国）

柏林益智中华文化学校成立于2007年8月，是一个以推广中文教育、传播中华文化、服务社区、促进中华文化融入德国社会为己任的非营利性的公益组织。学校的成立得到了社会各界人士，尤其是学生家长的大力支持和热情帮助。益智中华文化学校以传播和推广优秀的中华文化及传统为办学的基本宗旨。目前柏林益智中文学校以教授汉语拼音、普通话和简体中文为主，同时为了培养孩子们的才艺技能和良好的个人修养，学校根据需要还将开设其他特色文体课，针对不同年龄，不同需求的学生开设不同的班级，学校也设有文化兴趣课（包括体育、围棋、绘画、书法等）。

该校的办学理念融合中西教育教学之精华，力求突破创新，特色与实用并举。柏林益智中文学校不仅仅满足于单向传统的课堂教学传授，打破长期以来海外中文学校以立足华人社团、以华裔为主要服务对象的传统封闭式的办学模式，创建出一套科学完善的教育教学体系，其中包括针对学生特点自行研发教材，定期组织专业人士进行教学评估，以及定期举办教育教学交流研讨会，包括校内外、国内外的全方位多样化进行教学探讨和交流，还有自主进行汉语水平级别测定等。

2009 年 10 月，时任中国国家副主席的习近平在柏林访问时曾参观了柏林益智中文学校主办的少儿读书会，并鼓励孩子们学好汉语。现在柏林益智中文学校越办越好，已经成为德国最好的华人学校之一。

11. 法国语言文化国际交流协会附属精英中文学校（法国）

精英中文学校位于法国巴黎，是国务院侨务办公室海外华文教育示范学校、华侨大学海外华文教育基地，该校使用规范的简体中文教材，并且拥有 3000 多本套图书和音像资料的中文图书馆。

学校成立于 2007 年，经过几年的稳步发展，2011 年从 Champigny 市迁入现在的主校区 11 区 Charonne。2015 年与奥拜维利埃市政府合作，在该市的 Victor Hugo 公立小学设立中文和兴趣班，为在该市居住和工作的朋友带来很大便利。

该校注重培养学生精英意识、成功理念、学生综合素质和整体气质。在 2009 年，宣琛校长作为巴黎地区唯一的一位华教代表应邀前往北京参加国庆 60 周年大型纪念活动。并且作为国侨办海外华文教育示范学校的代表，宣琛校长还定期回国参加研讨，与世界各地的华校负责人进行交流。与此同时，巴黎精英中文学校还是上海市侨办远程教育试点单位，由上海市特级语文教师定期为学校的老师们提供教学培训与指导，以促进中文教学水平的不断提高。

2018 年 7 月 31 日，巴黎精英中文学校举办"2018 中华文化和汉语提升营汇报演出"，学校通过暑假集中式学习，为汉语学习打下基础，培养学生兴趣，进一步展现汉语文化的魅力。

12. 斯德哥尔摩新星中文学校（瑞典）

新星中文学校是瑞典的一所非营利性周末中文学校，于 2005 年 8 月在瑞典首都斯德哥尔摩正式成立。这所学校是由旅居瑞典首都的华人所创办，是斯德哥尔摩华夏文化协会属下的周末中文学校。学校办学宗旨是向本地区侨胞和中国留学人员的子女，以及对中华文化感兴趣的瑞典人、其他国籍外国人教授中国语言和传播中国文化。新星中文学校开办各种中文水平的班级，包括儿童班、青少年班、成人班、家庭亲子班，还有专门针对曾在中国就学、具有一定中文基础的儿童班。除以上中文学习班之外，新星中文学校还开有国学班、画画班、声乐班、舞蹈班、围棋班、书法班等等，学校也有一些面向成年人的活动，如太极班、旗袍队等。

2017年斯德哥尔摩新星中文学校举办了"欧洲华文教育名师巡讲团"活动，就师资培训等事宜进行交流，活动由瑞典斯德哥尔摩华夏文化协会张世瑾会长亲自主持，与会人员有来自瑞典新星、瑞京、瑞青以及其他中文学校的老师。2018年8月25日，新兴中文学校迎接了来自北京大学附属小学的中国学生，学生们参观学校的同时还旁听了国学课的节气课，并且两校就教学方式进行了讨论和交流。

13. 塞维亚中文学校（西班牙）

塞维亚中文学校是当地众多侨领在西班牙南部华侨华人协会和西班牙友人费尔南多先生的帮助下，于1997年2月正式建立的。经过近二十年的发展，目前已成为整个西班牙最受欢迎，并且师资力量最雄厚的中文学校之一。学校现有 Hytasa 校区和 Antiguo Matadero 校区，开设小学部和初中部。Hytasa 校区为新校区，面积近1500平方米，配有先进的教学设备，拥有教学区、图书馆、自习室、游乐区等；随着学校规模的不断扩大，学生人数由建校初期的22人，发展到今天的400多人，教职员工人数也从最初的1人增加到15人。学校本着"严谨办学、优化教育；培育英才，服务社会；注重过程、勤奋求实"的办学指导思想，不断深化教育理念、教育内容、教育方法和课程体系改革，教学质量居西班牙全国前列。

在办学过程中，学校十分重视与西班牙当地政府的沟通、合作，并在积极融入当地社会的同时，努力向西班牙社会传播中华文化。塞维亚中文学校连续三年策划主办"走近中国"活动，分别在塞维利亚和格拉纳达两个城市举行，从文化、经济、音乐、旅游、饮食、运动等方面让西班牙民众加深对中国的了解和认识。

14. 英国依岭中文学校（英国）

英国依岭中文学校创建于1978年，由几位热心中文教育的华侨所创建。其目的是希望居住在依岭地区的华侨子弟能够学习中文和了解中国文化。经过多年的努力，学校逐渐增扩发展，面对全伦敦招生。依岭中文学校作为伦敦最早以普通话为唯一教学语言的中文学校之一，学校还被国务院侨办评为"海外华文示范学校"。英国依岭中文学校从最初仅有10名学生，到如今已拥有16个教学班、近20位老师和200多个学生的规模。学生年龄由 4 岁至 18 岁，年级由幼儿中文班到 GCSE 和 A – LEVEL，同时还有两个成人会话班。学校学生在英国的中等教育考试中成绩优秀，很多学生都进入英国前几名的高等学府。目前学校有 16 位教师获得英国优秀华文教师称号，2017—2018 年有 10 位教师获得了海外华文教师资格证书。学校是由学校委员会组织管理。委员则从家长和教师中各选出 4 名代表组成。学校师资队伍的稳定和高效运作保证了学校教学质量。

2015 年 11 月 13 日，英国中文教育促进会会长伍善雄太平绅士带领代表团来到了地处伦敦西区的依岭中文学校参观访问。2019 年 2 月 9 日上午，地处伦敦西区的依岭中文学校全体师生和家长 300 余人共庆学校四十周年。

15. 蒙特利尔孔子学校（加拿大）

加拿大蒙特利尔孔子学校是国务院侨办授予的"海外华文教育示范学校"，其创建得到了中国驻加拿大大使馆和加拿大政府的认可与支持。学校以弘扬、传播优秀的中华传统文化和孔子教育思想为宗旨，结合中西方教学方法，因材施教，有目的、有针对性地培养和提高学生的全面素质。孔子学校创办十二年来，始终把提高教学质量放在首位，建立了一支有专业特长和丰富教学经验的教师队伍，校长李小琴女士也因此获国侨办"热心海外华文教育杰出人士"的殊荣。孔子学校在中文教学中，根据海外学生特点，将文字、语言、文化背景教育融会贯通，使学生们在理解中增长中国文化知识、提高汉语水平。为了实现这一目标，学校开设了多学科的文化和综艺课程，举办缤纷多彩的"春令营"和具有多元文化要素的"夏令营"活动。自 2012 年起至今承办了"中华文化大乐园夏令营"蒙特利尔营活动，在当地产生了很大影响。

蒙特利尔孔子学校分别于 2012 年和 2016 年承接中华文化大乐园优秀才艺学生北美交流团演出活动，促进中加文化交流。孔子学校主办和积极参与当地华人社区大型活动。连续十年举办享有盛名的"欢乐西岛"春节晚会，得到当地政府的重视与支持，并吸引了多个族裔的文化团体。

16. 特拉华州春晖中文学校（美国）

特拉华州春晖中文学校成立于 1996 年 9 月。目前，学校由最初的 43 名学生增至 300 多名学生，现在已经发展成为特拉华州最大的中文学校。该校通过丰富和生动的课程，寓教于乐的教学方法，让以英语为母语的学生们有学习中文、了解中国文化的机会，同时也促进了学生的才智、文化和道德的发展。

春晖中文学校是特拉华州华人协会（DCAA）的附属教育机构，中文学校的运作由校务委员会直接指导，并在 DCAA 董事会监督下由学校行政人员负责管理。学校行政人员包括校长、副校长和校办主任。他们负责学校的日常运作，包括学校课程设置、教学管理、教师管理、教师培训、学生注册、学生活动、学校资源、后勤以及对外公共关系等事务。学校还拥有一个由十多名热心家长组成的家长委员会，协助学校行政人员管理学校后勤和部分学生事务。

2013 年 9 月 7 日，"特拉华州中文教师协会"成立大会在特拉华大学校园内隆重举行。春晖中文学校是参与举办的学校之一，此协会主要致力于汉语教育的本土化建设，扩大汉语教育的规模，增强汉语教育的师资力量，提升当地汉语教育的质量。

17. 美洲中华中学校（美国）

美洲中华中学校位于旧金山，是美洲最古老的侨校，创办于 1888 年，起初校名为"金山中西学堂"。1915 年中华会馆对学校进行改革，组成校董会，1927 年正式更名为"美洲中华中学校"。从学校创办之初，学校人数不断增加，至 2010 年 2 月，各类学生人数达到 2071 名。

该校是一所完全的中文学校，有完整规范的课程，采取课后班及周末班的形式授课，学制是幼儿园一年，小学六年，初中三年，高中三年。学校一周七天，分五个时段上课，学生可以选择其中一个时段，学校全部采用普通话教学，使用汉语拼音。在跨越一个世纪的时间轨道中，虽经历变革，而对发扬中华文化国粹主旨，从未松懈。

美洲中华中学校培养了许多人才，例如律师、医生、工程专家、教育家、艺术家等。2016 年 6 月 26 日美洲中华中学校庆祝同学会成立 83 周年，中华中学校董事会副主席、学校校长以及同学会董事长等出席了年庆会。

18. 悉尼实验中文学校（原大同中文学校）（澳大利亚）

悉尼实验中文学校原名为"大同中文学校"，学校 2013 年初改为现名，是澳大利亚悉尼市的一所周末中文学校，由澳大利亚知名华文作家、澳大利亚中文学校联合会创会会长张劲帆先生于 2000 年创办，该校在新南威尔士州教育部注册，独立运作，现有两处校园，分别位于 Granville 区和 Wentworth Point 区，目前据不完全统计，学校大约有 350 名学生（以小学生、中学生为主），20 多名教职员工。该校是新南威尔士州民族语言学校协会的会员学校和澳大利亚中文学校联合会的会员学校。学校中文普通班教材采用中国暨南大学出版社的《中文》，部分班级采用其他教材，全部中文班用普通话和简体字授课，兼教辨识繁体字。副课有幼儿启蒙、绘画、舞蹈、武术、国际象棋、唱歌、成人太极、成人形体舞等。

2013 年该校被中国国务院侨办授予"海外华文教育示范学校"称号，是当年悉尼地区五所示范学校之一。悉尼中文学校每年组织华裔青少年参加"中国寻根之旅"，让学生们充分感受中华文化。

19. 惠灵顿中文学校（新西兰）

惠灵顿中文学校成立于 1972 年，是一所以社区为基础的普通话教学学校。截至2017 年该校共有 23 个班，350 名学生。该校一般是星期天下午 2：00 ~ 3：30 在凯尔本维多利亚大学租用教室授课。

惠灵顿中文学校提供各种级别的课程，在学校学习的学习者包括从初学者抑或四岁到成人的高级学生。惠灵顿中文学校为学生提供了许多实践汉语和体验中国文化的机会，并且该校还举办了许多丰富多彩的兴趣班，包括书法、国画、象棋和剪纸等。学校还拥有两支舞蹈队和一支管弦乐队。学校学生的父母可以在他们的孩子在语言学校学习中文的同时练习太极拳，这样一举多得的活动能够让学校进一步将中华文化带给更多的新西兰人。

该校于 2018 年加入"华文教师完美远程培训"，该项目迄今已开展 12 年，深受海外华校欢迎，是中国华文教育基金会重点打造的品牌项目之一。

20. 日内瓦中文学校（瑞士）

日内瓦中文学校成立于 1991 年，由在联合国及各国际组织中的中国国际职员提议创建，并于 1993 年正式登记注册为"日内瓦中文学校协会"。作为非政治性、非宗教性和非营利性的机构，服务于生活在日内瓦地区的华人子女以及热爱中国文化的当地友人。学校现有在校生 230 名，教师 18 名。执教老师均具备中国高等学历，且有丰富的教学经验。

经过二十几年的摸索和努力，中文学校的教学管理已然走上正轨。中文学校协会是有由家长和教师组成的五人管理委员会负责管理学校的各项事务。2013 年被国务院侨办授予全球第三批海外"华文教育示范学校"的称号，成为瑞士第一家海外"华文教育示范校"。也成为日内瓦地区及其周边法国邻邦的华侨华人子女及成人学习中文的首选学校。

该校的中文教学参照中国人教版语文教学大纲，以推广普通话、简体字和传播中华文化为目的，为中小学生提供合理的教学安排，寓教于乐，便与学习和理解，同时也为成年人提供学习中文的平台。使学生们具备一定的听、说、读、写能力。近几年，为了配合"中国汉语水平考试（HSK）"，学校开设了辅导课。该校学生多次参加瑞士中学生"汉语桥"比赛，参赛学生均有出色表现。

三　华文教育人物

　　海外华文教育的蓬勃发展离不开广大华侨华人的鼎力支持。在近半个世纪的历史洪流中，他们栉风沐雨、砥砺歌行，或是为了争取华人华侨的华文学习权利与当局者进行顽强抗争；或是艰苦创业，为改善海外华文教育条件慷慨解囊、倾资助学；或是默默坚守在不同国家的华文教育一线，实践着在海外播撒中华文化种子、传承华夏文明的伟大使命。正是有了他们的舍身奉献，才有了如今海外华文教育蒸蒸日上的局面。《世界华文教育年鉴（2018）》继续推出"华文教育人物"板块，介绍 8 名世界范围内对华文教育作出贡献的杰出人物，以彰显他们实现海外华侨华人"华文教育梦"的动人事迹。

表 7－9　华文教育人物一览

姓名	国籍	职业/身份
方玉清	文莱	文莱马来奕中华中学校长
黄愿字	印尼	印尼和谐文化基金会会长
潘世立	意大利	意大利佛罗伦萨中文学校校长
许笑浓	美国	全美中文学校联合总会创会会长
杨林	日本	日本同源中文学校校长
于筑生	澳大利亚	澳大利亚墨尔本中华民族学校校长
张学丰	澳大利亚	澳大利亚华星中文学校荣誉校长
庄荣箴	菲律宾	菲律宾高仑那达市中华学校前任校长

注：本表人名按姓氏拼音排序。

1. 方玉清（文莱马来奕中华中学校长）

　　方玉清，1952 年出生于文莱马来奕区，祖籍福建莆田，曾获新加坡大学教育学院学士学位及文莱大学教育管理硕士学位。2007 年退休后受马来奕中华中学董事部邀请，回到自己的母校马来奕中华中学担任校长至今。

刚开始，学校缺少华文教育专业背景的老师，所有老师都是兼职，在她工作的这几年中，不断引进人才，注重教师的专业背景，招收学生的人数也保持在 800～1000人，该校也成为文莱第二大华校。

方玉清校长在工作中面临挑战。中文课程的培训得靠华校自己组织，或通过大使馆到中国进行培训，但这样学校财务更加吃紧。方校长坚持在当地进行师资培训。文莱一共有 8 间华校，距离相隔远，要把老师们集中起来进行培训确实不易，但方校长一直坚持每年的课程培训。此外，资金短缺也是摆在方校长面前的难题。为此，学校每年都要通过春节舞狮、校庆等活动募款，来平衡开支。

方校长注重让学生深度体验中华文化，在 2015 年底，学校积极承办为期 12 天的"中华文化大乐园"文莱营活动，要求华文老师配合中国老师的授课工作。在学校网站及师生间大力宣传，制作大型海报，吸引了很多学生前来报名，最终一共有 265 名营员参加。老师们专业知识强、授课时有耐心，学生的汉语水平进步很快。充分学习了中国传统文化、书画、手工、音乐、舞蹈、武术、龙狮、腰鼓、泥塑、草编、竖笛、纸品剪纸等十多个项目。这次举办的中华文化大乐园活动，进一步加深了海外华裔青少年对中华文化博大精深的理解，提高了他们学习中国语言和文化的兴趣，孩子们也更了解祖籍国、更热爱祖籍国。

作为文莱华文教育的先辈，她对教学、管理工作事无巨细，对孩子们有着无私的爱，她始终坚信：学习华文不仅是为了弘扬中华文化，更是符合未来世界发展的需要。她时常提醒学生，要永远记得"我是中国人，我的祖籍在那里，要努力学习，留住炎黄子孙的根"。她鼓励孩子们努力学好中文、马来文、英文，成为社会的有用之才，遵从中华民族"礼义廉耻"的美德，孝敬父母师长、诚信做人。

2. 黄愿宇（印尼和谐文化基金会会长）

黄愿宇先生，1976 年生，印度尼西亚第三代华裔，祖籍福建厦门，印尼和谐文化基金会会长，印尼中国友好协会廖群岛省分会会长。于 2010 年在印尼廖群岛省与新加坡一水之隔的巴淡市成立印尼和谐文化基金会，以传承和发扬中华和谐文化为责任与使命，积极开展一系列华文教育、道德教育、文化、艺术交流及中医养生疗法的相关工作和服务。

在中国华文教育基金会、完美（中国）有限公司、雅居乐地产控股有限公司、暨南大学华文学院与华侨大学华文学院的大力支持下，黄愿宇先生不懈努力为印尼华文教育专业化、普及化做努力。2009 年，黄愿宇先生开办了巴淡市本科华文教育专业远程教育教学点，2011 年由巴淡市逐渐延伸至廖省北干巴鲁市，并于 2015 年在巴厘岛国际文化交流平台登巴萨市开设教学点，使华文教育的星星之火、希望之光传播至印尼各岛。通过印尼和谐文化基金会选派到福建华侨大学与广州暨南大学就读全日制华文教育本科专业的高中毕业生每年达 20 多位，该会也积极承办由中国海外交流协会主办的短期华文教师培训班。

承办华文教育发展工作十年以来，黄愿宇先生以奉献精神支撑着公益性的华文教师培养工作，不计名利，不问得失，为印尼社会各界共培养了 500 多位华文教育本科生与研究生，使廖群岛省一带的华文师资水平与教学素质大幅提升，对该区域的华文教育发展起了关键性作用。创立十年以来，印尼和谐文化基金会在黄愿宇先生的领导下发展迅速，佳绩频传。

黄愿宇先生始终热诚于传承发扬中华和谐文化、促进中印尼两国民心相通。他指出，中华文明灿烂辉煌，以道德、和谐为核心价值，是当今世界的明灯。印尼民族的多元种族、文化及宗教，在"建国五大原则"（Pancasila）与"殊途同归"（Bhinneka Tunggal Ika）哲学观的指引下和谐共处、稳定发展。世界多元文化交流互鉴、取长补短，才能化解冲突、共识共荣。2018 年 9 月，黄愿宇先生应邀参加在中国曲阜举办的第五届"尼山世界文明论坛"并发表主题演讲"文明相融与人类命运共同体"。

3. 潘世立（意大利佛罗伦萨中文学校校长）

曾有一位华人作家如此深情地写道："只要文化之根不断，无论身处何方，灵魂始终在故园温暖的怀抱里；不论所处的时代是如何喧嚣、浮华，精神却不会焦躁和空落。"来到国外的他，看到很多华人孩子只有一口洋腔洋话，他重拾教育老本行，以他的坚毅和执着、热忱与无私，让华裔孩子在异国学母语，让他们永远记住自己是炎黄子孙。

年轻时工作成绩突出的他，在 1984 年就调入县教育局普教科。对教育充满热情的潘世立，在教育局勤勤恳恳工作了 7 年。1991 年，由于生活所迫他不得不向市教育局提出辞职。同年 10 月，惜别了亲友及共事 7 年的同事，他携妻儿远赴欧洲。

在欧洲开始新的生活时，潘世立对未来有过很多规划和设计。他做过生意，也尝试从事其他行业。一番寻寻觅觅，绕了一大圈之后，潘世立发觉最适合自己的仍是教育。而让潘世立重拾教育老本行的，还得归结于意大利华侨对中文教育的缺失。

对于办学的起源还得益于潘世立的儿子就读小学的一名懂中文的老师。1995 年的一天，这位老师把潘世立请去谈话。正是这次谈话，让潘世立办中文学校有了转机。他遇上了协助发展中国家协会（COSPE）主席玛丽亚女士。在交流儿子学习情况的过程中，他们针对移民学生教育问题，进行了探讨。玛丽亚女士喜爱中国文化，对潘世立创办中文学校的设想表示了极大的兴趣。她给了潘世立许多好的建议和具体的帮助、支持，并和潘世立一起精心规划了一幅教育的蓝图。

1996 年，潘世立的中文学校开始筹划，2001 年学校正式招生。潘世立用了整整 5 年时间，四处奔走，频繁与国内外相关部门联系协商。他的热忱和使命感，踏实和执着打动了周围许多人。2001 年 7 月，潘世立与张绍武、胡绍科、郑德济等 3 位老侨领，以及玛丽亚等教育界人士，成立了"中意文化交流协会"，潘世立为中方联系人。"中意文化交流协会"成为佛罗伦萨教育部门了解中国的一个重要窗口。同时，中文学校作为其中的项目之一，开始启动招生，招收 8～18 周岁的华侨华人子女。

中文学校创办的消息一传开，就得到中意两国政府和相关领导的关注。佛罗伦萨市政府为其提供校舍——保罗茨落中学；中国国务院侨办无偿为其提供海外中文教材；瑞安市政府和教育局把中文学校作为涉外教育基地，每年从 5 所与意大利学校结对的姐妹学校中选派两名教师，帮助解决其师资问题。

2001 年 9 月，佛罗伦萨中文学校顺利开学。几年的努力终于结出丰硕的果实，潘世立的汗水和付出得到回报。潘世立感慨地说，瑞安市政府、教育局、侨办、外办为重视海外华文教育走出了全国的第一步。

2002 年，时任中共中央政治局常委、国务院副总理的李岚清访问意大利佛罗伦萨时，亲切接见了中文学校师生。2002 年 7 月 5 日，时任国侨办主任郭东坡访问意大利佛罗伦萨时，为中文学校题词"弘扬中华文化，促进中意友好"。

4. 许笑浓（全美中文学校联合总会创会会长）

许笑浓来自台湾，获密苏里大学生化系硕士，当年因为陪子女学中文走入中文教育领域。1974 年即开始中文教学，1989 年开始编写中文教材，担任过尔湾慈济人文学校校长。她是全美中文学校联合总会创会会长及教研会主任委员，1998 年起担任全美 SATII 中文模拟考试总召集人和命题组召集人。她创办全美中国历史文化常识比赛及全美成语比赛，也担任过南加州中文学校联合会三届会长，2012 年曾是联合会 Star Talk 计划总召集人。她也是南加州美国中文教师学会创会理事，曾担任过美国中文教师学会理事。

许笑浓带领一群富有经验的中文教师，花费数年心血编写了《美洲华语》教材，这是一套美国本土教材，符合美国外语教学标准，较好地整合了幼儿园至十年级学生的各科知识和不同的中美文化，这套书的每一册、每一单元或每一课，都有连环图画故事与课文配合。各班级可以运用研发的动画片、DVD、PPT、课堂活动和互联网等方式辅助教学。目前洛杉矶联合学区下的 Braddock、Broadway、Castelar 等小学、圣瑛卡毕斯壮诺学区的 M. Bergeson 小学、北加州库比蒂诺学区的中文沉浸式教学等，都使用该套教材。《美洲华语》教材有简体字版和繁体字版，繁体字版已经列入台湾侨务委员会补助中文学校的书单里。

除了编写教材，许笑浓还直接投入到中文学校的办学工作，落实其多年来沉淀的中文教育理念。2017年，许笑浓与友人一起兴建了美洲华语学校。在加州尔湾地区，除了尔湾中文学校和尔湾慈济人文学校两所大型中文学校外，还有多所由教会经营的规模较小的中文学校，美洲华语学校的诞生更加壮大了该地区的中文教育力量。该校隶属于非营利性组织"美洲华语教育基金会"，由许笑浓担任董事长。美洲华语学校主要招收从未上过中文学校，会听能说中文，却不会读写的学生，教授繁体字、简体字与汉语拼音，由许笑浓统筹规划各年级教学方案，教学目标及课程设计，确保教学高质量，即使更换教师，各年级之间仍无缝接轨。许笑浓身兼美洲华语学校教师培训及教学、教材研发主任，在她的主导下，该校与其他中文学校最大的不同就是，落实由绘本故事导入中文学习的方法。许笑浓认为，学生学语言，若能从头脑想有情节的东西，更容易学习。

此外，许笑浓还积极投身中文教师的培训工作，她认为，中文学校教师流动性快，因此未来工作重心包括培训教师，并欢迎任何有兴趣担任中文教师的人，一起来接受培训。

5. 杨林（日本同源中文学校校长）

杨林毕业于北京师范大学中文系，在北京景山学校任教9年。20世纪90年代初来到日本，1995年1月在东京设立同源中文学校，2006年出任NPO法人同源中国语学校理事长。与此同时，杨林出任多个社会职务，包括日本华文教育协会理事、第四届中国侨联华侨国际文化交流促进会理事、北京市侨联第14届委员会海外委员、北京海外交流协会第六届理事等。

同源中文学校成立于1995年，目前已拥有10所分校、60多个班级，在校生超过1000名。学校每周六、日上课，除了中文以外，还开设了英语班、图画班、舞蹈班、初中中文网络班以及合唱团，共有老师30多名。20多年来，在同源学习过的学生超过8000人。

学校为了让更多的孩子体验中国文化，每年举办丰富多彩的活动。作为周末校，同源中文学校无论在规模及历史，都是颇具影响力，见证了新华侨子女学习中文的路程。2013年，同源中文学校被国侨办命名为"华文教育示范校"。

海外华文教育肩负着为居住在海外的广大华裔青少年教授中华民族语言和传承中华文化的使命，担负着教书育人的职责。20年来同源中文学校为在日华人子女传授华文知识、弘扬中华文化的同时，也在异国他乡为华人子女教育排忧解难、为帮助他们健康成长从事着一系列公益活动。

杨林校长在日本华人社会特别受华人家长和孩子爱戴，她是一名"桃李满天下"的模范教师，她曾在北京景山学校任教 9 年，来到日本后又创立了同源中文学校，她自己说："我做了 30 年'孩子头'，我觉得教师是天职，华文教师是神职。要说华教的苦和甜，当问题解决不了的时候是苦的，解决了就变成甜的。"

6. 于筑生（澳大利亚墨尔本中华民族学校校长）

作为墨尔本中华民族学校的创办人兼校长，从事教育工作五十多年的于筑生女士曾在台湾担任高中教员，赴澳后在澳大利亚民族广播电台兼职节目主持人，并在维多利亚天主教教育局担任教育督导 25 年。一直致力于对中华传统文化的传承与传播，于 1990 年完成了亲自编写的墨尔本中华民族学校的教材《我的中文书》，成为孩子们真正学到知识和最喜爱的教材。

1975 年，于筑生还是一位台湾高级中学的老师，而先生则在私立学校做校长，热爱教育事业的夫妻俩为做好教师工作尽心尽责。因为一个偶然的机遇，先生受到东帝汶民主共和国一个董事会的邀请，赴东创办一所中学，可没想到时局生变，东帝汶发生了内乱，于是留在了澳大利亚。于筑生这时显示出了中国传统女性的韧性和美德，带着两岁多的女儿到了墨尔本，与先生共同进退。

为了培养在澳华裔都能充分了解学习中文，做一个快乐健康、自信自尊的中国人，她必须将学习创办起来。不畏困难的于筑生想到了借用社区服务中心，亲自去找负责人面谈，愿意免费教导社区的青少年和孩子们，让他们彼此了解不同的语言和文化，使未来社区发展成为一个多元文化的社会，负责人为她的赤诚情怀所动，于是有了第一个校址，墨尔本中华民族学校随即诞生。

从当初在没有任何援助之下创办的墨尔本中华民族学校，至今已走过 43 个年头，作为墨尔本第一所周末中文学校，也是历史最长的一所中文学校，它让社区不同族裔的孩子认识了中国文字和文化，让生活在墨尔本的华人有自己的圈子。从最初的 70 多名学生到鼎盛时 7000 多人，学校学生除了澳大利亚出生的华裔，还有澳大利亚、马来西亚、泰国、希腊、土耳其、印度、印尼和菲律宾等国的移民和混血儿，许多学生都是从幼稚园班学起，然后到小学、中学、高中。在墨尔本中华民族学校的中文学习，使他们得以了解和学习中文，并最终选择中文作为高考科目中的一门，除了教学，学校还非常重视他们的做人，促使他们能在其乐融融的环境中生活和成长，以最好的状态融合到当地的社会中。

在近 44 年的教学过程中，每年于筑生都会在开学前一周的周末两天，举办教材教法和教学的培训工作，并且对任何其他周末学校教中文的老师开放。这份从未间断的传承，让诸多老师受益匪浅，让她从优雅美丽的中年女性到现在头发花白的老太

第七部分 华教天地

太，这蕴蓄、厚积、绽放的 40 多年，她终于实现了当初许下的诺言：打造多元化社区，传播中华文化。

于筑生，这个为筑建教学圣地而生的校长，一直光明磊落，不畏艰辛，不计得失，以"弘扬中华文化"的博大胸襟，以"爱的教育"的无私情怀，在海外教育界书写下光辉的篇章。如今 78 岁高龄的于校长还在继续为中文教育事业的发展不断探索、创新，多年的从教经历不仅使她桃李满天下，而且头顶闪耀着道道光环：1989 年台湾侨务委员会授予中国语文奖章和奖状，1992 年 Australia Myer Asian Foundation（澳大利亚迈尔亚洲基金会）颁发"迈亚亚洲基金会奖金"，2007 年获得由中国国务院办公室和中国海外交流协会颁发的"华文教育终身成就奖"，以及 2011 年国务院侨务办公室授予的"海外华文教育事业教育杰出人士奖"，经世界华人创业楷模协会推荐，被编入《复兴之光·辛亥革命 100 年》肖像邮册。但透过这些光环，我们看到的于筑生，就是一个教书育人的老教师，一个敢于开拓进取的创新型校长，一个内心真正有能量的伟大女性。

7. 张学丰（澳大利亚华星中文学校荣誉校长）

张学丰博士生于印尼巴厘岛，父亲在当地开办了一所颇具规模的中华学校，他在那里受到启蒙。幼年又随父母回迁祖国，继续深造传统华文。

张博士 1990 年赴澳大利亚留学，先后获得学士、硕士和博士学位。他学以致用，积极在悉尼地区探索社团中文教育：1992 年在悉尼大同中文学校负责英语教学部，为新移民的孩子们补习英文，帮助他们尽快融入当地；并在中国教育中心为大学生提供中文辅导课。1993 年任该校教育顾问，完善学校办学手续的同时，增设了美术、音乐、篮球、舞蹈、声乐、武术、国际象棋等课程，使得学校在开创初期就具有多元文化的办学特色。

张博士在社区教育圈内享有很高的专业信誉，具备很强的社团办学和教学组织能力。2006 年担任悉尼大同中文学校校长后，学校运作更加灵活高效：把零起点的中学生与小学幼儿进行分流教学，为初学中文的中学生开设特殊班，增加了高级汉语班；每年组织学校参加汉语水平考试，是参加校外文教活动最多、获得"全澳中文朗诵比赛"奖项以及州教育部部长奖最多的学校；他带领教职人员组织多种校内外文教活动，特别是 2013 年以来，悉尼市政厅每年邀请该校学生的大红鼓队参加悉尼春节大游行和龙舟赛巡演活动，吸引了不少远郊的学生家长慕名而至。目前学校周六、日上课，四所公立小学还开设了课后中文班。

张博士经常义务举办教育讲座，解读当地教育制度与理念，使学校成为当地华人社团的教育信息中心。作为州教育部社区教育咨询员的张博士，在悉尼大学的双语教育专刊发表了论文，阐述社团语言学校的局限性和对社会以及多元文化社团的积极贡献，在高层次上推动新州的中文教育；他还把长期多方教学积累的经验和资料，编成《汉语教学基础资料汇编》，有效地指导了更多教师的中文教学。他应悉尼大学教育学院的邀请，连续多年为 500 多名参加培训的中文教师开办"中文作为海外社团语言在澳洲的教学特点"的专题讲座，为新州的社团中文教育作出了显著贡献。

为了进一步研究中文教育对海外华裔学生获得优异成绩的促进作用，张老师攻读博士学位时，特意选择了多年在社团中文学校学习中文的中学生及其兄弟姐妹和家长作为课题研究对象，完成了课题论文《家庭对新州选生中学华裔学生学业的促进作用》，以翔实的一手数据和个案研究，从社会文化学的角度论证了澳大利亚华人社团中文学校对促进学生总体水平的积极作用，坚持中文学习对华裔学生本人及家庭的多重效益。在张博士的倡导下，悉尼大同中文学校创办了新州英才教育研究会，旨在研究海外华裔子弟多年学习中文的多重功效，对特优学生从社会学和语言学的角度进行个案研究。他在该校办学 25 年的办学评估报告中，以翔实的数据证明多年坚持学习中文学生的变化：性格开朗、自信，英汉双语能力、学业、社会活动能力、公益心、对祖国与中华文化的认同感、家庭和睦。该报告得到家长们的广泛好评，许多网络文章都引述了张博士的观点和数据，他还受到澳大利亚政府电视台与华语电台多次采访。

张博士目前是悉尼地区兼职最多的华校校长之一。他义务协助悉尼远郊和新州中海岸的华教人士创办了悉尼西南区的华星中文学校、蓝山旅游区的蓝山大同中文学校、中海岸地区 Gosford 市的高士福中文学校。目前张博士兼任悉尼华星中文学校荣誉校长、澳大利亚华人社团组织协会副主席、纽修威（NSW）中文教育理事会副主席、新州社团语言学校联合会执委、悉尼大学教育学院社团语言教育研究所顾问、澳大利亚新州英才教育研究会会长。

因为张博士的突出贡献，他也获得很多荣誉：2012 年获国侨办文教司颁发的"华教杰出贡献奖"；2014 年获新州社团语言学校联合会颁发的"社团语言教育贡献奖"；2016 年获新州州长颁发的"多元文化与社区服务杰出贡献奖"。

8. 庄荣箴（菲律宾高仑那达市中华学校前任校长）

庄荣箴先生 1937 年出生于菲律宾吕宋岛武六干省，祖籍福建晋江青阳。庄荣箴先生在 20 世纪 40 年代的读书生涯中，1948 年曾短暂回到晋江，由于历史原因只读了一年就又回到菲律宾，在马尼拉庄荣箴先生经历了贫困的生活，在洪光小学上学，学校的老校长杨静桐常常教他们要爱自己的祖国，做好事，为人民服务，这对庄校长产生了深远影响。1956 年开始庄荣箴老师先后在洪光小学、近南小学任教，1960 年到菲律宾最南部的三宝颜省巴加连市当校长，在那一待就是 22 年。直到 1982 年应工作要求到南古岛省高仑那达市中华学校任校长，至今 37 年。目前是中华学校的挂名校长，同时兼体育与普通话教学。近 65 载的岁月，庄校长几乎已经将全部生命献给了菲律宾的华教事业，包括其兄弟姐妹和三个儿子全都投身教育事业，为菲律宾华文教育作出了突出的贡献。

庄荣箴校长为菲律宾华教事业付出 65 载，在他培养的教师和学生中，有许多是菲律宾友族。这些非华裔生有的已经成为政界名流和社会贤达，对中国有着深厚的情感，成为一股维系和推动华文学校生存发展的重要力量，对于促进中菲文化交流、菲律宾各族和谐共处，具有积极的作用。庄荣箴先生自从当校长以来，每月都会从自己的薪资中抽取一部分资助贫困学生，他资助过的学生数也数不清，平时也常常用自己的能力为学校增添体育设备等。在教学方面，身在一线的他为学生量身定做的教学方式，即"用闽南语教学启蒙，借此推进普通话教学"受到广泛推广。庄荣箴先生不仅在教学上有突出的贡献，他也关注体育方面的发展，他鼓励学生德智体美全面发展，他倡导每个学生都参与体育运动，由他亲自带着学生参加国家或市区举办的运动会，获得了许多金、银、铜牌。

自 2000 年陈永栽博士组织和赞助菲华学生到祖籍地学习开始，庄荣箴先生连续 19 年荣任团长带学生参加为期两个月的夏令营活动。至今 82 岁高龄的庄荣箴先生说："只要生命继续，他将永不缺席"。华文教育要进行到底，关键是在于保证师资。早在几十年前庄荣箴校长就努力谋求挽救华文教育的良方，并带头践行。两位老友蔡汉业、邱荣禧在他的感召下，共捐资 100 万菲币成立了"庄荣箴教育基金会"，用基金产生的利息，资助有意愿将来当华文教师的家境贫寒的学生，送他们到菲律宾华文中学或者中国的大学去读中文。高仑那达中华学校每年都有固定名额，赞助本校优秀毕业生继续更高层次的教育。

鉴于其对菲律宾华文教育的贡献，庄荣箴先生分别在 1990 年获得华文记者协会颁发的"宿务无名氏（引叔）首届全菲最优秀校长奖"，在 1992 年获得了由首都银行基金会颁发的"第十届全菲侨校十大优秀教师奖"，在 1999 年由国务院侨办颁发"优秀华文教师奖"。这位坚守华教讲堂 65 年的老人，正在用他的一生回应他立下的誓言"毕生我将服务于菲华教育"。

图书在版编目（CIP）数据

世界华文教育年鉴. 2019 / 贾益民主编. —— 北京：
社会科学文献出版社，2021.6
ISBN 978 - 7 - 5201 - 7420 - 6

Ⅰ. ①世…　Ⅱ. ①贾…　Ⅲ. ①华文教育 – 世界 –
2019 – 年鉴　Ⅳ. ①G749.1 – 54

中国版本图书馆 CIP 数据核字（2020）第 189054 号

世界华文教育年鉴（2019）

主　　　编 / 贾益民
副 主 编 / 胡培安　胡建刚

出 版 人 / 王利民
责任编辑 / 崔晓璇　张建中

出　　　版 / 社会科学文献出版社 · 政法传媒分社（010）59367156
　　　　　　地址：北京市北三环中路甲 29 号院华龙大厦　邮编：100029
　　　　　　网址：www.ssap.com.cn
发　　　行 / 市场营销中心（010）59367081　59367083
印　　　装 / 三河市东方印刷有限公司

规　　　格 / 开　本：787mm × 1092mm　1/16
　　　　　　印　张：27.75　插　页：0.5　字　数：535 千字
版　　　次 / 2021 年 6 月第 1 版　2021 年 6 月第 1 次印刷
书　　　号 / ISBN 978 - 7 - 5201 - 7420 - 6
定　　　价 / 198.00 元

本书如有印装质量问题，请与读者服务中心（010 – 59367028）联系